Alte Frauen in schlechten Filmen

MÄNNERSCHWARM VERLAG

CHRISTOPH DOMPKE

ALTE FRAUEN IN SCHLECHTEN FILMEN

VOM ENDE GROSSER FILMKARRIEREN

Männerschwarm Verlag
Hamburg 2022

2. erweiterte Neuausgabe
Salzgeber Buchverlage GmbH, Berlin 2022

Umschlaggestaltung: Carsten Kudlik, Bremen
Die Nutzung der Schauspielerinnenfotos erfolgt mit freundlicher Genehmigung des Kinoarchivs P. W. Engelmann, Hamburg.
Printed in Germany

ISBN 978-3-86300-333-3

Salzgeber Buchverlage GmbH
Prinzessinnenstraße 29 – 10969 Berlin
www.salzgeber-buchverlage.de

Die Menschen sind so. Sie tun alles,
um zu vergessen, daß sie sterben müssen.
Blaise Pascal

Für Thomas

INHALT

VORWORT ZUR 2. ERWEITERTEN NEUAUSGABE

Seit der ersten Auflage von *Alte Frauen in schlechten Filmen* (damals noch unter dem Titel: *Weil doch was blieb*) sind mittlerweile knapp 25 Jahre vergangen; vor zwölf Jahren erschien eine stark erweiterte Neuausgabe, nun also eine dritte, nur leicht erweiterte Fassung. Seit 1998 hat sich die Welt des Films in mancherlei Hinsicht grundlegend geändert. Zunächst einmal die Filmproduktion selbst: Comic- und Superhelden-Verfilmungen beherrschen die Leinwände, und Streaming-Dienste setzen der Kinolandschaft zu (von den Einschränkungen der Corona-Pandemie ganz zu schweigen). Im Gespräch mit der Süddeutschen Zeitung hat der schwäbische Spielberg Roland Emmerich bereits das Ende des Kinos in 20 bis 30 Jahren verkündet: «Die Leute werden bald Screens in der Größe ihrer Wohnzimmerwand zu Hause haben. Das ist die Zukunft. Dann geht keiner mehr ins Kino!»

Aber auch der von mir beschriebene Typus der «alten Frau» hat sich verändert. Alter als gesellschaftliche Kategorie lässt sich schließlich nicht nur am physischen Lebensalter festmachen, was Bascha Mika, ihrerzeit Chefredakteurin der taz, offenbar nicht verstanden hatte, wenn sie schreibt: «Demnach sind alle Frauen zwischen 40 und 77 irgendwie alt. 37 Lebensjahre Differenz – egal! Das vereinfacht die Sache natürlich ungemein.»

Die von mir beschriebenen «alten Frauen» waren meist alt in dem Sinne, dass sie in der Filmbranche zum alten Eisen gezählt wurden, demodé geworden waren. Als Elizabeth Taylor *Die Rivalin* (1973) drehte, lag ihre große Leinwandzeit hinter ihr. *Brandung* (1968) von Joseph Losey spielte als erster Film des Duos Elizabeth Taylor und Richard Burton seine Produktionskosten nicht mehr ein, dem nächsten gemeinsamen Film, *Hammersmith ist raus* (1972) von Peter Ustinov, sollte es nicht besser ergehen. 1972 war *Der letzte Tango in Paris* von Bernardo Bertolucci einer der großen Erfolge auf der Leinwand. Die Filme von Elizabeth Taylor aus diesen Jahren wirken dagegen wie aus der Zeit gefallen. Aber es gab auch Schauspielerinnen in den von mir vorgestellten Filmen, die wirklich so alt waren wie die uralte Morla aus Michael Endes *Die unendliche Geschichte*: Marlene Dietrich war im Jahr der Produktion von *Schöner Gigolo, armer Gigolo* (1978) etwa 77 Jahre alt und sah doppelt so alt aus.

Heute sind Frauen im Film nur noch alt nach Jahren. Susan Sarandon sieht mit 75 Jahren blendend aus, Judy Dench wirkt von Film zu Film jünger und Jane Fonda trägt seit Jahren (angeblich dank Oil of Olaz) gleichbleibend alterslose Gesichtszüge zur Schau. Erstaunlicherweise ist es ein Mann – Clint Eastwood –, der seinen alten, buchstäblich zum Skelett abgemagerten Körper vor die Kamera zerrt. Aber keine Angst, ein Buch über «alte Männer in schlechten Filmen» ist einstweilen nicht in Planung.

Um nicht missverstanden zu werden: Ich freue mich, dass Susan Sarandon immer noch gute Rollenangebote erhält. Verdientermaßen, denn sie ist eine phantastische Schauspielerin. Viele der Beispiele aus meinem Buch schildern Schauspielerinnen und Diven am Ende ihrer Karriere auf der verzweifelten Suche nach guten Rollen. Oft blieben dann nur Monstren, Mumien und Mutationen in Horrorfilmen übrig. Das Rollenfach «Monster» für ältere Damen in Horrorfilmen ist mittlerweile ersetzt worden durch die Darstellung von Demenzerkrankungen – statt Damsels in Distress gibt es nun Damsels in Demenz. Diese Filme sind für heutiges Arthouse-Publikum, das sich noch für Schicksale älterer Frauen auf der Leinwand interessiert, leichter zu goutieren als Horrorfilme über verhaltensauffällige Hausfrauen, die zur familiären Konfliktbewältigung schon mal zur Axt greifen wie Joan Crawford in *Zwangsjacke* (1964).

Noch etwas hat sich geändert: Joan Crawford hatte eine fest umrissene Star-Persona, die sie in den allermeisten ihrer Rollen nur zu variieren brauchte. Wiedererkennbarkeit war für die Verwertung an der Kinokasse ein hohes Gut. Das ist heute völlig anders: Für Lady Gaga ist das Auftreten in Verkleidungen und nicht wiedererkennbaren Rollenbildern geradezu zur Pflicht geworden. Eine Ausnahme bildet lediglich Meryl Streep. Seit *Der Tod steht ihr gut* scheint sie der Auffassung zu sein, dass ihr heiliges Werkzeug in Komödien noch besser zur Geltung kommt als in großen dramatischen Rollen. Ihr «intensives» Spiel selbst in Operetten wie *Mamma Mia* ruft beim

Zuschauer das Gefühl hervor, einem Mutter-Tochter-Konflikt griechischen Ausmaßes beizuwohnen. Der Abstand zwischen der Rolle und der Person Meryl Streep bleibt immer spürbar und ruft als Reaktion hervor: «Oh, guck mal, wie die Meryl das macht!» Es ist nichts anderes als die staunende Verwunderung der Zuschauer, die angesichts der Darbietung einer Cher in einer Travestieshow ausrufen: «Oh, guck mal, es ist ein Mann!»

Natürlich gibt es immer noch betagte Darstellerinnen in weniger gelungenen Filmen. Zum Beispiel Rita Moreno in der Neuverfilmung des Musicals *West Side Story* (2021). Der Film macht wenig Freude: Das Lied «One Hand, one Heart» in durchs Kirchenfenster gespiegelten Regenbogenfarben darzubieten ist Konfektionskitsch, aus dem Zuviel an Aufwand ergibt sich kein ästhetischer Mehrwert im Sinne des Camp. Die musikalische Seite ist schwerfällig dank des sich gewaltig in die Brust werfenden Dirigenten Gustavo Dudamel und erinnert daran, was ein Kritiker über Jessye Normans *Carmen*-Aufnahme geschrieben hat: «It is not unlike watching great oceanliner threading it's way trough the Panama Canal.» Mit der Inszenierung der verfeindeten Straßengangs, der Jets und der Sharks, ist Spielberg an den Beginn seiner Karriere zurückgekehrt. Aber *Der weiße Hai* ist dann doch der bessere Film. Trotzdem gibt es einen Moment für die Ewigkeit: Wenn die zur Zeit der Dreharbeiten etwa 90 Jahre alte Rita Moreno (die Anita aus der 1961er-Verfilmung von Robert Wise) «Somewhere» singt. Sie lässt die Grenzen des Alters sich in Luft auflösen (genauso wie Hildegard Knef sich gewünscht hat, dass manche ihrer Filme sich in Luft auflösen würden). Aber es ist dieser eine große Moment inmitten eines nicht weiter bemerkenswerten Films. Das ist der Unterschied zu den meisten von mir sezierten Filmen: Die sind entweder komplett misslungen und werden auch nicht durch den Aufritt einer gefeierten Darstellerin geadelt (*Mamma Mia* mit Meryl Streep) oder sie sind bemerkenswert, weil rundum schräg mit einer zumindest überraschenden Altersleistung eines verblichenen Stars (Ruth Roman in *The Baby*).

Zu guter Letzt: Camp, mein Besteckkasten zur Beschreibung vieler Filme und alter Divenrollen (vgl. S. 22ff), verschwindet langsam aus dem Bewusstsein. In der aktuellen Kunstbetrachtung hat Camp keine Bedeutung mehr. Das ist nicht schlimm, alles vergeht. Aber *Was geschah wirklich mit Baby Jane* ist ein Kunstwerk (wenn auch vielleicht nur ein campes), weil es mit den

Rollenbildern seiner Stars Bette Davis und Joan Crawford spielt, weil Bette Davis und Joan Crawford zu viel geben, weil der ganze Film exaltiert und extravagant ist und damit zu einem campen, kunstvollen Vergnügen wird. Dagegen sind heutige Filme überraschend mittelmäßig und über Trash lassen sich leider nicht so viele vernehmliche und kluge Dinge verbreiten.

Zwei aktuelle Filme sagen beispielhaft alles zum Thema Camp, ich meine den Garland-Film *Judy* und die Davis/Crawford-Serie *Feud*. *Judy* (2019) erzählt von den letzten Konzerten Judy Garlands (fabulös verkörpert von Renée Zellweger) und zeigt exemplarisch das Verhältnis von schwulen Männern zu den von ihnen verehrten Diven als das Verschmelzen von auf unterschiedliche Art Versehrten. Judy Garland wird zwar nicht als *Monstre sacré* vorgeführt, aber das Überlebensgroße ihrer Star-Persona wird überzeugend in Szene gesetzt. In einer Rückblende – Judy Garland dreht gerade *Das zauberhafte Land* (1939) – möchte die junge Judy Garland gern wie alle anderen jungen Mädchen ins Kino gehen. Studioboss Louis B. Mayer erklärt ihr: «Die Sache ist die: Diese anderen Mädchen werden später Kassiererinnen, Farmersfrauen. Ist es das, was du willst, Judy? Einfach nur Hausfrau werden? Durchschnittliche Kinder werden alle auf ihre Weise geliebt. Ich kann verstehen, dass du dich ab und zu davon angezogen fühlst, von deren kleinen Leben. Nicht allzu gefährlich, nicht zu aufregend. Sie sind da, wo sie hingehören. Und du glaubst, dass du wie sie bist? Aber das bist du nicht. Du lebst in einer völlig anderen Welt. Sie sehen nur aus wie du!» Diese Art von Stars, *bigger than life*, gibt es nicht mehr. Die Crux heutiger Filme ist ja, dass sich die Stars möglichst nicht von Kassiererinnen und Farmersfrauen unterscheiden sollen. Deshalb wundern sich Berliner Hausfrauen auch, dass es ihnen nicht gelingt, «mal eben» eine Typveränderung umzusetzen wie die von Katharina Thalbach dargestellte Hausfrau Maria Wartberg in *Ich war noch niemals in New York* – obwohl Katharina Thalbach doch alles tut, um wie eine Berliner Hausfrau auszusehen.

Anhand der Serie *Feud* (2017) über die verfeindeten Diven Bette Davis und Joan Crawford (gespielt von Susan Sarandon und Jessica Lange) während und nach den Dreharbeiten zu *Was geschah wirklich mit Baby Jane* wird Camp ein weiteres Mal durchdekliniert. Zwar werden die garstigen Studiobedingungen geschildert, unter denen Davis und Crawford arbeiten und sich verkaufen mussten, einschließlich des Sexismus, dem Frauen in Hollywood ausgesetzt waren, aber es ist in erster Linie die Geschichte zweier Überlebender des Systems, zweier *Montres Sacrés*, die innerhalb ihres Rollenspektrums ganz erstaunliche Ergebnisse auf eine Leinwand zauberten, die damals schon eher «nackten Tatsachen» zugeneigt war. Signifikant ist folgende Szene: Joan Crawford hat sich, nach ihrem Ausstieg aus dem *Baby Jane*-Folgeprojekt *Wiegenlied für eine Leiche*, in die Hände von Hollywoods Gimmick-König William Castle begeben. Der dreht mit ihr *Zwangsjacke* (der Film mit der Axt!). Da *Was geschah wirklich mit Baby Jane* überraschend ein Kassenerfolg geworden war und ebenso überraschend auch junge Zuschauer begeistert hatte, wird für *Zwangsjacke* eine Promotiontour veranstaltet. Joan Crawford (Jessica Lange) betritt in großer Galagarderobe den Saal (und unterscheidet sich damit von allen anderen Anwesenden), in der Hand eine kleine Axt, mit der sie nach allen Richtungen zum Staunen und Entsetzen des jungen Publikums kleine Schläge ausführt. Die Szene ist verstörend und doch voller Komik, weil das junge Publikum gar nicht weiß, um wen es sich da handelt, und sie ist camp, weil Joan Crawfords Auftritt viel zu groß ist für den Rahmen, in dem sie sich bewegt. An keiner Stelle jedoch macht sich die Serie lustig über ihre Protagonistin, und Jessica Lange als Joan Crawford führt exemplarisch vor, wie man auch mit einer Axt in der Hand seine Würde bewahren kann. Sie erledigt einfach ihren verdammten Job – arbeitsam und aufrecht wie ein Zinnsoldat. Auf Deutsch wurde die Serie bemerkenswerterweise auf RTLII ausgestrahlt. Eine DVD- oder BluRay-Auswertung scheint nur kurzzeitig erfolgt zu sein. Olivia de Havilland (mittlerweile verstorben) reichte damals Klage ein, die Serie durfte während des Rechtsstreits nicht ausgestrahlt oder vertrieben werden. De Havilland sah ihre Persönlichkeitsrechte verletzt. Wer würde aber auch seine Persönlichkeitsrechte nicht verletzt sehen, wenn er von Catherine Zeta-Jones dargestellt werden würde ...

So heißt es denn Abschied nehmen von vielen liebgewordenen Vorstellungen und Vorlieben. Eine neue Zeit zieht herauf, und für die Diskussion darüber, ob Helen Mirren nun Golda Meir auf der Leinwand hätte verkörpern dürfen oder nicht – das von Sarah Silverman erfundene Kampfwort heißt «Jewfacing» – fühle ich mich nicht zuständig.

Zu guter Letzt ein paar Anmerkungen zur Auswahl der Neuzugänge: Ich habe mich einerseits von persönlichen Vorlieben leiten lassen, deshalb hat Karin Dor ein kleines Kapitel bekommen. Julie Christie hätte ich ebenfalls gern gewürdigt, aber *Troja* (2004) von Wolfgang Petersen ist ähnlich wie die Neuverfilmung von *West Side Story* ein zu mittelmäßiger Film als dass sich daraus viel Nektar hätte saugen lassen. Es bleibt nur die Verwunderung darüber, dass Julie Christie, die nach eigener Aussage so viel Wert auf die Auswahl ihrer Drehbücher und Angebote legt, sich ausgerechnet in dies Sandalen-Epos verirrt hat. Manch andere Darstellerin verirrte sich zum Ende ihrer Karriere in Kinderfilme, Julie Andrews in *Zahnfee auf Bewährung* (2010), Angela Lansbury in *Mr. Poppers Pinguine* (2011). Aber für diese Art von Kinounterhaltung fehlen mir schlichtweg die Nerven. Ich halte es mit dem Scherz meines Bühnenpartners Willnowski: «Meine Frau wollte neulich ein paar Kalorien verbrennen. Da hat sie ein dickes Kind angezündet!»

Viele Filme, die 2012 gar nicht oder nur in schlechter Qualität vorlagen, sind mittlerweile verfügbar. So gibt es eine wundervolle Blu-ray- und DVD-Abtastung einer 35mm-Kopie des Drive-in-Klassikers *Dear Dead Delilah* (1972) mit der großartigen Agnes Moorehead in ihrem letzten Leinwandauftritt. Aber die Unterschiede zu ähnlichen, hier bereits erörterten Filmen, z.B. *Inn of the Damned* (1975) mit der ebenfalls großartigen Judith Anderson, sind nicht so groß, dass die Betrachtung inhaltlich und perspektivisch eine Ergänzung erbracht hätte. Nicht zuletzt wollte ich einen Ausblick geben auf das, was war, und das, was kommt. Dies wie alle anderen ergänzten Texte gänzlich neu verfasste Kapitel steht am Schluss des Buches.

Seit dem Erscheinen der 2. Auflage 2012 sind folgende alte Damen verstorben: Lauren Bacall, Carol Channing, Anita Ekberg, Hannelore Elsner, Zsa Zsa Gabor, Elfriede Ott und Nadja Tiller. Die Leinwandabschiede von Karoline Herfurth und Carey Mulligan werde ich aller Wahrscheinlichkeit nach nicht mehr erleben, und meine Gedanken in sich veränderten Zeiten fortzuspinnen, lege ich in die Hände nachfolgender Generationen: «Kinder, schafft Neues!»

Wittenberg im Mai 2022

«FIRST YOU'RE ANOTHER SLOE-EYED VAMP, THEN SOMEONE'S MOTHER, THEN YOU'RE CAMP.»

EINLEITUNG

I

Die erste Auflage von *Weil doch was blieb – Alte Frauen in schlechten Filmen* erschien 1998. Von dieser Erstauflage weicht der vorliegende Text in vielerlei Hinsicht ab, es handelt sich um eine stark ergänzte und überarbeitete Fassung. Viele meiner Urteile erscheinen mir heute zu streng, etwa über Lucille Ball und ihre zwar mediokre, aber doch unvergessliche Darstellung der Titelheldin im Filmmusical *Mame* (1974). Viele Filme habe ich bei der Arbeit für die erste Auflage nicht sehen können, weil sie weder im Kino gezeigt wurden, noch auf dem Video- und DVD-Markt verfügbar waren. Deshalb konnten herausragende Werke, die unbedingt schon in die erste Auflage gehört hätten – beispielsweise *Flesh Feast* (1970) mit der späten Veronica Lake – nicht gewürdigt werden. Nicht zuletzt ist natürlich auch der Autor selbst älter geworden – statt mit dem damals jugendlichen Furor blickt er nun mit der Milde des Alters auf den ein oder anderen Fehltritt der von ihm verehrten Darstellerinnen.

II

Die Auswahl der alten Frauen und der schlechten Filme ist schamlos subjektiv. Aus Platzgründen habe ich schweren Herzens eine Reihe von Filmen nicht in diesen Band aufgenommen, unter anderem die atemberaubenden Camp-Meisterwerke *The Couch* (1962) mit Hollywoods bester Scream-Queen, Hope Summers, *Mahogany* (1975) mit der wunderbaren, als Schauspielerin nur leicht überforderten Sängerin Diana Ross, oder *Roar – Die Löwen sind los* (1981) mit Hollywoods aufregendster Blondine Tippi Hedren. Die *lovely old Ladies* Angela Lansbury in Gesellschaft von Pinguinen (*Mr. Poppers Pinguine*, 2011) oder Julie Andrews in Gesellschaft von Dwayne «The Rock» Johnson anzuschauen (*Zahnfee auf Bewährung*, 2010), war selbst mir zu traurig. Einiger Filme konnte ich trotz intensiver Recherchen nicht habhaft werden, und so müssen die Filmfreunde weiterhin rätseln, wie schlecht der Film *Widow's Nest* (1977) mit Patricia Neal wirklich sein mag. Lana Turner schließlich hat in so vielen sonderbaren Filmen gespielt, dass allein daraus ein komplettes Buch hätte werden können. Die Wahl fiel auf *Dosierter Mord* (1969) – obwohl auch *Heißer Strand Acapulco* (1965), *Madame X* (1966) und *Verfolgung* (1974) eine Aufnahme in diesen Kanon mehr als verdient hätten. Viele Anregungen verdanke ich Paul Roen und dessen zweibändigem Standardwerk *High Camp*, und deshalb freue ich mich außerordentlich, dass er einen Text über *American Gothic* mit Yvonne De Carlo zu diesem Buch beigesteuert hat.

Es gibt freilich auch Damen, die sich wie Greta Garbo oder Doris Day sehr früh von der Leinwand zurückzogen, Damen, die rechtzeitig verstarben, ohne noch in merkwürdigen Filmen mitzuspielen wie Judy Garland, die im Camp-Klassiker *Das Tal der Puppen* (1967) durch Susan Hayward ersetzt wurde, oder Damen, die im Alter keine wirklich schlechten Filme gemacht haben – Vivien Leigh beispielsweise oder auch Katharine Hepburn. Letztere hat dafür auf ihre alten Tage in einem schlechten Musical gespielt, und zwar im Jahr 1969 in *Coco* von Alan Jay Lerner und André Previn. Über die Schallplatteneinspielung schreibt Michael Portrantiere:

> «Wenn man die Hepburn singen hört, möchte man Lauran Bacall für eine Operndiva halten; im Rennen um den Titel des stimmlich unbegabtesten Stars in der Geschichte des Broadway-Musicals liegt sie Kopf an Kopf mit Bette Davis. Dieses Album muss man ganz einfach gehört haben, auch wenn man es danach wie wieder hören will.»

Aber das ist eine andere Geschichte, in der außerdem noch zu erzählen wäre, dass die Singstimme von Lauren Bacall der Nachwelt durch Aufnahmen von *Applause* erhalten blieb, der 1970 uraufgeführten Musicalversion des Camp-Klassikers *Alles über Eva* (1950). Lauren Bacall spielt darin Bette Davis' Filmrolle – eine «Margo Channing in the disco era» (Michael Portrantiere).

Bei der Auswahl der Filme war natürlich auch die delikate Frage zu klären, ab wann eine Darstellerin als alt zu bezeichnen ist. Ich habe mich von Stephen Sondheims Definition aus *Follies* leiten lassen, dem ultimativen Musical über Alterungsprozesse im Showbusiness. In der Hymne aller Show-Queens, *I'm still here*, singt Carlotta Campion (in der Uraufführung 1971 gespielt von Yvonne De Carlo): «First you're another sloe-eyed vamp, then someone's mother, then you're camp.» Spätestens in dem Moment, nachdem eine Schauspielerin «someone's mother» war, ist die Aufnahme in diesen Kanon folglich gerechtfertigt. Ruth Leuwerik war 47, als sie in *Und Jimmy ging zum Regenbogen* (1971) zu sehen war. Bereits 1963 hatte sie die Mutter einer beträchtlichen Kinderschar in der Komödie *Das Haus in Montevideo* verkörpert. Nach achtjähriger Filmabstinenz leitete die Simmel-Verfilmung 1971 die Spätphase ihrer Karriere ein. Barbara Valentin war 42 Jahre alt, als sie *Die Insel der blutigen Plantage* (1982) drehte. Doch bereits 1979 war sie die Witwe Schlotterbeck in *Neues vom Räuber Hotzenplotz* gewesen und als Bloody Olga in der *Blutigen Plantage* dann bereits Camp. Es gilt jedoch auch hier, dass Ausnahmen die Regel bestätigen. Liz Taylor ist in *Die Rivalin* (1973) noch keine alte Frau. Doch hat sie nach *Wer hat Angst vor Virginia Woolf* (1966) keinen herausragenden Film mehr gedreht, sondern nur noch ihr eigenes Image vermarktet – *Die Rivalin* ist ein besonders schönes Beispiel für diese Art von Camp.

Alte Frauen in schlechten Filmen gibt es immer noch und immer wieder. Die Betrachtungsweise von Schauspielern und Schauspielerinnen ist freilich unterschiedlich. «Es gibt», sagt Ryan Philippe im Interview mit der Süddeutschen Zeitung über seinen Film *Der Mandant*, «keinen einzigen Schauspieler, der keinen schlechten Film gemacht hat. Kein einziger von uns ist wirklich entspannt. Aber am schlimmsten ist es sicher für die Frauen ... die Ehefrau eines Typen wie Matthew McConaughey würde normalerweise eine Anfang-Zwanzigjährige spielen. Nicht, wie in unserem Film, Marisa Tomei, deren Falten man ruhig sehen darf.» Das Problem ist nur, dass man die Falten von Marisa Tomei zwar sehen darf, aber kaum in Erinnerung behält, weil ihre Rolle klein und nicht besonders interessant ist. Deutlicher wird da schon Isabella Rossellini (ebenfalls im Interview mit der Süddeutschen Zeitung):

> «Ich habe eher den Eindruck, Frauen in den mittleren Jahren sind inexistent im Kino. Wenn sie älter sind, dürfen sie dann wieder. Vereinzelt. Meryl Streep. Wenn die keine Zeit hat, fragst du Judy Dench. Die darf dann als Oma einen lebensklugen Satz absondern, aber es gibt keine Geschichten über diese Frauen.»

Selbst eine Schauspielerin wie Charlotte Rampling, die sich auch im Alter über fehlenden Rollenangebote kaum beklagen kann, sagt im Gespräch (diesmal mit der Frankfurter Allgemeinen Zeitung), dass in Amerika alle glauben würden, nur Hollywood sei so auf die Jugend fixiert, «und in Europa gäbe es jede Menge toller Rollen für Darstellerinnen über vierzig. Blödsinn! Es ist überall schwer. Für jeden.» Wie schwer, kann man an einigen Filmbeispielen erkennen, in denen den alten Damen kaum Raum zur Entfaltung gegeben wurde.

Natürlich stehen in *Alte Frauen in schlechten Filmen* die Darstellerinnen im Vordergrund, aber auch die Leinwand-Epen, in denen sie sich ein Stelldichein gaben, werden entsprechend ihrem Rang gewürdigt oder getadelt. Kritik ist immer subjektiv und oft ungerecht – um die korrekte Schreibweise habe ich mich dabei jedoch stets bemüht. Denn, wie der amerikanische Songkomponist George M. Cohan gesagt hat: «As long as they spell my name right, I don't care, what they write.»

III

Vielen der für dieses Buch ausgewählten Filme ist mit althergebrachten Mitteln der Filmbetrachung nicht beizukommen. Sie werden dementsprechend weder vom Feuilleton noch von der Wissenschaft beachtet. Unter den Gesichtspunkten des Camp können sie jedoch als ästhetisches Phänomen begriffen werden und offenbaren dann ein erstaunliches Universum von Bezügen und Verweisen. Der Begriff Camp ist leider im Deutschen nie recht heimisch geworden. Susan Sontag hat mit ihrem 1964 erschienenen Aufsatz *Einige Anmerkungen zu ‹Camp›* einen hilfreichen Leitfaden verfasst, um die ästhetischen Ausdrucksformen von einigen in diesem Buch vorgestellten Filmen erkennen und begreifen zu lernen: Sie sind gut, weil sie schrecklich sind.

«Camp ist Kunst», schreibt Sontag, «die sich ernst gibt, aber durchaus nicht ernst genommen werden kann, weil sie ‹zuviel› gibt.» Ein wesentliches Merkmal des Camp ist die Liebe zum Exaltierten und zur Extravaganz. Im Gegensatz zum Trash hat Camp meist einen doppelten Sinn, «in dem sich einige Dinge begreifen lassen.» Camp hat also eine Bedeutung für den Kenner und eine andere für den Außenstehenden, «hinter dem ‹direkten›, allgemein anerkannten Sinn, in dem etwas verstanden werden kann, ist ein privates Erlebnis verborgen.» Einige Beispiele für diese spezielle Art der Kunstbetrachtung finden sich im ersten Kapitel dieses Buches.

Sontag unterscheidet zwischen reinem und vorsätzlichem Camp; reiner Camp will «todernst» sein. Camp ist entweder naiv oder «durch und durch bewusst». Echter Camp hat nicht die Absicht, komisch zu sein, kann es aber werden, wenn genügend Zeit verstrichen ist und sich die Geschmäcker ändern. Sontag führt als Beispiel für echtes Camp die Choreographien an, die Busby Berkeley für viele Hollywood-Musicals der 1930er Jahre ersonnen hat – ein Sieg des Stils über den Inhalt. Die Theaterstücke und Musicals von Noël Coward wollen hingegen von vornherein komisch sein und sind deshalb kein reines Camp. Die überwiegende Zahl der Filmbeispiele stammt aus den USA, England und Deutschland, aus naheliegenden Gründen entziehen sich Filme aus Kirgisistan, Frankreich und Dschibuti dieser speziellen Form der Betrachtung.

Der sogenannte Camp-Geschmack entstand in einer Zeit des gesellschaftlichen Drucks auf Homosexuelle. «Zwar wäre es falsch», schreibt Susan Sontag, zu sagen, «dass der Camp-Geschmack mit dem Homosexuellen-Geschmack identisch sei. Zweifellos aber gibt es zwischen beiden eine eigentümliche Verwandtschaft und mancherlei Überschneidungen.» Der doppelte Sinn, in dem sich Dinge begreifen lassen, ist maßgeblich, wie Daniel Harris schreibt:

> «Die Fantasie der Homosexuellen verwandelte die Filmdiven in Männer, sie gingen aus dieser eigenartigen Geschlechtsumwandlung als Fummeltrinen hervor, als Männer in Frauenkleidung (...). Aus purem Zufall, man kann auch sagen Serendipity, verkörperte die Diva die psychologischen Voraussetzungen für schwule Militanz und trug so dazu bei, die Schwulenbewegung zu radikalisieren. Die Gewohnheit der

> Homosexuellen, sich mit den unbesiegbaren Charakteren einer Scarlett O'Hara in *Vom Winde verweht* oder einer Alexandra del Lago in *Süßer Vogel Jugend* zu identifizieren, war so tief verwurzelt, dass sie die Ereignisse der 1960er und 1970er Jahre ermöglicht wurden, als die innere Diva der schwulen Männer aus der Gefangenschaft in einer Fantasiewelt befreit wurde und die Straßen im Sturm eroberte.»

Fünfzig Jahre nach seiner «Erfindung» durch Susan Sontag hat Camp stark an Bedeutung verloren. Wie Daniel Harris konstatiert, sind Homosexuelle in westlichen Gesellschaften nicht mehr darauf angewiesen, sich der Konversation über Hollywoodstars als einer Art Geheimsprache zu bedienen; vielmehr ist der kulturell gebildete Schwule selbst zum Camp geworden. Im Madonna-Vehikel *Ein Freund zum Verlieben* aus dem Jahr 2000 gibt es zwei Schwule, Showqueens jenseits der Vierzig, die sich nur für eine Frage interessieren, nämlich ob Ethel Merman 1966 in *Annie Get Your Gun* besser gewesen sei als Betty Hutton 1950. Harris schreibt:

> «Weil schwules Leben sich nicht mehr verstecken muss, verschwindet die Notwendigkeit, uns durch Bezug auf die Glitzerwelt Hollywoods unserer heimlichen Zusammengehörigkeit zu versichern, und ein zentraler Bestandteil schwuler Sensibiltät gerät in Gefahr. Die Befreiung macht den Starkult als Gruppenmerkmal überflüssig, der lange Zeit die Zugehörigkeit zum Club der Eingeweihten signalisiert hatte.»

Je weiter man also in der Filmgeschichte voranschreitet, desto seltener wird man auf Merkmale des Camp in Filmen oder gar campe Meisterwerke treffen. Der Versuch François Ozons, 2007 mit *Angel* eine Camp-Fantasie zu inszenieren, musste scheitern, weil die Herangehensweise zu bewusst war und das Publikum sich im vorausgesetzten Koordinatensystem nicht mehr auskannte. Susan Sontag weist darauf hin, dass viele der Gegenstände, «die der Camp-Geschmack hochschätzt, altmodisch, unmodern, démodé» sind und erst «der Prozess des Alterns und des Verfalls die notwendige Objektivität gibt – oder die notwendige Sympathie weckt.» Das mag ein Grund dafür sein, dass sich unter den in *Alte Frauen in schlechten Filmen* beschriebenen Beispielen der letzten dreißig Jahre kaum noch Camp befindet.

Nun kann auch Trash schräg und lustig sein. Die völlige Abwesenheit von Geist und Grazie vieler Trash-Filme lässt diese entweder zu lichterlohen Lachnummern oder im Wortsinn zum allerletzten Abfall werden. Bereits 1976, angesichts des überflüssigen Remakes von *A Star is Born* mit Barbra Streisand und Kris Kristofferson, schrieb John Simon in *New York*, er habe das Gefühl, «dass unsere Gesellschaft bereit ist, in etwas noch Schlimmerem als einem kollektiven Todeswunsch zu versinken – in dem kollektiven Willen, in Hässlichkeit und Selbsterniedrigung zu leben.» Was Ethan Mordden in seinem Standardwerk über Musicals gesagt hat, gilt auch für Filme:

> «Das Musical leidet heutzutage unter Bedeutungsverlust und Randständigkeit. Es führt die Kultur nicht länger an, sondern läuft den Entwicklungen hinterher, wobei es sich den verkommenen Methoden des Schlock (i.e. Ramsch) unterwirft. (…) Das heutige Amerika hat eine neue Art von Musical hervorgebracht, vulgär und primitiv, als die Antwort des Broadway auf die niedrigen Lebensformen, die wir als nationale Idole verehren - Adam Sandler, Anna Nicole Smith, Eminem und die Osbournes.»

Ähnlich wie im zeitgenössischen Musical hat auch der heutige Filmzuschauer keine Möglichkeit mehr, in Schönheit zu sterben – er muss mit dem Hässlichen leben. Zum Beispiel mit Maria Carey in *Glitter* (2001), worüber John Wilson schrieb: «Poor Mariah Carey. Only New York City had a worse year in 2001 than she did.»

IV

Kapitel eins beginnt mit einer Würdigung des Camp-Klassikers *Was geschah wirklich mit Baby Jane?* und dessen Hauptdarstellerinnen Bette Davis und Joan Crawford, weil auf diesen Film im Folgenden immer wieder Bezug genommen wird. Das Kapitel wird fortgesetzt mit einer Auswahl von Werken, die sich mehr oder weniger direkt auf diesen Klassiker beziehen.

Kapitel zwei rückt mit Zarah Leander, Evelyn Künneke und Mae West drei Camp-Ikonen in den Vordergrund.

Kapitel drei ist das umfangreichste. Hier geht es um meist berühmte Schauspielerinnen, die, verleitet durch die Beschränkungen des Alters, alles gespielt haben, was sich anbot, egal ob aus Geltungsdrang oder Geldnot. In den meisten der beschrieben Fälle versuchten sie dennoch mit ernsthafter Schauspielerei zu bestehen. Je merkwürdiger die Filme waren, desto größer wurde die Diskrepanz: «Das wesentliche Element im naiven oder reinen Camp ist Ernsthaftigkeit», schreibt Susan Sontag, «eine Ernsthaftigkeit, die ihren Zweck verfehlt». Daneben gibt es freilich auch einige besonders traurige Leinwandabschiede großer Darstellerinnen zu beklagen.

Kapitel vier präsentiert Filme aus den neunziger Jahres des vorigen und den ersten zehn Jahren dieses Jahrhunderts, die in dem Entertainment-Fachmann John M. Clum den Wunsch wachsen ließen, Kultur solle mehr wie ein Musical sein «and less like a shopping mall». Seine Forderung «I want some fabulousness» verhallt leider genauso ungehört wie Blanche DuBois' Wunsch «I want magic» in *Endstation Sehnsucht* (1951).

Gute Rollen für ältere Schauspielerinnen gibt es in diesen Selbstbedienungsmärkten der Dumpfheit nach wie vor kaum. Jessica Lange bekam bezeichnenderweise im Fernsehen und nicht im Kino eine herausragende Altersrolle in der 2011 gestarteten Serie *American Horror Story – Die dunkle Seite in dir*. Die Kinofilme aus diesen Dekaden überschwemmen die Zuschauer wie ein Meer der Trostlosigkeit, aus dem sich nur äußerst selten eine kleine Insel der Seligen erhebt. Doch wir wollen uns auch dieser Herausforderung stellen, denn wie Susan Sontag sagt: «Der Kenner des Camp saugt den Gestank ein und rühmt sich seiner starken Nerven.»

Kapitel fünf ist das abschließende Satyrspiel. Statt Mitleid oder Entsetzen zu erzeugen, können alte Frauen natürlich auch in Staunen versetzen. Wenn die leitende Hand eines erstklassigen Regisseurs, die Kunst eines guten Dialogschreibers, der letzte Schliff einer phantasievollen Kostümbildnerin ihnen nicht mehr zur Seite stehen – dann bleibt eine fabelhafte Schauspielerin oder ein herausragender Showstar übrig, den wir in nicht selten grotesker Umgebung erleben. Die im letzten Kapitel versammelten Filme gehören auf ihre völlig verquere Weise zu den unterhaltsamsten des Buches, weil es sich um eine Form von Kunst handelt, die sich mit einem Wort des amerikanischen Schriftstellers H. L. Menckens charakterisieren lässt: «It is so bad that a kind of grandeur creeps into it.» Einige der Darstellerinnen haben sich zudem ganz offensichtlich vom Motto der unvergleichlichen Mae West leiten lassen: «When I'm good, I'm good. But when I'm bad, I'm better!»

«IHR NAHT EUCH WIEDER, SCHWANKENDE GESTALTEN»

MIT *BABY JANE* FING ALLES AN

«SYMPATHISCH UND ABSTOSSEND ZUGLEICH»

BETTE DAVIS UND JOAN CRAWFORD
IN: *WAS GESCHAH WIRKLICH MIT BABY JANE? (1962)*

Der amerikanische Camp-Kenner Paul Roen erinnerte sich daran, 1962 im Alter von vierzehn Jahren zusammen mit seinem besten Freund *Was geschah wirklich mit Baby Jane?* gesehen zu haben und «utterly obsessed» gewesen zu sein:

> «Als *Was geschah wirklich mit Baby Jane?* endlich auch in unserer Stadt lief, sind mein Freund und ich gleich zweimal in der Aufführung gewesen. Mein Freund ist schon verstorben, natürlich an Aids. Damals im Jahr 1962 haben wir beide gedacht, *Baby Jane* wäre der beste Film aller Zeiten. Das würde ich heute nicht mehr sagen, er wohl auch nicht, nehme ich an. Aber ich bin sicher, er würde mir zustimmen, dass jeder Schwule diesen Film gesehen haben muss.»

Der beste Film aller Zeiten ist *Was geschah wirklich mit Baby Jane?* sicher nicht, aber bestimmt ein großartiger Film. Dass er trotzdem in diesem Buch gewürdigt wird, hat zwei Gründe: Zum einen lernte Hollywood an diesem Film, dass alte Frauen an der Kinokasse viel Geld einspielen können, und zum anderen gab *Baby Jane* den Auftakt für eine ganze Reihe von Nachahmungen, die im Folgenden vorgestellt werden sollen. Das ganze Ausmaß dieser Missgriffe lässt sich besser ermessen, wenn man zuvor einen Blick auf das «Original» wirft und sich dabei vergegenwärtigt, wie man es «richtig» macht.

Ein wesentlicher Faktor für den Erfolg von *Was geschah wirklich mit Baby Jane?* liegt im Verweben der Star-Persona der Darstellerinnen mit der Filmhandlung. Dieser Kunstgriff war zuvor bereits von Billy Wilder in seinem Film *Boulevard der Dämmerung* (1950) angewandt worden. Der Film erzählt das Schicksal eines vergessenen Filmstars namens Norma Desmond. Sie wird von dem echten Stummfilmstar Gloria Swanson gespielt, die zur Zeit der Dreharbeiten ebenfalls vergessen war. Billy Wilder macht daraus ein wunderbares Spiel zwischen Rolle und Person, unterstützt durch eine ganze Reihe mitspielender echter Regisseure und Darsteller aus der Zeit, als Gloria Swanson ein Star war: Erich von Stroheim, Cecil B. DeMille und Buster Keaton. Diese von Wilder genutzte Möglichkeit ergab sich nach dem Zweiten Weltkrieg, denn eine erste Generation von Schauspielern war gleichzeitig mit dem Medium Film in die Jahre gekommen. *Boulevard der Dämmerung* war ein Erfolg, und nicht wenige Zitate daraus sind in den Camp-Kanon eingegangen: «Mr. DeMille, I'm ready for my close-up.» Gloria Swanson als Norma Desmond war so überzeugend, dass sie eine Oscar-Nominierung erhielt. Der Oscar für die Beste Hauptrolle ging 1951 jedoch an Judy Holliday in einem Film, der bezeichnenderweise *Die ist nicht von gestern* (*Born Yesterday*) hieß.

In *Was geschah wirklich mit Baby Jane?* führt Robert Aldrich ebenfalls Star-Image und Filmcharakter parallel: So schaut sich Joan Crawford als an den Rollstuhl gefesselter Kinostar Blanche Hudson im Fernsehen alte Joan-Crawford-Filme an; die Tochter der Nachbarin wird von Bette Davis' Tochter (Barbara D. Hyman) gespielt.

Joan Crawford war einer der größten weiblichen Stars des amerikanischen Kinos und einer der Stars mit besonders großer schwuler Gefolgschaft. Keine ihrer Darstellungen war so ausgefeilt wie die ihrer ewigen Konkurrentin Bette Davis, dafür besaß sie jedoch den größeren Glamour-Faktor. Über ihr Aussehen sagte sie selbst: «Alle imitierten meine volleren Lippen, meine dunkleren Augenbrauen. Für mich kam solche Nachahmung jedoch nie in Frage. Wenn ich nicht ich selbst sein kann, will ich gar niemand sein. Ich wurde so geboren!» In den angloamerikanischen Ländern entstand die große schwule Gefolgschaft der Crawford zu einer Zeit, in der Homosexualität strafbar war, Schwule deshalb «in the closet» lebten und auf der Leinwand zwar schwule Schauspieler in heterosexuellen Rollen zu sehen waren, aber keine schwulen Geschichten erzählt wurden. Schwule machten sich deshalb auf die Suche nach Subtexten in heterosexuellen Romanzen. Crawfords Filme waren in dieser Hinsicht besonders beliebt. Zum Beispiel das unter der Regie von Robert Aldrich entstandene Melodram *Herbststürme* (1956), ein klassisches «women's picture». Joan Crawford, die, in der frühherbstlichen Phase ihrer Karriere stehend, eine Schreibkraft namens Millicent Wetherby spielt, hat es zu einigem Wohlstand gebracht und mit ihrem Liebesleben abgeschlossen. Dann lernt sie den von Cliff Robertson gespielten Burt Hanson kennen, deutlich jünger, dessen jungenhaftem Charme sie nach anfänglichem Zögern verfällt. Sie heiratet ihn, doch Cliff kommt mit seinem Leben nicht zurecht. Joan findet heraus, dass ihr Liebster schon verheiratet war, mit einer blonden Frau, die ihm jedoch keine Erfüllung brachte – und umgekehrt. Cliff versucht sich herauszulügen und wird von Wahn- und Wutausbrüchen heimgesucht: In einer dramatischen Szene bewirft er die arme Joan Crawford mit ihrer Schreibmaschine. Joan weist Cliff in die Psychiatrie ein. Er wird geheilt. Happy End.

Was sich unter der Oberfläche des Melodrams verbirgt, ist eine schwule Liebesgeschichte. Joan – in dieser Konstellation der ältere, einsame Liebhaber («Bin ich noch hübsch?») – führt den jüngeren Liebhaber («Ich hab mich mit jungen Mädchen getroffen und festgestellt, dass sie nicht zu mir passen.») in die Welt einer anderen Liebe ein («Du bist ganz anders als alle Frauen, die ich bisher kennengelernt habe.»). Sie muss sich dafür von ihren Mitmenschen beschimpfen lassen: «Wer sowas heiratet, muss verrückt sein!» Nach einer Therapie kann Cliff zu seiner Sexualität stehen. Diese Lesart mag einem aus heutiger Sicht völlig absurd erscheinen, doch Paul Roen beschreibt diese Art der Subtextualisierung in seinem Buch *High Camp* auf überzeugende Weise: «Crawford [...] tests the limits of a hellish Fifties world of pain, anxiety, and frustration. As one character gloomily puts it, ‹Being in love is never easy. And the more in love you are, the less easy and more lonesome it gets.›»

Neben Joan Crawford ist auch Bette Davis mit vielen Filmen in *High Camp* vertreten. Einer ihrer größten Camp-Klassiker ist sicherlich *Beyond the Forest* (1949). Edward Albee hat diesen Film in seinem Theaterstück *Wer hat Angst vor Virginia Woolf?* unsterblich gemacht. Als Martha und George, die beiden Protagonisten des Dramas, nachhause kommen, ruft Martha aus:

> «Welch eine Bruchbude! Du, wo kommt das vor: Welch eine Bruchbude? Es ist aus irgendeinem blödsinnigen Bette-Davis-Film, aus irgendeinem Metro-Goldwyn-Mayer-Epos. Bette Davis kriegt am Schluss Bauchfellentzündung … Sie hat im ganzen Film dieses scheußliche schwarze Ungetüm von Perücke auf und sie will dauernd nach Chicago, aber sie wird krank und setzt sich an ihr Toilettentischchen, und sie greift zum Lippenstift, um sich die Lippen zu schminken, aber sie hat nicht mehr die Kraft dazu. Sie schmiert sich den Lippenstift übers ganze Gesicht.» (Dt. v. Pinkas Braun, der aus unerfindlichen Gründen «Warner Bros.» durch «MGM» ersetzt hat.)

Dieser «blödsinnige Bette-Davis-Film» ist *Beyond the Forest*. Bette Davis spielt mit einer schwarzen Langhaarperücke Rosa Molina, die frustrierte Frau eines Arztes (Joseph Cotton) in einem kleinen Ort nahe Chicago, «a midnight girl in a nine-o-clock town», wie Warner Brothers den Film bewarben. Sie bekommt ein Kind von Cotton, will aber lieber mit ihrem Liebhaber nach Chicago. Bei einem selbstverschuldeten Sturz verliert sie das Kind und wird krank. Mit letzter Kraft wankt sie die Treppe hinunter, legt Lippenstift auf (verschmiert ihn aber nicht über ihr Gesicht, da erinnert sich Albees Martha nicht ganz richtig, das machte erst drei Jahre später Tallulah Bankhead in *Nachts, wenn Mutter mordet*), schleppt sich zu den Bahngleisen und bricht vor dem abfahrenden Zug tot zusammen.

Alles an dem Film ist falsch: Bette Davis war schon etwas zu alt für die Rolle, deshalb sind alle Bewohner des Dorfes noch älter als sie, um Davis jünger erscheinen zu lassen. Die Perücke sieht aus wie aus einem Halloween-Shop und sie übertreibt jeden Blick, jede Geste, jedes Wort. Das ist zwar ausgesprochen unterhaltsam, aber doch nicht ganz das Drama griechischen Ausmaßes, das der Zuschauer erwartet, nachdem er die Schrifttafel gelesen hat, die zu Beginn des Films eingeblendet wird: «This is the story of evil. Evil is headstrong. Thus may we know and those deliver themselves over to it, end up like the scorpions in a mad fury stinging themselves to eternal death.» «What a dump» wurde zwar zum stehenden Ausspruch aller Travestiestars der Dekade, dennoch eignet sich der von Bette Davis dargestellte «Skorpion» als Identifikationsfigur für Schwule doch deutlich weniger als Joan Crawfords Millicent Wetherby in *Herbststürme*. «Identifying with Rosa Molina», schreibt Paul Roen, «is sort of sympathizing with Imelda Marcos.»

Ebenso wie Rosa Molina ist auch Baby Jane Hudson durch die Darstellung Bette Davis' zu einer Camp-Ikone geworden. «In horror movie terms», schreibt Paul Roen, «Baby Jane is comparable to the Frankenstein monster: she gets to be sympathetic and unsympathetic simultaneously.» Tatsächlich ist ihre Gesangsdarbietung (einschließlich Tanzeinlage) des alten Baby-Jane-Hudson-Schlagers *I've written a letter to Daddy* immer noch unglaublich faszinierend – man sieht sie sich schaudernd an und erschauert zugleich vor dem ganzen Elend einer alten Frau, die nicht mehr an ihre alten Erfolge anknüpfen kann, aber nie etwas anderes gelernt hat, als auf Abruf Vaudeville-Songs zu singen. Freilich nicht auf realistische Art und Weise oder als erfühlte Darstellung im Sinne Stanislawskis, sondern in einer völlig outrierten – und gerade deshalb äußerst beglückenden – Darstellung.

Die Titelfigur ist eine stets betrunkene Schreckschraube, die vor langer Zeit ein großer Kinderstar gewesen ist. Sie lebt mit ihrer Schwester Blanche zusammen und kümmert sich um sie, einem ehemaligen Hollywoodstar, der an den Rollstuhl gefesselt ist. Sie ist auf dem Höhepunkt ihrer Karriere bei einem Autounfall verkrüppelt worden. Gerüchten zufolge war Jane, damals schon ein vergessener Star, für den Unfall verantwortlich: Aus purer Eifersucht soll sie ihre Schwester vorsätzlich angefahren haben. Jane kann sich nicht daran erinnert, sie war, wie so oft, vollkommen betrunken. Aneinander gekettet leben die beiden, alt und vergessen, in einem verfallenen Haus. Seit einiger Zeit verschlechtert sich Janes Geisteszustand. Sie hat den Entschluss gefasst, Blanche loszuwerden, indem sie die hilflose Invalide terrorisiert, sie hungern lässt oder ihr widerliche Speisen vorsetzt, unter anderem eine gebratene Ratte und einen Wellensittich.

Entgegen allen Annahmen war *Was geschah wirklich mit Baby Jane?* ein Erfolg an der Kinokasse. Und das gerade weil, wie Paul Roen schreibt, der Film sich nicht zwischen Drama und Horrorfilm entscheiden könne: «The end result is bizarre, pulpy camp.» Auch der fast unmittelbar danach ebenfalls von Robert Aldrich gedrehte Film *Wiegenlied für eine Leiche* (1964), mit Bette Davis, Olivia de Havilland, Agnes Moorehead und Mary Astor, einer der ersten Filme, der «graphic gore» in den Mainstreamfilm integrierte, war ein Erfolg an der Kinokasse. Beide Produktionen führten zu vielen Sequels und Ripp-Offs mit alten Filmstars, die ihre besten Zeiten hinter sich hatten und noch einmal zu Ruhm und Ehren kamen. Die guten unter ihnen gingen mit der Star-Persona der Darstellerinnen produktiv um. Die weniger guten ließen ihren Darstellerinnen wenigstens noch Gelegenheit, ihr Talent aufblitzen zu lassen. Denn, wie Baby Jane so schön sagt: «You can lose everything, but you can't lose your talent!»

«A SENSE OF INSPIRED MADNESS»

GERALDINE PAGE, RUTH ROMAN & MILDRED DUNNOCK IN: *EINE WITWE MORDET LEISE (1969)*

Eine Witwe mordet leise variierte das Grundprinzip des Aldrich-Klassikers und nahm mit dem (Original-)Titel am deutlichsten Bezug auf das Original: *Whatever happened to Aunt Alice?* – zwar nicht inszeniert, aber doch produziert von Robert Aldrich. Der Trailer – ein Meisterstück, in dem in einem Stimmengewirr immer wieder der Name Aunt Alice zu verstehen ist – zielt ganz deutlich auf den Klassiker: «*Whatever happened to Aunt Alice* is more terrifying than what happened to Baby Jane.» Daran erkennt man, welchen Kultstatus *Was geschah wirklich mit Baby Jane?* in den zurückliegenden sieben Jahren erlangt hatte. 1968 hatte man im amerikanischen Fernsehen bereits Gelegenheit gehabt, mit *How Awful About Allan* eine ähnlich gestrickte Geschichte, ebenfalls nach einer Vorlage von Henry Farrell, zu sehen. *What's the matter with Helen* mit Debbie Reynolds und Shelley Winters folgte im Jahre 1971, 1972 *Wer hat Tante Ruth angezündet*, wiederum mit Shelley Winters.

Freilich verschoben sich im Lauf der Zeit die Gewichte. Bette Davis und Joan Crawford, auch die Darsteller der Nebenrollen im *Baby-Jane*-Film wie Anna Lee und Marjorie Bennett, waren genuine Filmstars. In *Eine Witwe mordet leise* treffen wir auf eine andere Liga: Sowohl Geraldine Page als auch Ruth Gordon waren formidable Theaterschauspielerinnen, letztere ist zudem noch als Autorin und Drehbuchautorin hervorgetreten. Im Gegensatz zu Davis und Crawford, die beide bereits Oscar-Preisträgerinnen waren, erhielt Geraldine Page ihren Oscar erst spät, 1986 für ihre letzte Filmrolle in *Trip to Bountiful – Reise ins Glück*. 1987 erlitt sie in einer Aufführung von *Blithe Spirit* von Noël Coward einen tödlichen Herzinfarkt. Verdient hätte sie den Oscar freilich schon für ihren verblassenden Filmstar Alexandra Del Lago in der Tennessee-Williams-Verfilmung *Süßer Vogel Jugend* (1962), einer Meisterleistung mimischer und erfühlter Schauspielkunst und einer Meditation über die Tücken des Altwerdens, der sich der Zuschauer auch fünfzig Jahre später nicht entziehen kann. Page muss schon in der Bühnenfassung von *Süßer Vogel Jugend* so gut gewesen sein, dass sie für die Filmversion verpflichtet wurde. Das kam in Hollywood nicht häufig vor.

Wie beeindruckend sie als Schauspielerinnen auch sein mochten, die Star-Persona von Page und Gordon waren nicht annähernd so ausgeprägt wie die von Davis und Crawford. *Ein Witwe mordet leise* verlässt sich also ganz auf die Schauspielkunst ihrer Protagonistinnen.

Geraldine Page als Mrs Marrable ist Witwe geworden. Sie ahnt freilich nicht im Entferntesten, dass ihr Mann ihr außer einer Briefmarkensammlung nicht sehr viel hinterlassen hat. Als sie diese schlechte Nachricht erhält, spielt Geraldine Page sechs Minuten lang die ganze Palette menschlicher Reaktionen auf solch eine Eröffnung – Entgeisterung, Wut, Verzweiflung, Wahnsinn. Eine Meisterleistung. Die Schlussfolgerung, die Mrs Marrable schließlich aus dieser Malaise zieht, entspricht ganz den Gesetzen des Horrorfilms: Sie bezieht eine schöne Hazienda, erschlägt ihre Haushälterin mit einem Gesteinsbrocken, vergräbt sie im Garten, pflanzt eine Pinie und reklamiert die Ersparnisse der Hausangestellten für sich. Die Anzahl der Pinien nimmt unaufhörlich zu, dementsprechend häufig müssen neue Zugehfrauen eingestellt werden. Die Werbung für den Film beschrie den Vorgang mit dem schönen Reim: «What makes her garden grow, wouldn't you like to know.» Die nächste Haushälterin ist Mrs Tinsley, gespielt von der wunderbaren Mildred Dunnock, die erst durch ihre Darstellung verdrehter alter Jungfern zu Ruhm gelangte. Sie hat in diesem Fach einige der eindrücklichsten Rollenporträts hinterlassen: die ewig unterdrückte Frau eines Südstaatenpatriarchen in *Süßer Vogel Jugend* (1962), die verwirrte, infantile, wie ein junges Vögelchen umherflatternde Tante Rose in *Baby Doll* aus dem Jahr 1956 (eine der zahlreichen Rollen, die Tennessee Williams seiner psychisch kranken Schwester Rose nachempfunden hat). Ihre Rolle in *Eine Witwe mordet leise* ist eine Variation der Dienstbotinnenrollen in *Was geschah wirklich mit Baby Jane?* (Maidie Norman) und *Wiegenlied für eine Leiche* (Agnes Moorehead). Eine gemordete Hausangestellte gehört zur Tradition dieser Filme und ist gleichzeitig immer ein Kräftemessen zwischen Star und Charakterdarstellerin. Page und Dunnock kämpfen freilich mit etwas feinerem Florett als Davis und Moorehead. Als Mrs Marrable sich, ganz die große Dame, von Mrs Tinsley einen Grand Marnier servieren lässt, sagt sie: «You never tasted it, have you?» Anschließend bringt sie ihr noch die korrekte französische Aussprache des Wortes Likör bei. Doch anstatt der verängstigten Seele ein kleines Gläschen des edlen Tropfens zu spendieren, erschlägt sie die Arme mit der Gartenschaufel und freut sich auf deren üppig gefülltes Sparkassenbuch.

Was Mrs Marrable freilich nicht weiß: Mrs Tinsleys ehemalige Arbeitgeberin ist ihr in Freundschaft zugetan und macht sich nun große Sorgen: Ruth Gordon als Alice Dimmock. Die findet es äußerst merkwürdig, dass die gute Mrs Tinsley so plötzlich verschwunden ist, und bewirbt sich als Haushälterin bei Mrs Marrable. Mit ihr hat die mörderische Witwe nicht so leichtes Spiel – Mrs Dimmock kommt ihr nämlich ganz schnell auf die Schliche. Ruth Gordons Ruhm ist, ähnlich dem von Mildred Dunnock und Geraldine Page, heute etwas verblasst, dabei war sie in den 1970er Jahren der heranreifenden Jugend sehr nahe gekommen – *Harold und Maude* von 1971, die Geschichte einer todesverliebten Freundschaft zwischen einem Jugendlichen und einer alten Frau. Doch in den Olymp der Filmgeschichte stieg Ruth Gordon in *Rosemary's Baby* von Roman Polanski als Minnie Castavet auf. Die Rolle einer schrulligen alten Frau (für die sie 1969 einen Oscar für die beste weibliche Nebenrolle erhielt), die in Wirklichkeit die treibende Kraft einer teuflischen Sekte ist und die Wiedergeburt Satans vorbereitet, ist gerade deshalb so schockierend, weil sie während des gesamten Films überaus sympathisch bleibt.

Als Alice Dimmock hat Ruth Gordon keinen schweren Part, aber sie holt als patente Miss Marple alles aus der Rolle heraus. So gelingt ihr das Kunststück, trotz des nicht ganz ebenen Drehbuchs von Theodore Epstein den Zuschauer mitfiebern zu lassen. Pages Part ist schwerer – sie muss den Film tragen und gleichzeitig das Beste aus der eindimensionalen Rolle herausholen. Denn außer ihrer finanziellen Zwangslage und spärlichen Informationen über ihren Mann weiß man nicht eben viel von Mrs Marrable. Page spielt dieses Defizit einfach weg und die Zuschauer hängen gebannt an ihren Lippen. Dabei ist es völlig egal, ob sie ihre Angestellte schurigelt: «Are you aware that cocktail hour has come and gone», über ihre Nachbarin schimpft: «She's like crabgrass – never really quelled – only cropping up secretly and victoriously in another spot», oder es angesichts von Alice Dimmocks Ausdauer, ihr auf die Schliche zu kommen, doch mit der Angst zu tun bekommt: «What a fraud you are! You want to utterly destroy me!» In einem schauspielerischen Kabinettstück ganz besonderer Art versucht sie, einen streunenden Hund zu töten, der seine Nase zu häufig in die Pinienpflanzungen steckt. Sie lockt ihn mit einem Stück Fleisch in die Stallung, macht dazu einen unglaublich freundlichen Gesichtsausdruck, auf den selbst Angela Lansbury stolz gewesen wäre – und schlägt zu. «Like Maggie Smith», schrieb Vincent Canby in der New York Times, «she touches everything with a sense of inspired madness.» Schöner und treffender ist die Kunst von Geraldine Page nicht zu beschreiben.

Leider hält der Rest des Films nicht mit. Der Regisseur Lee H. Katzin setzt eher auf unterschwellige Spannung denn auf Horroreffekte, aber die Nebenfiguren in den Nebenhandlungen sind bloß Staffage und bremsen den Furor der beiden Hauptdarstellerinnen allzu oft aus. Die Kostüme hingegen sind phantastisch, insbesondere Geraldine Page trägt 1970er-Jahre-Kreationen des Couturiers Renié mit Paiseley-Muster in Rot-orange-Tönen, von denen eine schöner ist als die andere. Doch das Grundproblem des Films ist ein anderes. *Was geschah wirklich mit Baby Jane?* und *Wiegenlied für eine Leiche* sind grotesker Grand-Guignol und deshalb gut und gruselig. *Eine Witwe mordet leise* ist die geschmackvolle Variante und bleibt deshalb nur als Zweikampf zwischen Geraldine Page und Ruth Gordon in Erinnerung. Der beschert uns im letzten Drittel des Films dann doch noch das gewaltsame Ende von Mrs Dimmock, eine überraschende Pointe und Mrs Marrables endgültiges Abgleiten in den Wahnsinn. Es stellt sich nämlich heraus, dass das Briefmarkenalbum des Verstorbenen, das Mrs Marrable längst dem Nachbarsjungen geschenkt hat, Tausende von Dollars wert ist und alle Morde somit unnötig waren. Zudem muss sie eines Morgens feststellen, dass man ihr Geheimnis entdeckt und dabei ihre geliebten Pinien vernichtet hat. Mit Tränen in den Augen lacht sie so irre, dass einem wirklich der Schreck in die Glieder fährt, und sagt: «After all, I make a very handsome pine tree.» Dann ist der Film zu Ende. Dank des fulminanten Damentrios bleibt er unvergesslich.

«IN HOLLYWOOD SIND KINDER WIE WEISSE KÜHE IN INDIEN»

DEBBIE REYNOLDS & SHELLEY WINTERS
IN: *WAS IST DENN BLOSS MIT HELEN LOS? (1971)*

Ja, was ist bloß los mit Helen? Also mit Shelley Winters? Glaubt man Debbie Reynolds, dem Ko- und Hauptstar des Films, hatte Shelley Winters während der Dreharbeiten Probleme mit ihrem Psychiater und ihrem Übergewicht:

> «Shelley Winters ist absolut irre. Ich wiederhole das jederzeit, denn so ist es einfach. Wenn Shelley an einem Film arbeitet, ist sie unberechenbar, um es einmal schmeichelhaft zu formulieren. Als wir uns zur ersten Lesung des Scripts trafen, sagte sie: ‹Mein Psychiater hat mir geraten, diesen Film nicht zu machen, weil er mich wahrscheinlich endgültig in den Wahnsinn treibt.› Ich blickte sie an. Da ich noch nie mit ihr gearbeitet hatte, war mir nicht klar, dass für Shelley alles, was sie sagt, im jeweiligen Moment auch die Wahrheit ist; da ist nichts gespielt. Shelley ist so. Shelley hat in einem fort übers Abnehmen geredet. ‹Bei diesem Film verliere ich bestimmt zwanzig Pfund. Gleich morgen fange ich damit an.› Und eine halbe Stunde später fragte sie dann, was es zum Nachtisch geben würde. So schwer wie damals war sie sonst fast nie. Für die Rolle war das perfekt. Shelley platzt immer gleich damit raus, dass sie Method Acting macht. Was ich nicht tue. Sie hatte es sich zur Gewohnheit gemacht, ihren Text während der Aufnahme ständig zu

ändern. Und das ging immer so, Tag für Tag. Ein Querschläger nach dem anderen. Bis ich es schließlich nicht mehr ausgehalten habe. Ich habe die Szene abgebrochen, bin zur Wand hinübergelaufen, habe den Feuerwehrschlauch aus dem Kasten gerissen und ihn auf sie gerichtet. ‹Halt die Klappe, Shelley!›, habe ich geschrien. Es folgte dann eine der heftigsten Streitereien, die ich je im Leben hatte. Den Film fand ich toll, die Arbeit daran war aber schrecklich.»

Reynolds spricht damit einen der Gründe für das Scheitern dieses Films an. Shelley Winters sorgt, nicht nur durch ihre Gewichtsprobleme, dafür, dass der Film eine Unwucht bekommt, weil es dem Method Acting diametral entgegengesetzt ist, eine Star-Persona zu entwickeln. Debbie Reynolds hingegen tut genau das: Sie spielt gewissermaßen ein alt gewordenes Broadway-Baby, und die Rückbezüge zu *Du sollst mein Glücksstern sein* (1952) sind jederzeit zu erkennen. Diese beiden unterschiedlichen Herangehensweisen an eine Rolle – Sein und Schein – wollen einfach kein einheitliches Miteinander ergeben.

Die Karriere von Debbie Reynolds war nach diesem Filmmusical «to end all filmmuscials» zunehmend glücklos verlaufen, und auch das Glück in der Liebe war für Debbie Reynolds nur ein Schmetterling: 1959 wurde ihre erste Ehe geschieden, 1960 und 1984 heiratete sie zum zweiten und dritten Mal, auch diese Ehen gingen vor den Scheidungsrichter und ruinierten sie finanziell.

Erfolg im Film hatte sie noch einmal in einer Mutter-Rolle in *Mother* (1996) und in dem Fernsehfilm *These Old Broads* (2001), wo sie zusammen mit Shirley MacLaine und Liz Taylor zu sehen war: ein Käfig voller Alter. Mit ihrer Tochter, der Filmschauspielerin Carrie Fisher (als Prinzessin Lea in der *Star-Wars*-Trilogie zu Ehren gekommen und 2009 mit *Schön bis in den Tod* ebenfalls im Horrorfilm gelandet), scheint sie sich nicht besonders gut verstanden zu haben. Ähnlich anderen berühmten Filmtöchtern schrieb sich Carrie Fisher ihren Ärger vom Hals. *Postcards from the Edge*, auf Deutsch *Grüße aus Hollywood*, wurde 1996 mit Meryl Streep (als Carrie Fisher) und Shirley MacLaine (als Debbie Reynolds) verfilmt. Reynolds pekuniäre Situation war so schlecht, dass sie 2010 mit einer One-Woman-Show im Londoner West End zu sehen war – eine quicklebendige alte Dame, geschmackvoll geliftet, die sang und tanzte und auch ohne Tanz gern ihre Beine zeigte – und die Zuschauer nicht zuletzt mit einer brüllkomischen Parodie Barbra Streisands überraschte. 2011 ließ sie dann ihre Sammlung von Hollywood-Memorabilia versteigern – unter anderem Judy Garlands «Ruby Slippers» aus *Das zauberhafte Land*. Es muss ein besonders trauriger Tag in ihrem Leben gewesen sein.

Regisseur von *Was ist denn bloß mit Helen los?* ist Curtis Harrington. Debbie und Shelley spielen darin zwei Frauen in der Roosevelt-Ära, deren Söhne wegen Mordes verurteilt wurden. (Für Freunde der Serie *Das Haus am Eaton Place:* Debbie wird in der deutschen Fassung von der gleichen Stimme synchronisiert wie das Hausmädchen Rose.) Weil sie von einem anonymen Anrufer terrorisiert werden, fliehen beide nach Hollywood und gründen dort eine Tanzschule für kleine Mädchen: «Weißt du, in Hollywood sind Kinder wie weiße Kühe in Indien, denk an Shirley Temple zum Beispiel.» Gesagt, getan, und so sehen wir bald lauter kleine «Baby Janes». Debbie kann ihr Talent mittels einer Steppeinlage unter Beweis stellen – aber was hat die von Shelley gespielte Mutter bloß für Talente? Gar keine, außer dass sie die Tanzdarbietungen der lieben Kleinen auf dem Klavier begleitet und zwar, wie man leider feststellen muss, nicht besonders inspiriert. Kein Wunder also, dass sie über diesen völligen Mangel an Talent dem Wahnsinn anheimfällt und als Ersatzbefriedigung (Debbie hat inzwischen einen schicken reichen Verehrer) religiöse Erbauungsprogramme im Radio hört. Die werden in der Originalfassung gepredigt von der Priesterin der «Kirche zur offenen Hand», gespielt von Agnes Moorehead, deren religiös-fanatische Innbrunst sich in der Synchronfassung leider nicht mitteilt. Immerhin werden die Zuschauer auch mit einem sichtbaren Auftritt der wunderbaren Agnes Moorehead belohnt, während eines Gottesdiensts singt sie einen Choral und bedeutet der Trost suchenden Shelley, die Kirche zu verlassen: «Nun geh weiter, mach Platz für die anderen.»

Schließlich wird Shelley vollends unzurechnungsfähig. Sie mordet ihre im Hinterhof gehaltenen Kaninchen und wirft einen Mann, den sie für den Psychopathen hält, die Treppe hinunter. Später stellt sich heraus, es war ein Angestellter, der ihr eine Versicherungssumme auszahlen wollte. Und zum Schluss ersticht sie Debbie, stellt die Leiche wie eine Schaufensterpuppe auf und greift mit glasig-irrem Blick immer dieselben Akkorde auf dem Klavier.

Arme Debbie, wie ein einsamer Pappkamerad steht ihre Leiche zum Schluss in den Kulissen und erinnert fern an die kleine Dame aus Papier in Hans Christian Andersens Märchen vom Zinnsoldaten, die zusammen mit dem Soldaten im Ofen verbrennt:

> «Da ging eine Tür auf, der Wind ergriff die Tänzerin, und sie flog wie eine Sylphide gerade in den Ofen zum Zinnsoldaten, loderte in Flammen auf, und fort war sie. Da schmolz der Zinnsoldat zu einem Klumpen. Von der Tänzerin dagegen war nur eine Flitterrose da, und die war kohlschwarz gebrannt.»

«SAY SOMETHING LOVELY»

MIRIAM HOPKINS & GALE SONDERGAARD
IN: *SAVAGE INTRUDER (1970)*

Miriam Hopkins ist der Nachwelt vor allem als Rivalin von Bette Davis in Erinnerung. Die Beziehung zwischen den beiden Hollywood-Diven war ein ständiger Kampf. Davis' Biograf James Spada führt die Bösartigkeit der Hopkins darauf zurück, dass sich Bette Davis ihren Annäherungsversuchen widersetzt habe – Hopkins war beiden Geschlechtern zugeneigt. Zudem bekam Davis einen Oscar für ihre Darstellung der Titelrolle in *Jezebel – Die boshafte Lady* (1938), eine Rolle, die Hopkins auf der Bühne gespielt hatte und gerne auch im Film übernommen hätte. Zu guter Letzt begann Davis auch noch eine Affäre mit dem Regisseur Anatole Litvak, zu einem Zeitpunkt, als der noch mit Hopkins verheiratet war.

Die Dreharbeiten zu den zwei Filmen, in denen Davis und Hopkins gemeinsam vor der Kamera standen – *Die alte Jungfer* (1939) und *In Freundschaft verbunden* (1943) –, müssen für alle Beteiligten die Hölle gewesen sein. Im Interview mit Boze Hadleigh, Hollywoods Garant für gastly gossip, äußerte sich Bette Davis denn auch unverhohlen deutlich:

«Sie war eine Schlampe, da können Sie jeden fragen, der mit ihr gearbeitet hat. Ich weiß, dass sie sich nie geändert oder auch nur gebessert hat. Sie hat ständig versucht, den anderen die Schau zu stehlen. Vielleicht kennen Sie *Infame Lügen*, die Verfilumg von Lillian Hellmans Theaterstück *The Children's Hour*, es geht um zwei Lesben. Hopkins hat darin mitgespielt, zusammen mit Merle Oberon. Merle sagt, sie kann sich eher vorstellen, eine Abtreibung machen zu lassen, als noch einmal mit Hopkins aufzutreten.»

Infame Lügen (1936), in dem das Thema lesbische Liebe aus Zensurgründen nicht offen behandelt werden durfte, wird den meisten Zuschauern durch das Remake *Infam* (1961) besser bekannt sein, bei dem ebenfalls William Wyler Regie führte. Shirley MacLaine übernahm darin Hopkins' Part und Audrey Hepburn den von Merle Oberon. Miriam Hopkins spielte auch im Remake mit, ihrem Alter entsprechend als Tante Lilly. Der alte Film ist trotzdem besser als sein Remake.

Die Filmgeschichte ist oft ungerecht, und Miriam Hopkins hat es besonders hart getroffen. Sie ist heute meist nur eine Fußnote in der Filmgeschichte und findet in der Literatur meist nur als Lieblingsfeindin von Bette Davis Erwähnung. Dabei war sie ein großer Star der Paramount und spielte unter der Regie von namhaften Regisseuren wie Rouben Mamoulian, Ernst Lubitsch und William Wyler häufig sexuell emanzipierte Frauen, und zwar bevor Kolleginnen wie Carole Lombard und Claudette Colbert mit solchen Rollen zu Ruhm kamen. Der Wechsel zu Warner Bros. gab ihrer Karriere nicht den erhofften Aufschwung, dafür begegnete sie dort Bette Davis. Die bezeichnete ihre Spielweise als antiquiert, und so begann sie Ende der 1940er Jahre Mutterrollen zu spielen (so die Mutter von Olivia De Havilland in deren Oscar-prämierter Rolle als *Die Erbin* (1949) nach Henry James).

Als ihre Lieblingsfeindin so großen Erfolg mit *Baby Jane* erlebte, ließ auch Hopkins sich für einen Horrorfilm verpflichten, und zwar den heute kaum bekannten Streifen *Savage Intruder*, auch bekannt als *Hollywood Horror House* oder *Comeback*. Der Film wurde in keiner Beziehung ein Erfolg und zu einem Comeback für Miriam Hopkins schon gar nicht. Es war ihr letzter Film. Bette Davis wird sich darüber einen Ast gefreut haben.

Der Film beginnt ganz stimmungsvoll, nämlich mit einer Filmpremiere in Hollywoods Glanzzeit (angeblich handelt es sich bei den Aufnahmen um Footage aus dem Filmmusical *Du sollst mein Glücksstern* sein). Drauf folgt eine unsanfte Bodenlandung in der Gegenwart der 1970er Jahre, mit einem langen Kameraschwenk über die auseinanderfallenden HOLLYWOOD-Lettern, durch die der Wind pfeift. Am Fuße des Hügels ragt der abgetrennte Kopf einer alten Frau aus dem Wüstensand, ein schönes Sinnbild für den Zerfall einer einstigen Hochkultur.

Bevor der Zuschauer Miriam Hopkins zu sehen bekommt, in der Rolle der vergessenen Kinokönigin Katherine Parker, wird es erst einmal unappetitlich. In einer Kneipe sitzt eine angetrunkene alte Frau an der Bar (Dorothy Kingston), nimmt einen Drink zu sich, bezahlt und tritt den Heimweg an. Ein Mann folgt ihr, verschafft sich durch ein Fenster Zutritt zu ihrer Wohnung und schlägt sie nieder. Dann öffnet der wilde Eindringling einen kleinen Koffer mit einer nicht unbeträchtlichen Anzahl von Messern, Sägen und ähnlichem Besteck, das den Zuschauer nichts Gutes ahnen lässt, und versucht mit einem elektrischen Küchenmesser, der bewusstlosen Frau die Hand abzusägen. Die wacht natürlich sofort auf und schreit wie am Spieß. Daraufhin kommt ein kleines handliches Hackebeil zum Einsatz. Es spritzt abscheulich. Schnell wird dem Zuschauer klar, dass der abgeschlagene Kopf vor den HOLLYWOOD-Lettern das Werk eines Serienkillers ist. Ebenso deutlich wird, wie sehr sich schon damals das besonders in Italien erprobte Slasher-Gewerbe bereits in den Sumpfblüten des Exploitationkinos festgesetzt hatte, bevor es die Großproduktionen eroberte. Freilich ist es gerade der amateurhafte Charme der Tricks, die Szenen wie das Opening dieses Films besonders gruselig machen.

Eine Dichte wie in der Eingangssequenz erreicht der Film an keiner Stelle wieder. Er zerfällt in Einzelteile, die keine Summe ergeben. Ein Bus des Unternehmens Movielandtours hält vor dem Anwesen des einstigen Filmstars Katherine Parker. (Gedreht wurde in einer alten Hollywood-Villa, in der seinerzeit der Stummfilmstar Madge Bellamy gelebt hatte. In Internetforen wird darüber diskutiert, ob auch Stummfilmdiva Norma Talmadge dort gewohnt hat.) Ein kleines Mädchen steigt aus und erbricht sich. Dem Bus entsteigt außerdem ein junger Mann namens Vic, gespielt von David Garfield, dem Sohn des Schauspielers John Garfield (dem wiederum eine Affäre mit Miriam Hopkins angedichtet wurde). Derweil sieht der Zuschauer im

Innern des Hauses die offenbar leicht alkoholisierte Katherine die Treppe hinuntersteigen. Sie hört Stimmen – doch diese Stimmen existieren nur in ihrer Erinnerung. Zu offensichtlich ist, worum es sich bei dieser Szene handelt: um eine Art von *Sunset Boulevard* Redux. Während Billy Wilder Gloria Swanson die Würde ließ, geht Donald Wolfe, der Regisseur und Drehbuchautor dieses Films, weniger zimperlich mit seinem Star um. Berauscht von der Erinnerung an alte, bessere Tage fällt Hopkins die Treppe hinunter, schlägt an deren Fuße auf und verliert dabei die Perücke.

Bei ihrem Sturz hat sich Katherine das Bein gebrochen, damit sie den Rest des Films als Versehrte an den Rollstuhl gefesselt ist oder sich auf Krücken fortbewegen muss. Wobei es zu den Ungereimtheiten des Drehbuchs gehört, dass Miriam Hopkins in Szenen, die danach verlangen, recht beweglich den Springinsfeld gibt.

Der junge Mann, der aus dem Bus gestiegen ist, tritt nicht nur in ihr Haus, sondern auch in ihr Leben. Das Haus wird zum Liebesnest. Vics Geheimnis wird freilich früh gelüftet, und damit werden alle Chancen auf ein spannendes, weil rätselhaftes Psychogramm verschenkt: In einer Rückblende sehen wir einen kleinen Jungen, der in psychedelischen Kulissen und in ebensolche Musik getaucht eine Tür öffnet. Was er sieht, prägt ihn für den Rest seines Lebens: eine Frau, offenbar seine Mutter, die es sich von verschiedenen Männern besorgen lässt, anstatt sich um ihren Sohn zu kümmern. Verständlicherweise greift der Kleine zum Beil und hackt seiner Mutter die Hand ab. Auch demjenigen Zuschauer, der nicht mit den Gesetzen des Horrorfilms vertraut ist, dürfte nun schwanen, dass es sich bei Vic um den mysteriösen Serienmörder handelt, und die Spannung des Films reduziert sich damit auf die Frage, ob und wann er Miriam Hopkins abschlachten wird, oder ob vielleicht zuvor noch deren Hausangestellte daran glauben müssen.

Eine dieser Angestellten, die Sekretärin Leslie, wird von Gale Sondergaard gespielt. Deren Hollywoodkarriere war seit den 1930er Jahren mit einem Oscar und einer weiteren Oscar-Nominierung auf steilem Weg nach oben. Doch dann wurde ihr Mann Herbert Biberman als Kommunist vor den Ausschuss für unamerikanische Aktivitäten gezerrt. Sie sagte vor dem Ausschuss für ihren Mann aus und bewies damit den Mut, der vielen ihrer Kollegen fehlte. Ihr Mut kostete sie die Karriere, sie kam auf die Blacklist, erhielt keine Filmangebote mehr und zog mit ihrem Mann von Hollywood nach New York. Dort spielte sie Theater und übernahm ab den 1960er Jahren Rollen in Fernsehproduktionen.

Savage Intruder war nach etwa 20jähriger Abwesenheit ihre Rückkehr auf die große Leinwand. Außer der Möglichkeit, ihr alt gewordenes Gesicht der Kamera zu präsentieren, hat sie darin kaum etwas zu tun. Es folgten weitere kleine Rollen in kleinen Filmen, beispielsweise der zweite Teil von *Der Mann, den sie Pferd nannten* (1976). 1983 kam ihr letzter Film in die Kinos, *Echoes*. Hier teilte sie sich die Leinwand mit zwei weiteren Horrorveteraninnen, Ruth Roman und Mercedes McCambridge.

Trotz ihrer Fähigkeit, eine wirklich sinistre Miene aufzusetzen (angeblich ließ sich Walt Disney von ihrem Gesicht für die böse Stiefmutter in seinem Trickfilm *Schneewittchen und die sieben Zwerge* (1937) inspirieren), ist sie in *Savage Intruder* die Gute. Sie durchschaut den jungen Mann schnell und versucht ihre Herrin zu schützen. Hier offenbart sich das zweite Vorbild des Streifens: In *Wiegenlied für eine Leiche* (1964) ist es Agnes Moorhead, die ihre von Bette Davis gespielte Dienstherrin aus den Fängen der von Olivia De Havilland gespielten Bösewichtin erretten will. Auch das Abhacken von Gliedmaßen wird darin präludiert.

Das ist das Schöne am Betrachten von Filmen wie *Savage Intruder* – man merkt, alles hängt mit allem zusammen, und neben der Freude beim verschämten Betrachten abartiger Machwerke tritt die Freude, lose Fäden zu verknüpfen und daraus einen Teppich der Verweise und Bezüge zu weben. Zugegeben, es ist eine subtile Freude für den, wie der Engländer sagt, «aquired taste», doch es öffnen sich Welten. Manchmal auch Abgründe.

Der Zuschauer dieses Films blickt hauptsächlich in Abgründe, nicht nur in die Abgründe kindlicher Traumata und deren Verarbeitung, sondern auch in den Abgrund des Begehrens. Denn die von Miriam Hopkins gespielte alte Diva verlangt geradezu nach körperlicher Lust, und sie spielt das, im Gegensatz zu anderen Teilen ihrer Rolle, wirklich überzeugend. «Put your arm around me», sagt sie zu ihrem Gespielen. Dann: «Say something lovely.» «Like what», fragt darauf Vic. Zu den Worten «like this» küsst sie ihn lange und leidenschaftlich. In einer anderen Szene lässt sie sich von Vic den Rücken massieren. Das Oberteil ist abgestreift, und als sie sich umdreht, kann man beinahe einen Blick auf ihre Brüste erhaschen. Leider nur fast, sodass über deren Zustand zu diesem Zeitpunkt kein abschließendes Urteil möglich ist.

Beflügelt von der neuen Liebe gibt Katherine Parker ein Fest für Freunde, kleidet sich in flatterhafte Gewänder, schaut sich (wie weiland Joan Crawford in *Was geschah wirklich mit Baby Jane?*) ihre eigenen alten Filme im Fernsehen an, und vor lauter Freude singt sie auch noch *Taking a chance on love*. Auch wenn es wahrscheinlich als Reminiszenz an *I've written a letter to daddy* gemeint ist, es geht daneben und wird zu einem Punktsieg für Bette Davis. Denn deren Darbietung des Vaudeville-Schlagers ist ein Meisterstück der Travestie. Miriam Hopkins' Gesangsdarbietung ist allerhöchstens ein Meisterstück des Trash, weil man eine alte Frau sieht und hört, die völlig entfesselt vor sich hin kräht, ohne jedoch vom Regisseur geführt oder in einen erkennbaren Zusammenhang gestellt zu werden. Der Unterschied von einem Kabinettstück und einer Katastrophe ist anhand dieser beiden verwandten Szenen gut zu studieren.

Während Miriam Hopkins also vor sich hin singt, salbadert und sabbert, spritzt sich der Eindringling Drogen und vergnügt sich mit der asiatischen Küchenhilfe mit Namen Greta. Die bezeichnet ihn als Bastard. Kein Wunder, er verführt sie zum Drogenkonsum, und auf die Frage: «What do I need a painkiller for?», antwortet er: «Because you're a pain.» Als sie nachts mit einer Taschenlampe durch das Haus streift, verliert sie durch einen perfekt ausgeführten Schlag ihren Kopf. Den Mörder sieht der Zuschauer zwar nicht, aber es besteht natürlich kein Zweifel darüber, um wen es sich handelt. Als murder-mystery versagt der Film folglich in jedem Fall. Die Sekretärin Leslie schöpft zwar Verdacht, kann sich aber das plötzliche Verschwinden der Angestellten nicht erklären. Auch sie wird gemeuchelt, ebenso wie die von Florence Lake gespielte Köchin.

Bevor diese Morde in Szene gesetzt werden, übrigens wesentlich weniger blutig als die Zerstückelung in der Eingangssequenz, kommt es allerdings noch zu einem der für die Zeit der Entstehung obligaten Zusammentreffen zwischen Alt und Jung. In diesem Fall unternimmt Miriam Hopkins einen Ausflug mit drogenkonsumierenden, blockflötespielenden und polonaisetanzenden Hippies. Die freundliche Drogenofferte eines Hippies: «I've got coke, speed, smack, grass and acid», lehnt sie mit den Worten «The only trips I take are to Europe» ab, findet aber trotzdem, dass «this whole thing» absolut faszinierend für sie sei. Nicht nur für sie.

Zweifellos ist *Savage Intruder* ein hoffnungsloser Fall, aber auch in den Mülldeponien der Filmgeschichte findet sich der ein oder andere Trüffel: Unvermutet erleben wir einen Weihnachtsumzug, in dem sich Katherine Parker als «Queen of the Christmas Parade» wiederfindet. Aller Wahrscheinlichkeit nach handelt es sich um Aufnahmen der Hollywood Boulevard Christmas Parade von 1968. Eine absurde Szene, die ausnahmsweise einmal mit gar nichts anderem in Beziehung steht. An der Straße, an der der Zug vorbeizieht, stehen viele Menschen, unter anderen sind ein Vater mit seinem Kind und ein eindeutig als Frau verkleideter Mann zu erkennen. «I wonder who the queen is», sagt der Vater zu seiner kleinen Tochter. Dabei ist es ganz eindeutig, denn auf dem Umzugswagen sitzen nur die als Rauschgoldengel verkleidete Miriam Hopkins und ein Weihnachtsmann. Die Antwort des Transvestiten ist trotzdem nicht überraschend: «The one with the beard!» Kein Wunder, dass Hopkins beim Betrachten der Zuschauer ausruft: «Too many queers on the Boulevard!» Nach dem Umzug flößt Vic ihr Alkohol ein und zwingt sie zu ihrer eigenen Pein und der des Zuschauers noch einmal *Taking a chance on love* zu singen.

Es ist zutiefst unerfreulich, dieser Demontage der Hopkins zuzusehen. Wie ein in einem Glas gefangenes Insekt zappelt sie in ihrem Zelluloid-Gefängnis, aus dem es genauso wenig ein Entrinnen gibt wie aus dem Albtraum einer Alterskarriere. Gnädig erspart uns der Regisseur die Einzelheiten ihrer Ermordung. Anschließend liegt Vic im Bett der Diva, aber es ist erstaunlicherweise nicht ihre Leiche, mit der er in Liebe verbunden ist, sondern eine Schaufensterpuppe, die die Züge von Miriam Hopkins trägt. Vic setzt die Puppe auch auf den Balkon in die labende Morgensonne. «I knew, you'll leave me one day», sagt er, «I feel I can trust you now.» In der letzten Szene schiebt er die Puppe im Rollstuhl spazieren und pfeift *Taking a chance on love,* während draußen der Fremdenführer der Movielandtours sagt: «This is the home of Katherine Parker.» Ein alter Star als Schaufensterpuppe seiner selbst im Rollstuhl – gibt es ein überzeugenderes Bild für den verlorenen Kampf des klassischen gegen das Exploitation-Kino?

Angeblich wurde noch ein zweites Ende dieses Films gedreht, in dem die von Gale Sondergaard gespielte Sekretärin überlebt und den wilden Eindringling erschießt. Ob und wann dieser deutlich weniger faszinierende Schluss jemals im Kino gezeigt wurde, ist fraglich. In den meisten Nachschlagewerken taucht der Film nicht auf, in einigen wird er sogar als «unreleased» aufgeführt. Wahrscheinlich wurde der Film 1970 oder 1972 in Filmtheatern gezeigt, und 1974 unter dem Titel *Hollywood Horror House* ein weiteres Mal ausgewertet. Da war Miriam Hopkins schon tot.

«MAN LÄSST SIE BESSER IN IHRER EIGENEN KLEINEN WELT!»

FLORA ROBSON & BERYL REID
IN: *DER KELLER (1970)*

Eine englische Variante des Star-Duells entstand 1970 mit zwei großen alten Damen des britischen Theaters und Kinos. Die eine davon, Flora Robson, hatte einschlägige Erfahrungen mit dem Horror, der in englischen Häusern verborgen ist: 1967 war sie im Gruselfilm *Die verschlossene Tür* als verrückte Tante zu sehen gewesen, die ein Biest auf dem Dachboden bewacht. Auch ihre sinistre Mörderin Miss Milchrest im Miss-Marple-Film *Der Wachsblumenstrauß* (1963) ist unvergessen. Beryl Reid hingegen hatte einschlägige Erfahrungen mit jenem Horror, den die Darstellung einer Lesbierin auf der Leinwand auslösen konnte. 1968 spielte sie im Film die Rolle, die sie schon auf dem Theater zum Erfolg geführt hatte, im Schauspiel *Schwester George muss sterben* von Frank Markus. Robert Aldrich hatte diese Rolle erst Bette Davis angeboten, und was die in einem Interview sagte, klingt eher nach einem vergifteten Lob:

> «Man hat mich gebeten, in der Verfilmung des Stücks *Das Doppelleben der Sister George*, in dem es um eine lesbische Liebe geht, die Hauptrolle zu spielen. Ich habe mir das Stück angesehen, und ich musste nein sagen. Das Stück ist sehr gut, aber ich habe Beryl Reid, die auf der Bühne die Hauptrolle spielte, gesagt, dass sie diese auch in der Verfilmung spielen müsse. ... Die Rolle war ihr geradezu auf den Leib geschrieben.»

Beryl Reid spielte die Rolle dann auch tatsächlich in der Verfilmung. 1970 war sie nochmals in einem kontroversen Film zu sehen, wiederum in der Verfilmung eines erfolgreichen Theaterstücks, *Seid nett zu Mr Sloane* von Joe Orton, das zusätzlich zum Thema Homosexualität noch Nymphomanie und Sadismus verhandelt.

Es ist also nicht ganz abwegig, dass Beryl Reid anschließend in einem «richtigen» Horrorfilm spielte. *Der Keller* ist leider im Gegensatz zu den beiden vorhergenannten ein wirklich schlechter Film geworden. Dabei ist der Vorspann noch ganz atmosphärisch: Panzer fahren durch die Heide, gelber Nebel wabert, ein Soldat steckt sich eine Zigarette an, wird angefallen und zerfleischt. So geht es einer ganzen Reihe weiterer Personen. Die ermittelnden Beamten sind sich schnell sicher: Es handelt sich um ein «Raubtier oder eine Bestie in Menschengestalt».

In der nächsten Szene sind wir in einem englischen Cottage zu Gast und lernen die beiden ältlichen Schwestern Joyce und Ellie Ballantyne kennen. Robson hat den Part der strengen Schwester Joyce übernommen, Reid den der kapriziösen Ellie. Ellie lebt in der Vergangenheit und schwelgt in den Erinnerungen an ihren Vater, einen ranghohen englischen Militär. Joyce kann das nicht verstehen: «Finde dich doch endlich einmal damit ab, dass die Wirklichkeit anders aussieht als 1918.» Umsorgt werden die beiden Damen von Alan, einem jungen Korporal, in den Ellie offensichtlich verliebt ist. Alle drei sind natürlich von den Morden verschreckt, aber auch unbedarften Zuschauern dürfte schnell klar werden, dass die beiden späten Mädchen ein Geheimnis hüten ...

Was hätten ein guter Drehbuchautor und auch noch ein guter Regisseur aus dieser Grundsituation alles herausholen können? Doch James Kelley (für beides zugleich verantwortlich) macht daraus – nichts. Die Handlung schleppt sich dahin, die Liebesgeschichte, die sich zwischen Alan und einer Krankenschwester entwickelt, interessiert kein Schwein, und es ruft auch keins an. Dafür sorgt im Film die für den Zuschauer unsichtbare Doris, die Telefonvermittlerin des Ortes, eine Institution, die es Anfang der 1970er Jahre noch in ganz England gab und die zu überlisten das Thema unzähliger englischer Whodunits ist.

Die Auflösung der grässlichen Ereignisse und des ebensolchen Films breitet der Regisseur langwierig vor seinen Zuschauern aus. «Ich war erst sechs, als der Krieg ausbrach», erzählt Ellie dem ermittelnden Inspektor, und fügt vorsichtshalber hinzu, dass es sich um den Ersten Weltkrieg gehandelt habe. Ein paar Rückblenden mit Jahrmarkt und Schneeballschlacht zeigen uns die glückliche Kinderzeit. Vater muss in den Krieg und kommt als geistiger Krüppel heim, er schlägt seine Frau und hat Albträume. 1921 bekommen er und seine Frau noch einen Sohn, Steven. «Wir fanden das schockierend», sagt Ellie, «wo er doch in so einer Verfassung war.» Die Mutter stirbt. Steven geht auf ein Internat. Als der Zweite Weltkrieg ausbricht, will er es seinem Vater gleichtun und Soldat werden. Das weckt schlimme Erinnerungen bei den Schwestern, und so sperren sie ihn kurzerhand im Keller ein. Ellies Kommentar dazu lautet: «Joyce wusste stets ihren Willen durchzusetzen!» Um den armen Steven ruhigzustellen, geben die barmherzigen Schwestern ihm Tabletten, die Joyce sich verschreiben lässt, und bringen ihn damit durch den Krieg, was «gar nicht so einfach» war «in der schlimmen Zeit mit zwei Lebensmittelmarken für drei Menschen!». Als der Krieg vorbei war, ist Steven nicht mehr normal. Dabei haben die beiden doch «bloß sein Bestes gewollt»!

Alan und seine Krankenschwester sind natürlich schockiert von den Enthüllungen, aber was soll man machen, «etwa die zwei alten Damen einlochen? Man lässt sie besser in ihrer eigenen kleinen Welt!» Ob das, im Lichte des englischen Strafrechts betrachtet, die juristisch korrekte Lösung war?

Zum Finale schleicht sich Steven vom Keller ins Haus: Mit seinen langen Fingernägeln und zotteligen Haaren sieht er ein bisschen aus wie die Serienfigur Catweazle. Als er auf seine im Bett liegende Schwester zugeht, wird er erschossen, dabei wollte er nur nach dem Bild seines Vaters auf dem Nachttisch greifen. Die Schwestern sind sich sicher: «Er hat es wiedererkannt, das Bild!»

In einigen der Dialoge blitzt durchaus so etwas Ähnliches wie schwarzer Humor auf, aber wie man es auch dreht und wendet, eine schwarze Komödie kommt nicht dabei heraus. Auch keine Satire auf den Zustand des Empire nach dem Zweiten Weltkrieg, obwohl der Zustand des Militärs in diesem Film wirklich erbärmlich ist. Nein, *Der Keller* ist ein Film, der das Talent von zwei wundervollen englischen Ladys auf schandhafte Weise vergeudet.

Flora Robson machte noch einen weiteren Horrorfilm, *Fragment of Fear* (1970), und war 1981 letztmalig zu sehen, zusammen mit Ann Manahan und Freda Jackson als eine der Stygian Witches im wirklich albernen, gleichwohl unterhaltsamen Antiken-Epos *Kampf der Titanen*. Sie starb 1984.

Auch Beryl Reid hatte offenbar Freude an Horror- und Gruselfilmen gefunden. In *Psychomania* (1971) spielt sie die Mutter eines Teenagers, der eine gewalttätige Motorradgang befehligt (es war gleichzeitig der letzte Film, den der homosexuelle Schauspieler George Sanders vor seinem Selbstmord fertigstellte), in *Die Rückkehr des Dr. Phibes* (1972) war sie an der Seite von Horror-Veteran Vincent Price zu sehen. Zu darstellerischen Höhen schwang sie sich noch einmal als Connie Sachs in den BBC-Verfilmungen der John-Le-Carré-Romane *Dame, König, Ass Spion* (1979) und *Agent in eigener Sache* (1982) mit Alec Guiness auf. Sie erhielt dafür den British Television Award als beste Schauspielerin. 1996 ist auch sie verstorben. Wie Flora Robson oder auch die Dames May Witty, Margaret Rutherford und Edith Evans ist Beryl Reid eine der letzten großen englischen Bühnen- und Filmdarstellerinnen gewesen, die eine unglaubliche Bandbreite von Charakteren spielen konnten und dabei das für Kontinentaleuropäer typisch Englische verkörperten: schrullig und liebenswert und «sportlich und weiblich zugleich», um ein Wort von Mr Enderby (Robert Morley) in *Der Wachsblumenstrauß* zu zitieren, bezogen auf die von Margaret Rutherford dargestellte Miss Marple, die wieder einmal mit vollem Einsatz daran arbeitete, die von Flora Robson gespielte Mörderin zur Strecke zu bringen.

Maggie Smith ist die letzte dieser Titaninnen (an der Seite von Flora Robson spielte auch sie in *Kampf der Titanen*), welche die Erde noch nicht in Richtung Olymp verlassen hat. Möge sie noch lange unter uns weilen!

«GELBSUCHT BEKOMMT MAN VOR EKEL»

IRIS BERBEN & HANNELORE ELSNER
IN: *FAHR ZUR HÖLLE, SCHWESTER (2002)*

Vierzig Jahre nach *Was geschah wirklich mit Baby Jane?* und zwei Jahre nach seinem Erfolg mit *Die Unberührbare* (2000) präsentierte Oskar Roehler dem überraschten Publikum ein Ripp-Off des Klassikers. Wie schon in *Die Unberührbare* war Hannelore Elsner der Star des Films – flankiert von Iris Berben –, und wieder durfte Hannelore Elsner eine irre Perücke tragen. Diesmal rotes Langhaar. Iris Berben trägt eine weniger auffällige Haartracht – glattes, zurückgekämmtes schwarzes Haar mit grauen Strähnchen –, spricht aber trotzdem im Vorwort zur DVD-Edition des Films von ihrer «unendlich tollen Frisur».

«Es waren zwei Schwestern, die waren verschieden, wie Feuer und Wasser, wie Tag und Nacht.» So beginnt ein Schlager der großen Milva. Zwei Schwestern auch hier, Claire war ein begabtes tanzendes Kind, Rita nicht: «Wenn einer Pech hat, dann hat er nie Glück», heißt es bei Milva. Claire hatte wirklich Pech, sie wurde als Kind in eine Wäschetrommel eingesperrt und kräftig durchgeschleudert, verlor dabei einen Fuß und behielt ein gelähmtes Bein zurück. Das war 1960. 37 Jahr später ist Claire (Iris Berben) eine erfolgreiche Geschäftsfrau in Tel Aviv (Tel-Aviv-Panorama aus dem Archiv), Rita (Hannelore Elsner) eine wahnsinnige Alte in beider Elternhaus in Deutschland. Claires Freund Goldschmidt (Wolfgang Joop) hat von einer neuen Behandlungsmethode für Gelähmte gehört, Claire erinnert sich daraufhin daran, dass ihre Mutter Geld auf einem Sparbuch für sie gesammelt hat, und macht sich auf die Reise nach Deutschland. Rita will währenddessen die alte ortsansässige Tanzschule kaufen. Ihr fehlt dazu allerdings das Kapital. Dummerweise erzählt Claire ihr von dem Sparbuch. Rita sperrt Claire ein, fälscht die Unterschrift ihrer Mutter und räumt das Konto leer. Als Claire ihr Recht auf Speis und Trank einfordert, wird sie von Rita auf dem Dachboden festgekettet. Dort wird sie bereits von einem ganz besonderen Gast erwartet – der Leiche ihrer Mutter. Rita hat deren Tod verschwiegen und die Verstorbene der Einfachheit halber im Haus behalten. Leider bekommt sie den Madenbefall nicht in den Griff. Der Postbote wird beim Versuch, Claire zu retten, erschlagen, Claire schließlich von der Polizei befreit und Rita abgeführt.

Die Grundelemente des Originals sind vorhanden und werden einigen Veränderungen unterzogen. Die Schwester fälscht die Unterschrift der Mutter, nicht die der Schwester, statt am Strand vor den Badenden tanzt Rita im Wald vor den Polizisten, und statt eines toten Wellensittichs und einer toten Ratte serviert die irre Schwester der armen Behinderten deren eigenen Kinderfuß, den die Mutter aus Anhänglichkeit in Formaldehyd eingelegt und aufbewahrt hatte. Rita war zwar kein Kinderstar wie im Original, steppt aber trotzdem in einem albernen Tutu vor ihrer angeketteten Schwester und der Leiche des Briefträgers. Außerdem hat sie große Angst vor Maden: Ähnlich Lady Macbeth, die imaginäres Blut von ihren Händen wäscht, versucht Rita, sich imaginierter Maden auf ihrem Körper zu entledigen.

Oskar Roehler wird gern als «sehr radikaler Filmer» (Iris Berben) gehandelt. Dem ist zuzustimmen. Aber ein radikaler Filmer muss nicht automatisch jemand sein, der sein Handwerk versteht. Wie in vielen anderen seiner Filme fällt auf, dass Roehler bestimmt vieles kann, die Fähigkeit Schauspieler zu führen gehört nicht dazu. Die Anleitung von Dilettanten bedarf darüber hinaus ganz besonderen Fingerspitzengefühls – und Fingerspitzengefühl scheint dem Wesen dieses Filmemachers diametral entgegengesetzt zu sein. So steht Wolfgang Joop mit einer albernen Frisur in den Kulissen herum und sagt seine Dialogzeilen so hölzern auf, dass es einem die Schamesröte ins Gesicht treibt. Die anderen Nebendarsteller sind nicht viel besser dran, und an ihren Leistungen ist es nicht abzulesen, ob es sich um ausgebildete Schauspieler handelt oder nicht. Berben und Elsner sind natürlich andere Kaliber als Joop, aber auch sie sind nicht in der Lage, Interesse an diesem Flickenteppich aus Filmzitaten, Horrorelementen und Psychodrama zu erwecken. Auch das Wohlwollen an den beiden erlahmt schnell und dann fühlt man sich an die Beschreibung zweier Sekretärinnen von Martin Kessel erinnert: «Sie waren beide so alt wie die Alpen, unterschieden sich aber von diesen wesentlich durch ihre Reizlosigkeit.» Elsner hat die dankbarere Rolle – als alt gewordenes Blumenmädchen mit tätowierter Träne unter dem Auge und dem Wort Fuck auf der Stirn und mit goldenen Stiefeln und Strickensemble jagt sie den Nachbarskindern ordentlich Angst ein. Eine Konzeption der Rolle ist hingegen nicht zu erkennen: Auf Knopfdruck des Regisseurs liefert sie Wahnsinn, Liebebedürftigkeit und andere Versatzstücke aus dem Schauspielbaukasten für die Darstellung von Psychopathen ab, Berben präludiert dazu Angst und Verzweiflung. Vergleiche zwischen Bette Davis und Hannelore Elsner respektive Joan Crawford und Iris Berben verbietet der Anstand.

Die Dialoge sind zusammengehauen und von der intendierten Bösartigkeit weit entfernt: «Kein Wunder, dass Mama nach deiner Geburt Gelbsucht bekommen hat. Gelbsucht bekommt man vor Ekel.» Eklig ist der überdeutlich ausgespielte Mord an dem Polizisten, und auch die Leiche der Mutter ist recht unappetitlich. Spätestens da beginnt man sich zu fragen, für wen dieser Film eigentlich gemacht ist. Für Frauen, die gerne Iris Berben in Fernsehfilmen wie *Die Patriarchin* (2005), *Afrika, mon amour* (2007) oder *Schöne Witwen küssen besser* (2004) sehen? Auch wenn sich ihnen nicht der Magen umdreht, werden sie den Trash nicht zu genießen wissen. Für Horrorfilm-Fans? Wenn es endlich blutig wird, haben die schon längst abgeschaltet. Für Schwule, die sich für das Remake eines ihrer Lieblingsfilme interessieren? Die werden den Camp-Faktor vermissen, weil Roehler keinen Versuch unternimmt, das Film-Image seiner Darstellerinnen für die Film-Figuren fruchtbar zu machen. Zumindest im Fall von Hannelore Elsner, die eine lange Film- und Fernsehkarriere hinter sich hat, wäre das möglich gewesen. In dem einen oder anderen Musikfilm hat sie schließlich auch mitgespielt, aber Roehler lässt sie mit *Cheek to Cheek* einen Song intonieren, der rein gar nichts mit ihr zu tun hat. Ein Spiel mit verschiedenen Ebenen kann so natürlich nie und nimmer stattfinden. Iris Berbens überwiegend durch das Fernsehen gewachsene Film-Persona ist sicherlich schwieriger zu variieren – aber mal ehrlich, eine Frau, die mit *Hitlers Tischgesprächen* auf Tournee geht, kann kein so völlig uninteressanter Mensch sein, als der sie hier erscheint.

Der Film wurde von RTL produziert – sich die Gesichter der Fernsehproduzenten bei Abnahme des fertigen Produktes vorzustellen, ist die einzige Freude, die dieses Elaborat bereithält. Vielleicht haben ja Zuschauer, die das Original nicht kennen, Freude an diesem Filmchen aus der Sondermülldeponie der Fernsehfilmgeschichte. Man sieht dem Treiben von Hannelore Elsner und Iris Berben für eine Weile auch durchaus fasziniert zu. Diese Betrachtung vermittelt denselben Eindruck wie die eines Hundes, der nur auf seinen beiden Hinterbeinen läuft. Nach einer Weile denkt man: «So what?»

«WHEN WILL WE THREE MEET AGAIN?»

DREI GANZ BESONDERE DAMEN

«DAS SPRITZT JA NICHT MEHR RICHTIG»

ZARAH LEANDER
IN: *DAS GEWISSE ETWAS DER FRAUEN* (1966)

Das gewisse Etwas der Frauen ist ein weithin unbekannter Film, daran dürfte auch die mittlerweile erfolgte DVD-Veröffentlichung kaum etwas ändern. Die Produktion ist eine Promenadenmischung (deutsch-italienisch-französisch) und stammt aus einer Umbruchzeit. Opas Kino war 1966 zwar noch eine sehr lebendige Leiche, die Vorboten der Neuen Deutschen Filmzeit wetterleuchteten aber schon am Horizont.

Neben alten Bekannten wie Heinz Erhardt treffen wir auch auf neue Gesichter wie Romina Power. Die Produzenten vertrauten die Regie einem Italiener an, keine schlechte Wahl für eine erotische Komödie. Trotzdem ist auf dem Weg von der Idee bis zum fertigen Film etwas schiefgegangen. Auch eine erotische Komödie sollte einen Höhepunkt haben. Diese Komödie erschöpft sich als hundertminütiges Vorspiel, und selbst in der Liebeskunst erfahrene Filmfreunde dürften irgendwann die Lust daran verlieren.

Am Hauptdarsteller liegt es nicht: Der gebürtige Österreicher Robert Hoffmann war einer der schönsten Männer des europäischen Films dieser Dekade und es ist bedauerlich, dass er keinen Mentor fand wie sein Landsmann Helmut Berger, der von Visconti zur Kultfigur gemacht wurde.

Robert Hoffman spielt Roberto, den reinen Toren, der auf dem Weg seiner Mannwerdung einer ganzen Reihe von Frauen mit dem gewissen Etwas begegnet. Das gewisse Etwas besteht in erster Linie aus absurden Kostümen der 1960er Jahre. Man ahnt, was daraus hätte werden können, wenn Regisseur und Produzent etwas mehr Mut zum Camp gehabt hätten – ein psychedelischer Farben- und Formenrausch. Am besten funktioniert der reine Camp in den Szenen mit Anita Ekberg als Filmdiva oder Nadja Tiller als Modedesignerin. Letztere präsentiert tatsächlich ihre neuesten Kreationen in einer Modenschau à la Marquis de Sade, zum Beispiel das Modell «gequälte Unschuld» oder die «Création Puff-Otter» – ein schlangenartiger Rausch aus Pailletten, wie ihn auch Adlmüller für eine reife Salome-Darstellerin an der Wiener Volksoper hätte entwerfen können. Apropos Adlmüller. Der hätte Zarah Leander wahrscheinlich besser angezogen und vielleicht sogar zu einer schöneren Perücke geraten. In der ersten Szene trägt sie ein rotes Ungetüm auf dem Kopf, dessen Farbe leider nur zu 95 Prozent mit dem Orange ihres Kleides korrespondiert. Sie spielt die welterfahrene Konsulin Olga, die Gefallen an dem hübschen jungen Kerl findet. Zum einen, weil sie einen Manager für ihre Hubschrauber-Fabrik sucht, zum Zweiten für ihre von Romina Power gespielte Nichte einen Mann.

Zarah Leanders Filme der Nachkriegszeit waren merkwürdig unzeitgemäß. Sie war in den 1950er Jahren in einem Alter, in dem die Rose langsam zur Hagebutte wird, und wechselte deshalb ins mütterliche Fach. Doch Filmtitel wie *Cuba Cabana* (1952), *Ave Maria* (1953) und *Der blaue Nachtfalter* (1959) verhießen immer noch die schwüle Erotik ihrer nationalsozialistischen Melodramen. In *Das gewisse Etwas der Frauen* ist sie endgültig aus der Zeit gefallen. Während um sie herum ein Soundtrack von Ennio Morricone singt und swingt, setzt sich die Leander ans Klavier und intoniert *Eine Frau wird erst schön durch die Liebe*, ihren von Theo Mackeben komponierten Hit aus der Sudermann-Verfilmung *Heimat* (1938). Sie hat etwas reptilienhaftes (auch ohne die Kreation «Puff-Otter»), und wenn man sie so am Klavier sitzen sieht, begraben unter Tonnen von Make-up, und das Zwitschern ihrer Bass-Amsel-Stimme hört, dann versteht man die Faszination, die diese Selbstparodie üppiger Weiblichkeit auf Homosexuelle ausübt. Durch die Bücher von Paul Seiler weiß man, welche Bedeutung Zarah Leander für viele Schwule in den fünfziger und sechziger Jahren des letzten Jahrhunderts hatte:

> «Gefühl und Stärke, verwoben in eine durch Liebesleid gebrochene

> Filmfigur – diese Mischung war das Erfolgsrezept von Zarah Leander. Diese Gebrochenheit wurde aber erst durch die hermaphroditische Wirkung ihrer Stimme zum Mythos. Einer beinah männlichen Stimme, die einer wogenden, mütterlichen Frau gehörte. Diese Legende aus Vater und Mutter, aus Verzicht und Trost bot immer auch Schutz für Außenseiter, die sich mit ihrer Hilfe eine sichere Gegenwelt erträumten – der bedrohlichen Umwelt zum Trotz.»

Selbst in den, im Vergleich zu ihren Filmen aus dem Dritten Reich, mickrigen Melodramen der 1950er Jahre konnte Zarah Leander diese Wirkung erzielen. Luciano Salce jedoch präsentiert nur die Parodie der Leander ohne doppelten Boden. Die Gebrochenheit funktioniert nicht mehr, aber anstatt eine moderne Star-Persona zu kreieren und sie in einem Tennessee-Williams-Setting Robert Hoffmann von der alten Echse Leander verspeisen zu lassen, wird sie nacheinander in noch weitere merkwürdige Kostüme gesteckt und das war's. Sicher, Zarah Leander ist High Camp, aber sie ist es an sich, als Stern in ihrem eigenen Planetensystem. Der Regisseur schlägt aus diesem Kapital keinen einzigen Funken.

So gibt es durchaus gewisse campe Momente, doch die Dialoge holen einen immer wieder auf den Boden der Biederkeit zurück. Die funktionieren durchweg auf dem Niveau von «Die Biester kamen hinter mir her und suchten den Zündschlüssel in meiner Hose». Nonnen mit schlaffem Gartenschlauch in der Hand sagen: «Das spritzt ja nicht mehr richtig», und zu allem Überfluss entsinnt sich auch noch Heinz Erhardt seiner alten Späße: «Der stottert auch noch.» - «Ja, besonders wenn er spricht.»

Auch die Bekanntschaft mit einer von Michèle Mercier gespielten Atomphysikerin birgt großes Potential. In surreale Raumanzüge gewandet spazieren Mercier und Hoffmann durch ein Forschungslabor. Plötzlich taucht ein als Neandertaler verkleideter Forscher auf. «Er ist seiner Zeit so weit voraus», sagt Mercier, «dass er sich nicht mehr reintegrieren kann. Leider konnten wir ihn nur bis in die Steinzeit zurückverfrachten, von den Perioden davor wissen wir zu wenig.» Um die Kernspaltung zu vergessen, versetzt sich die Physikerin zusammen mit ihrem jungen Liebhaber in die Zeit von Louis XVI. Dort zitiert sie Voltaire, was die Verantwortlichen wahrscheinlich für intellektuell hielten («Die Vernunft siegt über das Gefühl.») und sagt irgendwann den schönen Satz: «Scarlet Pimpernel hat uns gerettet.» Diese Blume war das Erkennungszeichen eines britischen Geheimbunds, der von der Hinrichtung bedrohte Aristokraten aus Frankreich nach England schmuggelte – gemeint ist angesichts der stets leicht zu dechiffrierenden Doppeldeutigkeiten des Drehbuchs jedoch wahrscheinlich etwas anderes. Pimpern jedenfalls, wie der Kölner sagt, möchte man nach diesem Film wirklich, um wenigstens auf diese Weise einen Höhepunkt zu erleben.

«RÜCK DAS DINGS MEHR NACH LINKS»

EVELYN KÜNNEKE
IN: *ICH BIN EIN ANTISTAR – DAS SKANDALÖSE LEBEN DER EVELYN KÜNNEKE (1976)*

Im Gegensatz zur Leander fand Evelyn Künneke einen Regisseur, der sie als schwule Camp-Ikone inszenierte: Rosa von Praunheim. Während der Vorspann läuft, hört der Zuschauer die Künneke den Schlager zum Film singen: «Ich bin ein Antistar und find das wunderbar, wenn einer nur gut sein will, dann braucht er Mut.» Dann folgt eine sehr lange Einstellung auf das alte Gesicht von Evelyn Künneke – der Regisseur Rosa von Praunheim lässt es aussehen wie das Gesicht einer alten Transe. Künneke sagt:

> «Mein Leben war nicht so schön, dass es sich lohnt daran zu erinnern. Ich bin auf die Welt gekommen, um die Leute zu amüsieren. Aber ich habe, um diesen Erfolg zu haben, mein privates Leben als Frau und als Mensch sehr sehr stark verpfuscht oder sagen wir mal, gar nicht gelebt. Glücklich war ich noch nie.»

Dazu ihr stark geschminktes Gesicht mit den langen Wimpern und den stark mit Lipgloss überzogenen Lippen, und sofort ist der Rahmen hergestellt, innerhalb dessen sich einsame schwule Männer mit ihrem Antistar identifizieren konnten: das unter einer bunten Maske verborgene nicht gelebte private

Leben. Praunheim inszeniert die Künneke in verschiedenen Posen, mal als Vamp, mal als Seniorin auf dem Quivive: «Nehmt Euch zusammen und fallt nicht gleich ins Koma, hier kommt Deutschlands heißeste Oma», heißt es in einem ihrer Chansons. In einer der skurrilsten Szenen des Films sitzt sie mit dem sie befragenden Regisseur (den sie meist Röschen nennt) in der Badewanne, ihre Brüste nur mit Schaum bedeckt – die Trash-Version von Esther Williams als *Bathing Beauty* (1944). Mut zur Hässlichkeit kann man der Künneke wahrlich nicht absprechen. Im Gespräch mit ihrem Schneider, dem bekannten Hamburger Couturier Jürgen Hartmann, sagt sie, der achte darauf, «dass meine drei Atemstützen – Busen, Zwerchfell und Bauch – nicht allzu deutlich zu sehen sind in den Kleidern. Ich bin nämlich zu fett, ich krieg gar keine schönen Kleider passend.»

Der Film folgt den Stationen ihres Lebens: als Revuegirl, als Schallplattenstar und Skandalnudel – «Sie trank mehr als sie sank» – und als Schauspielerin. Praunheim inszeniert sie mal als Freizügige, mal als Nachdenkliche und er nimmt sich wirklich Zeit für seinen Star. Eine Dokumentation in dieser Länge und Breite und mit langen dialoglosen Einstellungen würde heute nicht mehr gedreht werden, weil Zuschauern inzwischen die Geduld für solche Unternehmungen fehlt. Die gewollte Laienhaftigkeit des Films wirkt heute zudem oft unfreiwillig komisch, etwa wenn Praunheim in einer schier endlosen, dafür aber komplett sinnfreien Szene die Künneke in ihrer Berliner Wohnung ihre eigene Handtasche suchen lässt. Oder wenn sich der Regisseur als nacktes Aktmodell von der Künneke den Hintern abpudern lässt. Oder wenn Evelyn inmitten einer Gruppe Homosexueller «Allerdings, sprach die Sphinx, rück das Dings mehr nach links und mit einem Mal da ging's» singt und dabei von einem halbnackten Mann in einer Free-Style-Choreographie umtanzt wird. Oder wenn sie auf den Travestiestar Christina aus Amsterdam trifft, der offenbar so viel Angst vor der Kamera hat, dass er gar nicht weiß, wo er hinschauen soll. Oder wenn sie die Rezitationskünstlerin Hulda empfängt und diese ihr das Gedicht *Frühling in Berlin* vorträgt und dabei den Schlusskonsonanten konsequent als K spricht.

Der Film ist voll solcher Momente und Praunheim ist ein Meister darin, unter all dem Trash immer wieder echtes Gefühl zu finden. Am schönsten ist ihm das sicherlich in seinem Film *Die Bettwurst* (1970) gelungen, wo er zwei vermeintlichen Freaks (seiner eigenen Tante Lucy Kryn und Dietmar Kracht) unter all dem falschen Pathos, all den Worthülsen und all den schauerlichen Kostümierungen eine Wagenladung von Liebe und Leidenschaft entlockt, die dem Zuschauer noch immer den Atem nimmt. In *Ich bin ein Antistar* gibt es eine ähnliche Szene: Sie hält die Grabrede auf den früh verstorbenen Dietmar Kracht: «Du bist immer nur herumgestoßen worden im Leben und hast wenig Glück gehabt. Du hast es trotzdem geschafft, dich bemerkbar zu machen.» Dann weint sie und der Zuschauer mit ihr.

Ein in den Film integrierter TV-Auftritt der Künneke wird von einer Stimme aus dem Off übersprochen:

> «Synthetisch wie das Leben selbst, künstlich wie jedes Herzblut, das auf einer Bühne vergossen wird, authentisch wie die Schwierigkeiten, die hinter einer Karriere stehen. Vielleicht ist es das, was die Jungen an Altstars reizt.»

Genau das war es jedenfalls, was Stars wie die Künneke für Schwule so anziehend machte. Mit dem Ende der Diskriminierung ist auch diese Attraktion verschwunden. Deshalb gibt es keine Stars mehr wie die Künneke und deshalb werden Filme wie *Ich bin ein Antistar* nicht mehr gedreht. Das ist schade. Aber Rosa von Praunheim, mittlerweile auch eine alte Dame, dreht immer noch schrecklich schräge Filme. Das ist schön!

«YOU'VE GOT THE CUTEST LITTLE BABY-FACE»

MAE WEST
IN: *SEXTETTE (1978)*

Der Wissenschaftler Jürgen Osterhammel beginnt seine Weltgeschichte des 19. Jahrhunderts, *Die Verwandlung der Welt,* mit einer staunenswerten Notiz: «Im Jahr 2006 verstarb in einem australischen Zoo die Riesenschildkröte Harriet, die noch Charles Darwin gekannt hatte, im biblischen Alter von 176 Jahren – die letzte Zeugin des 19. Jahrhunderts.» Als 1980 im für einen

Menschen ebenfalls sehr hohen Alter von 87 Jahren Mae West verstarb, verließ mit ihrem Tod eines der letzten Fossile aus Hollywoods großer Zeit die Bühne, das zu seinen Lebzeiten genauso bestaunt wurde wie Harriet.

Ihren letzten Film drehte sie 84-jährig im Jahr 1980, well past her prime. Das American Film Institute nennt sie unter den berühmtesten weiblichen Filmstars auf Platz 15. Das bezieht sich wohl auf ihre Komödien der 1930er Jahre, die sie nach einer Karriere im Vaudeville in Hollywood drehte. Mae West war nicht nur Sängerin, Tänzerin und Schauspielerin, sondern auch Autorin und kam als solche immer wieder mit den Behörden in Konflikt. Und sie war natürlich eines der größten Sexsymbole Hollywoods, spätestens seit Salvador Dali 1938 sein berühmtes Mae-West-Sofa entworfen hatte (geformt wie die Lippen von Mae West) und die Künstlerin auf zahlreichen seiner Bilder verewigte. Das berühmteste dieser Gemälde hieß *Gesicht der Mae West, das als Wohnung benutzt werden kann*. Ihre Filmkarriere war Anfang der 1940er Jahre vorüber, als Sex-Ikone blieb sie weiterhin populär. 1970 war sie in der Verfilmung von Gore Vidals *Myra Breckinridge* zu sehen. Die Komödie über Feminismus und Transsexualität mit Raquel Welch und Farrah Fawcett taucht in allen Zusammenstellungen der schlechtesten Filme aller Zeiten immer wieder auf einem der ersten Plätze auf und erfreut sich gerade deshalb unter Camp-Afficionados größter Beliebtheit. In *Myra Breckinridge* spielte Mae West eine vergleichsweise kleine Rolle.

Sextette basiert auf einem ihrer eigenen Stücke, und die Autorin spielte selbst eine der Hauptrollen. Der Filmstar Marlo Manners (Mae West) kommt nach London, um ihren neuen Ehemann, Sir Michael Barrington (Timothy Dalton) zu ehelichen. In London trifft sie auf eine Reihe ihrer abgelegten Ehemänner (Tony Curtis, George Hamilton, Ringo Starr) und schreibt ihre Memoiren. Das ist eigentlich auch schon die ganze Handlung – wenn man denn von einer solchen überhaupt sprechen will. Mae West hat Gelegenheit einige ihrer bekanntesten One-Liner abzuliefern («It's not the men in my life that count, it's the life in my men.») und einige neue hinzuzufügen («I'm the girl that works at Paramount all day and Fox all night.»), während ihr neuer Ehemann damit beschäftigt ist, das von ihm selbst versehentlich in die Welt gesetzte Gerücht zu widerlegen, er sei homosexuell. «Sir Michael», fragt ihn seine Interviewerin aus Amerika, «are you gay?» Worauf er antwortet: «Yes, I will say so. Never depressed, happy and gay, that's my motto.»

Diese und andere Elemente (Gastauftritte von George Raft *und* Alice Cooper, eine Friedenskonferenz im Hotel und komische Einlagen von Dom De Luise) umranken die Hauptattraktion des Films: Mae West. Mae West war in ihren Filmen immer Mae West, und so gibt sie sich auch in ihrem letzten Film keine Mühe, etwas anderes vorzugeben. Diesen Auftritten zuzusehen, bereitet eine unendliche Freude – wenn man den ersten Schreck beim zweiten Hingucken erst einmal überwunden hat. Mae West als vollschlank zu bezeichnen, wäre eine Untertreibung, ihre Tanzeinlagen als minimalistisch zu bezeichnen ebenso, und wenn sie ihre Songs intoniert, erinnert man sich des alten Kalauers: «Singt sie schon, oder ist das noch der Ventilator?» Paul Roen hatte offenbar eine schwache Stunde, als er schrieb, «her singing voice still retains its tone of delicious innuendo». Sie trägt eine pompöse platinblonde Perücke (in der angeblich ein Ohrhörer verborgen war, um den Text einzusoufflieren), wechselnde Kreationen mit Bustier, und das groteske Make-up kann auch vom Weichzeichner nicht völlig verborgen werden. Sie ist immer noch der männermordende Vamp, singt *After I'm gone, I left you crying* und eine Disco-Version von *Love will keep us together*, macht anzügliche Bemerkungen über die Größe der Gemächte ihrer Gespielen und verspricht unendliche sexuelle Freuden. Als Mae West den Trainingsraum einer im Hotel abgestiegenen Olympia-Mannschaft besucht, sagt sie zu einem an zwei Ringen horizontal an der Decke hängenden Turner «I've never seen this position before», dann wird sie von einer Gruppe muskelbepackter Männer umgeben. «What are you doing?», fragt sie einen der jungen Sportler. Auf seine Antwort, er sei Stabhochspringer, erwidert sie: «Oh, aren't we all?» Für einen der jungen Sportler singt sie *Happy Birthday Twentyone*, in einer anderer Szene singt sie *You've got the cutest little baby-face* – und der Chor wiederholt diese Zeile für sie. Eingedenk der Tatsache, dass Mae West aussieht wie «one of those amorphous Disney Cartoon characters that are supposed to look human, but don't» (Paul Roen) ist dies einer der surrealsten Camp-Momente der gesamten Filmgeschichte. Denn das Erstaunliche an dieser Szene und dem gesamten Film ist, dass er das Alter von Mae West komplett ignoriert – weil Mae West einfach nie Rollen über 30 Jahren spielte.

Heute wäre das nicht mehr möglich, zum einen, weil es kaum noch Stars gibt, die wie ihr eigenes Travestie-Double aussehen, zum andern, weil niemand mehr einen Musical-Film mit einer Achtzigjährigen in der Hauptrolle drehen würde, die sich wie eine Schildkröte bewegt. Wenn also Wissenschaftler dereinst einen Blick auf die Filmgeschichte und das alte Reptil Mae West werfen, werden sie feststellen, dass es nach ihr nie wieder einen Filmstar gegeben hat, der in einer solch extravaganten Tollerei von historischem und hysterischem Wert wie *Sextette* zu sehen war. Mit *Sextette* hatte das goldene Zeitalter des Camp seinen Höhepunkt erreicht. Der Tod von Mae West im November 1980 läutete gleichzeitig sein Ende ein.

«BESSER IN SCHANDE LEBEN, ALS BEWUNDERT STERBEN»

SIE WAREN ALT UND BRAUCHTEN DAS GELD

«VERLASS DICH EINFACH AUF DEINE SCHÖNHEIT, ABER NICHT ZU SEHR!»

NORMA VARDEN
IN: *DER SILBERNE KELCH (1954)*

Im *Spanischen Liederbuch* vertonte Hugo Wolf die Zeile: «Auch kleine Dinge können uns entzücken.» Einige Jahrzehnte später, das klassische deutsche Lied war in seiner Beliebtheit inzwischen vom klassischen deutschen Schlager abgelöst worden, sang Heidi Kabel: «Mit kleinen Dingen Freude bringen.» Wie recht sie doch hatte! Nun soll zwar nicht versucht werden, die Verwandtschaft zwischen den beiden Komponisten H. Wolf und H. Kunz nachzuweisen, aber doch die Botschaft herüberzuretten. «Mit kleinen Dingen Freude bringen.» Denn nur kleine Dinge sind es, die, wenn überhaupt, in schlechten Filmen Freude schenken.

Der silberne Kelch zum Beispiel, 1954 unter der Regie von Victor Saville entstanden, ist ein miserabler und, was schwerer wiegt, ein schrecklich langweiliger Film, der in allen Veröffentlichungen über die schlechtesten Filme der Welt immer wieder auf einen der ersten Plätze kommt. Dennoch macht er uns Freude. Warum? An der Geschichte kann es nicht liegen. Basilius, ein von einem reichen Römer adoptierter Pflegling, erlernt das Bildhauer- und Goldschmiedehandwerk, schließt eine pubertäre Freundschaft mit der Sklavin Helena, gerät selbst in Sklaverei und wird von einem Christen befreit. Für den soll er ein Behältnis für den silbernen Kelch herstellen (aus dem Jesus und seine Jünger beim letzten Abendmahl getrunken haben). Er trifft Helena wieder, die mittlerweile mit dem Zauberer Simon durch die

Lande tingelt, verliebt sich jedoch in das Christenmädchen Deborah und kommt nach Rom, wo er eine Büste Kaiser Neros anfertigen soll. Simon der Zauberer wird wahnsinnig und stürzt sich, im irrigen Glauben, er könne fliegen, von einem Turm direkt vor die Füße Neros und Poppeas. Endlich geht der silberne Kelch verloren, und trotzdem gibt es ein Happy-End: Basilius und Deborah fahren einer glücklichen Zukunft entgegen. Das alles in scheußlichen Kulissen. Kulissen, so billig, dass man die Pappe geradezu riechen kann und außerdem das Gefühl nicht loswird, noch nie so billige Rückprojektionen gesehen zu haben. (Wenn man denn überhaupt welche sieht, denn mindestens die Hälfte des Films spielt vor schlichtem schwarzem Hintergrund.) Bei einigen Kulissen haben sich die Verantwortlichen gar keine Mühe mehr gegeben, sie realistisch aussehen zu lassen, sondern sich mit pittoresker Landschaftsmalerei beholfen, und die Quader der Stadtmauern von Antiochia sind so offensichtlich aufgemalt, dass man sich schon sehr, sehr weit vom Fernseher entfernen muss, um dies nicht zu bemerken. Umso größer ist die Freude, wenn inmitten dieser bemalten Pappkulissenwelt wenigstens einige Male eine echte Holztür auftaucht.

Es sind eben die kleinen Dinge, die Freude machen. Zum Beispiel Paul Newman in seiner Debutrolle zu sehen und sich zu wundern, dass er nach diesem Film noch weitere machen durfte. Oder Natalie Wood mit scheußlicher Blondhaarperücke betrachten zu dürfen und befriedigt feststellen zu dürfen, wie recht doch der Harvard Lampoon tat, jährlich den Natalie Wood Award für die schlechteste schauspielerische Leistung einer Frau zu vergeben. Virginia Mayo als ältere Helena – sie steckt die meiste Zeit in Kostümen, die sie wie eine Vorwegnahme der Bezaubernden Jeannie aussehen lassen – hätte diesen Preis bestimmt verdient. Wie sie so schlichte Sätze wie: «Nur wenn du mich mit deiner Liebe umgibst und deine Küsse auf meinen Lippen brennen, scheint mir das Leben lebenswert», vorträgt, nötigt Bewunderung ab. Eine der schönsten Textzeilen ist allerdings an Pier Angeli gefallen, die nach einer Begegnung mit Jesus sagt: «Er war ganz anders als andere Menschen!» – Untermalt von wabernden Wagner'schen Gralsthemen, für die Franz Waxman verantwortlich zeichnet, treibt einem die Szene wahrhaftig Tränen in die Augen.

Und dann, wenn man nach eineinhalb Stunden glaubt, es nicht mehr ertragen zu können, erscheint auf der Leinwand die großartige Charakterdarstellerin Norma Varden, das Mordopfer aus Billy Wilders *Zeugin der Anklage* (1957), und alles wird wieder gut. Norma Varden, die schon in ihren ersten Filmrollen, mit Mitte dreißig, so alt wirkt, als hätte sie nie eine Jugend gehabt. Als sie in *Zeugin der Anklage* ihren Mörder im Kino trifft, sagt sie:

> «Ich hab den Film schon mal gesehen. Ich geh ziemlich oft ins Kino. Ich werde verrückt, wenn ich so alleine zu Hause rumsitze, ich muss dann raus unter Menschen. Und wohin soll man schon gehen – ins Kino. Es kommt vor, dass ich einen Film drei- oder viermal sehe.»

Sie ist der einzige Lichtblick in *Der silberne Kelch*, aber ihr Name taucht im Vorspann nicht einmal auf. Sie spielt eine Römerin auf einem Festbankett Kaiser Neros und unterhält sich mit Simon dem Zauberer. Der Dialog sei hier zur Erbauung wiedergegeben:

> «Ich habe meine Sklavin heute zu dir geschickt, um einen Liebestrank zu holen, aber sie kehrte leider mit leeren Händen zurück.»
> «Ich befasse mich nicht mehr mit solchen Dingen.»
> «O weh, was mach ich nun?»
> «Verlass dich einfach auf deine Schönheit, aber nicht zu sehr, würde ich dir raten!»
> «Oh!»

Norma Varden hat uns – ungenannt! – in so vielen Filmen Freude geschenkt, dass sie einen Sonder-Oscar für ihr Lebenswerk verdient gehabt hätte. Kaum ein Nachschlagewerk nennt sie, nicht einmal das renommierte Personenlexikon von Ephraim Katz. Was hat Norma Varden wohl in ihren letzten Lebensjahren gemacht? Wo hat sie gelebt? Immerhin, ihr letzter Filmauftritt datiert von 1967, im Filmmusical *Dr. Dolittle*. Dort spielt sie, leicht gealtert, in einem atemberaubenden Kostüm mit riesigem Hut und grünen Schuhen Lady Petherington. Sie kommt zu Dr. Dolittle, um ihm ihr Leid zu klagen:

> «Ach, Sie werden niemals erraten, was mir zugestoßen ist. Ich habe die schrecklichste Erfahrung meines Lebens hinter mir. Gestern Abend gab

> ich eine Dinnerparty – der peinlichste Augenblick meines gesamten Lebens – es lief eine Maus über den Tisch. Ich dachte, ich sterbe. Können Sie sich das vorstellen? Eine Maus? Die ganze Nacht habe ich kein Auge zugetan. Meine Angestellten habe ich natürlich gleich alle entlassen. Zuallererst den Gärtner»,

nicht ahnend, dass Dr. Dolittle, der Arzt, dem die Tiere vertrauen, der Verursacher des Schadens ist. Aber da sind auch schon weiße Mäuse an ihrem Kostüm emporgeklettert (Und es gibt an dem Kostüm wirklich eine Menge zu erklettern.). Laut schreiend verlässt sie das Haus, nach zwanzig Minuten den Film (den man nach ihrem Abgang getrost vergessen kann) und für immer die Filmgeschichte. Verstorben ist sie erst 1989, dazwischen liegen zweiundzwanzig Jahre, in denen sie Zeit hatte, auf ihr Lebenswerk zurückzublicken, auf unerfreuliche Filme wie *Der silberne Kelch*, die sie durch ihr Erscheinen veredelt hat.

Und dann gibt es da noch Lorne Greene, ja, richtig, den Ben Cartwright aus der Serie *Bonanza*! Im *Silbernen Kelch* spielt er mit Rauschebart den Petrus. Paul Newman und Pier Angeli sind zu diesem Zeitpunkt bereits glücklich vereint, Virginia Mayos Schicksal hat der Drehbuchautor zum Ende des Films aus den Augen verloren, nur die raison d'être, der Kelch, ist endgültig verschwunden, was von Paul Newman heftig bedauert wird: «Wenn ich doch nur den Kelch hätte wiederfinden können!» Aber so kann Lorne Greene alias Petrus den ergreifenden Schlussmonolog halten, mit schauspielerischen Mitteln, die man nicht anders als minimalistisch bezeichnen kann.

> «Der wird wieder ans Licht kommen. Und wenn er wieder im Licht erscheint, dann wird es große Städte geben und gewaltige Brücken und Türme, höher als der Turm von Babel. Das Böse wird herrschen auf der Welt und lange, fürchterliche Kriege werden toben. Dann wird der Kelch Jesu vielen, die dann leben, klein und unwichtig erscheinen. Aber es wird die Erkenntnis kommen für die Menschen jener Tage, die den Blitz beherrschen und durch die Lüfte fliegen, dass sie des Heiligen Kelches mehr bedürfen als wir in unserer Zeit!»

Spätestens wenn man den Film bis zur bitteren Neige angeschaut hat, weiß man, wie recht Lorne Greene dieses eine Mal hatte und wie nötig wir Zuschauer des Heiligen Kelchs bedürfen.

«DIE FILME SIND KLEIN GEWORDEN»

POLA NEGRI
IN: *DER MILLIONENSCHATZ (1964)*

Nach hundert Jahren Kino weht uns der Atem der Geschichte nicht nur im Historienfilm, sondern auch aus der Filmgeschichte selbst entgegen – die Zeit des Stummfilms und die frühen Jahre des Tonfilms scheinen Lichtjahre entfernt zu sein. Doch wie auch immer man zu der augenrollenden Schauspielkunst vieler dieser Mimen steht – sie hatten fantastische Namen: Renée Adorée, Lya de Putti, Fern Andra, Theda Bara, Lya Mara – das klingt einfach schöner als Jennifer Aniston. Ab und an tauchen diese alten Damen nixengleich aus der Versenkung auf, und man kann ihre alt gewordenen Gesichter bewundern. Lillian Gish spielte noch bis in die 1990er Jahre und hatte bis ins hohe Alter dies wunderhübsche, porzellanene Gesicht, völlig alterslos. In James Camerons *Titanic* (1997) war plötzlich wieder Gloria Steward auf der Leinwand zu sehen.

Billy Wilders *Sunset Boulevard* (1950) ist ohne Frage der ultimative Film über das Altern von Stars und den Ausverkauf der Träume. Aus unerfindlichen Gründen klopfte der Regisseur bei Theda Bara (damals etwa 65) nicht an die Tür und Pola Negri (damals etwa 50) sprach für Wilders Geschmack mit einem zu starken polnischen Akzent. So bekam Gloria Swanson (damals etwa 50) die Rolle und füllte die Leinwand bravourös.

Obwohl Billy Wilder sie nicht dem Vergessen entrissen hatte, erinnerte sich Hollywood ein paar Jahre später an Pola Negri und unterbreitete ihr ein Angebot für *Der Millionenschatz*. Und das trotz der wenig schmeichelhaften Äußerung von Tallulah Bankhead:

> «Die größte Irre in Hollywood, Schätzchen. Verklemmt lesbisch, ein polnischer Reklameköter. Erbärmliche Schauspielerin. Hatte einen Schnurrbart und wusste beim Dreh nicht, wo vorne und hinten war.»

In Negris Autobiografie *Memoires of a Star* (die mutmaßlich von einem Ghostwriter geschrieben wurde) erfährt der Leser, dass sie zur Zeit der Vertragsverhandlungen sehr krank gewesen war: «Didn't they (die Produzenten, d. Verf.) understand that I was much nearer ready for a sanatorium than for a studio?» Offensichtlich hat sich Walt Disney («a truly wonderful gentleman») höchstpersönlich um ihre endgültige Zusage bemüht und die Dreharbeiten waren dann «a wonderful working experience».

Der Millionenschatz ist einer jener Realfilme aus den Disney Studios, die für Familiennachmittage produziert wurden. Durchaus nicht billig produziert, mit bekannten Namen besetzt, und das eine oder andere Mal mit einer alten Dame garniert: 1967 war Greer Garson in *Der glücklichste Millionär* zu sehen, 1977 Helen Hayes in *Abenteuer auf Schloss Candleshoe.*

Der Millionenschatz erzählt die Geschichte eines jungen englischen Mädchens (Hayley Mills), die mit ihrer Tante Griechenland besucht. Die Tante (Joan Greenwood) sammelt Volkslieder und zeichnet die Gesänge der Einheimischen auf. Auf Kreta treffen sie viele fröhliche Eingeborene, einen zwielichtigen Barbesitzer (Eli Wallach) und dessen freundliche Schwester (Irene Papas). Das Mädchen sieht vom Balkon aus einen halbnackten Buben (Peter McEnery) im Boot und macht dessen Bekanntschaft. Der Bube jedoch hat ein dunkles Geheimnis und wird vom Kneipenbesitzer verfolgt und verwundet. Es geht um einen Millionenschatz. Das junge verliebte Mädchen glaubt an die Unschuld des Buben, kümmert sich um dessen Verletzungen, wird vom finsteren Kneipenbesitzer schließlich gefesselt und in einer alten Mühle gefangen gehalten. Der Bube befreit sie zusammen mit einem griechischen Freund, es gibt einen falschen Konsul, Feuerwerk und Maskenball, Panoramablicke über die griechische Landschaft und, und, und ... Unnötig, dies alles zu erzählen. Die Handlung ist vorhersehbar und bleibt ohne größere Überraschungen. Wieder einmal zeigt sich, dass Hollywood mit europäischen Stars wenig anzufangen wusste. Irene Papas wird auch in diesem Film nicht gefordert und sorgt lediglich für originales griechisches Lokalkolorit, wie es ihre Landsmännin Katina Paxinou vor ihr schon in ähnlichen Rollen tat. Immerhin, die griechischen Volkstanzgruppen sind fantastisch. Da hätte sich die Regisseurin Phyllida Lloyd ruhig ein paar Anregungen für *Mamma Mia* (2009) holen können. Allerdings, griechische Volkstänze muss man schon mögen.

Nach einer Stunde und vierzig Minuten, wenn man als Zuschauer allmählich mit dem Gefühl im Sessel versinkt, der Film werde nie zu Ende gehen (er bringt es tatsächlich auf stolze zwei Stunden Laufzeit), ist es endlich so weit. Auf einer Yacht residiert Madame Habib – Pola Negri. Bevor man sie zu sehen bekommt, sieht man erst einmal, als Insignium des alten Stummfilmstars, einen Leoparden auf einem Kissen thronen. Dann gibt es eine Rückenansicht im Lehnstuhl, einen Kameraschwenk, und dann endlich blickt der Zuschauer gefühlten einhundert Jahren Filmgeschichte ins Gesicht. Pola Negri ist in ein Gewand aus Goldbrokat, das aussieht wie ein Morgenrock, und in einen Pelz gehüllt («Miss Negris Furs by Calman Links», sagt der Vorspann, «Jewelery by Kutchinsky») und hat eine wirklich alberne Frisur: schwarzes, nackenlanges Haar mit einer Außenrolle, gut frisiert, sodass nicht zu erkennen ist, ob es sich um eine Perücke handelt, gekrönt von einem drolligen kleinen Dutt mitten auf dem Kopf. Die schwarzen Haare umrahmen ein altes Gesicht, das immer noch mehr Würde ausstrahlt als die operierten Fratzen von Shirley MacLaine und Bette Midler zusammen. Von der Grandezza, mit der Billy Wilder Gloria Swanson inszenierte, ist Pola Negri unter der Regie von James Neilson jedoch weit entfernt. Sie hat ein paar lustige Dialogsätze, die sie mit immer noch leicht osteuropäisch gefärbtem Englisch spricht: «Everybody lies. Even the stars when it serves their purpose», aber davon abgesehen ist ihr Abschied von der Leinwand traurig. Lediglich an einer Stelle erlauben sich Drehbuchautor und Regisseur ein lustiges Spiel mit Zitaten: «You're like the girl in an english children's book», sagt Pola Negri zu Hayley Mills, «walking through a glass into a world of crazy people. And you know what I am? I am the Mayhare!»

Der Mayhare, auf Deutsch merkwürdigerweise der Märzhase, ist in Lewis Carrolls *Alice im Wunderland* Teil der Verrückten Teegesellschaft. Neben dem Märzhasen gibt es dort noch den Hutmacher und die Schlafmaus. Hase und Hutmacher verhalten sich wie ein Ehepaar, obwohl der Hase streng genommen keine weiblichen Attribute hat: lediglich ein Band, das etwas charlestonmäßig um Stirn und Ohren gewunden ist, ähnlich dem Ungetüm von Perücke bei Pola Negri.

Innerhalb der *Alice*-Romane kommen diese drei Charaktere dem Muster einer Familie am nächsten. Der Märzhase benimmt sich Alice gegenüber, wie es eine Tante tun würde – mit einer Mischung aus Fürsorglichkeit und Vormundschaft. Dabei ist jedoch allen Beteiligten klar, dass die ganze Szene und die meisten Figuren darin verrückt sind. Während Alice – also Hayley Mills – die ganze Zeit mit großen Augen und voller Verwunderung versucht, ihre eigene Art von Vernunft zu behaupten und die Bevölkerung des Wunderlandes zu belehren, bleibt der Märzhase vollkommen in Übereinstimmung mit dem Hier und Jetzt. Er weiß, wo es langgeht, verkörpert gewissermaßen die Normalperspektive und führt damit den Beweis, dass man in dieser verrückten Welt genauso gut leben kann, wie in jeder anderen. Ein schönes Bild: Pola Negri als Märzhase in einer verrückten Welt. Gleichzeitig sind Leser und Zuschauer natürlich immer auf der Seite der verrückten Figuren im Wunderland. Das ist der Grund, weshalb die schauspielerischen Duelle von alten und jungen Stars (in diesem Buch kommen außer Hayley Mills gegen Pola Negri beispielsweise auch Stephanie Powers gegen Tallulah Bankhead und Natalie Portland gegen Barbara Hershey zur Sprache) immer zugunsten der Älteren ausgehen. Wie sagte Norma Desmond in *Sunset Boulevard* so schön:

> «Ich bin noch groß, aber die Filme sind klein geworden. Sie haben die Idole zertrümmert, die Fairbanks', die Gilberts, die Valentinos! Und wer ist übrig geblieben? Ein paar Nullen!»

Manchmal kann eine Entscheidung des Regisseurs über das Fortleben einer Schauspielerin in der Filmgeschichte entscheiden. Gloria Swanson kennt jeder Filminteressierte, weil *Sunset Boulevard* ein großer Film ist. Und Pola Negri? Schon Irmgard Knef musste ihr durchaus bürgerliches Publikum darüber aufklären, dass Pola Negri nicht mit einem Pola Roid zu verwechseln sei.

«SIEH MICH NICHT AN!»

TALLULAH BANKHEAD
IN: *NACHTS, WENN MUTTER MORDET* (AKA *DAS DÜSTERE HAUS*, 1965)

Der Film *Was geschah wirklich mit Baby Jane?* hatte den Produzenten bewiesen, dass auch der Herbst noch warme Tage hat, und dass sich mit älteren Damen immer noch Geld verdienen ließ – im Horrorfilm. Die Mode schwappte nach Europa über, wo sich alte Damen in mehr oder weniger unappetitlichen Euro-Trash-Filmen tummelten – beispielsweise Mercedes McCambridge in *Der heiße Tod* (1969), einem Frauengefängnisfilm mit viel nackter Haut, oder Maria Schell in *Der Hexentöter von Blackmoor* (1969), einem Hexenjägerfilm mit etwas besser bekleideten, aber ebenfalls gefolterten Frauen, beide von Jess Franco. Auch die Hammer-Studios aktivierten den einen oder anderen Altstar, und so kam 1965 auch die große alte Tallulah Bankhead zu ihrer letzten Filmrolle, Silivio Narizzanos *Die! Die! My Darling!*, auf Deutsch *Nachts, wenn Mutter mordet*.

Tallulah Bankhead ist heute kaum noch ein Begriff, was daran liegen mag, dass sie ihre größten Erfolge auf dem Theater erlebte. Ihre Rolle in *Die kleinen Füchse* von Lillian Hellman war ein solcher Erfolg. In der Filmversion wurde die Rolle von Bette Davis gespielt, die nicht unerhebliche Details ihrer Darstellung von der Bühnenvorgängerin geklaut haben soll. Tallulah zeigte sich entsprechend dankbar: «When I've got hold of her I'll tear out every hair of her moustache.» Ihre Filme sind größtenteils vergessen, wenn man von Hitchcocks *Lifeboat* (1944) einmal absieht. Bekannt war Tallulah Bankhead vor allem für ihre häufig wechselnden männlichen und weiblichen Sexualpartner und ihren bösen Humor. Über ihre sexuellen Erfahrungen sagte sie: «I've tried several varieties of sex. The conventional position makes me claustrophobic, and all the others give me either a stiff neck or lockjaw», und ihre Drogenkarriere kommentierte sie so: «My father warned me about men and booze, but he never mentioned a word about women and cocaine.» Als sie gefragt wurde, ob ihr männlicher Ko-Star Tab Hunter homosexuell sei, antwortete sie: «How the hell should I know, darling? He never sucked *my* cock!»

Nachts, wenn Mutter mordet ist Tallulah Bankheads letzter Film, ein Film, den sie nicht besonders mochte. Sie spielt eine religiöse Fanatikerin, Mrs Trefoile. Die lebt mit Dienerschaft und einem geistig behinderten Gärtner (der junge Donald Sutherland) in einem düsteren Haus (darauf bezieht sich der alternative deutsche Verleihtitel) und trauert ihrem verstorbenen Sohn Stephen nach. Dessen ehemalige Verlobte macht einen Ausflug in die Gegend, stattet ihr einen Besuch ab, obwohl ihr neuer Partner dringend davon abrät. Zuerst findet sie das Ambiente und die alte Dame nur etwas merkwürdig. Es gibt keine Spiegel im Haus, weil sie nur Werkzeuge der Eitelkeit seien; die Bibelstunden sind sehr lang und das Essen schmeckt nicht, denn: «Wir verwenden in diesem Haus keine Gewürze. Gottes Nahrung soll man so essen, wie sie ist.» Als Mrs Trefoile schließlich versucht, Patricias Seele zu retten, wird es der Guten etwas mulmig, doch da ist es beinahe schon zu spät. Mrs Trefoile ist entsetzt darüber, wie sehr Patricia bereits in die Sünde verstrickt ist: «Du bist Stephens Frau. Du sollst dankbar dafür sein, dass dir das rein Körperliche der Ehe erspart geblieben ist, dass du so jungfräulich bleiben kannst, wie du bist.» Als sie erfährt, dass Patricia einer neuen Verbindung mit einem Mann durchaus nicht abgeneigt ist, wird sie rigoros. «Du hattest nie die Absicht, Stephen treu zu sein. Darum muss ich dich einsperren.»

Nachts, wenn Mutter mordet ist nicht besonders spannend, auch nicht besonders gut. Faszinierend ist allein Tallulah Bankhead. Sie spielt, als gälte es, in einem Stück von Eugene O'Neill oder in einem Film von Elia Kazan die Zuschauer von den Stühlen zu reißen. Sie spielt jedoch ins Leere, besonders deshalb, weil ihr Stephanie Powers nicht das Wasser reichen kann. Die gibt ein fröhliches Girlie und würde heutzutage in jeder Soap eine gute Figur machen. Die ganze Skala von Angst und Verzweiflung spielt sie in einer einzigen Tonart und wird dadurch unglaubwürdig. Außerdem sitzt die Frisur einfach zu gut. Dass man eine solche eher passiv angelegte Rolle auch ausfüllen kann, hat Samantha Eggar ein Jahr zuvor in einem ähnlich angelegten Film bewiesen, in dem eine junge Frau von einem Wüstling gefangen gehalten wird, *Der Fänger* von William Wyler. Anders Stephanie Powers. Nachdem sie für längere Zeit kaum etwas zu essen und zu trinken bekommen hat, lässt die Haushälterin versehentlich eine Kartoffelschale in ihrem Gefängnis liegen. Nun sollte Powers Hunger, Gier und dann Abscheu spielen. Aber sie spielt: «Oh, guck mal, eine Kartoffelschale, was mag die bloß auf dem Fußboden verloren haben?», und sieht dabei ein bisschen aus wie der Suppenkasper aus dem *Struwwelpeter*: «Ich esse meine Suppe nicht. Nein, meine Suppe ess ich nicht!» Damit wäre sie vielleicht neben einer weniger intensiven Partnerin durchgekommen. Tallulah Bankhead aber spielt alles, jedes Wort wird mit der entsprechenden Mimik unterstützt, jedes Zittern der Lippen ist dramaturgisch richtig platziert. Ich kann mich nicht erinnern, jemals so viele verschiedene Möglichkeiten gesehen zu haben, mit den Lippen zu zittern. Wenn Stephanie Powers mit einem rot gefärbten Pullover, der Farbe des Teufels, zum Gebet erscheint, spielt sich ein ganzes Drama auf dem Gesicht von Tallulah Bankhead ab. Diese Momente müssen es gewesen sein, die Dora Jane Hamblin in Life zu einer der wenigen guten Kritiken über diesen Film veranlassten:

> «Vielleicht ging es den Machern hauptsächlich darum, Tallulah albern aussehen zu lassen. Wenn das so ist, dann ist der Schuss nach hinten losgegangen. Ihre vorzügliche schauspielerische Leistung ist der einzige Lichtblick des ganzen Films. Diese Frau kann mit 60 oder 65 noch eine neue Karriere starten. Hey, Leute! Tallulah ist wieder da!»

Der Regisseur war sich dieses darstellerischen Kapitals jedoch offenbar gar nicht bewusst und verschenkt die vielen Möglichkeiten, die sich daraus ergeben. Unentschieden schwankt er zwischen schwarzer Komödie, Drama und Horrorfilm. Die komödiantischen Höhepunkte sind spärlich gesät und selbstreferenziell. Die tricktechnischen Schockmomente sind für einen Horrorfilm nicht ausreichend und dürften schon 1966 nicht besonders aufregend gewesen sein.

Die Handlung muss gar nicht zu Ende erzählt werden, sie ist ohne Belang. In Erinnerung behalten wird man Tallulah Bankhead, wie sie tränenüberströmt im Bett liegt, mit einem Teddybär im Arm, und ihren verstorbenen Sohn heraufbeschwört. Dann läuft sie zum Schrank. Sie greift nach der dort versteckten Flasche. Dann blick sie in den dort ebenfalls versteckten Spiegel, schminkt sich die Lippen, wischt dann mit der Hand darüber und verschmiert den Lippenstift in ihrem Gesicht. So entstellt ruft sie dem Bild ihres Sohnes zu: «Sieh mich nicht an!» Das ist gleichzeitig haarsträubend und brillant – wenn auch nicht *Süßer Vogel Jugend* nach Tennessee Williams, sondern nur *Nachts, wenn Mutter mordet* nach Anne Blaisdell.

EIN TÖDLICHER AUFPRALL

JENNIFER JONES
IN: *ANGEL, ANGEL, DOWN WE GO (AKA CULT OF THE DAMNED) (1969)*

Ende der 1960er Jahre, nach dem Beginn der Jugendrevolten und dem Erfolg von *Easy Rider* wurde das Filmgeschäft für viele einstige Hollywood-Schönheiten sehr mühsam. Die Zeit der glänzenden und manchmal auch glatten Melodramen, in denen Stars wie Lana Turner, Kim Novak und Jane Wyman in geschmackvollen Kostümen von Irene Sharaff, Jean Louis oder Adrian und in ebenso geschmackvollen Kulissen Schicksalsschläge aller Art geduldig ertrugen, ging ihrem Ende entgegen. Manche Schauspielerinnen zogen sich fast vollständig von der großen Leinwand zurück (Jane Wyman) oder eroberten die kleine des Fernsehens (Barbara Stanwyck), die meisten heuerten irgendwann im Horrorfilm an (Lana Turner). Die ganz verwegenen unter diesen Dames demodées versuchten, ein junges Publikum für sich zu begeistern und in modernen, gewagten Filmen aufzutreten. Jennifer Jones war eine von ihnen.

Die Schauspielerin, geboren als Phyllis Lee Isley, wurde berühmt durch *Das Lied von Bernadette* (1943) nach einem Roman des österreichischen Emigranten Franz Werfel, für den sie einen Oscar erhielt. Berüchtigt wurde sie für ihre campe Darstellung eines Halbbluts in *Duell in der Sonne* (1946). Danach erfreute sie ihre zahlreichen Fans mit Melodramen jeglicher Couleur. Besonders ihre Darstellung der Eurasierin Dr. Han Suyin in *Alle Herrlichkeit auf Erden* (1955), nach dem Roman der gleichnamigen Bestsellerautorin, wird jedem Liebhaber schauspielerischer Entäußerung von Verzehr und Verzicht unvergesslich bleiben. Der Titelsong *Love is a Many Splendoured Thing* von Sammy Fain und Paul Francis Webster (im Film gesungen von *The Four Aces*) wurde ein Number-One-Hit und kam 1978 im Filmmusical *Grease* noch einmal zu Ehren. Connie Francis sang die deutsche Version in die Archive: *Sag, weißt du denn, was Liebe ist.*

Jennifer Jones' Biograf Edward Z. Epstein hat versucht zu ergründen, warum Jones sich auf ihre alten Tage für *Angel, Angel, Down We Go* hergab:

> «Es kursieren verschiedene Theorien, warum einer der ernsthaftesten und selbstkritischsten Stars in einem so üblen Exploitationfilm auftrat. Eine lautet, Jennifer wollte nach ihrem Selbstmordversuch ihr altes Image loswerden und eine ganz andere und weniger seriöse Facette ihrer Kunst zeigen. Eine andere sagt, Jennifer wollte sich sowohl beim zeitgenössischen Publikum als auch bei den zeitgenössischen Produzenten einschmeicheln.»

Seine abschließende These ist freilich am überzeugendsten: «Es ist gut möglich, dass Jennifer die Rolle aus einem ganz praktischen Grund übernommen hat: Sie brauchte das Geld.»

Der Vorspann von *Angel, Angel, Down We Go* verheißt ein großes Vergnügen – produziert wurde der Film nämlich von Samuel Z. Arkoff, dem König des Low-Budget-Films. Ihm verdanken Zuschauer auf aller Welt viele ihrer schönsten Stunden im Kino mit Filmen wie *Lederjacken rechnen ab* (1957), *Lebendig begraben* (1962), *Das Schreckenskabinett des Dr. Phibes* (1971), *Dr. Goldfoot und die Bikini-Maschine* (1965) und *In der Gewalt der Riesenameisen* (1977) – die Liste ließe sich recht lange fortsetzen.

Angel, Angel, Down We Go ist eine Variation eines damals beliebten Topos: Junge Menschen (meist Mitglieder einer Sekte oder einer Rockband mit einem messianischen Anführer) dringen in das Haus einer freundlichen amerikanischen Familie ein, stellen den American Way of Life auf den Kopf und beweisen den verschreckten Familienangehörigen, dass sie nicht mehr in Kansas sind. So human wie der von Humphrey Bogart dargestellte Schwerverbrecher und dessen Kumpane in *An einem Tag wie jeder andere* (1955) waren sie freilich nicht oft. Die amerikanische Schauspielerin Jeanne Crain traf es besonders schlimm: In *Hot Rots to Hell* (1967) musste sie sich gegen aufsässige Teenager zur Wehr setzen, in dem für damalige Verhältnisse äußerst unappetitlichen *The Night, God Screamed* (1971) von religiösen

Fanatikern quälen lassen. Die Familie, die in *Angel, Angel, Down We Go* von jungen Musikanten bedrängt wird, ist reich, dekadent und nicht besonders nett. In der Eröffnungssequenz hört man die Stimme der Protagonistin Tara Nicole Steele (Holly Near), der Tochter des Hauses. Ihre erste Erinnerung sei gewesen, «that my parents were perfekt». Dann sieht man ihren Vater Willy (Charles Aidman) nackt unter der Dusche mit einem nackten jungen Mann stehen, was für damalige Verhältnisse gewagt war, und sie sagt: «It isn't true that my father was a homosexual.» Tara Nicole war als Teenager sehr dick und wurde von ihren Eltern auch schon mal im Restaurant vergessen.

Die von Jennifer Jones gespielte Mutter Astrid, eine verblühende Schönheit, hat wahnsinnige Angst vor dem Altern. «Her fear of aging rings with decided conviction», befand denn auch der Kritiker der Los Angeles Times. Astrid gibt eine Debutantinnen-Party für ihre Tochter, aber eigentlich gibt sie die Party für sich selbst, denn für ihre Tochter interessiert sie sich gar nicht. Vor allem will sie sich «ihre» Party nicht von der Musiktruppe ruinieren lassen, deren Sänger Jordan Christopher (Bogart Peter Stuyvesant) die meiste Zeit halbnackt durch das Bild läuft und *Angel, Angel, Down We Go* singt. Er verführt die Tochter während der Party und sagt nach dem ersten Kuss zur ihr: «You're breath stinks. I dig it.»

Bis zu diesem Zeitpunkt lässt sich die Handlung des Films noch einigermaßen nachvollziehen. Doch danach müssen die Filmemacher und Darsteller schlechte Drogen genommen haben. Tara Nicole träumt wirr von Kühen, Würsten, Blut, Männern, Frauen und Schwarzen, in zwischengeblendeten Flashs sieht man Humphrey Bogart, Albert Einstein und Wilhelm II, in den Songs reimt sich «dreaming» auf «screaming». Jennifer Jones wirkt wie aus einer anderen Zeit – und das ist sie ja auch. Zu erkennen ist das in erster Linie an ihren Frisuren. Die sind von niemand anderem als – Sidney Guilaroff, dem berühmtesten Coiffeur Hollywoods. Aber das Ziel dieser Art von Exploitation ist es natürlich nicht, die Botin aus vergangenen Zeiten gut aussehen zu lassen, obwohl Jennifer Jones auch 1969 noch eine Schönheit war und rückenfreie Kleider (von Renié) mit Würde tragen konnte. Nein, es geht vielmehr darum, die alten Damen zu erniedrigen. Jennifer Jones muss denn auch – in ihrer Rolle, versteht sich – zugeben, welche Art von Filmen sie gedreht hat: «I have made thirty stag-films and never faked an orgasm.» Als

Jordan Christopher ihr ins Gesicht sagt, «Everyone in town said, he's slept with you», erwidert sie: «The ones who said, haven't.»

In einer der absurdesten Szenen der gesamten amerikanischen Filmgeschichte steht Jennifer Jones dann in einem resedagrünen Kostüm auf dem Jahrmarkt und bezahlt die Zuckerwatte mit ihrem Geschmeide, weil sie kein Kleingeld dabei hat. Schließlich fällt sie aus einem Flugzeug, das von ihrer Tochter gesteuert wird, schlägt auf den Boden auf und ist tot. Daraufhin verführt Jordan Astrids Mann und peitscht ihn anschließend aus. In der Schlusssequenz spricht wieder die Tochter: «You don't know the burden of reality, but to be a usual person always seems to be particularly hideous.»

Der Bürde der Realität bekiffter Jugendfilme wollte sich Jennifer Jones dann nicht noch einmal stellen. 1974 war sie in *Flammendes Inferno* zu sehen. Es ist allerdings schlichtweg unwahr, dass sie sich in diesem Film «derart unerkannt verabschiedete, dass sich nicht einmal mehr Cineasten erinnern, ob sie darin überlebte», wie Knut Teske 2009 in Die Welt aus Anlass ihres Todes schrieb. Natürlich überlebt sie nicht! In dem Katastrophenfilm spielt sie eine einsame alte Dame, die sich mit einem älteren Herrn (gespielt von einem anderen Boten aus vergangenen Zeiten, Fred Astaire) anfreundet. Sie schafft es fast bis ganz zum Schluss, dem «flammenden Inferno» zu entkommen. Dann fällt sie aus einem defekten Außenfahrstuhl heraus, schlägt auf den Boden auf und ist tot. Ein im wahrsten Sinne des Wortes aus der Zeit gefallener Star. Einen Film dreht sie danach nie wieder.

«DIESE AUGEN, DIESES GESICHT, WENN ES NUR VERSCHWINDEN WÜRDE!»

JOAN CRAWFORD
IN: *DAS UNGEHEUER (1970)*

Von Joan Crawford stammt die Lebensweisheit: «Das Wichtigste, worüber eine Frau verfügen kann, ist, neben ihrem Talent natürlich, ihr Friseur.» 1970 spielte sie in Großbritannien unter der Regie von Freddie Francis in *Das Ungeheuer (Trog)* – es sollte ihr letzter Kinofilm sein. Tatsächlich wird niemand bezweifeln, dass sie in ihrem letzten Film keinen guten Friseur hatte. Sie war sowohl vom Regisseur als auch vom Friseur und dem Visagisten schlecht beraten. Dafür hatte sie von anderer Seite guten Zuspruch – dem Alkohol. Dazu schreibt ihre Adoptivtochter Christina:

> «Mutter hatte ihren letzten Film im Jahre 1970 gedreht. Es war ein schlimmes Machwerk mit dem Titel *Trog*. Schon damals waren die Auswirkungen ihrer alkoholischen Exzesse unübersehbar. Mutter trank so viel, dass sie sich kaum noch in der Öffentlichkeit sehen lassen konnte. Ihre letzten Auftritte waren ein beschämendes Spektakel. Eine alte Frau, die zusammenhanglose Worte stammelte.»

Crawfords Karriere hatte nach vielen tränenreichen Melodramen 1962 zusammen mit der von Bette Davis einen Aufschwung im Horrorfilm genommen, als beide in Robert Aldrichs *Was geschah wirklich mit Baby Jane?* vor die Kamera getreten waren. Zwischen beiden Diven kam es zu Spannungen, und Joan Crawford stieg aus dem nächsten gemeinsamen Projekt *Wiegenlied für eine Leiche* wieder aus, wohl auch aus Kränkung darüber, dass Bette Davis im Gegensatz zu ihr selbst für *Baby Jane* eine Oscar-Nominierung erhalten hatte. Den Joan-Crawford-Part übernahm Bette Davis' alte Freundin Olivia de Havilland. «Von nun an ging's bergab», um eine andere alte Kollegin zu zitieren, die ebenfalls im Horrorgenre ihre Karriere beenden sollte, und so drehte die Crawford mit einer Ausnahme, dem Problemfilm *Frauen, die nicht lieben dürfen* (USA 1963) über die Anfänge der Gruppentherapie nur noch Horrorfilme: 1964 und 1965 je eine Produktion unter der Regie von Gimmick-König William Castle (*Die Zwangsjacke* und *Es geschah um 8:30 Uhr*), 1968 *Zirkus des Todes* und 1970 dann den schaurigen Tiefpunkt, *Das Ungeheuer*. Darin geht es um einen Troglodyten, einen steinzeitlichen Höhlenmenschen, kurz Trog genannt, der rein zufällig von drei jungen englischen Hobbyforschern entdeckt wird. Wie nicht anders zu erwarten, wird einer der appetitlichen jungen Männer vom Troglodyten erledigt. Der zweite erleidet einen Schock und wird von Joan Crawford gepflegt, die, als Leiterin einer Forschungsanstalt, in der zufällig auch Krankenhausbetten vorhanden sind, das wissenschaftliche Standardwerk *Die soziale Gliederung der Primaten* verfasst hat.

Die erste Szene mit Joan Crawford zeigt sie uns im Gespräch mit dem Inspektor des Orts, der den pflegebedürftigen, immer noch unter Schock stehenden jungen Mann sprechen möchte. Dies wird ihm natürlich verweigert. Als Joan daraufhin das Krankenzimmer betritt, stammelt der junge Hobbyforscher: «Diese Augen, dieses Gesicht, wenn es nur verschwinden würde, es ist immer da, es verlässt mich keinen Augenblick.» Und es ist durchaus nicht klar, wer damit gemeint ist – der Troglodyt oder Joan Crawford.

Nach dieser grandiosen Eröffnungssequenz verläuft sich der Film in ermüdenden Versatzstücken des Grusel- und Science-fiction-Kinos: Trog wird gefangen, untersucht und stubenrein gemacht.

Es gibt den tumben Inspektor und den intriganten inkompetenten Bürgervertreter, der den Troglodyten getötet sehen will. Als ihm dies nach einer ergreifenden Gerichtsverhandlung mit der beherzt für Trog eintretenden Joan Crawford verwehrt wird, dringt der Bösewicht in das Forschungszentrum ein, zertrümmert das Labor, misshandelt Trog und wird folgerichtig von diesem getötet. Nun läuft Trog Amok, tötet einen Gemüsehändler, einen Autofahrer und hängt den ortsansässigen Metzger an einem seiner Fleischerhaken auf, läuft schließlich auf einen Spielplatz und entführt ein Kind – Frankenstein lässt grüßen. Nebenbei bemerkt: Das kleine, dümmlich blickende Mädchen macht in Trogs Armen einen recht glücklichen Eindruck, was angesichts der dazugehörigen hysterisch kreischenden Mutter wirklich kein Wunder ist. Trog wird schließlich von einer Hundertschaft Soldaten erledigt.

Die Szenen, in denen Trog liebevoll von seiner Adoptivmutter gepflegt wird, sind rührend anzusehen. Sie füttert ihn, bringt ihm sprechen und Ball spielen bei, führt ihn der Kammermusik zu, zu der sich Trog ganz possierlich zu bewegen weiß, kurzum, sie ist eine der liebevollsten Pflegemütter, die man sich vorstellen kann, und spätestens, wenn man den Film gesehen hat, weiß man, dass Christina Crawford in ihrem Buch *Meine liebe Rabenmutter* nur gelogen haben kann! Oder hat Joan Crawford in diesen Szenen nur ihr eigenes Ausgestoßensein wie in einem Spiegel erkannt. – «Diese Augen, dieses Gesicht?» So muss es sein: In diesen rührend-liebevollen Momenten erkennt Joan Crawford die letzte Wahrheit ihrer langen Karriere – sie ist zum Troglodyten der gesamten Filmwelt geworden, ein steinzeitliches Fossil in der Wunderwelt des Zelluloids. Es ist also nur konsequent, dass sie nach diesem Film und einer der wenigen großen und großartigen Selbsterkennungssequenzen der Filmgeschichte sich aus dieser verabschiedete.

Die letzte Einstellung des Films ist die schönste, und damit macht der Film dann doch noch viel wett: Joan Crawford sieht der Verfolgungsjagd mit schmerzerfülltem Gesicht zu, nimmt des Troglodyten Tod mit jammernder Gebärde zur Kenntnis und dreht sich um – und da sieht man für einen Moment, einen kurzen nur, aber einen schönen Moment, ihren Haaransatz unter der Perücke. Für diesen Augenblick hat sich das Warten gelohnt. Man weiß nun, dass der Glamour nur eine Illusion ist, und kann nur Mutmaßungen darüber anstellen, ob die britische Produktion in den Nachmittagsvorstellungen englischer Kleinstädte besonders erfolgreich war – Tausende von englischen Hausfrauen kamen aus dem Kino mit dem berauschenden Erfolgsgefühl, dass ihre eigenen Perücken nicht nur schöner seien, sondern auch besser säßen als die von Joan Crawford.

«IN RELATION TO THE ANCIENT MAYAS»

MERLE OBERON
IN: *INTERVAL (1973)*

Easy-Listening-Sound. Mexikanische Pyramiden. Dschungel. Eine Frau mit wehenden Haaren im VW-Käfer – so oder so ähnlich sahen filmische Visionen von Freiheit und Vergnügen in den 1970er Jahren aus. Ein bewährtes Muster also, doch Merle Oberon, die hier mit offenem Verdeck fährt, war zur Zeit der Herstellung dieses von ihr selbst produzierten Films wahrscheinlich 62 Jahre alt. Die Regie sollte ursprünglich Vincente Minnelli führen. Der war jedoch mit der Besetzung des männlichen Protagonisten durch Merles damaligem Liebhaber und späterem Ehemann Robert Wolders nicht einverstanden. Minnelli wollte Frank Langella für diese Rolle. «He wanted», schreibt Oberon-Biograf Charles Higham, «to have such visionary sequences as one in which Wolder would ride naked on a white horse along the beach.» Wie schade, dass daraus nichts geworden ist, es hätte ein Meisterwerk des Camp werden können, ähnlich *Opfergang* von Veit Harlan aus dem Jahr 1944 mit der spärlich bekleideten Kristina Söderbaum als Schimmelreiterin. Nach Meinungsverschiedenheiten mit der Produzentin und Hauptdarstellerin zog sich Minnelli aus dem Projekt zurück. Die Regie übernahm Daniel Mann, der mit *Telefon Butterfield 8* (1960) bewiesen hatte, dass er durchaus in der Lage war, halbseidene Romanzen zu inszenieren. Für *Telefon Butterfield 8* hatte er allerdings Liz Taylor auf dem Höhepunkt ihres Ruhms und vor allem ihrer Schönheit zur Verfügung, ein kleiner aber feiner Unterschied, wie er sich erinnert:

> «Ich wollte, dass Merle älter wirkte, als sie wirklich war, damit das Publikum ihr die Daumen drückt und Spannung aufkommt, als sie einen jüngeren Mann kennenlernt: ob er ein Gigolo ist oder nicht. Doch sie bestand darauf, wundervoll auszusehen, etwas anderes kam für sie überhaupt nicht in Frage. Ich wollte die Narben in ihrem Gesicht von ihren alten Hautproblemen zeigen. Man hätte sie für tapfer gehalten, weil sie zugibt, geliftet zu sein, obwohl das ja gar nicht stimmte. Die arme Frau wollte, dass die Zeit stehen blieb. Sie war das Opfer ihrer eigenen Inszenierung.»

Der Ehre halber muss man sagen, dass Merle Oberon dank des eingesetzten Weichzeichners wirklich immer noch blendend aussieht und in den Kreationen aus wechselweise rosa oder lila Chiffon eine gute Figur macht. So stiefelt sie also mit wehendem Haar und wehem Blick durch die Ruinen einer verlassenen indianischen Kultstätte. Die ständigen Gegenschnitte vom Gesicht der Oberon auf die Ruinen, also von einem alten Kulturdenkmal zum anderen, sind nicht besonders charmant. Vielleicht war der Hintergedanke indes ein einfacher – sie neben den uralten Ruinen noch strahlender aussehen zu lassen. Aber der Zuschauer erkennt sofort: Diese Frau hat eine alte Seele, der Schlimmes widerfahren ist. Im Hotel angekommen, schmückt Serena (Merle Oberon) das Hotelzimmer, fast wie Madame Butterfly vor Ankunft des Geliebten. Vielleicht wusste sie nicht, wie böse die Oper endet. Im Hotelrestaurant führt sie ein Gespräch mit dem Frauenschwarm Chris (Robert Wolders), um bei der Gelegenheit den bis dahin geheimnisvollen

Titel ihres Films zu erklären: «We're all caught in the same interval between beeing born und dying!» Verzaubert von ihrem Liebhaber (der wie eine Westentaschen-Ausgabe von David Hasselhoff aussieht und nach Oberons Tod der Liebhaber von Audrey Hepburn wurde) geht sie in die Bar, ach was, als gehen kann man das nicht bezeichnen, sie schwebt, ihre wallenden Gewänder wehen hinter ihr her und ein geheimnisvolles Lächeln umspielt ihre Lippen und lässt sie leicht erzittern. Es sind minimale schauspielerische Mittel wie diese, mit denen Oberon das ganze Repertoire von Love & Tears & Goodbye abdeckt.

In der Bar wird sie von einem älteren Herrn auf einen Drink eingeladen und erzählt ihm ihre traurige Liebesgeschichte. Einst, vor langer Zeit, habe sie sich in Paris, der Stadt der Liebe und der Lichter, in einen Mann verliebt, einen Juwelendieb. Das macht den älteren Herrn ganz wuschig: «Phantastic! A jewel-thief! That really turns me on!» Merle macht ein indigniertes Gesicht, indem sie einen Mundwinkel nur ganz leicht nach unten rutschen lässt, und schwupps, Schnitt, ist sie wieder in den Ruinen. Die Drehgenehmigung dafür muss besonders günstig gewesen sein, so oft, wie die alte Tempelstadt in die Handlung montiert wird. In den Ruinen führt sie Zwiesprache mit einer Schlange, der Hotelschwarm taucht auf und will die Schlange töten. Doch nein, Merle wirft sich unerschrocken dazwischen und rettet der Schlange das Leben. Entfernt erinnert sie mit all der Naturverbundenheit und Tierliebe, die den Film durchzieht, an Audrey Hepburns Vogelmädchen Rima in *Tropenglut* (1959). Oberon hätte gewarnt sein sollen, *Tropenglut* war ein Flop, nicht zuletzt, weil Audrey Hepburn Privates mit Beruflichem vermischte und die Regie ihrem damaligen Ehegatten Mel Ferrer übertrug. Laut ihrer Biografen Charles Higham und Roy Moseley hat Oberon dem Drehbuchautor Gavin Lambert diesen Charakterzug aufgeschwatzt:

> «Sie änderte den Charakter der Serena von einer schlichten Touristin, wie in Tennessee Williams *Der römische Frühling der Mrs Stone,* in so etwas wie einen Hindu, der nicht einmal eine Schlange oder ein Insekt töten würde und sich eindeutig zu den alten Mayas in Beziehung setzt. Das neue Drehbuch hatte überhaupt keine Geschichte mehr, es war ganz einfach eine bunte Ansichtskarte über erotische Wirren vor exotischer Kulisse.»

So sieht man Serena und Chris immer wieder in der Natur und in den Ruinen. Dazu gibt es Dialoge von rührender Simplizität: «I think, being alive is such a luxury.» Ein Papagei kräht. Eine Rückblende zeigt Serena im Krankenhaus. Was geschah Schreckliches in ihrer Vergangenheit? Statt Aufklärung zu erlangen, werden einstweilen wieder die Schönheiten der Landschaft vorgeführt. Und des Meeres. Dort kauft Serena einen gerade geangelten Fisch und schenkt ihm die Freiheit. Ernsthaftigkeit, die ihren Zweck verfehlt, ist ein Merkmal von Camp, und *Interval* quillt von dieser ehrenrührigen Ernsthaftigkeit solcherart über, dass der Film dadurch auf eine rührende Weise komisch wird. «I'm in love with life», sagt Serena, dann sieht man sie mit Chris im Bett, ihr nackter Oberkörper zugedeckt. Der Zuschauer freut sich auf erotisches Knistern unter südlicher Sonne. Doch anstatt einer wilden Sexszene gibt es wieder einmal – Bilder von den Ruinen. Und von Merle Oberon im Bikini am Strand mit wehendem Haar, «like ice in the sunshine». In unendlich vielen Rückblenden erfährt der Zuschauer endlich auch das Geheimnis ihres vergangenen Lebens: Ihr Ex hat sie betrogen und sie hat ihn mit dem Auto überfahren. Auf eine Beziehung mit Chris mag sie sich nicht einlassen, sie fühlt sich zu alt. Also nimmt sie Abschied von Chris – selbstverständlich wirft sie auch einen letzten Blick auf die Ruinen – und flieht in den Urwald, um ganz eins mit sich und mit der Natur zu sein. Doch der Trieb ist zu stark. Sie kehrt zurück und trifft Chris mit einem billigen Flittchen im Hotel. Der mag die schöne Blume in ihrem Haar plötzlich gar nicht mehr leiden und schreit sie an: «Take the flower out of your hair, it's pathetic and it makes you look so old.» Arme Serena. Da sitzt sie nun allein im Hotel, dann sitzt sie allein am Strand, dann sitzt sie allein vor den Ruinen. Der Himmel reißt auf und ein letzter Sonnenuntergang bescheint die Pyramiden von Yucatán. Sie nimmt sich das Leben, indem sie in ein altes, mit Wasser gefülltes Opferloch der Mayas springt. Da treibt ihre Leiche einer Blume gleich auf dem Wasser und der Zuschauer weiß, ihre Seele ist nun heimgegangen zu ihren Vätern. – Oberon hatte zwar indische und keine indianischen Vorfahren, aber wer will da schon kleinlich sein? Zum Finale gibt es dann noch einen letzten Kameraschwenk über die Ruinen.

Wie schade, auch Merle Oberon, einer bezaubernden Schönheit und einer zwar zurückhaltenden, aber in Filmen wie *Sturmhöhe* (1939) dadurch umso überzeugenderen Darstellerin, hätte man einen besseren Abgang aus der Filmgeschichte gewünscht. Ich glaube zwar nicht, dass Minnellis Vision des nackten Robert Wolders auf einem Pferd den Film gerettet hätte, aber vielleicht hätte ein anderer Regisseur als Daniel Mann dem Ganzen doch ein wenig mehr Hauch von Tennessee-Williams-Dramatik verleihen können. Die ursprüngliche Idee des Drehbuchautors, aus Chris einen Gigolo zu machen, ging in diese Richtung. So jedoch ist *Interval* der Film einer alten Frau, die sich selbst beweisen will, dass sie von jungen Männern begehrt wird. Higham und Moseley schreiben:

> «Merle verabschiedete sich mit einem ganz und gar abgeschmackten, albernen und absurden Film. Ihr Spiel war regelrecht hemmungslos und zeigte ihre schlimmsten Manierismen, ein verschämtes Lächeln und eine alberne, mädchenhafte Sprechweise, während ihre Stärken, ihr Einfühlungsvermögen, ihr subtiler Stil und ihre leidenschaftlichen Ausbrüche überhaupt nicht zum Tragen kamen.»

Den Kampf gegen das Alter hat sie gewonnen, nach Abschluss der Dreharbeiten heiratete sie den rund zwanzig Jahre jüngeren Robert Wolders, und allen Gerüchten zufolge scheinen die beiden einige in jeder Beziehung erfüllte Jahre miteinander verlebt zu haben. Den Kampf gegen die Tempelanlage von Yucatán hat sie allerdings verloren. Diese werden jedes Jahr von Millionen von Touristen besucht.

«SIEH DIR DIESE BRÜSTE AN. SIND DIE NICHT SCHÖN?»

ELIZABETH TAYLOR
IN: *DIE RIVALIN (1973)*

Mit Liz Taylor verstarb 2011, da waren sich die Nachrufe einig, die letzte Königin von Hollywood. Zwar gibt es immer noch einige Überlebende der goldenen Studio-Ära, aber weder Kim Novak noch Lauren Bacall haben je den Status der Taylor erreicht. Begonnen hatte die geborene Engländerin als

Kinderstar in Filmen wie *Kleines Mädchen, großes Herz* (1945). Sie schaffte mühelos den Übergang zu Erwachsenenrollen und wurde spätestens mit *Giganten* (1956) an der Seite von Rock Hudson und James Dean ein Topstar. Tobias Kniebe schreibt:

> «Als die sechziger Jahre anbrachen, galt sie als schönste Frau der Welt, war bereits viermal verheiratet, einmal verwitwet und als Ehezerstörerin geschmäht. Was nun aber folgte, sollte sie noch einmal in eine neue Umlaufbahn des Ruhms katapultieren, in den Medienwahnsinn, in den ersten globalen Celebrity-Meltdown des zwanzigsten Jahrhunderts: Für eine Gage von einer Million Dollar willigte Liz Taylor ein, Cleopatra zu werden.»

Der Film, inflationsbereinigt immer noch einer der teuersten der Filmgeschichte, wie Tobias Kniebe schreibt, wurde ein gigantischer Flop. Aber sie traf Richard Burton und die zwei wurden ein Paar wie «Nitro und Glyzerin». Diese Beziehung mit Hochzeiten, Scheidungen, Schlägereien und öffentlich ausgetragenen Fehden ist immer noch eine der berühmtesten der Welt. Ihren künstlerischen Niederschlag fand sie in der Albee-Verfilmung *Wer hat Angst vor Virginia Woolf?* (1966) unter der Regie von Mike Nichols. Liz Taylor erhielt dafür einen verdienten Oscar, ihren zweiten nach dem für ihr Porträt einer Bordsteinschwalbe in *Telephon Butterfield 8* (1960). Erstaunlicherweise ist *Wer hat Angst vor Virginia Woolf?* auch der letzte herausragende Film mit Elizabeth Taylor – und es ist keineswegs so, dass sie sich danach vom Filmgeschäft zurückgezogen hätte. Die Beziehung zu Richard Burton hielt zumindest das Interesse des Publikums an den Filmen wach, in denen sie gemeinsam auftraten. Der bizarrste Film des Gespanns Taylor/Burton ist *Brandung* (1968), die Verfilmung des wenig bekannten Tennessee-Williams-Einakters *Der Milchzug hält hier nicht mehr* von Joseph Losey, in dem eine sterbende Millionärin (Taylor) ihrem Todesengel in Gestalt eines vagabundierenden Dichters (Burton) begegnet. Der Film wurde vom Publikum nicht angenommen und von der Kritik in der Luft zerrissen. Paul D. Zimmerman schrieb in der Newsweek, der Film sei «a pointless, pompous nightmare» und Halliwells *Filmguide* setzte noch eins oben drauf: «Pretentious boring nonsense, showing that when talent goes awry it certainly goes boom.» *Brandung* ist freilich auch eine «Kunstanstrengung par excellence, die unweigerlich Camp wurde» (Fritz Göttler), nicht zuletzt deshalb, weil Noël Coward die Rolle der – ursprünglich Katharine Hepburn zugedachten – «Witch of Capri» übernahm.

Brandung ist leider der letzte interessante Film, den die Taylor gemacht hat. Danach folgten viele heute völlig vergessene Filme, darunter ein aufgeblasener Märchenfilm *(The Blue Bird, 1976)*, eine missglückte Musicalverfilmung fast ohne Musik (*Das Lächeln einer Sommernacht, 1977)* und ein weiterer Film unter der Regie von Joseph Losey (*Die Frau aus dem Nichts, 1968).* Einer der unbekanntesten dürfte die Paramount-Produktion *Die Rivalin* (1973) unter der Regie von Larry Pearce sein. Darin spielt Liz Taylor die Amerikanerin Barbara Sawyer, die sich in den Dolomiten einer Schönheitsoperation unterzieht, um ihren Ehemann (Henry Fonda) wieder für sich zu gewinnen. Der Film wurde recht aufwendig produziert, Taylors Kostüme stammen von Edith Head und Taylors Frisuren von Alexandre of Paris, die Musik komponierte Maurice Jarre und neben Taylor wurden mit Henry Fonda und Helmut Berger zwei weitere Stars aufgeboten. Die Schönheitsoperation wird in allen Einzelheiten gezeigt und natürlich sieht die Taylor hinterher fantastisch aus. Sie ist in verschiedene Capes gehüllt und unter wechselnden Mützen verborgen und genießt das Jet-Set-Leben in Cortina. Die Szenen, die sie beim Restaurantbesuch oder beim Flanieren in der Hotel-Lobby zeigen, scheinen endlos und man wird das Gefühl nicht los, dass Liz Taylor in diesem Film genau das tut, was sie auch im wirklichen Leben getan hat. Sie beginnt erst einen Flirt mit dem Fotografen Daniel, der sie über die Mechanismen des Klatsches aufklärt: «Glauben Sie, ich mache diese Leute nicht schlecht. Sie akzeptieren, was sie gegenseitig zu sein vorgeben. Das ideale Milieu für Sie!» Dann lässt sie sich von dem damals noch bildhübschen Helmut Berger verführen. In dieser Szene hat der Film am wenigsten mit der real existierenden Liz Taylor zu tun. «Du hättest nicht so lange warten sollen», sagt Berger nach dem gemeinsamen Sex. Und Taylor antwortet: «Wie meinst du das? Hast du das gemerkt?»

Doch in Wirklichkeit ist Barbara immer noch in ihren Mann verliebt, der will allerdings die Scheidung, weil er eine jüngere Freundin hat, um zu vergessen, dass er älter wird – die titelgebende Rivalin. Die finale Auseinandersetzung zwischen Barbara und ihrem Mann scheint endlos.

> Sie: «Ich wette, wenn ich dir sage, dass ich mit ihm im Bett war, würdest du mir nicht glauben.»
> Er: «Nein.»
> Sie: «Keine Sorge, ich möchte nur mit dir reden. Ich war die Letzte aus der Generation, die Sex nur im Dunkeln kennt.»
> Er: «Siehst du nicht, dass das alles nicht mehr stimmt. Du wirst dann deine Selbstachtung wiederfinden, wobei dir wahrscheinlich gar nicht bewusst ist, dass du sie verloren hast.»
> Sie: «Sieh dir dies Gesicht an! Ist das nicht doch fast die Frau, die du mal geheiratet hast? Deinetwegen hab ich diese Narben, damit du die Augen wieder aufmachen kannst, wenn du mit mir ins Bett gehst. Sieh dir diese Brüste an. Sind die nicht schön?»
> Er: «Ich werde immer da sein, wenn du mich brauchst.»
> Sie: «Oh mein Gott.»

Dann bringt Barbara ihren Mann zum Zug und mit einer Einstellung auf den Bahnhof und dem schönen Walzer-Thema von Maurice Jarre geht der Film zu Ende. Es ist ein Film ohne größere Überraschungen, außer der, dass Henning Schlüter (der Chef von Siegfried Lowitz in der Serie *Der Alte*) einen Gastauftritt als kartenspielender Patient hat. Es ist auch ein Film, der ohne jeglichen Versuch einer Kunstanstrengung auskommt. Das zeichnet ihn im Gegensatz zu *Brandung* wirklich aus. *Die Rivalin* treibt in entspannter Atmosphäre vor sich hin, Helmut Berger ist hübsch anzuschauen, der Musik hört man genauso gern zu, wie man den Menschen zusieht, die in den Dolomiten Cocktails trinken. Die Taylor ist bezaubernd schön fotografiert – auch wenn sie nach der Operation, wie Leonard Maltin's *Movie Guide* vermerkt, älter aussieht als Henry Fonda. Die genannten Gründe, den Film zu mögen, sind freilich genau dieselben, die für sein Scheitern verantwortlich sind. Der Film wirkt über weite Strecken wie die Verfilmung einer Foto-Strecke aus der Yellow-Press oder, wie Halliwell's *Filmguide* anmerkt, wie «a celebration of the wonders of cosmetic surgery and sex for the aged». Pauline Kael hatte schon ein Jahr zuvor angemerkt, die Taylor-Ära gehe nun zu Ende.

> «Eine weltberühmte Frau verändert ihren Status. Ich glaube, dass sie sich jetzt mit ihrem Publikum auf einer gleichmacherischen Ebene in

Verbindung setzen will. Ihr Bereich in darstellerischer Hinsicht ist noch kleiner geworden.»

Tatsächlich mag man angesichts dieses Films von Schauspielerei nicht sprechen: Elizabeth Taylor ist einfach Elizabeth Taylor. Ob die von Kael genannten Gründe dafür verantwortlich waren, dass die Taylor nie den Wechsel ins Charakterfach vollzogen hat, wie es Bette Davis und Joan Crawford taten? So ersparte sie sich «die lächerlichen Altersrollen», weil ihr «Star-Image stets ihre Qualitäten als Darstellerin» überschattete (Marli Feldvoss). Lächerliche Rollen hat sie trotzdem noch lange Jahre in ausreichendem Maße in Film und Fernsehen gespielt – als Denkmal ihrer selbst. Ein Regisseur, der aus dieser Jahrhundertgestalt ein Vexierspiel der Mythen gemacht hätte, wie Billy Wilder es in *Sunset Boulevard* (1950) getan hat, fand sich nicht. Nur Brian Levant. Der besetzte Liz Taylor, darin ganz das Kind unserer prosaischen Zeiten, als altes Fossil Peal Slaghoople in seiner Komödie *Flintstones – Die Familie Feuerstein*. Es war 1994 ihre letzte Rolle in einem Kinofilm. Er spielt in der Steinzeit.

«RATHER A FREAK THAN FORGOTTEN»

AVA GARDNER
IN: *DER BLAUE VOGEL (USA/UDSSR 1976)*

Der blaue Vogel, eine Verfilmung des gleichnamigen symbolistischen Märchenspiels von Maurice Maeterlinck und ein Remake des Shirley-Temple-Vehikels gleichen Namens aus dem Jahr 1940, war die erste amerikanisch-sowjetische Gemeinschaftsproduktion und wurde als solche zuvorderst beworben, was den Kritiker David Skerrit zu der Bemerkung veranlasste: «Der Film ist so darauf fixiert, Geschichte zu machen, dass er es versäumt, Sinn zu ergeben.» Offensichtlich wollten die Produzenten ein Prestigeprojekt umsetzen und bedienten sich dafür großer Namen, die damals schon an Glanz eingebüßt haben dürften. Doch wie heißt es in einem Chanson von Hugo Wiener so schön: «Die alte Garde stirbt vielleicht, doch sie ergibt sich nicht.» Regie führte Altmeister George Cukor (seine vorletzte Arbeit, er war damals Ende siebzig), und man kann außer seinem Alter leider so gar nichts zu seiner Entschuldigung vorbringen. Der Film schleppt sich mühsam vorwärts wie ein Leichenzug. Nun können Begräbnisse durchaus einen gewissen Reiz entwickeln, doch hier muss man schon sehr lange warten, um irgendwelchen Reizen erliegen zu können. Tatsächlich sind einige der «principal costumes» fantastisch bizarr – entworfen von einer der bekanntesten Lesben Hollywoods, Edith Head (sie war damals Anfang siebzig, und es war ihre drittletzte Arbeit für den Film). Aber das war es dann auch schon – sehr wenig für dieses Märchen um Mytyl und Tyltyl auf der Suche nach dem blauen Vogel, dem Glück. Sie werden dabei begleitet von einer Reihe allegorischer Figuren – vom Geist des Brotes, der süßen Seele der Milch, vom Zucker, von Frau Licht und vom Hund und der intrigant-bösartigen Katze (der einzigen schwarzen Darstellerin des Films) – und müssen viele langweilige Abenteuer bestehen: in klapprigen Kulissen, unterstützt von Tänzern des Kirov-Balletts. Besonders letztere verleihen dem Film den Charme eines DEFA-Märchenfilms.

Man fragt sich, wohin die Produktionskosten wohl geflossen sein mögen. In die Gage von Liz Taylor (damals mit Mitte vierzig eine der jüngsten Mitwirkenden dieses Films) als Mutter, Frau Licht und mütterliche Liebe? Oder in die Gage von Ava Gardner (damals Mitte fünfzig) als Luxus?

Um die Langeweile zu vervollständigen, wurden Irwin Kostel (damals Mitte sechzig) mit der Herstellung des Soundtracks und der Russe Andrei Petrov mit der Komposition von Songs beauftragt. Letztere fielen dem Stil russischer Märchenfilme entsprechend aus und haben Texte wie «Wenn du denkst, die Welt ist himmelblau». Zum Glück hinterlassen sie keinen bleibenden Eindruck und somit auch kaum Spätfolgen. Für die Spätfolgen ist das Drehbuch zuständig. Und da muss selbst ein kritischer Betrachter zugeben, dass einige der Dialoge staunenswert amüsant und für eine gewisse Erheiterung zu sorgen in der Lage sind. Was sagt die süße Seele der Milch, als sie einiger Geister ansichtig wird: «Ich glaube, ich gerinne!» Und zum Feuer sagt selbige süße Seele: «Sie haben Feuer, mein Herr, wie ich sehen kann, also fassen sie mich lieber nicht an.» Und als Mytyl und Tyltyl im Reich der ungeborenen Kinder, die auf ihre Geburt warten, einen Spaziergang machen und von einem besonders aufgeweckten Kleinen den anderen Kindern vorgestellt werden, findet, angesichts eines Kinds, das blind auf die Erde kommen wird, folgender tiefsinniger Dialog statt:

Aufgewecktes Kind: «Ich glaube, er überwindet den Tod.»

Mytyl: «Was meinst du damit?»

Aufgewecktes Kind: «Das kann ich dir auch nicht genau sagen.» Immerhin begegnet uns im Reich der ungeborenen Kinder Robert Morley (damals siebzig) mit angeklebtem Rauschebart als die Zeit. Er darf singen und den lieben Kleinen so hübsche Reime aufsagen wie:

> «Ob traurig oder heiter, ich bin hier nicht der Leiter. Ich bin nur die Zeit, was ihr so gern vergesst. Ich geb euch das Signal bloß und lass euch auf die Welt los, das Leben gibt euch dann den Rest.»

Ava Gardner als Luxus führt den Film dann vollends ad absurdum: «Aller Luxus der Welt ist hier vereint.» Leider sieht man im fertigen Film nichts davon, und nachdem Ava Gardner ihre welken Oberschenkel präsentiert hat, versinkt auch der letzte Rest desselben. Dabei war die Idee, den Luxus von einer der schönsten Frauen des amerikanischen Kinos verkörpern zu lassen, an und für sich goldrichtig – nur ein winziges Mü zu spät. Ava Gardner war ein Top-Star, aber es fällt schwer, sich an beeindruckende Darstellungen von ihr oder an großartige Filme mit ihr zu erinnern: In der 1951er Verfilmung des Musicals *Showboat* war sie der Mischling Julie Laverne, sie spielte in diversen «glossy melodramas» der 1950er, aber weder *Mogambo* (1953) noch *Knotenpunkt Bhowani* (1956) sind Klassiker geworden. Als Maxine Faulk war sie 1964 in der Tennessee-Williams-Verfilmung *Die Nacht des Leguan* zu sehen, aber John Huston war einer der am wenigsten geeigneten Regisseure für die Verfilmung schwüler Fantasien in südlichen Ländern. Am ehesten erinnerlich bleibt sie als Tänzerin Maria Vargas in Joseph Mankiewiczs Hollywood-Abrechnung *Die barfüßige Gräfin* (1954). Der Ansicht von John Walker, «her performances improved as her looks faded», mag ich mich nicht anschließen, aber immerhin hat sie, als ihre große Zeit lange vorbei war, noch die eine oder andere Perle des Trash durch ihre Anwesenheit veredelt: Als Herzogin von Alba in *The Naked Maja* (1959), als Sarah in *Die Bibel* (1966), als Elisabeth von Österreich in *Mayerling* (1968) und als Frau von

Charlton Heston im Katastrophenfilm *Erdbeben* (1974). Getreu dem Motto «rather be a freak than forgotten» versuchte sie wie viele andere Kolleginnen im Horrorfilm zu reüssieren, aber ihrem Ausflug in diese Gefilde war mit *Hexensabbat* (1977) kein Erfolg beschieden. Vielleicht hatte sie auch einfach mehr Freude daran, sich ihrem Liebesleben zu widmen, als Filme zu drehen. Ihre Affären waren Legion, verheiratet war sie dreimal: In zweiter Ehe mit Artie Shaw, in dritter mit Frank Sinatra und in erster mit Mickey Rooney. Der geriet angesichts ihrer körperlichen Reize auch lange nach Ende ihrer Ehe noch ins Schwärmen: «She also had big brown nipples, which, when aroused, stood out like some double-long, golden California raisins.» Humor scheint sie auch gehabt zu haben. Als Frank Sinatra Mia Farrow heiratete, sagte sie, sie habe immer gewusst, dass Frank eines Tages mit einem Jungen im Bett landen würde.

Im Land der Erinnerung trifft der Zuschauer schließlich auf *Waltons*-Opa Will Geer (als Großvater). Den hätte man besser nicht eingesetzt, denn kaum haben wir ihn erblickt, überkommt uns eine unbändige Lust, eine der alten *Waltons*-Folgen zu sehen, und spätestens da hat *Der blaue Vogel* verloren. Dann sagt Mona Washbourne (als Großmutter): «Nichts ist mehr so gut, wie es früher war.» Wie recht sie doch hat! Früher wurden Stars wie Ava Gardner in einem prächtigen Passepartout präsentiert. Man kann sich Filme wie *Mogambo* immer noch ansehen, weil Stil und Star übereinstimmten. *Der blaue Vogel* ist auch deshalb so ungenießbar, weil er die Stars lediglich wie Relikte vergangener Tage dem gaffenden Zuschauer als Opfer darbringt.

Die Moral von der Geschichte nach gefühlten zehn Stunden darf Liz Taylor verkünden:

> «Ja, einst hatte ich einen blauen Vogel, und ich war unendlich glücklich. Aber eine Art Gier erfasste mich, ich wollte ihn nur für mich. Doch der blaue Vogel singt als Gefangener keine Lieder, er singt nur in Freiheit. Er braucht die Freiheit der Lüfte, so wie wir das Glück. Aber unser blauer Vogel hat – und das wird euch das Leben lehren – seinen Platz in unserer Fantasie. Der blaue Vogel ist für alle da, die Welt muss ihn sich teilen, so lasset denn von Land zu Land, von Mensch zu Mensch ihn eilen. Und vielleicht gelingt euch, was wenigen gelingt, dann setzt er sich in eure Hand und singt und singt und singt.»

Wie schrieb William Wolf nach der Uraufführung so schön: «Wenn Sie ungezogene Kinder haben, die sie bestrafen wollen, nehmen Sie diese mit in *Der blaue Vogel* und zwingen sie, den Film vom Anfang bis zum Ende anzusehen.»

ALS HÄTTE EDWARD GOREY HILDEGARD KNEF ZU ZEICHNEN VERSUCHT

INGRID BERGMAN
IN: *NUR EINE FRAGE DER ZEIT* (AKA *NINA*, 1976)

Im Herbst 1975 drehte Ingrid Bergman in Rom den Film *Nur eine Frage der Zeit* nach dem Bestsellerroman *The Film of the Memory.* Metro-Goldwyn-Mayer hatte die Filmrechte erworben, aber den Film nie gedreht. Nun hatte Vincente Minnelli sie gekauft. Die Dreharbeiten dauerten vierzehn Wochen, aber der Film wurde kaum gezeigt. Kathleen Carroll schrieb in Movies: «... da man ihn nun einmal gedreht hatte, wäre es besser gewesen, den Film nie in die Kinos zu bringen ...» Dies ist die einzige Notiz, die man in Ingrid Bergmans Autobiografie *Mein Leben* zu diesem Film findet.

1975 war Vincente Minnelli fünfundsechzig Jahre alt, kein Alter für einen renommierten Regisseur, doch wird man beim Betrachten von *Nur eine Frage der Zeit* das Gefühl nicht wieder los, es mit dem Werk eines verwirrten Greises zu tun zu haben. Dieses Gefühl entwickelt einen äußerst starken Sog, ebenso wie Ingrid Bergmans Contessa, die mit der weißhaarigen Perücke und den dunkelst geschminkten Augen aussieht, als hätte Edward Gorey Hildegard Knef zu zeichnen versucht.

Und doch bleibt man Vincente Minnelli einen Rest von Dankbarkeit schuldig, hat er sich doch immerhin nicht gegen die siebenundneunzigminütige Fassung zur Wehr gesetzt. Dass dieser Film in seiner ursprünglichen Fassung hundertfünfundsechzig Minuten lang gewesen sein soll, übersteigt mein Vorstellungsvermögen jedenfalls um ein Beträchtliches.

Der Film ist in einfach allen Aspekten unglaublich schlampig. Liza Minnelli als neunzehnjährige Nina (tatsächlich war sie 1976 bereits dreißig) sieht überhaupt nicht aus wie ein Mädchen vom Lande, das sie spielen soll, sondern wie eine vierzigjährige Friseuse aus der Vorstadt. Jedenfalls kommt sie nach Rom. Der bekannte Filmkritiker Leonard Maltin merkt in seinem *Movie and Video Guide* an, der Film spiele im «Europa vor dem Ersten Weltkrieg». Tatsächlich sieht man Kostüme, die in den vierziger, fünfziger, sechziger, vielleicht sogar den siebziger Jahren hätten getragen werden können, aber ganz sicherlich nicht im Europa vor, während oder nach dem Ersten Weltkrieg. Auch die Autos auf den Straßen Roms sprechen eine andere Sprache – ein Auto vom Typ Isetta wurde erst deutlich nach dem Weltkrieg produziert, und zwar nach dem Zweiten!

Wie dem auch sei: Liza Minnelli in der Verkleidung eines Zimmermädchens trifft in dem Hotel auf einen Schriftsteller. Dieser versucht den ganzen Film über, eine Vergewaltigungsszene zu schreiben, was nicht besonders komisch ist. Vielleicht war es das, was Frank Rich von der New York Post zu der folgenden Kritik veranlasste:

> «So spektakulär daneben, dass *Nur eine Frage der Zeit* auch dann der Komödienlangweiler des Jahres wäre, wenn Minnelli Mel Brooks davon überzeugen könnte, seinen Namen dafür herzugeben!»

Außer auf den Schriftsteller trifft Liza Minnelli auf die Contessa Sanziani (Ingrid Bergman), mit Vornamen Lucrezia, die, alt und verwirrt, in einer Welt der Erinnerung lebt und einige der denkwürdigsten Dialogzeilen ihrer Karriere sprechen muss:

> «Man ist nur, was man sein möchte, aber man muss das Risiko eingehen und sich nicht fürchten vor Freude oder Kummer, keine Angst, greifen Sie zu, nehmen Sie sich alles vom Leben, tun Sie's, bevor es zu spät ist! Sittsamkeit ist nur ein Zeichen von Unvollkommenheit. Nur hässliche Frauen schätzen diese Tugend.» Und: «Bei Sonnenuntergang fliegen die Stare immer über Rom, in riesigen Schwärmen, und wissen Sie, das Geräusch, wie Regen, das man so oft in der Musik von Berlioz hört, das ist das Zwitschern dieser kleinen Vögel.»

Auf welche Werke von Hector Berlioz da wohl Bezug genommen wird?

Diese Contessa war «Geliebte bedeutender Männer, zum Beispiel von Kaiser Wilhelm und Gabriele d'Oratio», was, wenn es eine Verballhornung von Gabriele d'Annunzio sein soll, eine sehr plumpe ist, und falls es, daraus folgend, eine Anspielung auf Eleonora Duse sein soll, ist es ebenfalls sehr ungeschickt, denn eine Tragödin hätte selbst ein besserer Regisseur, als Vincente Minnelli einer war, aus Ingrid Bergman nicht gemacht. Die Contessa nun erzählt aus ihrem Leben, in Rückblenden, in denen die junge Contessa von Liza Minnelli gespielt wird, was der Erzählstruktur des Films nicht gerade zuträglich ist. Und sie versucht, aus dem hässlichen Entlein Nina (Liza Minnelli) einen schönen Schwan zu machen.

Bis zu diesem Punkt des Films haben wir schon viel Erstaunliches gesehen, unter anderem Charles Boyer als Conte Sanziani in seiner allerletzten Filmrolle. Doch nun entgleitet Vincente Minnelli der Film endgültig: verwackelte Postkartenansichten aus Rom, umständliche, unmotivierte Rückblenden (in einer tritt sogar Kaiser Wilhelm II. auf). Nina wird zum Filmstar, eine Wandlung, an der uns Liza Minnelli so überhaupt nicht teilhaben lässt. Wer weiß, vielleicht hätte man das in den fehlenden achtundsechzig Minuten gesehen. Immerhin singt Liza Minnelli fantastisch. Auch in ihren anderen Filmen war sie meist eine bessere Sängerin als Schauspielerin, nur Bob Fosse hat sie in *Cabaret* (1972) perfekt inszeniert, indem er ihre Qualitäten als Entertainerin in geradezu magischer Weise für die Leinwand nutzbar machte.

Kurz bevor Nina es (unverständlicherweise) schafft, ein Star zu werden, läuft die verwirrte Contessa vor ein Auto. «Ist das Leben schon zu Ende?», haucht sie der Krankenschwester entgegen (Bergmans Tochter Isabella Rossellini in ihrer ersten Filmrolle) und stirbt. «Du hast es geschafft, der Vergewaltigung einen tieferen Sinn zu geben», sagt der Regisseur zum Schriftsteller am Schluss des Films, «dadurch wird die Szene viel positiver».

Ingrid Bergman trat noch einmal vor die Kamera, um neben der ständig verheulten Liv Ullmann in *Herbstsonate* (1978) ihren beeindruckenden Leinwandabschied zu geben. Vom Fernsehbildschirm verabschiedete sie sich dann 1982 im Mehrteiler *A Woman Called Golda* als Golda Meir, einer dieser von ihr so geschätzten überlebensgroßen Charaktere, derer sie nie Herr wurde, was schon ihre Jungfrau von Orléans (*Joan of Arc*, 1948) ungenießbar machte. Unter Anleitung großer Regisseure wie George Cukor in *Das Haus der Lady Alquist* (1944) oder Ingmar Bergman in *Herbstsonate* konnte Ingrid Bergman fantastische Leistungen erbringen, und ihre Ilsa Lund in *Casablanca* (1942) hat ihr ohnehin für immer einen Platz in der Filmgeschichte gesichert. Auch ihr schwedisches Kindermädchen Greta Ohlsson unter der Regie von Sidney Lumet in *Mord im Orient-Express* (1974) bleibt unvergessen. Da versucht sie, dem von Albert Finney gespielten Hercule Poirot eine ganz und gar unwahrscheinliche Geschichte zu erzählen, um den Verdacht von sich abzulenken:

> «Ich war mal wieder krank, wie meistens, und ich saß im Gras, und ich sah Jesus, Jesus im Himmel, mit vielen kleinen Kindern, aber alle Kinder waren braun, und das war ein Zeichen für mich. Ich sollte mich um kleine braune Kinder kümmern. Ich war ein etwas zurückgebliebenes Kind, und deswegen bin ich nach Afrika gegangen und arbeite dort als Missionarin und betreue kleine braune Babys, die noch zurückgebliebener sind, als ich es war.»

Ein Kabinett-Stück, in dem die Bergman den Grad zwischen Komik und Tragik perfekt auslotet.

Doch rufen ihre vielen schlechten Filme wie die Dürrenmatt-Verfilmung *Der Besuch* (1963), die Jean-Renoir-Komödie *Elena und die Männer* (1956) oder eben *Eine Frage der Zeit* immer wieder das Wort des bösen alten John Gielgud in Erinnerung: «Poor darling Ingrid, speaks five languages and can't act in any of them!»

«DU DU DU DU DU DU DU DU»

JUDITH ANDERSON
IN: *INN OF THE DAMNED (1975)*

Im Österreich der Nachkriegszeit gab es eine ganze Reihe von Heimatfilmen, deren vorzüglichstes Ziel es war, Touristen in das damals arme Land zu locken. So wurden Stars und Schlager mit den Schönheiten der österreichischen Flora und Fauna kombiniert. Die meisten dieser Filme sind heute ungenießbar.

Diese Idee wurde von den australischen Produzenten von *Inn of the Damned* übernommen – mit dem kleinen Unterschied, dass die Aufnahmen der Landschaft und der australischen Tierwelt (gedreht wurde in Mangrove Mountain, New South Wales, Camden Cobbitty und Aber Falls) mit nackten Brüsten und Mord und Totschlag kombiniert wurden. Australien war 1975 offenbar noch ein wildes, unbesiedeltes Land und dementsprechend gleitet die Kamera in endlosen Einstellungen über die Schönheiten der australischen Landschaften hinweg und weilt lange auf Schaf- und Pferdeherden. Der Film bringt es einschließlich der Naturaufnahmen auf geschlagene 120 Minuten. Lange 120 Minuten.

Gippsland, Australien, 1896: Caroline (Judith Anderson) und Lazare (der gebürtige Österreicher Joseph Fürst) führen ein versteckt liegendes Gasthaus. Gäste kommen nicht viele, aber die wenigen, die kommen, werden umgebracht. Das geht ganz einfach: Caroline versetzt den Wein mit Betäubungsmittel, und Lazare bedient eine Winde, mittels derer sich der Baldachin des Gästebetts hinabsenkt und die Gäste zerquetscht. Die Leichen werden in einem stillgelegten Brunnen entsorgt. Caroline und Lazare sind deutscher (oder österreichischer) Herkunft, beide sprechen immer wieder mal das eine oder andere Wort in ihrer Muttersprache. Caroline singt sogar auf Deutsch *Guten Abend, gute Nacht* von Johannes Brahms. Dazu wiegt sie eine Puppe in den Armen. In Rückblenden sieht man zwei Kinder und hört Caroline zu einem der beiden sagen: «Du bist mein kleines Liebchen.»

Diese beiden Hauptpersonen und ihr angedeutetes dunkles Geheimnis, vor allem ihr finsteres Treiben, werden mit einer ganzen Reihe von unnötigen Figuren und unnützen Handlungselementen umkränzt: Einem Mörder, den die beiden bei sich aufgenommen haben, einem Tramp mit Hund, einer Prostituieren und einem Hotelier. Der spricht auch Deutsch, wenn auch nur einen Satz: «Oh Scheiße, verflucht nochmal!»

Ja, Scheiße, verflucht nochmal, sagt sich auch der Zuschauer angesichts dieses Schundes. Nichts, aber auch gar nichts ergibt Sinn in diesem Film. Weder die lesbischen Sex-Szenen zwischen zwei weiblichen Gästen des Hotels noch der einzige wirklich blutrünstige Moment, in dem Lazare einen

Kutscher zu erstechen versucht. Der röchelt endlos vor sich hin und wird dann kurzerhand mit der Axt erschlagen. Zwischendurch führt Caroline Selbstgespräche oder Gespräche mit toten Gästen. Den beiden nunmehr toten Damen, die vorher im Badezuber noch ihre Brüste befingert haben, spielt sie sogar Musik auf dem völlig verstimmten Klavier vor.

Zum Schluss werden Caroline und Lazare verhaftet. Der Sheriff will einen verschlossenen Raum betreten. Nun wird Caroline hysterisch: «Why can't they leave us alone? Nobody goes in that room!» In dem Raum gibt es Porträts der beiden Kinder von Caroline und Lazare: Die wurden vor langen Jahren umgebracht, Caroline und Lazare können nun nur noch mit den toten Kindern sprechen. «They believe», sagt der Sheriff, «those paintings were their children.» «Liebchen, mein kleines Liebchen», sagt Caroline. Ja, Scheiße, verflucht nochmal, das ist tatsächlich die Auflösung. Dann läuft der Abspann und ein Frauenchor singt «du du du du du du du du». Die International Movie Data Base fasst die Handlung denn auch in einem einzigen Satz zusammen: «A sheriff investigates why the guests at a local hostelry check in, but never check out.»

Ein Film, der den Zuschauer 120 Minuten zu Tode langweilt, ist ein Verbrechen. Das wäre verjährt und vergessen, wenn nicht das Talent von Dame Judith Anderson auf so fahrlässige Weise vergeudet worden wäre. Die gebürtige Australierin war schon über 40, als ihre Karriere im Film begann: Ihre Darstellung der sinistren Hausdame Mrs Danvers in Hitchcocks Verfilmung von Daphne DuMauriers «gothic novel» *Rebecca* (1940), die in bedingungsloser Liebe zu ihrer toten Herrin Rebecca versucht, die neue Hausherrin in den Selbstmord zu treiben, ist ein unvergessliches dämonisches Rollenporträt. Diana Rigg in der BBC-Verfilmung des Romans von 1997 ist verglichen damit ein Hascherl. Danach variierte Judith Anderson in dem einen oder anderen Film Noir den Typ der merkwürdigen Mamsell, war 1941 *Lady Scarface* und wechselte dann ins Mutterfach. Sie war Herodias an der Seite von Charles Laughtons Herodes und der schon sehr reifen Salome Rita Hayworth in William Dieterles Verfilmung der biblischen Liebesgeschichte von 1953, die mütterliche Sklavin Memnet in Cecil B. DeMilles *Die zehn Gebote* (1956) und schließlich noch Big Mama in Richard Brooks Verfilmung von Tennessee Williams' *Die Katze auf dem heißen Blechdach* (1958). Sie spielte weiterhin Theater und machte am Ende ihrer Karriere den einen oder anderen merkwürdigen Film; Als alte Indianerin war sie beispielsweise in *Der Mann, den sie Pferd nannten* (1969) zu sehen und es bleibt eins der großen Rätsel der Filmgeschichte, warum sie im Film nicht häufiger beschäftigt wurde. Ihren letzten Leinwandauftritt hatte sie als vulkanische Priesterin 1984 in *Star Trek III: Auf der Suche nach Mrs Spock. Inn of the Damned* war ihr vorletzter Film, ein Film, der einen traurig und fassungslos zurücklässt, weil man eine Darstellerin sieht, die nicht die kleinste Chance bekommt zu zeigen, was sie kann. Scheiße, verflucht nochmal!

«SIE NAHM DIE PERÜCKE AB UND ENTBLÖSSTE EINEN VÖLLIG KAHLEN KOPF.»

HERMIONE GINGOLD
IN: *DAS LÄCHELN EINER SOMMERNACHT* (1977)

> «Die Sommernacht lächelt dreimal. Das erste Mal lächelt sie für die Jungen, die nichts wissen, das zweite Mal für die Dummen, die zu wenig wissen, und das dritte Mal für die Alten, die zu viel wissen.»

Die große Hermione Gingold ist ohne Frage der dritten Kategorie zuzuordnen. In ihrem letzten Film *Die Göttliche* (1984) von Sidney Lumet spielt sie die abgetakelte Schauspielerin Elizabeth Rennick. «Seit fünfzehn Jahren hat niemand mehr Elizabeth Rennick verlangt», sagt ihr Agent. «Sie ist sehr alt.» Und nun spielt sie die Rolle der Amme in *Romeo und Julia*. Auf ihrem Anrufbeantworter läuft deshalb einer der längsten Ansagetexte, der je in einem Film zu hören gewesen sein dürfte:

> «Hallo, hier spricht Elizabeth Rennick. Ich bin nicht zu Hause. Ich befinde mich bei den Proben zu einer neuen *Romeo-und-Julia*-Inszenierung, bei der man mich in der Rolle der Amme besetzt hat. Diese Rolle habe ich mehrmals abgelehnt, weil ich keine Nebenrollen spiele. Aber Joe Cap, der phänomenale Produzent von *A Chorus Line*, hat immer wieder angerufen, bis ich schließlich gesagt habe: ‹Okay, ich kann's ja mal versuchen.› Die Proben finden im Delacourt Theatre im Central Park statt.

> Sie werden wohl nicht länger als zwei Wochen dauern, vorausgesetzt, alle verhalten sich professionell. Diese Off-Broadway-Truppen kommen einem ja manchmal vor wie eine Horde Tiere, in der alle Dope rauchen und versuchen, den anderen an die Wäsche zu gehen. Um Shakespeare schert sich da keiner. Doch wenn alles gutgeht …»

(Der Anrufer hat inzwischen aufgelegt.) Gesprochen von der unsagbar alten, würdigen und traurigen Stimme einer Frau, die schon zu vieles gesehen hat und zu viel weiß.

Eine dieser «Nebenrollen» hat auch Hermione Gingold in ihrer vorletzten Filmarbeit übernommen: die Großmutter in *Das Lächeln einer Sommernacht*. Die Verfilmung des gleichnamigen Sondheim-Musicals hat eigentlich alles, was einen Hit ausmacht: ein erfolgreiches Broadwaymusical als Vorlage, wundervolle Songs und Ensembles als Grundlage, erfahrene, kreative Arrangeure (Paul Gemignani und Jonathan Tunick), schöne Kostüme, die sehr komische Diana Rigg (ehemals Emma Peel) und die umwerfende Hermione Gingold in der Rolle der Madame Armfeldt, die sie bereits in New York und London auf der Bühne gespielt hatte. Gingold ist einer dieser Broadway-Troopers wie Elaine Stritch und Beatrice Arthur, die jeder noch so kleinen Rolle durch ihre Professionalität Präsenz verleihen können. Jede Geste und jeder Gesichtsausdruck sitzt, weil er durch jahrelange Bühnenarbeit perfektioniert wurde. Dabei wäre Gingold beinahe nicht einmal zum Casting eingeladen worden, wie sich Stephen Sondheim erinnert:

> «Sie war reinster Camp, im Alltag wie auf der Bühne, und hätte für die Rolle einer herrischen, eleganten Ex-Kurtisane kaum weniger geeignet sein können, schon ihre physische Erscheinung disqualifizierte sie. Trotzdem bestand sie darauf vorzusprechen. Hal, ganz Gentleman, überredete Hugh und mich, ein wenig nett zu ihr zu sein, auch wenn es Zeitvergeudung war.
>
> Sie las zusammen mit dem Stage Manager ein paar Szenen und zeigte dabei überraschend viel Schwung und arrogante Herablassung. So gut uns das auch gefiel, auf den eigentlichen Knalleffekt, der dann folgte, waren wir nicht gefasst. Sie bedankte sich für die Erlaubnis vorzusprechen, obwohl wir sie nicht für geeignet hielten – niemand hatte so etwas

> angedeutet, sie nahm einfach an, dass sie in unseren Augen nicht die richtige Besetzung war. Dann fügte sie hinzu: ‹Mir ist aufgefallen, dass Madame Armfeldt im Drehbuch 74 Jahre alt ist. Unter uns, Gentlemen, das ist genau mein Alter. Außerdem fiel mir eine Regieanweisung auf, die besagt, dass ihr in ihrer Sterbeszene die Perücke verrutscht. Nun –› und bei diesen Worten nahm sie ihre Perücke ab und entblößte einen völlig kahlen Kopf. Nachdem das *Klong*, mit dem drei Unterkiefer auf dem Boden aufschlugen, verklungen war, bedankte sie sich noch einmal und verließ die Bühne. Wir beschlossen, noch bevor sie das Theater verlassen hatte, ihr die Rolle zu geben. Übrigens war sie zu diesem Zeitpunkt schon 75.»

Der Film wurde jedoch ein Flop, und es wäre sicherlich ungerecht, wollte man ganz allein Elizabeth Taylor die Schuld am Misslingen geben, die allerdings durch ihre uninspirierte Darstellung und eine dem Gesang der Krähenvögel nahekommende stimmliche Leistung ihr Scherflein dazu beigetragen hat. Man fragt sich, warum Regisseur Harold Prince nicht Jean Simmons aus seiner Londoner Bühnenproduktion übernommen hat. Weitere Frage, die sich der aufmerksame Hörer und Betrachter (und Kenner der Bühnenversion) stellt: Warum wurde die Handlung von Schweden nach Österreich verlegt? Warum haben die Verantwortlichen der Musicalsubstanz so misstraut, dass man den einen Teil der Songs massiv gekürzt, und den anderen gleich ganz eliminiert hat? Und daran anschließend die Frage, warum sie nicht gleich ein Remake der ursprünglichen Vorlage des Musicals, Ingmar Bergmans *Das Lächeln einer Sommernacht* (Schweden 1955) produzierten. Dann hätten sie auf die Songs nämlich ganz verzichten können. So sieht sich der Zuschauer mit der paradoxen Situation konfrontiert, dass Hermione Gingold (in der österreichischen Produktion im Theater an der Wien wurde die Rolle der Großmutter übrigens von Zarah Leander übernommen) gar nichts mehr zu singen hat. Ihr Song *Liaisons* wurde gestrichen. Glücklicherweise ist man mit ihrem Text gnädiger verfahren, und so bleiben ihr einige der schönsten Sätze des ganzen Films: «Verliert man einen Liebhaber oder Ehemann, kann das lästig sein. Verliert man aber seine Zähne, ist das eine Katastrophe.» Doch das ist dann auch schon fast alles. Sicher, Diana Riggs Darbietung von *Every Day a Little Death* ist berührend – aber sie singt den

Song während einer Kutschfahrt in einer so langweiligen Kameraeinstellung, dass man auch daran schnell die Lust verliert.

Um dem Film auch auf dem europäischen Markt ein gutes Entrée zu geben, haben die Produzenten dann noch Dagmar Koller engagiert, damals die regierende Musical-Königin von Wien. Sie ist als «First Lady» nur in zwei kurzen Szenen zu sehen. Schade eigentlich, denn wenn man sich ihre Darbietung in der TV-Verfilmung von Lehárs *Land des Lächelns* (1973) ansieht – dieser Grad von Verrücktheit und tänzerischer Selbstentäußerung, verbunden mit einer nicht ganz lupenreinen Intonation hätte dem Film ein campes Glanzlicht bescheren können.

So bleibt nur Hermione Gingold in ihrer vorletzten Filmrolle, um deretwegen man sich den Film anschauen kann. Man sollte es unbedingt in Verbindung mit ihrer Broadway-Aufnahme des Songs *Liaisons* tun und ihr dann mit dem Trinkspruch der Madame Armfeldt zuprosten: «Auf das Leben und die einzige andere Realität – den Tod!»

EIN TATBESTAND UNTERLASSENER HILFELEISTUNG

LILLI PALMER
IN: *THE BOYS FROM BRAZIL (1978)*

Lilli Palmer war eine so erfolgreiche Schauspielerin wie Bestsellerautorin und ist doch unserer Erinnerung entschwunden. Von ihren vielen Büchern, von denen *Dicke Lilli, gutes Kind* und *Der rote Rabe* die bekanntesten sind, sind nur noch wenige im Buchhandel erhältlich, keine Ausstellung oder Retrospektive hat in den letzten Jahren an sie erinnert, die letzte Veröffentlichung über ihr Leben und ihre Filme stammt aus dem Jahr 1986. Allenfalls findet man ihren Namen ab und zu in Publikationen über exilierte SchauspielerInnen, wie z.B. *Destination London* von Tim Bergfelder. Woran kann das liegen? An ihrem Talent sicherlich nicht. Palmer war eine schöne, damenhafte Frau, eine überzeugende Darstellerin mit kultivierter Sprechstimme und großen traurigen Augen. In der Somerset-Maugham-Verfilmung *Julia, du bist zauberhaft* von 1962 ist sie mindestens ebenso brillant wie Annette Bening in der ebenfalls auf dem Roman *Theater* beruhenden Verfilmung aus dem Jahr 2004. Zwar wurde Palmers Karriere durch die Nationalsozialisten unterbrochen – sie floh auf Grund ihrer jüdischen Herkunft aus ihrer Heimat –, aber sowohl in England als auch in den USA konnte sie dank ihrer exzellenten Beherrschung der englischen Sprache reüssieren und im Deutschland der Nachkriegszeit wurde sie zu einem erfolgreichen Star. Egal ob sie als bezaubernde Madame Iduna in der Operettenverfilmung *Feuerwerk* (1954) den Ohrwurm *Oh, mein Papa* zum besten gab oder als *Teufel in Seide* (1956) Curd Jürgens den Kopf verdrehte. Zudem war sie in ihren späten Jahren ein gern und häufig gesehener Gast im Fernsehen. Vielleicht ist darin ein Grund zu suchen, dass sie nahezu vergessen ist. Ihre großen Filmerfolge hatte sie in den 1950er und 1960er Jahren und das Gedächtnis der Fernsehzuschauer ist kurz. Unterhaltungssendungen, in denen sie zu Gast war, beispielsweise *Anneliese Rothenberger gibt sich die* Ehre, oder Fernsehserien wie *Eine Frau bleibt eine Frau* werden kaum mehr wiederholt. Dabei wusste sie auch dieses Medium mit ihrer Präsenz zu bereichern. Als Mutter einer drogenabhängigen jungen Frau (Sabine Sinjen) in der *Kommissar*-Folge *Grauroter Morgen* von 1969 ist sie von solcher Traurigkeit erfüllt, dass es einem das Herz zerreißt.

Die Filmrollen, die sie in den 1970er und 1980er Jahren annahm, waren klein, und an die Filme erinnert sich kaum noch jemand. Vielleicht hatte sie auch keine ganz glückliche Hand bei der Auswahl. Laut ihres Biografen Michael O. Hübner soll sie Angebote in prestigeträchtigen Filmen wie *Flammendes Inferno* (1974) und *Das Omen II* (1978) abgelehnt haben, Rollen, die sie gern gespielt hätte, etwa die Titelpartie in *Reisen mit meiner Tante* (1972), gingen an andere Schauspielerinnen (in diesem Fall an Maggie Smith). Wie viele ältere Damen der Filmgeschichte versuchte sie ihr Glück in Horrorfilmen, aber der atmosphärische Gruselfilm *Das Versteck – Angst und Mord im Mädchenpensionat* des spanischen Regisseurs Narciso Ibánez Serrador von 1969 verschwand schnell aus den Kinos. Ebenso erging es den Filmen *Ständig in Angst*, *Murder in the Rue Morgue* und *Diabolisch*, die alle 1971 in den Filmtheatern liefen.

Mit *The Boys from Brazil* war sie dann noch einmal in einer starbesetzten amerikanischen Großproduktion zu sehen. Unter der Regie von Franklin

J. Schaffner spielt sie Esther, die Schwester des jüdischen Nazi-Jägers Ezra Liebermann (Laurence Olivier), dessen Rolle dem des Nazi-Jägers Simon Wiesenthal nachempfunden wurde. Der kommt durch Hinweise eines Mitglieds einer zionistischen Organisation (gespielt von Steve Guttenberg) einem Komplott auf die Schliche. In Paraguay hat Dr. Joseph Mengele überlebt. (Der echte Joseph Mengele war über Paraguay nach Brasilien geflohen und lebte dort bis zu seinem Tode unerkannt.) Paraguay als Hort des Bösen war für den Film also keine schlechte Wahl, hier hatte schon der Wagner-Verehrer Bernhard Förster, der Ehemann der Nietzsche-Schwester Elisabeth, ein deutschnationales Zuchtprogramm namens «Nueva Germania» ins Leben zu rufen versucht. Das Experiment mit den Urwald-Germanen schlug indes fehl.

Der Film spielt zur Zeit seiner Entstehung, also in den 1970er Jahren. Inmitten seiner getreuen Eingeboren und umgeben von nationalsozialistischen Devotionalien hat Dr. Mengele (Gregory Peck) einen teuflischen Plan ausgeheckt. In seinem Laboratorium hat er Hitler-Klone gezüchtet und diese als Adoptivkinder ahnungslosen Eltern auf der ganzen Welt als Kuckuckseier untergeschoben. Die Adoptionsverfahren wurden von Frieda Maloney (die legendäre Broadway-Schauspielerin Uta Hagen in einem ihrer wenigen Filmauftritte) abgewickelt. Die zukünftigen Eltern wurden penibel ausgewählt: Sie sollten Hitlers Eltern möglichst ähnlich sein. Damit die Klone die gleichen Voraussetzungen haben wie der Führer selbst, wird beschlossen, die Väter umzubringen, wenn deren böse Brut in dem Alter ist, in dem auch Hitler seinen Vater verlor. Die ausgesandten Agenten (unter anderem der sehr junge Sky Dumont) versehen ihren Dienst pflichtgemäß, und das Adoptivvater-Abschießen macht einen nicht unbeträchtlichen Teil des langen Films aus. Das Budget war groß genug, um schöne Außenaufnahmen in den Film zu integrieren, nur Gladbeck mit der Eckkneipe «Loreley» sieht aus wie im Studio nachgebaut. Als Ezra Liebermann diesem Komplott auf die Schliche kommt, beschließt die von Eduard Seibert (James Mason) angeführte deutschnationale Organisation, die gesamte Aktion abzubrechen. Das erbost den um sein Lebenswerk fürchtenden Dr. Mengele, und er trifft eine folgenschwere Entscheidung. Er macht einfach allein weiter:

> «Ich habe das Geld und auch den Willen dazu, niemand kann mich aufhalten. Die Zeit ist gekommen. Adolf Hitler lebt. Ich kann noch weitere erschaffen, den passenden Hitler für die Zukunft, einen maßgeschneiderten Hitler für die 1980er, 1990er, 2000!»

In Lancaster County erschießt er den Vater eines weiteren kleinen Führers, dann kommt es zum Show-Down zwischen Liebermann und Mengele. Liebermann überlebt schwer verletzt, Mengele wird von den Hunden seines Mordopfers zu Tode gebissen. Der Anführer einer Gruppe junger Zionisten will der Liste, auf der die Namen aller Hitler-Klone verzeichnet sind und die sich in Liebermanns Besitz befindet, habhaft werden, um die Kinder zu eliminieren, doch Liebermann verweigert sich diesem Wunsch – er will nicht für den Tod unschuldiger Kinder verantwortlich sein.

Der recht abstruse Film (nach einem Roman von Ira Levin) wurde von der Kritik in den USA freundlich, aber nicht enthusiastisch besprochen. In Deutschland waren die Reaktionen aus verständlichen Gründen weniger begeistert. Noch im *Personenlexikon des deutschen Films* aus dem Jahr 2001 tobt dessen Verfasser Kay Weniger, Schaffner habe mit *The Boys from Brazil* «einen der idiotischsten (und in seiner Vermischung von historischen Fakten und kruden Versatzstücken aus der NS-Ideologie geschmacklosesten) Filme des 20. Jahrhunderts gedreht.» Diese harsche Kritik lässt darauf schließen, dass Weniger so schöne Filme wie *Flesh Feast* (1970) nie gesehen hat – der Begriff idiotisch erweist sich da schnell als relativ. Leider zeigt sich im Vergleich mit anderen Nazi-Exploitationen wie *Flesh Feast*, *They Saved Hitler's Brain* (1969), *Ilsa, She Wolf of the SS* (1974) oder *Salon Kitty* (1976), dass es *The Boys from Brazil* in betrüblichem Maße an Unterhaltsamkeit mangelt. Zuschauer, die über den richtigen Humor verfügen, sind durchaus in der Lage, den fröhlichen Furor und den wagemutigen Witz der genannten Filme zu goutieren. Der Ernst, den Franklin J. Schaffner in jeder Sekunde von *The Boys from Brazil* behauptet und der seinen Widerhall in der A-Besetzung (Gregory Peck, Laurence Olivier, James Mason, Lilli Palmer, Uta Hagen, Denholm Elliot, Rosemary Harris, Bruno Ganz) findet, verbietet seinem Werk den dionysischen Humor der genannten Filme. Die abgründige Heiterkeit einiger Szenen, wenn etwa Rosemary Harris als Frau eines Gladbecker Postboten versucht, Laurence Olivier zu verführen, war sicherlich nicht als solche geplant. Die finale Auseinandersetzung zwischen Mengele und Liebermann lässt schließlich zwei Stars aufeinandertreffen, die unterschiedlicher nicht sein könnten: mit Olivier einen hervorragenden Schauspieler, der jede Geste in den Dienst des Rollenporträts stellt, und mit Peck einen Star, der mit seiner Rolle augenscheinlich gar nichts anzufangen weiß. Sein Porträt des NS-Arztes oszilliert zwischen einem Plantagen-Patriarchen und einem ominösen Onkel, die bösartige Intelligenz, nach der die Rolle verlangt hätte, lässt Peck gänzlich vermissen. Er bleibt als Schauspieler – um ein Wort Hugo von Hofmannsthals zu gebrauchen – ein «fabelhaft unraffinierter Mensch». Olivier, der vielleicht kein fabelhafter Mensch war, aber doch ein sehr raffinierter Schauspieler, entscheidet das Duell für sich.

Und Lilli Palmer? Wie viele alte Frauen in schlechten Filmen hat auch sie kaum etwas zu tun. Schaffner hat sich seinen Ruf beileibe nicht als Frauenregisseur erworben, aber dass er Lilli Palmers Potenzial überhaupt nicht nutzt, erfüllt mindestens den Tatbestand unterlassener Hilfeleistung. Es gibt einige wenige Szenen mit Laurence Olivier in Wien, und die äußere Erscheinung der Palmer nimmt sich in der österreichischen Hauptstadt besonders schön aus. Aber ihre Rolle erschöpft sich darin, wie Michael O. Hübner ganz richtig feststellt, «mit Eimern und Töpfen einen Wasserrohrbruch zu bekämpfen».

1985 war sie ein letztes Mal in einem weiteren unterbelichteten Part zum Thema Vergangenheit und Zukunft des Nationalsozialismus in *Der 4-1/2-Billionen-Dollar-Vertrag* als Mutter von Michael Caine zu sehen. 1986 verstarb Lilli Palmer in Kalifornien. Der Eindruck, den sie beim Betrachter hinterließ, lässt sich am besten mit den Worten Dante Gabriel Rosettis beschreiben: «Sieh mir ins Gesicht, mein Name ist Was-hätte-sein-können; Ich heiße auch Nie-Mehr, Zu-Spät, Lebewohl ...»

AUDREY HEPBURN
IN: *BLUTSPUR (1979)*

Audrey Hepburn wird ihrem Publikum als Kindfrau in Erinnerung bleiben, egal ob als Holly Golightly in *Frühstück bei Tiffany* (1961), als Ariane in *Ariane – Liebe am Nachmittag* (1957) oder als Prinzessin Ann in *Ein Herz und eine Krone* (1953). Kaum eine andere Schauspielerin Hollywoods wurde so oft mit Prädikaten wie «unschuldig», «anmutig» oder auch «asexuell» belegt. Billy Wilder meinte gar, Audrey Hepburn würde den Busen ganz aus der Mode bringen. Patrick Bahners schreibt:

> «Es klingt widersinnig, aber man muss Audrey Hepburn eine asexuelle Ausstrahlung zusprechen. Dass sie nicht gemacht scheint, Verlangen zu wecken, stiftet ihre Aura – und doch lässt sie sich nicht als Heilige abtun, als Negativ der Hure im stereotypen Frauenbild der fünfziger Jahre. Es scheint deplatziert, ihr Unschuld zuzuschreiben, denn ihr Reich der ewigen Adoleszenz teilt keine Grenze mit der moralischen Welt. Das Elfenhafte, das man an ihr wahrnahm, die androgyne Anmutung, war eine Erhabenheit über die Zeit.»

Der Übergang zu reiferen Rollen gelang ihr nur schwer. Ihr letzter großer Filmerfolg war *Warte, bis es dunkel ist* (1967). Danach gab es eine lange Pause. 1976 war sie unter der Regie von Richard Lester als alt gewordenes Mädchen Marian an der Seite von Sean Connerys Robin Hood in *Robin und Marian* zu sehen. New Hollywood hatte keine Verwendung für sie, und so wurde der letzte Abschnitt ihrer Karriere durch *Blutspur* mit ganz altem Hollywood-Stoff eingeläutet. 1989 verabschiedete sie sich unter der Regie von Steven Spielberg als Engel in *Always – Die Feuerengel von Montana*. Vier Jahre später ist sie verstorben.

Blutspur, nach einem Roman des damaligen Bestseller-Autors Sidney Sheldon, hat eine schöne Titelsequenz und eine melancholische Titelmelodie von Ennio Morricone, in welcher wieder einmal die Stimme von Edda Dell'Orso über den Harmonien schwebt. Die Besetzung besteht aus vielen alten Stars: James Mason, Gert Fröbe, Irene Papas, Wolfgang Preiss, Ben Gazzarra, Romy Schneider, Omar Sharif, Maurice Ronet. Der Film spielt in Garmisch-Partenkirchen, Zürich, London, Paris und auf Sardinien. Man spürt geradezu, was der Film sein wollte – ein Familien- und Spannungsfilm alter hollywoodscher Prägung mit einem All-Star-Cast, mit spektakulären Drehorten, Kostümen und Ausstattung aus der Welt der Schönen und Reichen. Der Produzent Ross Hunter hat vorgeführt, wie das geht, und damit über lange Jahre Erfolg gehabt, überwiegend mit «glossy melodramas» wie *Solange es Menschen gibt* (1959) oder *Madame X* (1966). Hunter schaffte sogar noch den Sprung ins All-Star-Desaster-Movie mit dem ersten Film der *Airport*-Reihe. Doch in den 1970er Jahren gerieten diese Filme aus der Mode. Filme wie *Der Clan* (1970) von Daniel Petrie nach einem Drehbuch von Harold Robbins mit Kathryn Ross und Laurence Olivier und *The Other Side of Midnight* (1977) von Charles Jarrot (übrigens auch nach einem Roman von Sidney Sheldon) mit Marie-France Pisier und Susan Sarandon waren an der Kasse keine Erfolge mehr, bei den Kritikern schon gar nicht.

So war auch *Blutspur* unter der Regie von Terence Young zum Scheitern verurteilt. Dafür gibt es viele Gründe: Die Dialoge sind mittelmäßig, wie auch der Spannungsaufbau, der einer Perlenschnur-Dramaturgie folgt. Zuerst einmal werden die Stars in Einzelauftritten vorgeführt. Interesse für die Figuren lässt sich auf diese Weise kaum herstellen. Die Hauptattraktion wird zum Schluss vorgestellt: Audrey Hepburn, sie spielt Elizabeth Roffe, die Erbin eines Pharmakonzerns. Der Konzern hat Probleme, weil offenbar regelmäßig Werksgeheimnisse an die Konkurrenz verraten werden. Vater Roffe wurde beim Versuch ermordet, die undichte Stelle zu finden. Elizabeth übernimmt und sieht sich einer Meute von geldgierigen Verwandten gegenüber. Es gibt Mordanschläge auf ihr Leben. Jeder könnte der Schuldige sein.

So weit, so gut. Das hätte ein ordentlicher kleiner Krimi für verregnete Nachmittage sein können, aber weil sich schon Sidney Sheldon nicht mit ordentlichen kleinen Krimis für verregnete Nachmittage begnügt hat, gibt es außerdem noch eine ganze Reihe von Mädchenmorden zu bestaunen, die etwas wahllos über die Handlung verteilt sind. Um dem Ganzen den Reiz des Spekulativen zu geben, vielleicht auch, um junge Menschen für den aufgewärmten Käse zu begeistern, dienen diese Morde der Herstellung sogenannter Snuff-Videos, Videofilme, in denen einer der Sexualpartner vor laufender Kamera ermordet wird. Jedesmal, wenn einem jungen Mädchen vor laufender Kamera der Garaus gemacht wird, sitzt ein Mann im schwarzen Ledermantel dabei und beobachtet das Geschehen. Das soll wohl eine Reminiszenz an italienische Giallo-Klassiker wie *Der Tod trägt schwarzes Leder* (1974) sein, ist aber an sich nicht besonders aufregend.

Auch das «Frau-in-Not»-Genre hatte seinen Höhepunkt bereits zehn Jahre zuvor überschritten. *Das Haus der Lady Alquist* mit der von Charles Boyer in den Wahnsinn getriebenen Ingrid Bergman kam 1944 in die Kinos, *Du lebst noch 105 Minuten*, in dem die ans Bett gefesselte Barbara Stanwyck ein Gespräch über einen Mordauftrag belauscht und herausbekommt, dass sie es ist, die umgebracht werden soll, stammt aus dem Jahr 1948. Es folgten *Mitternachtsspitzen* mit Doris Day (1960) und *Er kam nur nachts* (1964), in dem die arme alte Barbara Stanwyck von Robert Taylor und den billigen Schockeffekten des Regisseurs William Castle in den Wahnsinn getrieben wurde – ein weithin unterschätzter Film und Stanwycks letzte Kinorolle. Audrey Hepburn selbst war mit der Darstellung einer von Drogenhändlern verfolgten Blinden in *Warte, bis es dunkel ist* (1967) Höhepunkt und Vollendung des Genres zugleich gelungen – übrigens auch unter der Regie von *Blutspur*-Regisseur Terence Young. Damit war das Genre auserzählt, spätere Variationen wie *Der Fanatiker* (1981) mit Lauren Bacall, *Der Morgen danach* (1986) mit Jane Fonda oder *Frequenz Mord* (1988) mit Cathérine Deneuve brachten nichts Neues mehr. *Rosemarys Baby*, der zweite Höhepunkt des Genres aus den 1960er Jahren mit der von Satanisten verfolgten Mia Farrow deutete 1968 schon in eine neue Zeit, nämlich die der vom italienischen Giallo inspirierten Splatterfilme, in denen Frauen um ihr Leben fürchten mussten und die ihre Hauptdarstellerinnen in Blut ertränkten, wie beispielsweise die blinde junge Frau (diesmal gespielt von Mia Farrow) in *Stiefel, die den Tod bedeuten* (1971).

Vielleicht war Regisseur Terence Young ganz einfach zu alt für einen zeitgemäßen Thriller, auf jeden Fall wollte er zu viel erreichen. Die in Rückblenden erzählte Geschichte der Vorfahren führt den Zuschauer ins Polen zur Zeit der Juden-Pogrome des 19. Jahrhunderts. Da sieht man Männer mit angeklebten jüdischen Bärtchen und erwartet die ganze Zeit, dass Pinkas Braun *Wenn ich einmal reich wär* anstimmt. Tut er nicht, was schade ist. Auch Dietlinde Turban hat einen kurzen Auftritt ohne Gesang. Das gute alte

Genre des Kriminalfilms ist ebenfalls vertreten, und zwar durch Gert Fröbe als Schweizer Polizei-Inspektor inmitten von sprechenden Computern. Für die komödiantischen Highlights soll wohl Omar Sharif Sorge tragen, als Vater mit jeweils drei Kindern von zwei verschiedenen Frauen. Das gelingt ihm nicht. Manche Dialoge sind so unglaublich, dass man tatsächlich vor Lachen zusammenbricht. Fragt Audrey Hepburn Ben Gazzarra: «Hab ich Lippenstift am Zahn?», antwortet der: «Es ist erstaunlich, du wirst deinem Vater immer ähnlicher.» Der überführte Mörder sagt zum Schluss: «Ich konnte nicht anders. Ich habe das alles nicht gewollt.» Das glaubt man ihm sofort.

Audrey Hepburn läuft wie eine Somnambule durch den Film und lächelt gütig. Ihr natürlicher und mädchenhafter Charme, der sie für romantische Komödien prädestinierte, ist in diesem Film nicht gefragt. Was in *Warte, bis es dunkel wird* noch gelang, die berührende Charakterstudie einer durch Blindheit zutiefst verunsicherten Frau, läuft in *Blutspur* ins Leere, weil es darin nicht einmal eine Spur von wirklichen Charakteren gibt, sondern nur blutleere Pappkameraden in einer Welt aus Pappmaschee. Eine Schauspielerin wie Bette Davis hätte an ihrer Stelle die Wände zum Wackeln gebracht, doch um Camp hervorzubringen, war Audrey Hepburn ihrem Wesen nach zu zurückhaltend. Sie ist, wie es in einem Song Cole Porters heißt, in «the wrong time and the wrong place» und sie hat «the wrong face» für diesen Film. Doch weil es «such a charming face» ist, kann man sich Cole Porters Schlussfolgerung nur anschließen: «It's alright with me.»

KRAFTVOLL DIE DEUTSCHE GESCHICHTE BEWÄLTIGT

SHELLEY WINTERS & HANNA SCHYGULLA IN: *DELTA FORCE (USA 1986)*

Delta Force beginnt ohne Vorspann, nur mit dem Hinweis «Iran Desert One, 200 Miles Southeast of Tehran, April 25th, 1980, 4:00 A.M.» Dann gibt es eine kleine Explosion, und damit ist eigentlich alles über den Film gesagt

– er ist so sinnlos wie ein Bombeneinschlag. Dann sieht man das Sonderkommando «Delta Force» beim Einsatz, angeführt von Lee Marvin (seine letzte Rolle, er starb ein Jahr später an einer Herzattacke) und flankiert von Chuck Norris. Aber bevor man lange darüber nachdenken kann, ob man wirklich einen Film mit diesem Karate-As (Mittelgewichts-Weltmeister von 1968–1974) sehen will, wird man auch schon vom Vorspann und der Musik von Alan Silvestri mitten ins Geschehen gezogen. So sehen B-Produktionen aus, und vor allem: So hören sie sich an! Nach der wundervoll-sinnlosen Einstiegssequenz im «Iran Desert One» befinden wir uns nun auf dem Flughafen von Athen. Lustige Touristen begegnen uns und finstere, fremdländisch wirkende Männer. Letzteres verheißt nichts Gutes. Dann sehen wir Shelley Winters. Das verheißt auch nichts Gutes, lässt uns aber immerhin in der Hoffnung in den Kinosessel sinken, dass es ein lustiger Film wird. Im Flugzeug begegnet uns Hanna Schygulla als deutsche Stewardess mit silberblondgrauer Haartracht, und diese Hoffnung wird zur Gewissheit. Außerdem ist das gesamte Personal der *Airport*-Filme versammelt: ein Pfarrer, zwei Nonnen, Kinder, eine Schwangere und so weiter und so weiter, und einen der Nebenrollenkönige Hollywoods, George Kennedy, hat man aus der Filmreihe gleich übernommen. Einen Gimmick der *Airport*-Serie hat man ebenfalls zu übernehmen versucht – die Präsentation von alten Schauspielerinnen in kleinen Rollen.

Im ersten Film der Reihe, *Airport* (1969, R.: George Seaton) war es Helen Hayes (ihr viertletzter Kinofilm), im zweiten, *Airport '75 – Giganten am Himmel* (1975, R.: Jack Smight) waren es Myrna Loy (ihr drittletzter Film) und Gloria Swanson (ihr letzter Film), im dritten, *Airport – Verschollen im Bermuda-Dreieck* (1977, R.: Jerry Jameson) war es Olivia de Havilland (ihr vorletzter Kinofilm), und im bis heute letzten, *Airport '80 – Die Concorde* (1979, R.: David Lowell Rich) war es die wundervolle Mercedes McCambridge. Es war ihr vorletzter Film, nach langer, langer Filmabstinenz.

In der Parodie der *Airport*-Filme, *Die unglaubliche Reise in einem verrückten Flugzeug* (1980, R.: Zucker/Abrahams/Zucker) tritt schließlich Ethel Merman auf (ihre letzte Filmrolle). Sie liegt in einem Bett der Krankenstation und wird von Robert Hayes mit den Worten vorgestellt: «Das ist Lieutenant Herwitz. Schwerer Shell-Schock. Sie hält sich für Ethel Merman.» Dann singt Ethel Merman (als Lieutenant Herwitz) *Everything's Coming Up Roses*, worauf Robert Hayes sagt: «Krieg ist die Hölle!»

Doch zurück zu *Delta Force*, wo uns Regisseur Menahem Golan offensichtlich mit ähnlichem Staraufgebot beglücken wollte. Leider, in B-Produktionen muss man sich eben mit wenig zufriedengeben, gelang es ihm nur, Shelley Winters und Hanna Schygulla zu engagieren.

Die beiden Terroristen, ein cooler und ein nervöser, sie sind Palästinenser, wie wir inzwischen erfahren haben, bringen das Flugzeug in ihre Gewalt, begleitet von lauten «No!»-Rufen Hanna Schygullas und Shelley Winters', zwingen die Crew zu einer Zwischenlandung in Teheran und dann zum Weiterflug nach Beirut. Auf dem Flug erfahren sie, dass Juden an Bord sind. Diese werden von den anderen Passagieren separiert und in Beirut eingekerkert. Inzwischen ist auch die «Delta Force» im Einsatz, und wir haben Gelegenheit, lauter tapfere Menschen an Bord der Maschine zu beobachten. Besonders tapfer ist die junge Nonne, sie kümmert sich gleichzeitig um Pater O'Malley und um ihre ältere Betschwester und kämpft obendrein noch um das Wohlergehen ihrer Mitreisenden. Eine wahre Supernonne. («Was ist eine Supernonne?», fragte Conférencier Hanns-Dietrich von Seydlitz in einer seiner legendären Conférencen das Publikum, um die Frage gleich selbst zu beantworten: «Eine Nonne, deren Mutter und Großmutter auch schon Nonnen gewesen sind.») George Kennedy, der den Pater gibt, hat auch seinen großen Auftritt: Als die jüdischen Passagiere abgeführt werden, geht er mit. Doch die palästinensischen Terroristen wollen ihn gar nicht dabeihaben. Daraufhin sagt Kennedy: «Ich bin genauso Jude wie Jesus Christus.» Das ist so großartiges, komisches Entertainment, dass man laut loslachen möchte. Aber man kann nicht mehr, weil man sich schon vorher kaputtgelacht hat über die Darbietungen von Shelley Winters und Hanna Schygulla.

Leider hinkt die Dramaturgie des Films, und so gibt es, nachdem die Terroristen sich entschlossen haben, Frauen und Kinder freizulassen, gar nichts mehr zu lachen. Natürlich werden (fast) alle Beteiligten gerettet, es gibt Explosionen, lustige Knallereien und brennende Menschen zu sehen, und natürlich werden alle bösen Palästinenser getötet – von Chuck Norris. Irgendwann einmal im Lauf seiner Karriere muss er einen Schlag auf den Kopf bekommen und eine Lähmung davongetragen haben, weshalb er sein ganzes Leben mit nur einem Gesichtsausdruck bestreiten muss: fernsehen, essen, Motorrad fahren, Palästinenser abschießen und seinem Freund beim Sterben zusehen. Leider sind an keiner dieser Szenen Hanna Schygulla oder Shelley Winters beteiligt, es wäre interessant zu beobachten, ob wenigstens deren hochkomische Darbietungen den Anflug eines Lächelns auf sein Gesicht gezaubert hätten.

Diese Darbietungen gehören nun wirklich zum Wunderbarsten, was uns die beiden Darstellerinnen auf Zelluloid hinterlassen haben. Shelley hat ihren großen Auftritt, als ihr jüdischer Mann (gespielt von Martin Balsam) aufgerufen wird. Man merkt gleich, dass sie ihre Schauspielausbildung an einem berühmten Institut absolviert hat. Ihre Szene ist ein genau durchdachtes Kabinettstück, ein kleines perfektes Miniatur-fünf-Akte-Drama. Die Einleitung: Shelley sitzt im Flugzeugsessel und sagt: «Das kann nicht wahr sein, nicht schon wieder!» Das erregende Moment: Shelley erhebt sich. Die Steigerung: Shelley sagt mit bebender Stimme, von den Furien der Erinnerung verfolgt: «Er ist mein Mann!» Dann schreit sie: «Warum unternehmen Sie nichts? Sie sind nur zu zweit, und wir sind so viele!» (Und da hat sie ausnahmsweise einmal recht. Das ganze Flugzeug sitzt voll mittelmäßiger Schauspieler.) Das tragische Moment: Die Augen treten ihr aus den Höhlen hervor, und sie evoziert damit Erinnerungen an Bette Davis, die dieses Stilmittel in dramatischen Situationen auch gern einsetzte. Die fallende Handlung: Shelley fällt zurück in den Sessel. Das Moment der letzten Spannung: Shelley verschränkt die Arme vor der Brust. Die Katastrophe: Shelley starrt mit leerem Gesichtsausdruck vor sich hin und sieht dabei aus wie Miss Piggy, der man gerade einen Witz über Hinterschinken erzählt hat.

Die zweite große Künstlerin des Films hat leider keine so gute Schauspielschule besucht, ihr Spiel wirkt darum intimer, erfühlter und nicht so genauestens auf Wirkung berechnet wie das von Shelley Winters. Hanna Schygulla als deutsche Stewardess soll die Pässe der jüdischen Mitreisenden aussortieren. «Suchen Sie die Pässe mit den jüdischen Namen heraus. Geben Sie mir die Israelis», sagt der coole Terrorist. «Das kann ich nicht», sagt sie und verzieht das Gesicht, als habe sie Verdauungsprobleme. «Ich werde das nicht tun! Nicht ich. Sehen Sie denn nicht, dass ich Deutsche bin, die Selektionen, die Nazis, die Vernichtungslager, sehen Sie denn nicht, dass ich nicht tun kann, was Sie von mir verlangen.» Ihr Gesichtsausdruck wird immer verzweifelter, so, als leide sie bereits mehrere Tage an Verstopfung. Und in diesem Moment weiß man erst, was für ein großartiger Regisseur Rainer Werner Fassbinder gewesen ist – er hat der Schygulla immer nur einen einzigen Gesichtsausdruck abverlangt, den der ruhigen, verklärten und somnambulen Gelassenheit, den Gesichtsausdruck, den man sich auch gut in einer Werbung für Abführmittel vorstellen könnte. Dazu Bernd Eilert:

> «Es geht mir auch nicht darum, ob Hanna Schygulla, Gudrun Landgrebe, Angela Winkler, Edith Clever, Elisabeth Trissenaar, Barbara Sukowa, Eva Matthes und wie sie alle heißen passable Filmschauspielerinnen sind – ich halte sie übrigens dafür, zumindest in dem Sinne, dass sie einen bestimmten Typus von Frau verkörpern, der mir schon lange auf die Nerven geht: leidenswillig, opferbereit, unglückselig. Wenn es im Film auf Typisierung ankommt, leisten diese Frauen Ansehnliches. Mein Widerwille gegen die Masochismen und Märtyrerposen dieser Klageweiber erwacht auf den ersten Blick. Ihr weltschmerzliches Lächeln verleidet mir fast jeden Film, in dem sie mitspielen.»

Dann versucht die von Schygulla gespielte Stewardess zu handeln.

> «Sie behaupten, Sie gehören zu einer revolutionären Organisation.»
> «Das stimmt. Wir sind Freiheitskämpfer. Wir kämpfen für unsere Brüder.»
> «Aber dann wollen Sie doch nicht mit Nazis in Verbindung gebracht werden, die sechs Millionen Juden ermordet haben.»

Dann sagt sie nochmals: «Nein, ich werde das nicht tun!», schüttelt den Kopf, sodass die Haartracht ihren Halt verliert, und wirft mit unglaublicher Leidens- und Opferbereitschaft alle Pässe in die Luft. Man muss diese Szene gesehen haben, um glauben zu können, mit welch unglaublichem Kraftaufwand hier die deutsche Geschichte bewältigt wird. Das von Dietmar Dath erfundene Prädikat «besonders vergangenheitsbewältigt» hat Hanna Schygulla sich auf jeden Fall redlich verdient!

IN EINER ZEITSCHLEIFE GEFANGEN

YVONNE DE CARLO
IN: *AMERICAN GOTHIC* (AKA *DARK PARADISE*, 1987)

American Gothic ist ein erbarmungslos und enttäuschend schlechter Film, er ist hässlich, dumm und widerwärtig. Angeblich soll das gleichnamige Gemälde von Grant Wood die Inspiration dazu gegeben haben, aber die Hauptdarsteller, Rod Steiger und Yvonne De Carlo, ähneln dem Ehepaar auf dem Bild wirklich nicht besonders, und auch das Szenario sieht nicht gerade amerikanisch aus. Der Film ist eine kanadische Produktion, aufgenommen in British Columbia.

Yvonne De Carlo hatte ursprünglich bei Universal unter Vertrag gestanden, ihre Spezialität war eine besondere Sorte Schund in Technicolor, wie *Buccaneer's Girl* (1950) oder *River Lady* (1948). Ihre Karriere hatte in der Mitte der 1950er Jahre den Höhepunkt erreicht, als sie in Cecil B. DeMilles *Die zehn Gebote* die Frau von Moses spielte. Nach ihrer Mitwirkung in der Fernseh-Kultserie *The Munsters* (1964-1966) spielte sie hauptsächlich in B-Produktionen der gleichen Art wie *American Gothic*. Den absoluten Tiefpunkt erreichte sie vermutlich mit *Guyana – Cult of the Damned* (1980), und den besten Camp lieferte sie als schillernder Filmstar in Russ Meyers *The Seven Minutes* (1971). Sie spielte die Carlotta Campion in Stephen Sondheims *Follies* (1971) und sang als Erste die Ballade *I'm still here*, die sich zu einer regelrechten Hymne entwickeln sollte. Yvonne De Carlo starb im Jahr 2007.

Die Geschichte von *American Gothic* ist typischer Slasher-Trash. Sechs junge Leute müssen auf einer Insel notlanden, als ihr Flugzeug einen Motorschaden hat. Tief im Wald stoßen sie auf ein kleines altes Haus. Was tun sie also? Sie brechen ein und verwüsten die Einrichtung, wobei sie sich über den kitschigen und altmodischen Kram lustig machen. Da sie dringend auf die Hilfe der Menschen angewiesen sind, die in diesem Haus wohnen, scheint ein solches Verhalten nicht besonders ratsam zu sein. Natürlich werden sie von ihren unfreiwilligen Gastgebern entdeckt, Rod und Yvonne. Als wären sie in einer Zeitschleife gefangen, scheinen die beiden noch immer in der Ära des Ersten Weltkriegs zu leben. Nach ihren Wertmaßstäben ist Fluchen,

Rauchen, Sex, im Grunde alles, was ihren ungebetenen und höchst undankbaren Gästen Freude bereitet, höchst ungehörig.

Auseinandersetzungen sind also unvermeidlich. Die jungen Leute sind in einem solchen Maße rücksichtslos und von so beleidigender Arroganz, dass ich ihren grausamen Tod kaum erwarten konnte. Als das Schlachten schließlich beginnt, erledigen es dummerweise nicht Rod und Yvonne, sondern ihr reizender, schwachsinniger Nachwuchs, dargestellt von Janet Wright, William Hootkins und Michael J. Pollard. Diese «Kinder» sind bereits im mittleren Alter, aber ihre Eltern haben sie so verkorkst, dass sie sich wie Zwölfjährige aufführen.

Leider muss ich sagen, dass Yvonne bei alledem nicht viel zu tun bekommt, obwohl sie immerhin einen Kerl mit ihrer Stricknadel ersticht. Dabei lässt ihre schauspielerische Leistung durchaus zu wünschen übrig, sie verhält sich, als absolviere sie einen Gastauftritt bei den *Beverly Hilliebillies*. Keinem der Schauspieler gelingt es, einen echten Eindruck hervorzurufen, mit Ausnahme von Michael J. Pollard. Er ist der Einzige, der verstanden hat, worum es geht, wahrscheinlich, weil es ihm so große Freude macht, sich wie ein Zwölfjähriger aufzuführen.

(Gastbeitrag von Paul Roen)

«THERE SHOULD BE ONE IN EVERY HOME»

SANDY DENNIS
IN: *976 EVIL – DURCHWAHL ZUR HÖLLE (1988)*

Nicht besser als Yvonne De Carlo erging es kurz danach Sandy Dennis – sie spielte in *976 Evil – Durchwahl zur Hölle*, ein ebenfalls «erbarmungslos und enttäuschend schlechter Film, hässlich, dumm und widerwärtig». Die beiden Cousins Spike (Patrick O'Bryan) und Hoax (Stephen Geoffreys) rufen unabhängig voneinander die Nummer 976, die «Durchwahl zur Hölle» an. Eine Stimme begrüßt die Anrufer mit den Worten: «Welcome to the caverns of the unknown.» Spike ist der Mädchenschwarm der örtlichen Jugendgang,

Hoax ist ein introvertierter Nerd, der von den Jungs der Gang ordentlich gequält wird: Sie tauchen seinen Kopf in die Kloschüssel der Schule und schmieren ihm Pizza ins Gesicht. Hoax findet das gar nicht schön, die Versprechungen des «Horrorscopes» kommen ihm also gerade recht. Was er nicht weiß: Am anderen Ende der Leitung sitzt der Satan persönlich und versucht, junge Menschen in seinen Bann und anschließend in den Schlund der Hölle zu ziehen. Hoax ist begeistert, bekommt satanische Kräfte verliehen und beginnt sich an seinen Peinigern zu rächen. Nach einem finalen Zweikampf mit Spike öffnet die Hölle ihre Pforten und verschlingt Hoax. Der Satan sitzt derweil in seiner Telefonzentrale, reibt sich die Hände und erwartet den nächsten Anrufer.

Dieser hanebüchene Blödsinn wurde von Robert Englund inszeniert, der nach diversen Materialisierungen des Bösen (am prominentesten sein Freddy Krueger in der *Nightmare-on-Elm-Street*-Serie) auch einmal hinter der Kamera stehen wollte. Er hätte bei seinem Leisten bleiben sollen. *976 Evil – Durchwahl zur Hölle* vereinigt alle Unsitten des amerikanischen Horrorfilms der 1980er Jahre: eine vorhersehbare Story, Fernsehästhetik statt innovativen Bildern, ein paar ordentliche und viele schlampige Horroreffekte. Die Idee der Drehbuchautoren Brian Helgeland und Rhet Topham, die Geschichte von *Carrie, des Satans jüngste Tochter* (1976) von Brian De Palma aus der Sicht eines Jungen zu erzählen, verläuft im Nichts und die Verweise auf europäische Horrorklassiker fallen zugunsten der Originale aus: In Lucio Fulcis *Über dem Jenseits* (aka *Die Geisterstadt der Zombies*, 1981) öffnet sich der Schlund der Hölle weit furchteinflößender und bildgewaltiger. Die Gesichter der Schauspieler vergisst man sofort wieder, bis auf eins: Sandy Dennis. Sandy Dennis war bereits ein anerkannter Broadway-Star, bevor sie für ihre Darstellung der Putzi (im Original Honey) in *Wer hat Angst vor Virginia Woolf?* (1966) einen Oscar für die beste Nebenrolle gewann. Den daraus erwachsenen Ruhm konnte sie sich noch bis Anfang der 1970er Jahre nutzbar machen, etwa als scheue Lesbierin in *The Fox* (1967) oder als engagierte Lehrerin in einem Armenviertel in *Gegen den Strom die Treppe hinauf* (1967). Nach ihrem Tod in Jahr 1992 war der Nachruhm rasch verblasst. Sie war eine ausgesprochen manierierte Darstellerin, eine Anhängerin des Method Acting, die mit ihren Improvisationen vor der Kamera ihre Mitspieler in den Wahnsinn treiben konnte. Sie verlieh ihren Figuren eine nervöse Intensität, mit einer Mimik, die in Sekundenschnelle von Abwesenheit auf Hellwach schalten konnte und einer schrillen Sprechstimme im oberen Frequenzbereich, deren Schwingungen pro Sekunde in der Einheit Hertz wahrscheinlich nicht mehr zu messen sind und die trotzdem Oktavsprünge vollziehen konnte, die selbst hochdramatische Sängerinnen alt aussehen lassen. Außerdem verfügte sie über die unnachahmliche Fähigkeit, Sätze zu sprechen, die sich überlagerten, mäandernd irgendwo begannen und sich im Nichts verloren. Als Komikerin blieb sie weithin unterschätzt, obwohl sie mit dieser sehr speziellen Technik am Rande der Hysterie in der Neil-Simon-Komödie *Nie wieder New York* (1970) an der Seite von Jack Lemmon eine ihrer besten Leistungen erbrachte. Zwei ihrer schönsten Rollen spielte sie unter der Regie von Robert Altmann: Eine alte Jungfer, die einen obdachlosen jungen Mann bei sich aufnimmt, in *Ein kalter Tag im Park* (1969) und eine der Freundinnen eines James-Dean-Fanclubs in *Komm zurück, Jimmy Dean* (1982), zusammen mit Cher und Karen Black. Ihre Karriere klang wie so viele andere Karrieren in mittlerweile vergessenen Horrorfilmen wie *God Told Me To* (aka *Demon*, 1976) und der Horrorkomödie *Pfui Teufel – Daddy ist ein Kannibale* (1989) aus. In *976 Evil – Durchwahl zur Hölle spielt* sie die Tante von Hoax. In Filmen dieser Art sind Tanten und Mütter meist religiöse Fanatikerinnen (das war die Mutter von Carrie schließlich auch), und Sandy Dennis macht das Beste aus dieser Rolle, die keine ist. Sie schöpft aus dem unendlich großen Fundus ihrer langen schauspielerischen Erfahrung und führt ein Best-Of ihrer oben beschriebenen Manierismen auf. Warum Sandy Dennis angesichts auf sie herunterprasselnder toter Fische allerdings in Ekstase verkündet: «God is speaking to me», wird ein Geheimnis des Films bleiben.

Verglichen mit ihrer kotzenden und scheinschwangeren Putzi aus der Albee-Verfilmung von 1966 ist sie fett geworden, dennoch trägt sie ihr Baby Doll und ihre platinblonde Perücke mit gebührendem Anstand als «funny dame». Denn dass Gewichtszunahme nichts mit dem Verlust der Persönlichkeit zu tun haben muss, weiß man spätestens, seitdem die ebenfalls im oberen Frequenzbereich tätige Sopranistin Luisa Tetrazzini gesagt hat: «Sono vecchia, sono grassa, ma sono sempre La Tetrazzini!» («Ich bin alt, ich bin fett, aber ich bin immer noch die Tetrazzini!») Keine Frage: Sandy Dennis ist der einzige Grund, sich diesen Film überhaupt anzugucken, weil ihr Auftritt auf eine schräge Weise Vergnügen bereitet. Sie versucht gar nicht erst, dieser Pappfigur Leben einzuhauchen – sie spielt ganz einfach die große Sandy-Dennis-Show. Dem Satz des Kritikers Walter Kerr (über ihren Broadway-Auftritt in der Komödie *Any Wednesday*, 1964) ist in jeder Beziehung zuzustimmen: «Let me tell you about Sandy Dennis. There should be one in every home.» Dieser Ansicht ist Hoax im Film *976 Evil* nicht: Er schlitzt ihr die Kehle auf und lässt die Leiche von ihren Katzen verspeisen.

«STIRB, STIRB, STIRB!»

ZSA ZSA GABOR
IN: *DAS KABINETT DER BLUTIGEN HÄNDE (1966)*

1994 erschütterte eine Nachricht die Filmwelt. Hollywood-Altstar Zsa Zsa Gabor bezeichnete das ehemalige Fräuleinwunder Elke Sommer als «miese Ziege», die pleite sei und daher selbstgestrickte Pullover verkaufen müsse. Dieser Divenkampf und die damit einhergehenden Gerichtsverhandlungen hielten die Filmwelt zwei Jahre in Atem. Tatsächlich hatte Zsa Zsa Gabor (inzwischen verehelicht mit Prinz Frederic von Anhalt) unrecht. Elke Sommer verkaufte zwar selbstgemalte Bilder, aber mitnichten selbstgestrickte Pullover. Wahrscheinlich hat Zsa Zsa eines dieser Bilder gesehen und Elke den gut gemeinten Rat gegeben, es doch lieber mit selbstgestrickten Pullovern zu versuchen. Nur so lässt sich dieses Missverständnis erklären. Trotzdem wurde Zsa Zsa Gabor 1996 zu einer Geldstrafe von umgerechnet fünf Millionen Mark verurteilt.

Die Karrieren von Zsa Zsa Gabor und Elke Sommer als durchwachsen zu bezeichnen, käme einer Untertreibung gleich. Das wäre eine schöne Denksportaufgabe für ein Millionenquiz: Nennen Sie jeweils drei Filme mit Zsa Zsa Gabor und Elke Sommer. Im Gegensatz zu den meisten der hier versammelten Damen spielte Elke Sommer schon lange vor dem Altweibersommer ihrer Karriere in Horrorfilmen, nämlich bereits mit Anfang dreißig gleich zweimal in Werken des italienischen Horror-Meisters Mario Bava:

1972 in *Gli orrori nel castello di Norimberga* an der Seite von Joseph Cotton und 1974 in *Lisa e il diavolo* zusammen mit Telly Savalas. Zsa Zsa Gabor absolvierte ihren ersten Ausflug in das Genre 1966. Deren Karriere hatte sich vornehmlich fern der Leinwand abgespielt. Oscar Levant sagte einmal: «Ihr Gesicht ist unerforschlich. Für den Rest kann ich mich allerdings nicht verbürgen.»

Das Kabinett der blutigen Hände von Bert I. Gordon ist wie viele andere Filme dieses Regisseurs – *Der Koloss (*1957), *Gigant des Grauens* (1958), D*ie Rache der schwarzen Spinne* (1958) ein klassisches B-Picture, was die Katholische Filmkritik zu der Bemerkung veranlasste: «Kuriose Horroreffekte, die mehr Heiterkeit als Nervenkitzel verursachen.»

Susan, eine hässliche Jugendliche, wird von ihrem Vater und seiner zweiten Frau aus einem Konvent abgeholt. Dort war sie nach dem Unfall- und Verbrennungstod ihrer Mutter untergebracht worden. Alle drei kehren ins Haus zurück, die Tür wird vom Cousin der Verstorbenen (Maxwell Reed) geöffnet. Er ist entstellt durch eine riesige Brandnarbe – hatte er doch damals versucht, seine Cousine aus den Flammen zu bergen. Außerdem ist er auch sehr, sehr weise, denn er sagt zu Susans Vater (Don Ameche): «Die Vergangenheit ist wie ein Tiger. Eines Tages wird sie dich anfallen.» Auch Francene (Martha Hyer), Vaters neue Lebensgefährtin, ist nicht nett: «Ich habe dich einmal geliebt. Aber du bist arm geworden.» Nun will sie an das Geld der geistig verwirrten Tochter. Sie versucht, sie in den Wahnsinn zu treiben. Von der Unmöglichkeit des Unterfangens müsste sie eigentlich überzeugt sein: Dieses Mädchen ist schon wahnsinnig! Susan Gordons Auftritte gehören zum Schönsten, was dieser Film zu bieten hat. Egal, ob sie hysterisch schreit, weint, Albträume durchsteht oder Auktionsgäste beschimpft («Gehen Sie, lassen Sie die Sachen meiner Mutter in Ruhe!»), alles ist sehr unterhaltsam und absolut unglaubwürdig. Auf der Auktion treffen wir übrigens auch eine gute alte Bekannte wieder: Anna Lee, die Nachbarin von Bette Davis und Joan Crawford in *Was geschah wirklich mit Baby Jane?* Höhepunkt des Wahnsinns: Susan schlägt mit einem Leuchter auf das Porträt ihrer Mutter ein, dabei laut und hysterisch kreischend: «Stirb, stirb, stirb!» Schade, dass Teenie-Star Susan Gordon nie die Gelegenheit hatte, mit Bette Davis und Joan Crawford gemeinsam vor die Kamera zu treten.

Für den großen Showdown ist man durch das bis dahin Gesehene schon bestens eingestimmt, und so freut man sich, wenn Martha Hyer Maxwell Reed einen Anker in die Brust schlägt und dann selbst von Don Ameche erwürgt wird. Die Auflösung – Don Ameche hatte auch seine erste Frau erwürgt, seine Tochter daraufhin, um das Verbrechen zu decken, das Haus angezündet – nimmt man gelassen und nicht sonderlich überrascht zur Kenntnis. Überrascht ist man nur von den versteckten inzestuösen Untertönen der Geschichte. Susan und ihr Vater gehen nach dem Mord an Francene und dem (nochmaligen) Anzünden des Hauses Hand in Hand der Polizei entgegen und sprechen folgenden Dialog:

> «Jetzt, wo Mami weg ist und auch Francene weg ist, jetzt, wo du sie alle beide los bist, werde ich jetzt immer dein hübsches Mädchen sein, Daddy?»
> «Ja, du wirst immer mein hübsches Mädchen sein.»
> «Ich werde dich nie verlassen, wie Mama oder Francene.»

Was aber hat dieser Film mit Zsa Zsa Gabor zu tun? Nun, sie war klüger als viele ihrer Kolleginnen, die in billigen Horrorfilmchen Hauptrollen annahmen, und ist nur in einer kleinen Cameorolle als Mutter zu sehen: in einer Rückblende und in den Albträumen von Susan. Dort tut sie, was sie am besten kann – sie ist ganz einfach Zsa Zsa Gabor. Das ist auch einer der Gründe, warum niemand die Quizfrage nach drei Filmen mit Zsa Zsa Gabor beantworten kann. Es fällt einem einfach keiner ein. Auch nicht der folgende.

«SIE SOLLTE GUTE BEZIEHUNGEN HABEN»

ZSA ZSA GABOR
IN: *DREAM WARRIORS – DIE ALBTRÄUME GEHEN WEITER (1987)*

Im dritten Teil des Fortsetzungsgrusels *Nightmare on Elm Street*, einem etwas lustlos inszenierten Sequel, geht es wie schon in den anderen Teilen um die erfolgreich verlaufende Beseitigung von Teenagern in ihren eigenen Albträumen durch Freddy Krueger – «Are you ready for Freddy?»

In dieser Fortsetzung, *Dream Warriors – Die Alpträume gehen weiter*, erkennt ein Psychotherapeut mit Hilfe einer einst Betroffenen, dass er der Bedrohung nur mit außergewöhnlichen Methoden ein Ende setzen kann. Ein besonders dummes Teeniemädchen versucht nun, sich in einer psychiatrischen Klinik wachzuhalten, ausgerechnet, indem es sich eine Talkshow mit Zsa Zsa Gabor im Fernsehen ansieht.

Moderator: «Waren Sie eigentlich mal auf 'ner Schauspielschule?»
Zsa Zsa: «Nicht direkt, ich hab mit Talkshows angefangen.»
Moderator: «Was würden Sie antworten, wenn Sie eine junge Schauspielerin fragt, wie man in dem Geschäft am schnellsten Erfolg hat?»
Zsa Zsa: «Also, ich würde sagen, erst mal muss sie lernen, lernen und noch mal lernen, und dann sollte sie gute Beziehungen haben.»
Moderator: «Kann ich Ihnen mal was sagen?»
Zsa Zsa: «Natürlich.»
Dann verwandelt sich der Moderator in Freddy und sagt:
«Es interessiert niemanden einen Scheiß, was du sagst!»

Anschließend fällt er über die laut aufschreiende Zsa Zsa her. Leider gibt es dann eine Bildstörung auf dem Bildschirm, sodass Zsa Zsas Ende nicht auf der Leinwand zu sehen ist. Dafür aber das Ende von Kristen, so heißt das dumme Mädchen. Freddy steckt erst die Arme, dann den Kopf aus dem Fernseher, greift Kristen an den Schultern, und mit den Worten: «Das ist er, dein großer Fernsehdurchbruch, in der besten Sendezeit, du Flittchen!», zerrt er ihren Kopf in den Fernseher, was sie nicht überlebt. Trotzdem ist der Zuschauer dankbar. Zum Ersten, weil das Mädchen eine gerechte Strafe für seine Dummheit erhalten hat, und zum Zweiten für den hübschen Regieeinfall, die Redensart «in die Röhre gucken» so augenfällig umgesetzt zu haben.

Das Erstaunlichste an diesem Film wie schon an dem vorangegangenen allerdings ist, dass es Zsa Zsa Gabor gelungen ist, sich als Filmstar immer wieder in Erinnerung zu rufen – und das fast ohne Filmkarriere. Eine ökonomische Meisterleistung, für die man Zsa Zsa Gabor wirklich Respekt entgegenbringen sollte.

«SIEH DICH MIT MUTTER VOR, SIE IST WIE IMMER!»

ELKE SOMMER
IN: *THE THING – GENE AUSSER KONTROLLE (1992)*

Im Gegensatz zu Zsa Zsa Gabor ist Elke Sommer ein Arbeitstier. Genützt hat es ihr wenig – wer versucht, drei Filme mit dem Blondschopf aufzuzählen, wird damit ebenfalls arge Probleme haben.

The Thing schwankt zwischen Splatterfilm und Horrorkomödie. Bedauerlicherweise weiß der Zuschauer nie, wann er es mit gewollter und wann mit unfreiwilliger Komik zu tun bekommt. Schon der Name des Regisseurs ist so originell wie eines der Bilder der Hobbymalerin Elke Sommer und lässt nichts Gutes hoffen: Damon Santostefano.

Elke Sommer spielt die Mutter von Harrison (Billy Morrissette), der einer neofaschistischen Vereinigung angehört. In einer Rückblende wird der Tod ihres Mannes erzählt, offensichtlich ist er bei geheimnisvollen Genexperimenten ums Leben gekommen, und die Mutter hat Harrison die Schuld daran gegeben: «Ach, mein Engel, was hast du nur mit ihm gemacht?» Nun versucht Harrison offensichtlich, diese Schuld wieder wettzumachen, indem er die Experimente des Vaters fortsetzt: Genversuche mit Reptilien und Serienkillern. «Ich habe dich beobachtet, mein Liebling», sagt Elke Sommer und fährt fort, «Ich habe dich immer geliebt. Gib deiner Mutter ein Küsschen. Oh. Ich verstehe, du bist zu beschäftigt, um ein wenig Zeit mit deiner Mutter zu verbringen.» Das kann ja nur ein schlimmes Ende nehmen. Nimmt es auch. Bei einer Auseinandersetzung mit Mutter (und deren Liebhaber, dargestellt von Oliver Reed) verliert Harrison einen Arm durch eine sich schließende vollautomatische Sicherheitstür. Danach scheint dem Regisseur eine Paraphrase des sehr alten Kalauers «Besser arm dran als Arm ab» vorgeschwebt zu haben. Harrison läuft nun also einarmig durch die Nacht, spritzt sich das Serum, führt ein Zwiegespräch mit seinem toten Vater und schaut den Sternen zu, während ihm ein reptilienartiger Arm wächst. Währenddessen liegt Mutter mit dem Originalarm des Sohns im Bett und küsst jeden Finger.

Harrison, auf der Flucht vor der Polizei, gerät in nicht näher bezeichnete Gewölbe und trifft dort auf eine Sekte. Der Sektenführer will Harrison töten, daraufhin fällt der künstliche Arm mitsamt der künstlichen Hand von Harrison ab und tötet den Sektenführer, unter anderem dadurch, dass er ihm die Haut vom Gesicht zieht. Dann erhebt sich der Arm gegen seinen Schöpfer – doch, o Wunder – Schöpfer und Arm verlieben sich ineinander und beschließen: «Gemeinsam werden wir die Welt verändern, eine neue Welt schaffen ohne Schmerz und Leid.»

Ach, dabei hätte ich fast vergessen, dass es auch noch ein stummes Mädchen gibt, das sich auch in Harrison verliebt. Der Arm wird zur Mutter geschickt, um zu verhindern, dass sie mit ihrem Liebhaber an das Serumrezept gelangt. «Sieh dich mit Mutter vor, sie ist wie immer!» Der Arm beherzigt den Ratschlag, kann aber trotzdem nicht verhindern, dass Mutter ihn entdeckt («Oh, was ist das?» – «Ein Arm!»). Im unterirdischen Gewölbe wird unterdessen munter weiterexperimentiert, diesmal mit dem Stumpf eines Einbeinigen. Harrison verlobt sich mit der Stummen. Da erscheint Mutter: «Kaum bekomme ich dich einmal zwei Tage nicht zu Gesicht, schon fällst du auf eine billige kleine Straßenhure herein.» Mutter entführt die Stumme, ihr Freund raubt das Serum, und daheim experimentieren sie mit dem armen stummen Mädchen, dem sie unter anderem von zwei reizenden Assistenten – Lorenz und Uta – einen Finger abschneiden lassen. Inzwischen gibt es vier bis fünf herrenlose Arme («Wir könnten eine ganze Armee aufstellen», womit sich ganz neue Perspektiven für die Etymologie von «Armee» ergeben).

Mutter lässt nicht davon ab, ihren Sohn zu lieben («Bist du Mutters kleiner Liebling? Bist du Mutters kleiner Sonnenschein?») und dessen Freundin zu hassen («Du kleines Miststück, er gehört mir!»), gerät jedoch mit ihr in eine Art Kabinenkompressor, in dem beide zu unappetitlichem Blutschlick zerkleinert werden. Helen, so heißt die Freundin, materialisiert sich auf wunderbare Weise wieder, und zum guten Schluss brennt alles ab, und Harrison ist wieder da, wo er hingehört, bei seiner Mutter, die inzwischen auch auf wunderbare Weise wieder zum Leben erweckt worden ist.

Man muss das alles mit eigenen Augen gesehen haben, um es zu glauben. Elke Sommer hat kurz vor dem Finale auch noch ihre große dramatische Szene: «Warum passiert mir das bloß? Ich hab mir meine Figur ruiniert, als ich dieses Kind gekriegt habe. Und was ist der Lohn dafür? Sieh nur!» Man weiß nicht, ob man angesichts dieser schauspielerischen Leistung lachen oder weinen soll. Doch vielleicht gibt Elke Sommers Kunstauffassung Aufschluss. In ihrer Autobiografie *Unter uns Pfarrerstöchtern – oder?* schreibt sie:

> «Kunst ist individuelle Empfindungssache. Was für mich Kunst ist, braucht für Joe oder für Tom oder für einen meiner Leser nicht unbedingt auch Kunst zu sein. Die Frau Tauber war unsere Nachbarin im Distelweg in Alt-Erlangen. Frau Tauber war für mich das Blumeli, eine Frau in den Achtzigern. Blumeli mag ein Zigeunermädchen, auf schwarzem Samt gemalt. Auch wenn ich das entsetzlich finde, wenn ich die Zigeunerin oder einen röhrenden Hirsch nicht mag, für Blumeli ist das Kunst. Ich lege mich mit allen einschlägigen Experten dieser Welt an: Die Tränen der samtenen Zigeunerin oder der röhrende Hirsch geben Blumeli etwas, geben ihr ein Gefühl von Mitleid oder Bedauern oder Helfenwollen, der Hirsch vermittelt ihr ein Naturerlebnis. Es gefällt Blumeli, also ist es Kunst für sie. Kunst ist für mich, was mir gefällt.»

Ob Elke Sommer ihre eigene Darstellung in *The Thing* gefallen hat? Vielleicht sollte man sich schlichtweg an das Bonmot halten, das ein Kritiker in Bezug auf ihre Bilder formulierte: «Wir können es nicht primitiv nennen, wir können es nicht naiv nennen, wir nennen es Elke-Stil.»

Zsa Zsa Gabor macht schon lange keine Filme mehr. Sie wird, auch nach Amputation ihres rechten Beines im Januar 2011, liebevoll von ihrem Mann Prinz Frederic von Anhalt gepflegt. Elke Sommer spielt weiter. Als sie bei den Karl-May-Festspielen in Bad Segeberg mitwirkte, brannten die Kulissen ab. Aber ein echter Indianer kennt keinen Schmerz und so sagte sie der Gala: «Unsere schauspielerischen Leistungen werden ja dadurch nicht schlechter.» Im Jahr 2000 spielte sie in ihrem bis heute letzten Horrorfilm *Flashback – Mörderische Ferien* (2000) eine kleine Rolle. Malen tut sie immer noch, vom Verkauf selbstgestrickter Pullover ist weiterhin nichts bekannt.

«WIR ZUGEREISTEN STEHEN IM WEGE»

MARGARETE HAAGEN & BLANDINE EBINGER
IN: *ÄNNCHEN VON THARAU (1954)*

Flucht aus Nazideutschland und die Rückkehr aus dem Exil sind nicht nur das Thema deutscher Kinofilme der Nachkriegszeit, sie spiegeln sich auch auf unschöne Weise in den Besetzungslisten wieder. *Ännchen von Tharau* ist dafür ein eindrucksvolles Beispiel.

Zu irgendeinem runden Geburtstag Ilse Werners wurde der Spielfilm *Ännchen von Tharau* im ZDF mit den Worten angekündigt: «Doch Ilse Werner hatte auch viel musikalisches Talent. Ihr kunstfertiges Pfeifen klingt Ihnen sicher noch wohltuend in den Ohren.»

Ilse Werner, *Eine Frau mit Pfiff*, wie ihre eigene ZDF-Fernsehshow aus dem Jahr 1967 hieß, verkörperte im Film der späten dreißiger und frühen vierziger Jahre den Typ des treudeutschen Mädels – in Filmen wie *Wunschkonzert* (1940), *Wir machen Musik* (1942) und *Große Freiheit Nr. 7* (1944), alles unpolitische Filme, wie sie nicht müde wurde, in Interviews zu bekunden. Diese treudeutsche Mädchenhaftigkeit versuchte sie in die Nachkriegszeit hinüberzuretten. Das ging bis in die fünfziger Jahre hinein einigermaßen gut, aber den Wechsel ins Mutterfach wollte oder konnte sie nicht vollziehen, weil sie in ihren eigenen Worten durch Gewichtszunahme aussah «wie ein verkleideter Elefant». So haben wir sie auch in Erinnerung aus zahlreichen Unterhaltungssendungen wie dem *Blauen Bock* – als elefantöse Pfeiferin. Wahrscheinlich das geheime Vorbild für Loriots Sketch vom Kunstpfeifer. Auch ihre Erinnerungen, *So wird's nie wieder sein*, tragen das Pfeifen im Untertitel: *Ein Leben mit Pfiff. Ein Leben mit Pfiff, Eine Frau mit Pfiff* – man soll sich eben auf das konzentrieren, was man wirklich gut beherrscht. So gut wie die einzig wahre Kunstpfeiferin Jeannette Baroness Lips von Lipstrill hat sie trotzdem nie gepfiffen.

Ilse spielt Anna, aus Ostpreußen nach Mainheim zugereist. Sie lebt dort mit ihrem unehelichen Kind Utz und hat eine Stellung im Gasthof angenommen. Sie ist arbeitsam und bescheiden, so wie man sich die Ostflüchtlinge damals gewünscht hat. Die Heimat ist für sie «überall, wo ich Arbeit habe und Platz für meinen Jungen ist». Mit weißer Schürze und dem ewig gleichen treudeutsch-mädchenhaften Gesichtsausdruck sieht sie aus wie mit Persil gewaschen, und einen Persilschein hatte sie nach 1945 auch problemlos bekommen. Das nimmt nicht wunder, berichtet sie doch in ihrer Autobiografie wie all die anderen Filmstars der späten dreißiger und frühen vierziger Jahre auch vom großen «Krach mit Dr. Goebbels». Das reichte aus, damit sie nach dem Krieg ungehindert weitermachen durfte. Die Affäre mit einem Jagdflieger wurde ihr bestimmt nur nachgesagt, auch wenn sie dessen Abschüsse genauestens gezählt hat: «So hält sich seit über dreißig Jahren auch hartnäckig das Gerücht, ich sei mit dem erfolgreichen Jagdflieger des Zweiten Weltkriegs, Werner Mölders (einhunderteinAbschüsse), verlobt, verheiratet oder zumindest liiert gewesen.» Wie dem auch sei, mit dem einzigen ihr zur Verfügung stehenden Gesichtsausdruck penetriert Ilse Werner den Zuschauer neunzig Minuten. Dramatische Steigerung ist nur möglich, indem sie beide Hände an die Schläfen legt. Nach vielen Verwicklungen lernt Anna den Vater des Kinds kennen und lieben. Denn natürlich ist es nicht ihr eigenes uneheliches Kind, das wäre damals wohl zu starker Tobak gewesen. Es ist das Kind einer auf der Flucht an Entkräftung gestorbenen Frau, das Ilse selbstlos an sich genommen hatte. Zu guter Letzt heiratet sie den liebenden Vater. Beide ziehen nach Würzburg: «Zu Hause ist, wo du bist!» Das alles verquickt mit Rheinromantik, Volksmusik und «Hammeltanz», musizierenden Jungens, die Ähnlichkeiten mit der Hitler-Jugend nicht verleugnen können, und der ständigen Thematisierung von Flüchtlingsschicksalen. Da gibt es dann immerhin schauspielerische Glanzlichter zu begutachten – denn die beiden männlichen Hauptdarsteller, Helmuth Schneider als abgewiesener Verehrer und Heinz Engelmann als Vater des Kinds, tun es Ilse Werner an Monotonie gleich.

Die Nebendarsteller werden von Drehbuch und Regie sträflich vernachlässigt. Und doch hinterlassen zwei Damen in kurzen Szenen einen tieferen Eindruck als Ilse Werner im ganzen Film. Zum einen Margarete Haagen, die ewige Großmutter des deutschen Nachkriegsfilms, die Schauspielerin mit der Vorliebe für «alte Weiber», wie sie im Gespräch mit dem Tagesspiegel bekannte, als riesengebirgsvertriebene Frau Gutjahr, die auf Nachricht von ihrem Sohn aus den USA wartet. Arme Margarete Haagen, für ihre grandiosen Fähigkeiten als dramatische Schauspielerin hatte man im Nachkriegsfilm keine Verwendung. Von wenigen Ausnahmen wie *In jenen Tagen*

(1947) von Helmut Käutner abgesehen, verheizte man ihr Talent als resolute Großmutter in den *Immenhof*-Filmen oder als bajuwarisches Abziehbild in den *Lausbubengeschichten* der 1960er Jahre. Dort war sie immerhin in guter Gesellschaft – auch Elisabeth Flickenschildt wurde in der Ludwig-Thoma-Verfilmung als komische Alte gebucht. Margarete Haagen als Frau Gutjahr vermittelt einen authentischen Eindruck der Nachkriegszeit, vom Sehnen nach einer besseren Welt. «Und nun, geliebte Mama», liest sie laut den Brief ihres Sohns:

> «Rüste Dich für den Flug in die neue Welt. Wir fürchten nur, dass Dich die Reise allzu sehr anstrengt. Gott schütze Dich und bringe Dich gesund zu den Deinen nach Texas in USA. Tausend Küsse Dein Peter und Mae und Little Tom.»

Dann blickt sie auf:

> «Little heißt klein. Das ist Thomas, mein kleiner Enkelsohn, den kenn ich noch gar nicht. Ach, keiner hat's geglaubt. Alle haben sie gelacht über die alte Schachtel mit dem verschollenen Sohn in the United States of America. Schön hat er das formuliert: ‹Und bringe Dich gesund zu den Deinen›.»

Dann nimmt sie einen Teddy aus der Kommode, hält ihn gen Himmel und wispert: «Little Tom, little Tom.» Und da erinnern wir uns auf einmal an eine andere große, in sich gefestigte Frau, nicht des Films, sondern der Literatur, mit dem festen Glauben an ein Wiedersehen in der Zukunft – Sesemi Weichbrodt aus Thomas Manns *Buddenbrooks*:

> «‹Es gibt ein Wiedersehen›, sagte Friederike Buddenbrook. – ‹Ja, so sagt man. Das Leben, wisst ihr, zerbricht so manches in uns, es lässt so manchen Glauben zuschanden werden … Ein Wiedersehen … Wenn es so wäre …› Da aber kam Sesemi Weichbrodt am Tische in die Höhe, so hoch sie nur irgend konnte. Sie stellte sich auf die Zehenspitzen, reckte den Hals, pochte auf die Platte, und die Haube zitterte ihr auf dem Kopfe. ‹Es ist so!›, sagte sie mit ihrer ganzen Kraft und blickte alle heraus-

> fordernd an. Sie stand da, eine Siegerin in dem guten Streite, den sie während der Zeit ihres Lebens gegen die Anfechtungen von Seiten ihrer Lehrerinnenvernunft geführt hatte, bucklig, winzig und bebend vor Überzeugung, eine kleine, strafende, begeisterte Prophetin.»

Schade, dass man der Haagen die Rolle der Sesemi Weichbrodt nicht angeboten hat. In der Verfilmung von 1959 durch Alfred Weidenmann wurde die Rolle von Hela Gruel gespielt, und als 1979 die phantastische Verfilmung von Franz Peter Wirth in elf Teilen über die Bildschirme flimmerte, war Margarete Haagen schon lange tot.

Zum anderen Blandine Ebinger, sie spielt die Eisverkäuferin von «Selkes prima Eiskrem», mit immer ein und demselben Kleid ausgestattet und mit Dialogfetzen wie: «Liebling, nun mach doch mal, is' so heiß», gesprochen beim Eisrühren. Und selbst dieser Satz bringt – um eine etwas schwülstige Metapher zu gebrauchen – die Seele zum Schwingen. Als die Mainheimer sich zum Feiern anschicken, darf sie einen wahren Satz sprechen: «Aber so sind die, die feiern fröhlich ihre Feste. Und wir Zugereisten, na, wir stehen natürlich im Wege.» Das spiegelt die Filmsituation im Nachkriegsdeutschland erschreckend exakt wieder. Das sträfliche Missachten der zurückgekehrten Exilanten, der «Hitlerfrischler» (Oskar Maria Graf), und das Überangebot all der vielen, die über die Jahre immer nur «Krach mit Dr. Goebbels» gehabt hatten. Blandine Ebinger, die mit ihrer halbjüdischen Tochter Philine (aus der Ehe mit Friedrich Hollaender) aus Hitler-Deutschland floh und sich wie viele andere Exilanten in den USA mehr schlecht als recht durchgeschlagen hatte, fristete im nachkriegsdeutschen Film ein Hungerdasein, mit Kleinstrollen in Filmen wie *Verrat an Deutschland – Der Fall Dr. Sorge* (1954), *Solang es hübsche Mädchen gibt* (1955) oder *Bekenntnisse eines möblierten Herrn* (1963) – gewissermaßen als armes Mädchen, dessen Schicksal sie in Friedrich Hollaenders Zyklus *Lieder eines armen Mädchens* vor dem Krieg besungen hatte. Ein bisschen erinnert ihre Eisverkäuferin in *Ännchen von Tharau* an eines jener von ihr besungenen armen Mädchen, deren schönster Tag es ist, «wenn ick mal tot bin». Immerhin, für ihre kleine Rolle in *Der letzte Zeuge* (1960) von Wolfgang Staudte erhielt sie 1961 das Filmband in Gold für die beste weibliche Nebenrolle. Im Zuge der Nostalgie-Welle der

1970er Jahre wurden sie und ihre Chansons von einer jungen Generation wiederentdeckt und sie wurde als Zeitzeugin immer wieder gern befragt, nicht zuletzt, weil sie eben keinen «Krach mit Dr. Goebbels» gehabt hatte, «eine muntere Greisin, die von versunkenen Zeiten erzählt – alles durcheinander» (Fritz J. Raddatz).

«NACH DEM GLEICHNAMIGEN HÖRZU-ROMAN»

ELISABETH FLICKENSCHILDT & LJUBA WELITSCH IN: *EHEINSTITUT AURORA (BRD 1961)*

Der deutsche Nachkriegsfilm meinte es nicht gut mit den wenigen wirklichen Könnern und Könnerinnen. Dabei gab es gar nicht so viele davon. Den Remigranten gegenüber war man abweisend, so ist es eins der großen Versäumnisse, Blandine Ebinger und Peter Lorre keine großen Aufgaben gegeben zu haben, und andere große Darstellerinnen verheizte man gnadenlos in billigen Produktionen. Man stelle sich vor: Elisabeth Flickenschildt, laut Georgette Dee die letzte große Hysterikerin auf deutschen Bühnen, in einer *Was-geschah-wirklich-mit-Baby-Jane?*-Rolle. Wäre das großartig gewesen! Stattdessen bot man ihr Rollen in einigen Edgar-Wallace-Filmen und schlechteren Produktionen an. *Eheinstitut Aurora* ist ein solches Produkt, ganz offensichtlich orientiert an Edgar-Wallace-Verfilmungen, jedoch nicht einmal ansatzweise deren Qualität erreichend, sieht man von Elisabeth Flickenschildt und ein oder zwei überraschenden Gastauftritten ab. Wenn sie in der ersten Szene des Films als Leiterin des titelgebenden Instituts ins Telefon flötet: «Hier Hortensia von Padula», weiß man, was große Deklamationskunst ist, und weiß gleichzeitig, um welche Freuden uns deutsche Produzenten betrogen haben. Wie eine Spinne in ihrem Netz sitzt Elisabeth Flickenschildt als Leiterin in ihrem Betrugsunternehmen und umgarnt ihre Opfer mit ihrer betörenden Sprechkultur. Wer außer ihr könnte schon: «Stangenspargel mit Schweinshaxe – na, das wird ja großartig schmecken», mit so viel delikater Delikatesse prononcieren?

Um sie herum hat Drehbuchautor Walter Forster eine Kriminalhandlung verlegt, nach «dem gleichnamigen Hörzu-Roman von Hans Ullrich Horster», wie der Vorspann vermeldet. Hans Ullrich Horster beglückte die Hörzu-Leser in den fünfziger Jahren bereits mit *Suchkind 312*, 1955 verfilmt von Gustav Machaty. Sein bürgerlicher Namen war Eduard Rhein. Hans Ullrich Horster war nicht sein einziges Pseudonym – unter dem Namen Claude Borell veröffentlichte er diverse «erotische Novellen aus der Welt der anderen».

Die Kriminalhandlung schleppt sich mühsam dahin, und die beiden Hauptdarsteller Eva Bartok und Carlos Thompson können nicht ein einziges Fünkchen Spannung aus der Frage schlagen, ob Eva Bartok ihren Mann nun umgebracht hat oder nicht. Wahrscheinlich, um die nicht vorhandene Spannung zu erhöhen, wird noch eine Nebenhandlung eingeführt: Der verbrecherische Filmsohn der Flickenschildt erpresst erst die Mutter, dann die Mordverdächtige. Auch das bewirkt nur ein müdes Gähnen.

So bleibt dem Zuschauer nur, sich an Elisabeth Flickenschildt zu halten. Als sie zu ihrem Filmsohn mit finsterer Miene sagt: «Schämst du dich nicht, deine eigene Mutter zu bestehlen? Damals hätte ich dich totprügeln sollen!», ist das von einer Spannung, die der gesamte sonstige Film nicht zustande bringt. Und man fragt sich, ob sie Drehbuchautor und Regisseur, die ihr diesen marginalen Film zumuteten, auch gern erschlagen hätte. Ob nun Regisseur oder Produzent, einem der beiden ist dann aber eben auch die Besetzung der Kleinstrollen zu danken. Walter Gross, die Synchronstimme von «Schweinchen Dick» als heiratswilliger Weltkriegsheimkehrer («Ich bin Kriegsversehrter. Ich habe ein Bein in Stalingrad gelassen.») setzt ein komödiantisches Glanzlicht. «Man hat eben so seine Träume», sagt die von der Flickenschildt für Walter Gross ausgewählte Heiratskandidatin, eine Wirtschafterin, nachdem Gross sich darüber beklagt hat, die Frauen «denken nur an Autos, Fernsehen, Kleider, aber mal im Hause arbeiten, alles sauber halten, flicken und kochen, nein, das will keine!». Als die Wirtschafterin sich über einen anderen Bewerber beklagt: «Er hat sich als Förster ausgegeben, und ich hatte mir das so vorgestellt, wie schön das wäre, so in einem Forsthaus», erwidert Gross: «Ja, die Frauen sind dann dabei immer die Dummen. Ich kenne das.» – «Sie, wieso?» Hätte der Regisseur doch nur die Kriminalhandlung fallenlassen, dies hätte ein sehr komischer Film werden können. Oder ein sehr musikalischer. Für die Rolle der heiratswütigen amerikanischen Mrs Pearl wurde nämlich Ljuba Welitsch engagiert, die große bulgarische Sopranistin. Dass sie mit einem eher ungarisch-bulgarischen als amerikanischen Akzent spricht, scheint niemandem aufgefallen zu sein. Es schmälert ihre Leistung jedoch keineswegs. 1961 war ihre Karriere schon in das letzte Stadium getreten – bedingt durch die bis zur Selbstaufgabe gesteigerte Verausgabung in ihren Bühnenrollen. Emotional war sie ebenso gestrandet, enttäuscht von der Ehe mit dem Verkehrspolizisten Karl Schmalvogel. Und wenn sie regenschirmschwingend den Walkürenruf ausstößt, nachdem sie im «Eheinstitut Aurora» endlich den Mann fürs Leben gefunden hat, begleitet vom verständnislosen Gesichtsausdruck der Flickenschildt, dann ist das eine der schönsten und zugleich traurigsten Szenen des Films. Er erreicht in dieser Szene die Qualitäten von Daniel Schmids Dokumentarfilm *Der Kuss der Tosca* (1984) über die Bewohner der Casa Verdi, dem Altenheim für Künstler, über die gewonnenen und verlorenen Kämpfe alter Opernsänger und -sängerinnen. Ljuba Welitsch in dieser Szene zu sehen bricht einem das Herz, ähnlich wie die Szene mit der sehr, sehr alten und sehr müden Sängerin Sara Scuderi in *Der Kuss der Tosca,* die ihren eigenen Schellackplatten lauscht. Und wieder wünscht man sich, dass doch der Regisseur den Qualitäten seiner Charakterdarsteller mehr vertraut hätte als dem ganzen schrabbeligen Rest. So bleiben uns Elisabeth Flickenschildt und Walter Gross in Erinnerung. Und Ljuba Welitsch, die dem Herbst ihrer Stimme diese wunderbaren Altweibersommertöne abgerungen hat und die wie alle wirklich großen Diven sehr, sehr einsam war. Was diktiert die Flickenschildt als Hortensia von Padula zum Schluss des Films der Sekretärin? «Überschrift: Herbst! Mein Herz hat Angst vor dem Herbst des Lebens. Ich habe Angst vor der Einsamkeit. Punkt. Haben Sie Einsamkeit?»

«HÖREN SIE, ICH HABE ANGST!»

LIL DAGOVER
IN: *DIE SELTSAME GRÄFIN (1961)*

Die seltsame Gräfin nimmt innerhalb der Serie von Edgar-Wallace-Filmen eine Sonderstellung ein. Der Film verweist durch die Wahl des Regisseurs und der Darsteller am deutlichsten auf die glorreichen UFA-Zeiten und wurde gerade deshalb von vielen Fans und Kritikern als nicht besonders geglückt empfunden. Die Regie des gebürtigen Ungarn Josef von Báky erschien ihnen zu bedächtig für einen echten Wallace-Film, der Plot zu altbacken und teilweise nicht stimmig und die Spannung eindeutig zu wenig kurvenreich. All das ist nicht falsch. Das Drehbuch hat durch mehrmaliges Umarbeiten lose Fäden, der Regisseur erkrankte während der Dreharbeiten (er verstarb nach der Fertigstellung) und musste durch Jürgen Roland ersetzt werden. *Die seltsame Gräfin* sieht deshalb tatsächlich aus wie eine Mischung aus Star-Kino, Kammerspiel und Fernsehkrimi. Es gibt einheitlichere Filme aus der Serie.

Die Schreibkraft Margaret Reedle (Brigitte Grothum) kündigt dem zwielichtigen Anwalt Shaddle (Fritz Rasp) die Stellung auf und freut sich auf ihre neue Arbeitsstelle bei Gräfin Eleonora Moron (Lil Dagover). Beunruhigt wird sie von anonymen Anrufen eines offenbar Geistesgestörten (Klaus Kinski), doch ihre Freundin Lizzy Smith (Edith Hancke) schafft es, ihre Angst zu vertreiben – bis Mordanschläge auf ihr Leben verübt werden. Meist ist der Detektiv Michael Dorn (Joachim Fuchsberger) zur Stelle, doch im Schloss der Gräfin stürzt sie einmal fast vom baufälligen Balkon. Ein Unfall? Oder ist der unheimliche Butler (Reinhard Koldehoff) dafür verantwortlich? Die Gräfin kümmert sich scheinbar selbstlos um die Unterbringung von Vorbestraften. Doch ist der Butler wirklich ein Verbrecher? Bevor er Aufklärung geben kann, erliegt er einem Stromschlag.

Margaret sucht im Auftrag der Gräfin die Mörderin Mary Pinder (Marianne Hoppe) im Gefängnis auf, um deren Entlassung und Unterbringung vorzubereiten. Durch Merkwürdigkeiten in den Akten aufmerksam geworden, bringt sie in Erfahrung, dass sie selbst die Tochter der Giftmischerin ist. Mary Pinder wird nun zwar entlassen, aber keineswegs in die Freiheit, sondern wird in eine Anstalt für Geistesgestörte verbracht und dort vom finsteren Anstaltsarzt Dr. Tappat (Rudolf Fernau) festgehalten. Der hat inzwischen auch bei Margaret eine beginnende Geisteskrankheit diagnostiziert und setzt sie ebenfalls in der Klinik fest. Dort sieht sich der wahnsinnige Anrufer endlich seinem Opfer gegenüber und versucht im Auftrag des Arztes, die verängstigte junge Frau zu ermorden. Natürlich wird sie von Michael Dorn gerettet. Im Schloss der seltsamen Gräfin erfahren alle Überlebenden (ein paar Bösewichter sind auf der Strecke geblieben) die Wahrheit: Mary Pinder ist natürlich unschuldig, die Mörderin ist niemand anderes als die Gräfin, Mary Pinders Schwägerin. Um in den Besitz des Familienvermögens zu gelangen, hätte sie nicht davor zurückgeschreckt, Mutter und Tochter in der Anstalt für immer verschwinden zu lassen oder gar zu ermorden.

Tatsächlich ist der Film die reinste Kolportage, dabei jedoch eine ausgesprochen unterhaltsame Angelegenheit. Die meisten erfolgversprechenden Zutaten der Wallace-Krimis sind vorhanden: die verfolgte Unschuld, der schneidige Retter, ein wahnsinniger Klaus Kinski, finstere Gemäuer, ein paar Archiv-Aufnahmen aus London und ein grooviger Sixties-Sound (in diesem Fall der erste Soundtrack für einen Wallace-Film von Peter Thomas). Nur mit dem Nebel wurde überraschend sparsam umgegangen. Es war gute und erfolgreiche Praxis, in den Wallace-Filmen jeweils ein paar altgediente Mimen zu besetzen, so viele wie in diesem Film waren es allerdings nie wieder. Stars wie Fritz Rasp, der schon bei Fritz Lang Bösewichtern ein Gesicht gegeben hatte, gehörten zur Stammbesetzung der Serie, andere wie Marianne Hoppe gaben ein einmaliges Gastspiel.

Doch der eigentliche Star des Films war natürlich Lil Dagover. Offiziell war sie damals Anfang sechzig, doch wie man nach ihrem Tod am 23. Januar 1980 feststellte, hatte sie im Laufe ihres langen Lebens zehn Jahre eingespart. Sie sieht trotzdem fantastisch aus, eine Dame vom Scheitel bis zur Sohle. Ihre 1979 erschienenen Erinnerungen hießen denn auch berechtigterweise *Ich war die Dame*. Das Rollenspektrum der Schauspielerin war jedoch nicht nur auf Damen beschränkt. Damals spielte eine Schauspielerin einfach alle Rollen, wie die fünf Jahre ältere Fritzi Massary in einem Interview gesagt hat, «eine Grand Cocotte oder ein Stubenmädchen oder eine Verkäuferin oder sogar eine Dirne». Die Dagover war schon im Stummfilm ein Star, etwa in Fritz Langs *Der müde Tod* (1921), und hielt sich dann erstaunlich lange (auch dank der eingesparten Jahre) im Fach der Salondame. Sie war eine leise, aber lustige Komödiantin (in *Lady Windermeres Fächer* von Heinz Hilpert, 1935) und eine ebenso zurückhaltende, aber anrührende dramatische Schauspielerin (*Schlussakkord* von Detlef Sierck, 1936). In der Nachkriegszeit wechselte sie mit Filmen wie *Buddenbrooks* (1959) langsam ins mütterliche Fach. In Maximilian Schells Horváth-Verfilmung *Geschichten aus dem Wienerwald* (1979) war sie dann noch einmal im Film als ganz alte Dame zu sehen.

Ihr Porträt der Gräfin Moran unterscheidet sich von all ihren anderen Rollenporträts, weil sie sich hier schauspielerischer Mittel bedient, die sie sonst nur äußerst dezent einsetzt: Sie outriert zum Steinerweichen. Wenn sie nachts in einem wallenden Gewand durch ihre gruseligen Gemächer schwebt, sind ihre Blicke so irr, dass es einen nicht wundern würde, wenn sie zum Monolog der Lady Macbeth ansetzte. Sie liebkost jedes einzelne Wort, und wenn sie Margaret zuflüstert: «Ich habe niemanden im Hause, dem ich trauen kann. Sie müssen bei mir bleiben. Hören Sie, ich habe Angst», bekommt man es tatsächlich mit der Angst zu tun. Sie kann ihrer Stimme aber auch unangenehme Härte verleihen, etwa wenn sie von Joachim Fuchsberger dunkler Machenschaften bezichtigt wird. Dann schnellt die Hand zum Dekolleté und ihre Blicke werden eisig. Alle anderen Schauspieler müssen dagegen verblassen – was sollen sie aber auch ausrichten gegen den Theaterdonner der Dagover, der selbst Elisabeth Flickenschildts Gastauftritte in Wallace-Filmen als geradezu natürlich und zurückhaltend erscheinen lässt? Die einzige Schauspielerin, die ihr Paroli bieten kann, ist erstaunlicherweise Edith Hancke. Wenn sie im kessen Berlinerisch zur Gräfin sagt: «Muss ich jetzt Eure Lordschaft zu Ihnen sagen, oder Eure Hoheit», scheint selbst die Dagover für einen Moment sprachlos.

Doch all das, was wir bisher gesehen haben, ist nichts gegen das große Finale. Zuerst begrüßt sie ihre Schwägerin Mary Pinder auf dem Schloss noch sehr zuvorkommend und erwähnt durchaus freundlich, dass die Umstände dieser Begrüßung etwas «eigenartig erscheinen» mögen. Als sie jedoch merkt, dass ihr intrigantes Spiel entdeckt ist, gibt sie ihrer Stimme eine Wendung ins Hysterische: «Ich habe Sie hierherbringen lassen, um Ihnen zu helfen. Man wird in der Öffentlichkeit mit Fingern auf Sie zeigen», wobei sich die Stimme bei der Betonung des Vokals i in Finger derart überschlägt, dass man um ihre Stimmbänder fürchtet. Als sie hört, dass sie ins Gefängnis soll, entgleiten ihr die Gesichtszüge und, nun vollends wahnsinnig geworden, setzt sie zum Schlussmonolog an: «Ihr wollt mich umbringen. Mich, eine Wohltäterin der Menschheit. Ich habe immer nur Gutes getan, immer Gutes (dabei überschlägt sich die Stimme ein weiteres Mal). Ich bin die Gräfin Eleonora Moran. Niemand hat das Recht, mich anzurühren. Niemand.» Dann öffnet sie einen Siegelring an ihrem Finger, der eine giftige Nadel enthält, sticht sich damit in die Hand, fällt um und ist tot. Obwohl der Stil der Dagover überhaupt keinen Widerhall bei ihren Mitspielern findet und obwohl sie keineswegs Shakespeare spielt, sondern Schund, lässt ihre Leistung den Zuschauer ergriffen zurück – weil sie ihre Kunst perfekt beherrscht. Als sie zum Ende ihres Lebens in einer *Tatort*-Folge mitspielte, mag sie eingesehen haben, wie überflüssig diese geworden war.

«KAUM EINMAL, DASS MAN SPÜRT, WER DA WIRKLICH SPIELT»

ELISABETH BERGNER
IN: *DER TODESSCHREI DER HEXEN (1970)*

Elisabeth Bergners Biograf Klaus Völker ist ein Gentleman und geht in der ansonsten vorzüglichen Monografie *Elisabeth Bergner – Das Leben einer Schauspielerin* mit keinem Wort auf den Tiefpunkt in deren Schauspielkarriere, *Der Todesschrei der Hexen,* ein – immerhin aber wird der Film in der Filmografie erwähnt und durch ein Foto dokumentiert. Man kann sich die Frage stellen, ob es wohl Geldnot war, die Elisabeth Bergner, «zerbrechliches Idol einer Epoche» (Hilde Spiel), dazu veranlasste, die Rolle der Oberhexe Oona in diesem ausgemachten Horrorblödsinn zu übernehmen.

Im England des 16. Jahrhunderts geht ein skrupelloser Adliger gewaltsam gegen eine heidnische Priesterin und ihre Anhänger vor. Lucy Chase Williams, Bio- und Filmografin Vincent Price', schreibt über *Der Todesschrei der Hexen*:

«Trotzdem Regisseur Hessler ein Faible für Grenzüberschreitungen hat,

> kommt der Film irgendwie schüchtern daher. Bei der ganzen Familie schwingt immer etwas Inzestuöses mit, aber besonders sexy wird der Film dadurch nicht, und der Satanskult jagt einem auch keine Schauer über den Rücken.»

Mit scheußlicher Langhaarperücke gibt die Bergner die heidnische Priesterin, die eine ganze Familie verflucht. Chef dieser Adelsclique wiederum ist Horrorveteran Vincent Price, der im Umgang mit konfusen Drehbüchern, scheußlichen Kulissen und abstrusen Kostümen auf Grund seiner langen Karriere im Horrorfilmen viel besser geübt war und sich entsprechend aus der Affäre ziehen konnte. Die Kostüme wurden übrigens aus dem Tudor-Drama *Königin für tausend Tage* von Charles Jarrott aus dem Jahr 1969 übernommen und müssen bereits von den Darstellern dieses Films (u. a. Richard Burton, Geneviève Bujold und Irene Papas) stark beansprucht worden sein. Dass Kostümbildnerin Margaret Furse dafür einen Oscar bekommen hat, sieht man ihnen in *Der Todesschrei der Hexen* nicht mehr an. Gedreht wurde in Grim's Dyke House in Old Reading, dem ehemaligen Wohnsitz von Sir Arthur Sullivans Librettisten Sir William Schwenk Gilbert. Doch vom Geist von solch schönen Operetten wie *The Mikado* und *The Pirates of Penzance* und Gilberts delikatem Sprachgefühl: «My dearest Mabel, I would if I could, but I am not able!», hat sich so gar nichts auf den Geist des Films übertragen. Nur auf Vincent Price, denn manchmal scheint trotz aller Umstände sein komisches Talent durch. Von Elisabeth Bergner kann man Ähnliches nicht sagen – aber für große Tragödie ist in diesem Film einfach kein Platz. Leider versucht die Bergner genau das zu spielen, wenn die Mitglieder ihrer Sekte (mehr oder weniger halbnackt, wie sich das für Darstellungen heidnischer Orgien in den 1970ern gehörte) unter Anführung von Vincent Price niedergemetzelt werden. Was denn auch den katholischen film-dienst zu der Bemerkung veranlasste: «Peinlich langweiliger Horrorfilm mit einer entwürdigenden Rolle für Elisabeth Bergner.» Tatsächlich aber bekam die Remigrantin Bergner im deutschen Nachkriegsfilm keine Chance. Was umso trauriger ist, als die deutsche Filmindustrie Chargen wie Marika Rökk und Ilse Werner durchaus häufig beschäftigte – aber die waren ja auch in Deutschlands schwersten Stunden im Reich verblieben. Während Marika Rökk von 1948–1962 dreizehn Filme drehen konnte, Ilse Werner von 1949–

1955 immerhin acht Filme drehte (womit bewiesen ist, dass Hormocenta, regelmäßig angewendet, eben doch eine längere Haltbarkeit verleiht), bot man Elisabeth Bergner 1958 und 1963 je eine TV-Produktion und 1962 eine Filmrolle an, die bis 1970, dem Herstellungsjahr von *Der Todesschrei der Hexen*, ihre einzige bleiben sollte: die Rolle des Familienoberhaupts in *Die glücklichen Jahre der Thorwalds* (1962) unter der Regie von Wolfgang Staudte. Friedrich Luft schrieb dazu in Die Welt vom 20.11.1962:

> «Ein Jammer, dass die Rückkehr der Bergner in den deutschen Film so glanzlos erfolgen musste. Die Bergner nun ist in solcher Umgebung der Mittelmäßigkeit gar nicht zu erkennen. Kaum einmal, dass man spürt, wer da wirklich spielt. Nur hin und wieder lässt sie, sozusagen gegen den Film, ahnen, wessen sie doch fähig wäre. Aber hier konnte sie nicht, ließ man sie nicht. Der Film spielt im Souterrain des Geschmacks. Er verschleudert das Glück einer großen Rückkehr.»

Zwar meinte das Theater es besser mit ihr, aber offensichtlich enttäuscht ging die Bergner Ende der sechziger Jahre für kurze Zeit zurück nach England, drehte dort 1968 eine TV-Produktion und verschwendete 1970 (nochmals) ihr Talent. Eine große Rückkehr wurde es nicht. Sieht man *Der Todesschrei der Hexen* unter diesen Aspekten noch einmal, ist es einer der erschütterndsten Auftritte einer der ganz großen Schauspielerinnen, die das deutsche Publikum je zu Gesicht bekam. Dieses Moment muss es auch sein, das das *Lexikon des Internationalen Films* im Sinn hat: «Erst am Ende gewinnt der Film ein gewisses Maß an beeindruckender Eindringlichkeit, die nicht zuletzt vom Spiel Elisabeth Bergners ausgeht.» Es sei dahingestellt, ob es das Spiel oder das Schicksal Elisabeth Bergners ist, oder beides gleichzeitig, was uns beeindruckt.

Letztlich zeigt sich, dass es einer großen Kunst und menschlichen Wärme bedarf, aus einem Unternehmen wie *Der Todesschrei der Hexen* mit einigen Blessuren zwar, aber letztlich doch erhobenen Hauptes hervorzugehen, so dass das Wort des Kritikers George Salmony seine Berechtigung auch oder gerade vor einem erschütternden Hintergrund behält: «Sie ist die letzte Duse unserer Epoche!»

RUTH LEUWERIK
IN: *UND JIMMY GING ZUM REGENBOGEN (1971)*

Wer Ende der 1960er, Anfang der 1970er Jahre seine Kindheit und Jugend in Westdeutschland verbrachte, wuchs in einer heute surreal anmutenden Zeit auf: Die Studentenbewegung hatte eine erste Ahnung von sexueller Befreiung in die Mittelschicht geweht, der deutsche Herbst war noch weit, das Rundumsorglos-Paket des Sozialstaats auf einem Höhepunkt angekommen und die Sehnsucht nach dem eigenen Heim wuchs ins Unermessliche – Kinder, deren Eltern kein Reihenhaus ihr eigen nannten, wurden ein bisschen scheel angesehen. Rainald Grebe hat diesen Zustand in seinem Chanson *Familie Gold* beschrieben:

> «Die Tochter sitzt auf der Hollywoodschaukel, der Sohn onaniert im Hobbykeller, Mutti tanzt in der Einbauküche, Vater käschert Wespen aus dem Gartenteich, Familie Gold, Familie Gold, Gott hat die Menschen so gewollt.»

Fast jeder junge Mensch, der in einem sozialdemokratisch geprägten Haushalt dieser Zeit aufwuchs, wird sich an die Romane Johannes Mario Simmels erinnern. Die damals noch sehr populären Buchklubs (in denen man Bestseller von Simmel, Arthur Hailey, Richard Mason, Hans Habe, Harold Robbins, James Clavell und Sandra Paretti etwas günstiger als im regulären Buchhandel bekam und in denen die Mitgliedschaft nur unter Mühen aufzukündigen war) vertrieben Simmels Romane zu Hunderttausenden. Diese waren sofort erkennbar: Große bunte Lettern auf meist weißen Umschlägen – gestaltet von Fritz Blankenhorn. Und – unter uns Pfarrerstöchtern – nach Hans Fallada hatte Simmel die besten Titel der gesamten deutschen Literatur:

Es muss nicht immer Kaviar sein
Der Stoff, aus dem die Träume sind
Liebe ist nur ein Wort
Niemand ist eine Insel

und eben auch *Und Jimmy ging zum Regenbogen*. Darin geht es um internationale Spionage in Österreich, die Herstellung biologischer Vernichtungswaffen, um die nationalsozialistische Vergangenheitsbewältigung und um – Liebe. Simmel war dafür bekannt, heiße Eisen anzupacken, und die besondere Form österreichischer Geschichtsaufbereitung war zum Zeitpunkt des Erscheinens ein heißes Eisen, lange bevor Thomas Bernhard 1988 in *Heldenplatz* seine Landsleute mit der Aussage provozierte, «der Judenhass» sei «die absolut unverfälschte Natur» des Österreichers.

Der 1970 erschienene Roman wurde bereits 1971 verfilmt, mit vielen Stars wie Doris Kunstmann, Judy Winter, Peter Pasetti und Herbert Fleischmann. In den 1970er Jahren kam es zu einer Gleichzeitigkeit des Ungleichzeitigen im deutschen Film. Zum einen waren die Regisseure des Neuen Deutschen Films zu dieser Zeit schon sehr aktiv in ihren Bemühungen, das Bildungsbürgertum zu verunsichern, zum andern wurden von Produzenten wie Luggi Waldleitner und seiner Roxy-Film kommerzielle Publikumsfilme hergestellt, so auch dieser. Als der Neue Deutsche Film massenkompatibel wurde, produzierte Waldleitner sogar mal einen späten Neuen deutschen Film, hatte mit Fassbinder und dessen *Lili Marleen* (1981) aber nur Ärger. Der Neue Deutsche Film brachte eine neue Garde von Schauspielern hervor – die Stars des verachteten Kommerzkinos (die beispielsweise in den Simmel-Verfilmungen der 1970er Jahre zu bestaunen sind) waren dort nicht zugelassen. Nicht einmal Romy Schneider, die die Rolle der Maria Braun wohl gern gespielt hätte. Fassbinder bevorzugte Hanna Schygulla, «die über seinen Filmen hängt wie ein nasser Lappen» (Matthias Matussek und Lars-Olav Beier in Der Spiegel).

Der Regisseur dieser Simmel-Verfilmung hieß Alfred Vohrer. Einer der großen Vergessenen des deutschen Films, obwohl Quentin Tarantino nicht müde wird, seiner Begeisterung für den «deutschen Hitchcock» Ausdruck zu verleihen. Vohrer inszenierte einige der größten Edgar-Wallace-Erfolge, beispielsweise *Die toten Augen von London (1961)*, *Das Gasthaus an der Themse* (1962), *Der Hexer* (1964) und *Der Zinker* (1963) und einige Karl-May-Verfilmungen wie *Unter Geiern* (1964). Nach dem Wechsel von der Rialto-Film zur Roxy-Film inszenierte er Krimis, die an die italienischen Giallos angelehnt waren (*Sieben Tage Frist*, 1969), Sexkomödien für die mittlerweile aufgeklärten Deutschen (*Das gelbe Haus am Pinnasberg*, 1970) und insgesamt sechs Simmel-Verfilmungen. Die sind gar nicht so schlecht, wie man denken mag oder wie die deutsche Filmwissenschaft glauben machen will.

Doch zurück zum Film: Manuel Aranda (Alain Noury) kommt nach Wien, um die Leiche seines Vaters in Empfang zu nehmen. Der wurde von einer Pensionistin, der ehemaligen Buchhändlerin Valerie Steinhaus, vergiftet. Zusammen mit deren Nichte Irene Waldegg (Doris Kunstmann) versucht er herauszufinden, warum. Vohrers Film bietet eine hervorragende Spannungsdramaturgie und süffige Musik von Erich Ferstl. Dessen Titelmelodie kann es mühelos mit den Themen großer italienischer Meister wie Morricone und Ortolani aufnehmen und evoziert die Stimmung der 1970er Jahre, ebenso wie die Kamerazooms, eine dreigeteilte Split-Screen und verschwommene Linsenränder. Zudem scheint die Melodie vielfältig einsetzbar. Außer in *Und Jimmy ging zum Regenbogen* habe ich sie noch im Krimi-Dreiteiler *Der Tod läuft hinterher* von 1967 und in der *Derrick*-Folge *Ein Hinterhalt* mit Ruth Leuwerik von 1978 vernommen. Die zahlreichen Großaufnahmen tun ein Übriges, um Erinnerungen an italienische Filme der Zeit aufleben zu lassen. Und man sieht, dass Doris Kunstmann eines der schönsten Kino-Gesichter der damaligen Zeit hatte. Ein etwas weniger gutes Händchen bewies die Maskenbildnerin von Judy Winter. In den Rückblenden sieht Judy Winter aus wie Judy Winter, als alte Frau allerdings wie eine schlecht geschminkte Waltraute aus einer Wieland-Wagner-Inszenierung des *Rings der Nibelungen*. Auch die Kostüme und Interieurs, welche die Zeit des Nationalsozialismus in Österreich bebildern sollen, sind nicht besonders stilsicher – aber das muss man auch Filmen wie *So wie wir waren* von Sydney Pollack aus dem Jahr 1973 ankreiden. Historische Korrektheit in den Kostümen scheint einfach nicht das vordringliche Thema der Zeit gewesen zu sein. Dafür gibt es immer wieder touristische Bilderbogen von der Hofreitschule und ähnlichen Wiener Sehenswürdigkeiten zu bestaunen.

Die Giftmörderin Valerie Steinhaus wird von Ruth Leuwerik verkörpert, einem der großen Stars des deutschen Kinos der 1950er und 1960er Jahre. Wie in fast allen ihren Rollen unterspielt Ruth Leuwerik auch diesen Part und wirkt dadurch unvermutet modern. Daniela Sannwald schreibt:

»Existenzielle Verzweiflung gestatten sich Ruth Leuweriks Figuren ebenso wenig wie Überschwang und Enthusiasmus, ihre Stimme ist hell und ihr Sprachfluss ein gleichmäßiger Singsang ohne besondere Höhen und Tiefen. Sie kann seufzen oder hauchen, ein bisschen kichern, aber nicht kreischen, brüllen oder jubeln.»

In dieser Damenhaftigkeit des Spiels entspricht sie dem Gesangs- und Darstellungsstil einer der großen Operndiven der Nachkriegszeit, Hilde Güden. Für Leuwerik gilt auf ähnliche Weise, was die Sopranistin Ljuba Welitsch über die Güden gesagt hat: «Eine fabelhafte Sängerin – aber sie schwitzt nicht.» Doch kann Ruth Leuwerik in Hinblick auf Stil, Eleganz und Aussehen durchaus internationalen Vergleichen wie etwa mit Deborah Kerr standhalten. Auch Deborah Kerr war in ihrer unterdrückten Sinnlichkeit ein Produkt des Films der 1950er Jahre.

Anders als Ruth Leuwerik gelangen der Kerr allerdings moderate Ausbrüche aus dem Rollenprofil, etwa in *Verdammt in alle Ewigkeit* (1953). Ruth Leuwerik hatte ein ähnlich breites Rollenspektrum wie Deborah Kerr, vom Historienfilm (*Königin Luise*, 1957) über die Literaturverfilmung (*Dorothea Angermann* nach Gerhart Hauptmann, 1959) und den «tear jerker» (*Ein Herz spielt falsch*, 1953) bis zur Komödie (*Vater braucht eine Frau*, 1952). Nur ganz selten ist einmal ein Missgriff dabei – als Nachtclubsängerin Nicole, genannt Kolibri, in *Bildnis einer Unbekannten* (1954) versprüht sie die Erotik von Brandts Markenzwieback und ihr Gesang klingt wie das Zirpen einer verstimmten Glasharfe.

Leuweriks Karriere ging Anfang der 1960er Jahre langsam zu Ende. 1962 versuchte Helmut Käutner ihr einen neuen Impuls zu geben, doch seine Andersch-Verfilmung *Die Rote* wurde damals gnadenlos verrissen und harrt immer noch ihrer Wiederentdeckung. Ruth Leuwerik ist in diesem Film fantastisch fotografiert, und wenn sie durch das regennasse Venedig spaziert, ahnt man etwas vom Aufbruch in eine deutsche Nouvelle-Vague der Altvorderen des deutschen Films, die von den jungen Wilden dann leider gestoppt wurde. Danach machte die Leuwerik nur noch fünf Filme für das Kino; *Und Jimmy ging zum Regenbogen* war der vorletzte dieser fünf. In Franz Peter Wirths elfteiliger Fernsehverfilmung der *Buddenbrooks* feierte sie als Konsulin noch einmal späte Triumphe. Zu Recht.

In den zahlreichen Rückblenden von *Und Jimmy ging zum Regenbogen* erfährt man, dass die arische Valerie Steinhaus einen jüdischen Mann hatte, ihrem halbjüdischen Sohn Heinz zuliebe aber außerehelichen Geschlechtsverkehr mit einem deutschen Mann behauptete, aus dem ihr Sohn hervorgegangen sei. Bei der anberaumten Gerichtsverhandlung muss die arme Ruth Leuwerik, verteidigt von Horst Tappert, einem der großen Chargen-Spieler im deutschen Film und Fernsehen (aber hier noch nicht so reptilienhaft wie in seiner Rolle als Oberinspektor Derrick), über die unnatürlichen Sexpraktiken ihres jüdischen Ehemannes Auskunft geben, derentwegen sie ihre Ehe auflösen lassen will. Das Spiel mit sexuellen Freizügigkeiten gelingt Vohrer nicht wirklich gut, aber ihm als Homosexuellem wird es wahrscheinlich eine diebische Freude bereitet haben, dass die große Dame des deutschen Nachkriegskinos bei dieser Verhandlung das Wort «Mundverkehr» aussprechen muss. Ruth Leuwerik trägt auch das mit Würde und spielt mit eben der damenhaften Distinguiertheit, die ihr Markenzeichen war.

In den Szenen der Gerichtsverhandlung ist der Film am schlechtesten, die Beziehungen zwischen den Personen werden nicht recht deutlich, weder Handlung noch Figuren können das Interesse der Zuschauer wecken. Insgesamt hätte man Alfred Vohrer etwas mehr Mut zum Schäbigen und Wilden gewünscht, so wie es zu der Zeit in italienischen Filmen schon üblich war oder wie es der weithin unterschätzte und vergessene Zbynek Brynych 1970 in *Engel, die ihre Flügel verbrennen* vorgeführt hatte. Doch die Summe der guten Teile überwiegt. Außerdem kennt sich Vohrer in der Filmgeschichte aus, die Szenen auf dem Wiener Zentralfriedhof und eine kurze Szene auf dem Josefsplatz vor dem Palais Pallavicini sind zitathafte Hinweise auf Carol Reeds *Der Dritte Mann*, und in einigen Momenten entwickelt der Film eine unterschwellige Komik: Das Geld für die Verräter wird in einer Ausgabe von Musils *Mann ohne Eigenschaften* verwahrt, und ein Bestattungsbeamter verweigert sich wie viele Österreicher der englischen Sprache und spricht deshalb einen englischen Gedichtband konsequent als «Pöms» aus.

Auch wenn der Film kein Meisterwerk ist, darf man dank Tarantino deshalb guten Gewissens feststellen, dass die furiosen Filme des rüstigen Rentners Alfred Vohrer die Zeiten weitaus besser überdauert haben als manch papierner Positionenfilm der Enkelgeneration. Ebenso käme wohl niemand auf die Idee, die stets damenhaft-zurückhaltend agierende Ruth Leuwerik als «nassen Lappen» zu bezeichnen.

HANNE WIEDER
IN: *PARADIES (1986)*

Nachdem der Vorspann abgelaufen ist, wird eine Packung *Lord*-Zigaretten als eine der ersten Requisiten ins Bild gerückt. Es scheint inzwischen eine Ewigkeit her zu sein, dass man in Deutschland diese Zigarettenmarke oder überhaupt im größeren Maßstab rauchte. Der Film *Paradies* ist von 1986 und uns doch so unendlich ferngerückt. Die Frau, von der man zuerst einmal nur die Stimme hört und die diese Zigaretten raucht, heißt Sunnyi Melles. Sie spielt Angelika, deren Ehe mit dem Veterinär Viktor (Heiner Lauterbach) fortdauernde Frustrationen erzeugt. Da hilft auch die Unterstützung ihrer Mutter nicht. Auch von der hören wir zuerst die Stimme. Das rauchige Timbre und die prononcierte Aussprache sind sofort zu erkennen: Hanne Wieder hat in *Paradies* ihren letzten Auftritt in einem Film. 1990 erlag sie ihrem Krebsleiden. Die Krankheit ist ihr auch in diesem Film schon anzusehen, das Gesicht ausgezehrt und die Perücke auf dem Kopf riesig im Verhältnis zum schmalen Gesicht. Ein ähnliches Ungetüm sollte später Hannelore Elsner in *Die Unberührbare* (2000) zum Erfolg tragen. Hanne Wieders Rolle ist nicht besonders groß, bietet nicht viele Möglichkeiten, und doch ist es ein feiner Zug von Doris Dörrie, dass sie sich 1986 Hanne Wieders erinnerte und sie ein letztes Mal vor die Kamera geholt hat.

«Ich glaube», sagt ihre Tochter, «es gibt keinen Ort auf der Welt, wo meine Mutter nicht einen Mann mit gebrochenem Herzen zurückgelassen hat.» – «Du übertreibst», antwortet Hanne Wieder, «ich war noch nicht in Afrika!» Wenn man Hanne Wieder so hört, dann wünscht man sich, dass sie noch einmal eins ihrer alten Chansons intonieren würde, egal ob *Die Kleptomanin*, *Die Notbremse* oder *Circe*. Denn trotz aller Filmerfolge wie *Das Spukschloss im Spessart* (1960) und vieler mittelprächtiger deutscher Meterware wie *Marili* (1959), *Wochentags immer* (1963) und *Graf Bobby, der Schrecken des wilden Westens* (1965) wird Hanne Wieder vor allem als eine der bedeutendsten Diseusen der deutschen Nachkriegszeit in Erinnerung bleiben, die etwas von der prickelnden Erotik der Weimarer Republik in die Adenauer-,

Erhard- und Kiesinger-Ära hinüberretten konnten. Friedrich Hollaender sagte über sie:

> «Eine Frau. Eine ganz und gar und durchaus unglaubliche Frau. Wie sie schon aussah, mit ihren schrägen Katzenaugen. Mit ihrem süffisanten Mund, der ganz schief werden konnte vor Ironie und süßer Tücke. Mit ihrem füchsigen, sexyhaften, dreimal um die Ecke züngelnden Lächeln, das die ganze Erotik der Weltliteratur durch den Kakao zu ziehen vermochte. Für *die* ein Chanson schreiben, das müsste nicht nur ein Geschenk sein – das würde sich von selber schreiben. Man brauchte nur dieses Urelement in Text und Musik umzusetzen. Wie heißt denn dieses dumme Ding? Hanne Wieder!»

Erst seit den 1970er Jahren verlor ihre Kunst der erotischen Andeutung an Bedeutung, diese Kunst, eine harmlose Textzeile wie eine heimliche Aufforderung zum Rendezvous klingen zu lassen. Die Zeiten wurden so prosaisch und direkt, dass es ihres stimmlichen Frou-frou-o-la-la nicht mehr bedurfte. Doris Dörrie verzichtet leider auf Wieders Chansonkünste. Sie hätten dem Film nicht schlecht angestanden.

Zurück zur Handlung: Angelika hat die Schnapsidee, ihrem Mann Viktor ihre Jugendfreundin Lotte vorzustellen. Die könnten gegensätzlicher nicht sein. Auf der einen Seite die feinsinnige Angelika, die durchs Museum führt und ausländischen Touristen Franz von Stucks *Die Sünde* erklärt (ein Wink mit dem Zaunpfahl das Kommende betreffend), auf der andern Seite die urwüchsige Lotte, über die Mutter Wieder sagt:

> «Stinkt sie immer noch so nach Schweinestall? Nach Dreck? Die duftet doch so himmlisch nach Primitivität.»

Verwundert stellt der Zuschauer fest, dass auch Doris Dörrie nichts anderes anbietet als schon die Regisseure der Stummfilmära – das Gegensatzpaar Hure und Heilige.

Lotte hat einen Gemischtwarenladen auf dem Land und liest gern. Ihre Bücher sortiert sie nach einem überzeugenden Prinzip: Oben auf dem Bücherregal die Bücher, in denen geküsst wird (zum Beispiel *Angélique*) und unten diejenigen, in denen gar nicht geküsst wird (zum Beispiel alle Bücher von Joseph Conrad). Das Verhängnis nimmt seinen Lauf, als sich Viktor in Lotte verliebt. Lotte beschließt daraufhin, ihren Gemischtwarenladen zu verlassen. Sie wird Prostituierte in Hamburg auf St. Pauli. Viktor sucht tagelang nach Lotte, Angelika verzweifelt derweil immer mehr. Doris Dörrie arbeitet alle Klischees über Prostituierte und ihr Milieu brav ab, vom verheirateten Freier, der ihr ein eigenes Appartement einrichten will, bis zu Lottes Ansicht, sie lerne während ihrer Tätigkeit «sehr interessante» Menschen kennen und sie hasse Dreck, aber hier könne sie mit «Dreck wenigstens Geld verdienen». Als Lotte im Bordell eine Sexshow in Dienstmädchenkluft zum Besten gibt, ist sich Dörrie nicht zu schade, Daliah Lavis Klassiker *Oh, wann kommst du* abzuspielen. Wahrscheinlich fand sie das besonders frech und frivol.

Vielleicht hätte *Paradies* als Komödie funktioniert, aber die Regisseurin will richtigen Tiefsinn. Bei der deutschen Kritik ist das damals gut angekommen. Der film-dienst schrieb: «Ein teilweise vital, packend und verstörend inszenierter Film, der als komödiantische Farce beginnt und als bittere existentialistische Tragödie endet. Die pessimistische Studie über Liebesverlust, Wahn und Geschlechterkampf hinterfragt und unterläuft vertraute Erzählmuster von Liebes- und Ehegeschichten.» Aber für die Tragödie fehlen der Regisseurin die Schauspieler. Die Einzige, die dank der Kraft ihrer Deklamation Tragödie spielen könnte, eben Hanne Wieder, kommt nach zwei Auftritten in der ersten Hälfte des Films nicht mehr vor. Heiner Lauterbach wirkt in diesem Arrangement komplett verloren und wird von der Regisseurin kaum geführt. Katharina Thalbach gibt die Göre, deren bevorzugtes Ausdrucksmittel es ist, ihre großen Augen aufzureißen, und über Sunnyi Melles' Fähigkeiten als Tragödin hat Deutschlands Großkritiker Gerhard Stadelmaier alles gesagt: «Eine groteske nordische Magermegäre, blondstrubbelig, blass und zickig.» Stadelmeier hat recht, wenn er sie als «eine der größten Salonkomikerinnen» bezeichnet. Da fragt man sich als Zuschauer, warum Doris Dörrie mit einer Salonkomikerin, einer Volksschauspielerin und einem Chargenspieler eine Tragödie inszenieren musste. Das Ergebnis ist tatsächlich traurig, weil man drei Protagonisten sieht, die im falschen Genre falsche Töne anschlagen. Für campe Momente hätten sich zwar reichlich Gelegenheiten geboten, aber die wollte Dörrie wohl auch nicht. So schleppt sich die tiefsinnig temperierte Tragödie mit bleiernem Biedersinn ihrem letalen

Ende entgegen. Die Dramaturgie ähnelt dabei dem Gemischtwarenladen, in dem Lotte arbeitet. Es ist dieselbe Dramaturgie, die Dörries Opern-Regie-Arbeiten so ermüdend macht, dieses ständige «Ich-hab-da-noch-eine-Idee-und-wenn-sie-auch-nicht-gut-ist-ich-bring-sie-trotzdem-auf-die-Bühne», mit der deutsches Regie-Theater die mangelnde gedankliche Auseinandersetzung mit dem Werk zu überdecken versucht. Ideen hat Dörrie auch in *Paradies*. Manche sind auch ganz hübsch.

Zu Beginn und zum Ende des Films liest Lotte ihrem Viktor aus *Das Herz der Finsternis* von Joseph Conrad vor. Wenn man die Handlung der Erzählung und die des Films miteinander parallelisiert, ergeben sich recht lustige Gedankenspiele. In Conrads Werk (das als Vorlage für Coppolas *Apocalypse Now* (1979) eine überraschende Spätwirkung erzielte) geht es um die Grenzen der Begegnung mit dem Fremden: Weiße sollen besser fortbleiben, und derjenige, der die Reise dennoch unternimmt, ist ein Held, weil er reingeht und es überlebt. Will Dörrie vielleicht die Ehe, in die Lotte eindringt, mit einem Regenwald vergleichen, in dessen feuchter Finsternis verkommene Gestalten obszöne Rituale vollziehen? Das würde diesem Film durchaus eine Wendung ins Heitere verleihen, der durch Lottes Mord an Angelika auch noch ein Sahnehäubchen aufgesetzt wird. Lotte ist zwar zurückgekehrt, aber verändert. Denn aus dem Urwald kommt niemand unbeschadet zurück. Das wusste schon Ottilie in Goethes *Wahlverwandtschaften*: «Es wandelt niemand ungestraft unter Palmen, und die Gesinnungen ändern sich gewiss in einem Lande, wo Elefanten und Tiger zu Hause sind.»

Wie vielen anderen großen alten Damen hätte man auch Hanne Wieder einen besseren Abgang gewünscht. 1973 hatte sie der Filmwelt schon einen Abschiedsgruß geschickt, als sie den Satan in *Der Exorzist* synchronisierte. Im Original lieh Mercedes McCambridge dem Satan ihre Stimme. Seit nach Wieders Tod der Director's Cut des Gruselklassikers auf den Markt gekommen ist und auch die Synchronisation neu bearbeitet wurde, ist dieses Zeugnis der Kunst Hanne Wieders eliminiert worden. «Fick mich! Fick mich!», sagt sie in der alten Fassung (als Satan) zu Max von Sydow. Es wirkt wie ein abschließender Kommentar auf die vielen schlechten Filme, denen sie ihre Präsenz leihen musste – und sie scheint dabei eine höllische Freude gehabt zu haben. Hoffentlich hat sie die auch noch im Paradies.

KEINE LANGEWEILE IM ALTENHEIM

CAMILLA HORN, MARIANNE HOPPE, CAROLA HÖHN, ROSE RENÉE ROTH, FEE VON REICHLIN, ORTRUD VON DER RECKE & MARIKA RÖKK
IN: *SCHLOSS KÖNIGSWALD (1988)*

1987 hatte Peter Schamoni die schöne Idee, einen Film mit sieben alten Damen des deutschen Films und des deutschen Theaters zu drehen. Als Vorlage wählte er die Erzählung *Schloss Königswald* von Horst Bienek, der auch am Drehbuch mitarbeitete. In Zusammenarbeit mit dem ZDF entstand ein Film (Fernsehtitel: *Die letzte Geschichte von Schloss Königswald*), der außer diesen alten Damen nichts zu bieten hat. Schade, so hat Peter Schamoni lediglich ein Massengrab, wenn auch ein über weite Strecken unterhaltsames, inszeniert, denn wo sonst könnte man vorletzte, vorläufig letzte und allerletzte Auftritte alter Damen in solcher Menge erleben?

Auf Schloss Königswald erwarten eine Reihe alter Damen von altem Adel das Ende des Zweiten Weltkriegs. Peter Schamoni bemüht sich, dem Ganzen einen zeitkritischen Anstrich zu geben, tut das aber so halbherzig, dass er es lieber gleich ganz gelassen hätte. Seine Versuche, deutsches Mitläufertum kritisch zu hinterfragen und Verstrickungen der deutschen Aristokratie während des Dritten Reichs zu beleuchten, wirken wie Fremdkörper, noch dadurch verstärkt, dass die ohnehin thesenhaften Dialoge zu diesem Thema vom Schauspielerensemble papieren vorgetragen werden.

So muss man sich an die alten Damen halten, und die sind wirklich großartig – aber das wären sie auch ohne Peter Schamonis Regie gewesen. Camilla Horn, Marianne Hoppe, Carola Höhn, Rose Renée Roth, Fee von Reichlin und Ortrud von der Recke bieten den Beweis, dass ein schauspielerisches Altenheim keineswegs Langeweile ausstrahlen muss. Jede der Damen ist auf ihre Weise liebenswert-komisch: Marianne Hoppe mit ihrem Wunsch, nicht von den Deutschen verteidigt werden zu wollen, Fee von Reichlin mit ihrem steten Ausspruch: «Schrecklich, aber schön haben Sie das gesagt», Camilla Horn, die sich ungeniert über die Zusammenhänge europäischer Kunstmusik verbreitet. Als anrührendste Figur bleibt Rose Renée Roth in Erinnerung, die, ständig in Angst, erschossen zu werden, den Flügel mit dem fürchterlich falsch gespielten Chopin'schen Minutenwalzer traktiert. «Müssen Sie denn ausgerechnet immer zur Teestunde üben?», fragt Dietlinde Turban. «Ich übe doch gar nicht!», antwortet Rose Renée Roth mit einem sanften Blick, dem man alles glaubt und verzeiht. Ein Jahr später verteidigte sie beim Scrabble-Spielen in Loriots *Ödipussi* ebenso standhaft das von ihr gelegte Wort Schwanzhund. «Was muss man da erklären», fragte sie auf diese nur Rentnern eigene renitente Art und Weise, «ein Schwanzhund ist ein Hund mit einem Schwanz.»

Und dann ist da noch der Star des Damenkränzchens – Marika Rökk, als Einzige mit Extra-Credit im Vorspann *und* im Nachspann genannt. Sie tut in *Schloss Königswald* das, was sie am besten beherrscht: Sie drängt sich in den Vordergrund. Dabei wurde sie vom Regisseur nicht behindert. Sie spielt einen ehemaligen Bühnenstar mit dem Künstlernamen Annedore Danila. «Ich hab auf der ganzen Welt gespielt, in meiner geliebten Heimatstadt Budapest, in Wien, Prag, Rom, Paris, Moskau.» Sie nutzt, von den Drehbuchautoren Bienek und Schamoni geleitet, jede Gelegenheit, sich zu Wort zu melden. Spielt Rose Renée Roth den Minutenwalzer, sagt sie: «Ah, Walzer, mein Gott, war ich unvergesslich im *Walzertraum*!» Spricht Marianne Hoppe von Paris, spricht die Rökk von ihren dortigen Auftritten: «Meinen Czardas hab ich dreimal wiederholen müssen, das vierte Mal ging es nicht mehr, weil der Absatz abgebrochen war. Ich war keine Tingeltangellöse, ich war eine Diva!» Nur Marianne Hoppe spricht aus, was jeder Zuschauer denkt: «Ach, was Sie nicht sagen.» Sogar Grammophonplatten mit ihrem eigenen Gesang darf sie auflegen. Und auch das, wovor wir uns alle fürchteten, wird uns nicht erspart. Als die Amerikaner das Schloss besetzen, gibt es in diesem Trupp auch einen schwarzen klavierspielenden Soldaten namens Sam. (Und Peter Schamoni ist sich nicht zu schade, den uralten Witz «Play it again, Sam» zu strapazieren.) Diesem Soldaten streichelt Marika mit ihren welken Fingern über Haut und Haar und sagt: «Ich bin schon immer gegen Rassismus gewesen!» Und dann ist es so weit. Sie tanzt. Sie tanzt Charleston und Boogie-Woogie. Aber eigentlich ist es egal, was sie tanzt, solange sie nur Gelegenheit hat, ihre Beine in die Luft zu werfen, so hoch und so gut es noch geht. Unwillkürlich fühlt man sich an eine Notiz in der Bild-Zeitung erinnert: «Marika Rökk tanzt nicht mehr – sie wird nur noch geworfen und gefangen.» Inmitten all der alten Damen mit ihrem gepflegten Vortragsstil wirkt Marika Rökk wie ein Fremdkörper. Wie in all ihren andern Filmen und Fernsehauftritten tut sie des Guten zu viel. Ihre Tänze waren immer ein Quäntchen zu unelegant, um es den amerikanischen Vorbildern wie Eleanor Powell gleichzutun, und ihr Darstellungsstil immer ein Quäntchen zu plakativ, um wie Marianne Hoppe in die Riege der Hohen Frauen im Dritten Reich aufschießen zu können. Ihre Komik, gepaart mit diesem unnachahmlichen ungarischen Akzent, war allerdings gleich um ein Quantum zu drastisch für die biederen Filme mit Gesang und Tanz, mit denen sie ihren Lebensunterhalt bestritt. So auch in *Schloss Königswald*. Im Sinne des Camp ist es freilich sehr unterhaltsam, der Stalinorgel der guten Laune bei der Arbeit zuzusehen, weil alle anderen Darstellerinnen in diesem Bombenhagel auf der Strecke bleiben.

Doch dann rücken die Amerikaner ab und die Russen an. Vor denen will Marika nicht mehr tanzen, beziehungsweise nicht mehr geworfen und gefangen werden. «Haltet durch, Mädels», lassen die Russen durchs Telefon verlauten, und dann ist der Film ganz schnell aus. Die Mädels hielten auch im wirklichen Leben noch durch: Camilla Horn verstarb 1996, Ortrud von der Recke im Jahr 2000, 2002 folgten Marianne Hoppe und Fee von Reichlin, Marika Rökk verschied 2004 und Carola Höhn im Jahr 2005. Rose Renée Roth, die wie viele andere vertriebene jüdische Schauspielerinnen unter Tränen lachen konnte, war bereits 1990 zum guaten alten Himmelsvater heimgegangen, und weil die Engerl auf Urlaub immer nach Wien kommen, liegt sie in Wien auf dem Zentralfriedhof, israelitische Abteilung, begraben. Im Himmel unternimmt sie bestimmt viele Spaziergänge mit einem Schwanzhund. Denn wie sie als Tante Mechthild im Loriot-Film ganz richtig zu sagen weiß: «Es gibt Hunde ohne Schwanz!»

«... IST SIE EIGENTLICH DOCH MARIA SCHELL GEWESEN, ...»

MARIA SCHELL
IN: *LIEBE (1956)* & *MEINE SCHWESTER MARIA (2002)*

Der Ruhm von Maria Schell ist nach ihrem Tod verhältnismäßig schnell verblasst. Das ist insofern erstaunlich, als sie einer der erfolgreichsten Stars des deutschen Nachkriegskinos und eine begnadete Schauspielerin war, die immerhin Helmut Käutner (*Die letzte Brücke*, 1954), Robert Siodmak (*Die Ratten*, 1955), René Clément (*Gervaise*, 1956) und Luchino Visconti (*Die weißen Nächte*, 1957) überzeugte. Doch ihre letzten künstlerischen Erfolge liegen lange zurück. Ab einem gewissen Zeitpunkt ihrer Karriere variierte sie das immer Gleiche und war damit noch eine ganze Zeit lang erfolgreich, zumindest in finanzieller Hinsicht. Künstlerisch hatte sie offenbar alle Ambitionen aufgegeben. Claudia Kohlhaase schreibt:

> «Wer als Maria Schell auf der Welt ist, hat's gut. Egal, wie gut, Hauptsache: Maria Schell. Man ist dann ja den ganzen Tag Maria Schell und den nächsten Tag auch noch und immer so weiter. Nicht auszudenken, jetzt auch noch wirklich Maria Schell zu sein – im Grunde kann das kein Mensch aushalten bis auf einen: Maria Schell. Maria Schell hat viel gespielt und ist trotzdem immer Maria Schell geblieben, sozusagen die ganze Zeit. Sollte Maria Schell einmal nicht Maria Schell gewesen sein, vielleicht aus Versehen oder einmal ganz kurz aus Trotz, ist sie eigentlich doch Maria Schell gewesen, quasi unerkannt und darum möglicherweise umso mehr.»

Exemplarisch aufzeigen lässt sich das an ihrem Film *Liebe* aus dem Jahr 1956 nach dem Roman *Vor Rehen wird gewarnt* von Vicki Baum. Regie führte auf ausdrücklichen Wunsch von Maria Schell ihr damaliger Verlobter Horst Hächler. Arthur Brauner, der Produzent des Films, raufte sich die Haare:

> «Da *Die Ratten* so gut gelungen waren, schlug ich Frau Schell vor, die Hauptrolle in *Vor Rehen wird gewarnt* zu übernehmen. Für jede Schauspielerin ein Zuckerschlecken, diese Rolle, sie bot alle Möglichkeiten,

sich zu verwandeln, sich zu entwickeln, immer neue Ausdrucksmittel anzuwenden. Sie war sofort einverstanden, stellte allerdings eine Bedingung: ‹Der Horst muss die Regie kriegen!› Ich bekam einen Schreck, Horst Hächler, der Verlobte, hatte noch keine Regieerfahrung. Nun muss natürlich jeder einmal anfangen, aber doch nicht gleich mit einem so teuren Film: Zweieinhalb Millionen sollte er kosten. So viel Geld vertraut man einem Anfänger doch nicht gern an. Ich gab das zu bedenken. ‹Der Horst macht das schon›, sagte Frau Schell. Sie schilderte noch eine Weile die Vorzüge des bisher unentdeckt gebliebenen Genies. Das Mariele befand sich in einem Zustand, den der Psychiater C. G. Jung einmal als ‹einen Zustand partieller Umnachtung unter Ausschluss des Werturteils› bezeichnet hat. Mit anderen Worten: Sie war verliebt, verknallt bis über beide Ohren. Da half nichts. Ich musste in den sauren Hächler beißen …»

Maria Schell als Anna verliebt sich im Schulmädchenalter in einen berühmten Geigenvirtuosen. Raf Vallone als Violinist ist lachhaft, besonders, wenn er mit hehrem und ernstem Ausdruck zu seiner Geige greift. Noch lachhafter ist Maria Schell, die ein Schulmädchen spielt (sie war zur Zeit der Dreharbeiten dreißig Jahre alt) und Raf Vallone mit großen, weit aufgerissenen Augen anschaut. Wie überhaupt das weite Aufreißen der Augen zu ihren liebsten Ausdrucksmitteln gehört. «Ihre Geige, darf ich sie mal anfassen?» – «Nein!» herrscht Vallone sie an, worauf sie die Augen niederschlägt, ein weiteres beliebtes Ausdrucksmittel. Der Virtuose verliebt sich dann aber in die große Schwester und verlobt sich mit dieser in Venedig, worauf Maria einen Weinkrampf bekommt. («Niemand weint so schön und schnell, wie im Film Maria Schell.») Damit sind die «immer neuen Ausdrucksmittel» für diesen Film aufgezählt.

Aus Trotz heiratet sie einen Plantagenbesitzer, den sie nicht liebt, und geht mit ihm nach Ceylon. (Es gibt keine einzige Außenaufnahme, auch Zeitkolorit wird kaum oder gar nicht vermittelt, die Geschichte ist im filmischen Niemandsland angesiedelt.) Maria – sie liebt den Geiger noch immer – fährt auf Besuch nach Italien, Schwester und Schwager (und mittlerweile auch eine Nichte) leben in der Poebene. Dort pflegt und tröstet sie die Schwester, vorzugsweise mit leicht gesenkten Augenlidern. Unwillkürlich fühlt man sich an eine Fernsehkritik von Sonja Zerki erinnert, die Maria Schell für ihre Darstellung im Sat-1-Mehrteiler *Der Clan der Anna Voss* (1995) erhielt:

> «Wie ein Senkblei zieht sie jede Szene hinab, in der sie auftritt, unablässig lächelnd, streichelnd, schlichtend, wo es nichts zu lächeln, streicheln, schlichten gibt.»

Das Durchtriebene der Rolle will sie offensichtlich gar nicht zur Kenntnis nehmen, aber Durchtriebenheit liegt ihrem Wesen auch gar nicht, wie sie in einem Fernsehinterview kundtat:

> «Marilyn Monroe hat sechs Monate neben mir gewohnt. Sie war unheimlich schüchtern und scheu. Aber wir haben einmal miteinander gegessen. Sie war sehr, sehr lieb. Ein trauriges Schicksal. Und sie wollte doch so gerne diese Gruschenka (in dem Film *Die Brüder Karamasoff*, Anm. d. Verf.) spielen. Und ich hab dem Produzenten gesagt, sie ist viel besser als ich, weil, sie ist die Rolle. Ich muss sie mir erspielen. Das ist so ein schillerndes, verlogenes, verlorenes Geschöpf und Männer malträtierend und so. Das musst ich mir alles erspielen, das kann ich ja gar nicht, Männer malträtieren. Aber sie haben sie ihr nicht gegeben. Leider. Vielleicht wär sie noch da. Aber die wär sehr schwer alt geworden, die hätt's nicht geschafft, wie ich das schaffe!»

Ihr Mann, der Plantagenbesitzer, entzweit sich mit ihr, betrinkt sich und würgt sie: «Du bist gar keine Frau. Du siehst nur so aus.» Und was meint Raf Vallone dazu: «Du hast immer nur an dich gedacht, und ich hätte so sehr einen Menschen gebraucht, der mir hilft.» Beide verlassen Maria, die Schwester kommt zurück, bricht aber gleich wieder auf, um nach ihrem Mann zu suchen. Doch mittlerweile ist der Po über die Ufer getreten. In Vicki Baums Romanvorlage *Vor Rehen wird gewarnt* spielen diese entscheidenden Szenen während des großen Erdbebens in San Francisco, aber diese Kulisse wäre wahrscheinlich zu teuer gewesen. Die Bewohner werden evakuiert und die Zuschauer mit den immer gleichen Bildern von einbrechenden Dämmen und pittoresken Trümmern am Flussufer gelangweilt. Doch schließlich kehrt Raf Vallone zurück: «Erst jetzt weiß ich, dass ich ohne dich nicht leben kann. Wir gehören für immer zusammen.» Maria reißt die Augen auf. Kurze Zeit später finden sie die Leiche seiner Frau und ihrer Schwester. «Lass mich allein, ich will allein sein!», sagt Raf, der aber auch wirklich nicht weiß, was er will. Maria schlägt die Augen nieder. Und dann steht sie wieder, wie zu Beginn des Films, der in einer einzigen großen Rückblende erzählt wird, auf dem Bahnhof, und ihre Stimme spricht aus dem Off: «Ich musste dich allein zurücklassen. Du hast es so gewollt. Ich habe nur noch einzusteigen und fortzufahren.» Maria fährt ab und erblickt noch einmal Raf Vallone, der unbeweglich auf dem Perron steht. Und unbeweglich stehen kann er im Gegensatz zu allen anderen schauspielerischen Versuchen wirklich gut. Dieser Anblick zaubert noch einmal ein Lächeln auf Marias Antlitz.

Liebe ist ein mittelmäßiger Film. Doch für Maria Schell kam es noch schlimmer. Als Opas Kino zusammengebrochen war, spielte sie in Trash-Bomben wie *Der heiße Tod* (1969) und *Der Hexentöter von Blackmoor* (1970) und sprach in Talkshows über die vergangenen Zeiten des Ruhms. 1978 tauchte sie ganz überraschend in *Superman* auf. In ihrer Autobiografie *Die Kostbarkeit des Augenblicks* schreibt sie:

> «Alle Menschen, die ich gespielt habe, haben ihr eigenes Leben und ihre eigene Zeit, die ihnen und nur ihnen gehört. Das heißt aber nicht, dass ich sowohl zu Hause als auch bei der Arbeit im Studio oder auf der Bühne wie in Trance herumlaufe. Die zwei Welten müssen nebeneinander bestehen können. Streng getrennt im Geist und auch in den Tatsächlichkeiten der beiden Leben.»

Die Verbindung zweier Leben sollte ihr erst im Alter, nach einem Selbstmordversuch und kurz vor dem finanziellen Ruin stehend, gelingen. Es war die größte Rolle, nicht im Film, sondern im wirklichen Leben: die der armen, vergreisten, hilflosen alten Frau. Und so beglückte uns die Regenbogenpresse regelmäßig mit solchen oder ähnlichen Schlagzeilen: *Maria Schell – Einst im Rampenlicht, jetzt in großer Einsamkeit, Maria Schell – Ohne fremde Hilfe kann sie nicht leben, Fernsehstar Maria Schell – Pleite!* Ach, das Leben schreibt doch immer noch die schönsten Geschichten.

Das machte sich ihr Bruder Maximilan Schell zunutze und drehte im Jahr 2002 einen Dokumentarfilm, *Meine Schwester Maria*. Das schien folgerichtig, hatte er doch mit *Marlene* (1984) bereits eine erfolgreiche Dokumentation über eine Kino-Ikone gedreht. Maximilian Schell war der erste deutschsprachige Schauspieler nach Emil Jannings, der einen Oscar bekam (1961 für seine Rolle in *Das Urteil von Nürnberg*). Er spielte in Klassikern wie *Topkapi* (1964) und inszenierte Klassiker wie *Der Richter und sein Henker* (1975). Heute ist auch er in weniger guten Filmen wie *Deep Impact* (1998) und in Rosamunde-Pilcher-Verfilmungen zu sehen und stellt in Talkshows seine neue Freundin vor.

Meine Schwester Maria scheint der Versuch gewesen zu sein, die irrsinnig hohen Schulden seiner Schwester (für die er, so muss ehrlicherweise hinzugefügt werden, geradestand) etwas zu verringern. Doch der Zweck heiligt nicht jedes Mittel, und die Mittel, die Maximilian Schell gewählt hat, sind degoutant. Er inszeniert seine Schwester in ihrem Heim in Preitenegg in Kärnten wie ein Monster in einem Horrorfilm. Die Kamera zeigt sie von hinten im Sessel sitzend. Sie sieht im Fernsehen ihre alten Filme und von ferne fühlt sich der Zuschauer an *Was geschah wirklich mit Baby Jane?* erinnert. Als Nächstes werden ihre alten Hände gefilmt, die Spannung, wie das alte Monster wohl aussehen mag, wird freilich noch eine Weile am Glimmen gehalten. Nach zwanzig Minuten sieht man endlich ihr Gesicht. Es ist immer noch das von Maria Schell, aber mit ihren tiefen Furchen und dem etwas wirren Haar sieht sie aus wie eine freundliche, verwirrte Oma. Zwischendrin gibt es Kommentare ihres Bruders: «Maria, immer dieses Fernsehen. Schaust du dir schon wieder deine alten Sachen an? Was empfindest du dabei, wenn du sie siehst? Langweilt dich das nicht?» Das Ganze hat den Charme einer 3-SAT-Reportage über verwirrte alte Menschen in der Obhut von Verwandten, aber wenn Maria Schell antwortet: «Hab ich nicht das Recht, einfach nur da zu sein? Ich hab so vielen Menschen Freude gegeben als Schauspielerin, jetzt sollen die andern für mich sorgen», schleicht sich Traurigkeit ein über den Verfall dieser einst strahlenden Person. Es geht dann sehr viel darum, dass Maria Schell ein guter Mensch war, die Verwandten und die Hausangestellte dürfen zu Wort kommen. Es werden viele alte Filmausschnitte gezeigt und Maximilian Schell geriert sich selbst so penetrant als guten Menschen von Preitenegg, dass es einen als Zuschauer vor Ekel würgt. Doch wirklich widerlich wird der Film immer dann, wenn der Bruder seine Schwester inszeniert und nicht klar wird, ob sie weiß, was sie tut, oder ob sie wirklich dement ist. Am Telefon muss sie zwei teure Kronleuchter aus Murano-Glas beim Teleshopping bestellen und sie muss der Pfändung ihres Besitztums beiwohnen. Im Fernsehen muss sie sich *Deep Impact* (in dem ein Meteorit auf der Erde einschlägt) mit ihrem Bruder anschauen und anschließend in einem Telefonat kundtun, dass sie gerade sieht, dass die Welt untergeht. Schließlich schläft sie vor drei laufenden Bildschirmen ein. Im Wachzustand wird ihr auferlegt, auf dem Grundstück jeden Tag spazieren zu gehen, und ihr Bruder ist sich nicht zu schade, immer wieder zu zeigen, wie seine Schwester hinfällt, ob im Gras oder im Schnee, liegen bleibt und sich nicht wieder hochrappeln kann. Dazu zirpt Edita Gruberova mit ihrer klirrenden Sopranstimme *Zwischen Himmel und Erde* von Toni Stricker von der CD *Dialog – Neue romantische Balladen*. Diese Szenen sind abscheulich, selbst Jess Franco hat Maria Schell in *Der Hexentöter von Blackmoor* mit mehr Anstand behandelt. 2005 ist Maria Schell im Alter von 79 Jahren gestorben.

«... WEHT UNS AN WIE DIE PARODIE IHRER SELBST»

MARLENE DIETRICH
IN: *SCHÖNER GIGOLO, ARMER GIGOLO (1978)*

Das Geheimnis, warum Marlene Dietrich nach vierzehnjähriger Filmabstinenz und nachdem sie beharrlich alle Filmangebote (selbst die ihres Freundes Billy Wilder für dessen 1978 gedrehte *Boulevard der Dämmerung*-Variation *Fedora*) abgelehnt hatte, ausgerechnet in der von Rolf Thiele, dem «Cheferotiker des deutschen Films» (Der Spiegel) verantworteten deutschen Produktion *Schöner Gigolo, armer Gigolo* unter der Regie von David Hemmings auftrat – sie hat es mit ins Grab genommen.

Der letzte Filmauftritt vor diesem war ein Gastauftritt, eine sogenannte Cameo-Rolle gewesen, in *Zusammen in Paris* (1964) unter der Regie von Richard Quine (in den Hauptrollen Audrey Hepburn, William Holden und Noël Coward). Der Begriff «cameo» wurde übrigens von Mike Todd geprägt, Elizabeth Taylors Ehemann Nummer drei, Namensgeber des Wide-screen-

Systems Todd-AO und Produzent von *In 80 Tagen um die Welt* (1956), als er für ebendiesen Film Stars für sogenannte «walk-on parts» zu gewinnen suchte. Das waren dann unter anderen: Noël Coward, Frank Sinatra, John Gielgud, Hermione Gingold, Beatrice Lillie, Peter Lorre, Buster Keaton und Ava Gardner. In diesem Film hatte Marlene Dietrich den «walk-on part» einer Barbesitzerin.

Doch zurück zum *Gigolo*. 1971 startete der Musicalfilm *Cabaret* von Bob Fosse, und man brauchte in der Bundesrepublik immerhin sieben Jahre, um einen Nachfolgefilm zu produzieren – der bis dato teuersten deutschen Filmproduktion seit dem Ende des Zweiten Weltkriegs. Wahrlich, er bot alles auf, was damals Rang und Namen hatte und so wurde noch ein internationaler Star (Kim Novak) und noch ein nationaler Star (Maria Schell) und noch etwas dem Star Ähnliches, aber Billigeres, ein Antistar gewissermaßen (Evelyn Künneke), eingekauft – aber all das machte es nur noch schlimmer. David Bowie als verhinderter Kriegsheld und Preuße und in einem weiteren missglückten Versuch, ihn zum Filmstar zu machen, stapft durch scheußlich anzusehende Kulissen, erst als wandernde Plakatsäule, dann als Gefolgsmann eines Faschisten und schließlich als Gigolo bei einer Baroness. Diese spielt Marlene Dietrich. Netterweise durfte sie den Titelsong singen, den sie hasste, immerhin aber ein Originalsong aus den 1920er Jahren (Text: Julius Brammer/Irving Caesar, Musik: Leonello Casucci), und wurde nicht gezwungen, eine der Kompositionen von Günther Fischer zu singen, dem verantwortlichen Filmmusik-Komponisten. Denn so viel Mühe der sich auch gab, *Don't Let It Be Too Long* (Text vom Regisseur David Hemmings) klingt eben nicht wie *Life Is a Cabaret* von Kander/Ebb, sondern weist eine fatale Ähnlichkeit mit Fischers Komposition der Titelmelodie zur Fernsehserie *Frauenarzt Dr. Markus Merthin* auf. Interpretiert wird der Song von Sydne Rome, nach Jane Fonda die zweitplatzierte Königin der Gymnastik, die damit den Beweis antrat, dass ein Zuviel an Aerobic der menschlichen Stimme nicht unbedingt zuträglich ist.

Der Film wurde, vom Produzenten stark geschnitten, an den Kinokassen und bei der Kritik trotzdem ein Flop. Der Spiegel sprach von Marlene Dietrich als einer mumienhaften Erscheinung, die nichts als die grenzenlosen Möglichkeiten der Maskenbildnerei offenbare. Der österreichische Kaffeehausliterat Anton Kuh hat über den Dichter Stefan George gesagt, er sehe aus wie eine alte Frau, die wie ein alter Mann aussieht. Der Umkehrschluss sei erlaubt, weil Marlene Dietrich deutsche Lyrik über alles geliebt hat: Sie sieht aus wie ein alter Mann, der wie eine alte Frau aussieht. Friedrich Luft schließlich meinte:

> «Marlene hat ihren Auftritt. Sie kommandiert die Gigolos der Stadt, spricht hier mit synchronisierter Stimme, das immer noch schöne, alte Gesicht im Schatten eines gewaltigen Hutes. Dann hört man ihre Stimme, original, aber auf Englisch, das *Gigolo*-Lied singen. Die weht uns an wie die Parodie ihrer selbst.»

Dietrich-Biograf Donald Spoto hörte freilich die «erstaunliche Darbietung» eines «schnörkellos gesungenen Bekenntnisses»:

> «Bei den Worten ‹Youth will pass away› ist ein trauriges Beben in ihrer Stimme zu hören, wie es in keiner ihrer früheren Aufnahmen oder Auftritte je vorgekommen war; ein Moment von sublimem Pathos, das zu echt war, als dass sie es hätte heucheln können.»

Das traurige Beben mag jedoch auch den alten oder neuen Zähnen geschuldet sein, die Dietrichs Kollegin Peggy Lee in ihrem Song *Ready to begin again* besungen hatte: «When my teeth are at rest in the glass by my bed.»

Dass dem Film in Deutschland solch unverhohlene Feindseligkeit entgegenschlug lag nicht zuletzt daran, dass die Boulevardpresse kolportierte, die Zuschüsse des Berliner Senats seien in die Gage der Dietrich geflossen. Ob sie tatsächlich 250 000 Dollar für zwei Tage Drehzeit bekommen hat, oder ob dieser Betrag dafür ausgegeben wurde, das komplette Set für sie in Paris nachzubauen, und ob sich ihre Tochter Maria bereichert hat – auch das wird für immer ein Geheimnis bleiben. Der Star selbst sah die Angelegenheit auf seine preußische Art recht pragmatisch: «Wenn man sich prostituiert, dann muss man dafür bezahlt werden.»

Marlene Dietrich machte nur noch einen Film, *Marlene* von Maximilian Schell, aber in dem ist sie nicht zu sehen. 1988 war ihre Stimme ein letztes Mal auf der Langspielplatte *Hermine* von Udo Lindenberg zu hören. Nach der Ankündigung von Udo Lindenberg «23. Oktober 1987, in einer Wohnung in Paris» spricht eine uralte Stimme aus uralten Zeiten ein paar Zeilen Friedrich Hollaenders *Wenn ich mir was wünschen dürfte*:

Menschenskind,
warum glaubst du bloß,
gerade dein Leid, dein Schmerz,
wären riesengroß.
Wünsch dir nichts!
Dummes Menschenskind,
Wünsche sind nur schön,
solang sie unerfüllbar sind.

1992 verstarb Marlene Dietrich in ihrer Matratzengruft in Paris. Der letzte deutsche Weltstar. Seitdem wünschen sich die Deutschen, endlich wieder einmal einen solchen zu lancieren. Ein schöner Wunsch und deshalb unerfüllbar.

DAS BÖSE SPRICHT DEUTSCH

HILDEGARD KNEF
IN: *WITCHCRAFT – DAS BÖSE LEBT (1988)*

Einige Monate nach dem Tod von Hildegard Knef erschien ein Remix-Album ihrer alten Aufnahmen im aktuellen Lounge-Sound mit dem Titel *The Reform Sessions*. Im Booklet heißt es:

> «Mit dem unerwarteten Tod Hildegard Knefs am 1. Februar 2002 verloren wir die letzte große Diva alter Prägung und einen der wenigen Weltstars, die Deutschland nach 1945 hervorgebracht hat.»

Schon in diesem kurzen Ausschnitt sind mindestens zwei Fehler. Wenn je ein Tod eintrat, der von allen erwartet wurde, dann war es der von Hildegard

Knef. Berichte über dramatische Erkrankungen waren schon seit Jahren das Manna der Boulevardpresse, egal, ob es um die Anreise zu Filmfestspielen im Rollstuhl ging oder um eine neuerliche Lungenentzündung, an der sie wieder einmal fast gestorben wäre. Noch kurze Zeit vor ihrem Tod gab es in der Talkshow von Johannes B. Kerner eine Live-Schaltung in ihre Wohnung. Hildegard Knef berichtete von ihren komatösen Zuständen, ihrer kaputten Lunge und davon, dass sie es beinahe nicht geschafft hätte. Plötzliche Tode sehen anders aus.

Und die Frage danach, ob sie eine Diva sei, hätte sie sicher nicht positiv beantwortet. Eine Diva im landläufigen Sinne ist sie auch nie gewesen, dazu ist sie mit ihrem privaten Leben, nicht zuletzt mit ihren Krankheiten, zu ehrlich und offensiv in der Öffentlichkeit umgegangen. Die eigene Schönheit hingegen hat sie kaum ausgestellt. Schönheit habe sie nie, oder nur sehr selten empfunden, sagte sie im Gespräch mit Esther Schweins.

Zwar schreibt Elisabeth Bronfen, die Diva zeichne sich dadurch aus, «prononciert versehrt» zu sein, und ein Star sei, wer sich nicht scheue, die monströse Kehrseite des Göttlichen bewusst für den anbetenden Blick des Publikums zu inszenieren. Sie schreibt aber auch, dass ein Star, der alle Katastrophen überlebe, der Diva diametral entgegengesetzt sei und dass der Glamour der Erscheinung mit einer tiefen Einsamkeit gekoppelt sei. Hildegard Knef hat alle Katastrophen überlebt – bis auf das Alter. («Vorteile fallen mir zum Alter auch wirklich überhaupt keine ein. Der Körper übernimmt. Und das ist beschwerlich.») Vor dem Tod hat sie sich gefürchtet. In einem Interview antwortete sie auf die Frage, ob sie Angst vor dem Tod habe, mit der Gegenfrage: «Haben Sie eine Alternative?» Doch zentral scheint mir der folgende Satz von Elisabeth Bronfen zu sein: «Ein wirkliches Comeback ist der Diva nicht erlaubt.» Und wenn es in der Geschichte der deutschen Unterhaltungskultur jemand geschafft hat, wirklich viele wirkliche Comebacks zu haben, dann doch wohl Hildegard Knef. Sie war Trickfilmzeichnerin bei der UFA, Theater- und Filmschauspielerin in Deutschland, England, Frankreich, Amerika, hatte ein Comeback als Diseuse und eines als Autorin. Die Autobiografie *Der geschenkte Gaul* machte Schluss mit all den verlogenen Histörchen, die andere deutsche Filmstars wie Olga Tschechowa oder Marika Rökk veröffentlicht hatten. Dieter Bartetzko schreibt:

> «Schonungslos mit sich selbst und mit den wattierten Traumata ihrer Generation schrieb sie vom Endkampf um Berlin, ihrem aberwitzigen Fluchtversuch in einer Landseruniform, vom Schreien und Weinen in Schützengräben, von Vergewaltigung, Unterernährung, Trümmerverstecken, erstem Theaterspiel unter Hungerkrämpfen.»

Doch als die letzte Konzert-Tournee ein Flop wurde, war die Häme, die in Deutschland darüber ausgegossen wurde, geradezu unbeschreiblich. Sie zog sich daraufhin nach Amerika zurück.

Am erinnerlichsten wird einem Hildegard Knef als Autorin und als Interpretin ihrer eigenen Texte bleiben. *Der geschenkte Gaul* war bei seinem Erscheinen ein Bestseller und Verkaufsschlager und ist tatsächlich ein Longseller geworden, der auch heute noch lieferbar ist. Für Autobiografien von Schauspielern ein eher seltener Befund. Und ihre Schlager sind Allgemeingut geworden, ob sie nun vom Venedig sang, das sie nicht brauche oder vom Tapetenwechsel, den wiederum die Birke brauchte. Viele ihrer Zeilen wie *Für mich soll's rote Rosen regnen* sind geflügelte Worte geworden.

Merkwürdigerweise ist einem Hildegard Knef nicht als Filmstar in Erinnerung geblieben. Sicher, man kennt dem Namen nach *Die Sünderin* (1951), weil der Skandal Teil ihrer immer wieder repetierten öffentlichen Biografie war – aber wer hat den Film wirklich gesehen? Man erinnert sich nach einigem Überlegen vielleicht noch an *Die Mörder sind unter uns* (1946), nach noch längerem Überlegen an *Schnee am Kilimandscharo* (1951) und *Jeder stirbt für sich allein* (1975) oder *Fedora* (1978) – aber dann? Man muss es sich eingestehen: Hildegard Knef ist ein Filmstar, ein Weltstar – aber einer ohne Filme. Schon zu ihrem siebzigsten Geburtstag notierte Dieter Bartetzko: «Man denkt lange nach, ehe einem nennenswerte Filme mit ihr einfallen.»

Es ist eine sehr deutsche Karriere, die sie gemacht hat. Sie war eine der apartesten Darstellerinnen des deutschen Films. «Das schönste Gesicht, das der deutsche Film damals gehabt hat», wie Fritz Göttler schreibt, aber man wusste damit nichts Rechtes anzufangen. Die Knef war auch eine Chiffre für die entbehrungsreiche deutsche Nachkriegszeit, gebeutelt, aber hoffnungsvoll, eher von herber Schönheit und so mager wie Gert Fröbe als Otto Normalverbraucher – der «Restbestand eines Weibes», wie Marcellus Schiffer es einmal in Bezug auf Margo Lion ausdrückte: «Sie kann sich nicht brüsten, sie hat keine Brust.» Doch die Knef ging nach Hollywood, um sich dort als Nazi beschimpfen zu lassen. Sie war die erste deutsche Schauspielerin nach dem Krieg, die sich in Amerika der deutschen, nationalsozialistischen Vergangenheit stellen musste. Alle ihre Nachfolgerinnen, ob sie nun Elke Sommer oder Romy Schneider hießen, hatten es danach einfacher. Aber dem Starsystem in Hollywood wollte sie sich nicht gänzlich ausliefern, auch nicht mit ihrer deutschen Zähigkeit. Sie empfand, anders als die eiserne Marlene Dietrich (die mittlerweile ein Monopol auf die preußisch-deutschen Kardinaltugenden Fleiß und Ausdauer hatte), die Filmwelt als zynisch. Nach ihrer Rückkehr nach Deutschland musste sie sich von ihren Landsleuten verschmähen lassen, als vermeintliche Verräterin an Deutschland und am deutschen Aufbau. Dem Skandalfilm *Die Sünderin* folgten keine nennenswerten weiteren Angebote. Dann war da noch dieser große Broadway-Erfolg in *Silk Stockings* von Cole Porter – doch die Filmrolle ging an Cyd Charisse.

Erstaunlich ist jedoch, dass sie immer wieder nach diesem Musical befragt wurde, ob in Zeitschrifteninterviews oder im Fernsehen. Es war so, als müsse man sich immer wieder neu des Erfolgs versichern, den eine Deutsche am Broadway, dem Hort uramerikanischer Unterhaltungskultur, haben konnte. Und Hildchen gab bereitwillig Auskunft, nicht zuletzt darüber, wie sie auch dieses Engagement nur unter großen Schmerzen und Zuhilfenahme von Medikamenten habe überstehen können – zuletzt kurz vor ihrem Tod bei Johannes B. Kerner.

Die Deutschen fragten sie auch immer wieder nach ihren internationalen guten Freunden, ob sie nun Jean Cocteau oder Henry Miller hießen. Denn durch diese Kontakte wurden die Deutschen stellvertretend entschuldet. Das ewige, lange nachwirkende «Wir sind wieder wer», hier fand es seine intellektuelle Entsprechung. Auch hierüber sprach sie gerne und es gab kaum eine Geburtstagsadresse, die nicht eine dieser Freundschaften erwähnte.

Doch gute Filmrollen bot man ihr nicht an – stattdessen das eine oder andere Filmchen, das heute noch in den Trash-Sparten der Programmkinos gezeigt wird: *Bestien lauern vor Caracas* (1967) oder *Als die Ufos unsere Salatköpfe klauten* (1980) waren die Titel dieser und ähnlicher Filme. Nachdem sie mit ihren Chansons Millionen verdient hatte, war sie offensichtlich durch diverse Operationen und Misswirtschaft («In finanziellen

Dingen bin ich ein Analphabet», sagte sie gegenüber der Bunten. «Vielleicht sollte ihr Mann ja auch einfach mal arbeiten», meinte Günther Pfitzmann.) 1988 so am Rande des finanziellen Ruins, dass sie in der amerikanisch-italienischen Koproduktion *Witchcraft – Das Böse lebt* eine tragende Rolle annahm. Es war ihre vorletzte Kinorolle. Im Vorspann des von Martin Newlin inszenierten Horrorquatschs liest sich das dann folgendermaßen: «Special Appearance – Hildegard Knef as *The Lady in Black*.» Neben Gastauftritten in Serien wie *Ein Schloss am Wörthersee* war sie 1999 noch einmal in der österreichischen Komödie *Eine fast perfekte Hochzeit* und in zwei Dokumentarfilmen über ihr Werden und Wirken zu sehen.

Witchcraft wurde nach nur kurzer Laufzeit in den Kinos und der Videoauswertung indiziert – offenbar hatte die Bundesprüfstelle Mitleid mit Hilde und wollte den Film der kollektiven Erinnerung entreißen. Zumindest bei Hilde selbst und bei Axel Andree, dem Herausgeber der Hommage *Hildegard-Knef-O-Töne* scheint das gelungen zu sein: Das Splatter-Movie wird in der Filmografie einfach verschwiegen. Umgekehrt erscheint jedoch auch die Ehre, die Knefs Ehemann Paul von Schell dem Horrorfilm in *Hilde – Meine Liebeserklärung an Hildegard Knef* zuteilwerden lässt, ein wenig übertrieben: «In dem Film *Witchcraft – Das Böse lebt* spiel Hilde eine schöne Hexe. In der Zwischenzeit hat dieses Werk Kultstatus erlangt.» Wie sagt der Volksmund: Die Schönheit liegt im Auge des Betrachters.

Witchcraft ist ein Film ohne Botschaft, ohne Sinn. Worum es geht? Um Hexenkult, um Linda Blair, die wieder mal vom Satan besessen ist (diesmal allerdings soll sie auch noch ein Kind von ihm empfangen), um eine Gruppe von Menschen, denen in einem einsamen Haus nach dem Prinzip von *Zehn kleine Negerlein* auf wirklich unappetitliche Weise der Garaus gemacht wird, um David Hasselhoff, der versucht, dem Treiben ein Ende zu machen, und dafür mit dem Leben bezahlen muss – und um Hildegard Knef, die Drahtzieherin des Ganzen. Wobei die Hintergründe ihres Handelns durchaus im Dunkeln bleiben. Mal lacht sie dämonisch, mal hantiert sie mit Voodoopuppen, und meistens wirkt sie so berauscht, als ob sie selber nicht recht wisse, was sie eigentlich in diesem Film so tut.

Dieses Nonplusultra für Freunde alter Frauen und natürlich für alle wahren Hilde-Knef-Fans ist auch in einer italienisch synchronisierten Fassung auf dem Markt (unter dem obskuren Titel *La Casa 4* – «e con la partecipazione straordinaria di Hildegard Knef ne ruolo della signora in nero»). Diese bietet gegenüber der deutsch synchronisierten Kinofassung einen besonderen Effekt: Als Hilde eine leere Wiege schaukelt, rezitiert sie wie unter Drogen, sodass man schon genau hinhören muss, den Text ihres Chansons *Die Herren dieser Welt* – doch diese Worte wurden nicht synchronisiert, sie spricht sie in ihrer Muttersprache. Das Böse spricht immer noch deutsch.

Anfang der 1990er kam sie wieder zurück nach Deutschland, arm und krank, die Boulevardpresse sah sie auf der Suche nach ihren verschwundenen Millionen und die Bild-Zeitung titelte: *Ach Hildchen, was ist aus Dir geworden?* Sie war längst ein geschichtliches Monument. Häufig war sie Gast in Talkshows, wo sie immer wieder zu denselben Themen befragt wurde, vorzugsweise, wie das denn damals so war am Broadway und in Hollywood. Denn inzwischen war klar geworden, dass sie tatsächlich der einzige deutsche Weltstar nach Marlene gewesen war (und immer noch ist). Egal ob Marianne Koch, Karin Dor oder Hanna Schygulla – internationale Karriere hatte keine von ihnen gemacht, trotz ihrer Ausflüge nach Hollywood. Marlene war irgendwann gestorben (und hatte vorher ja auch keine Auskunft mehr geben wollen). Hilde war, obschon präsent, gleichzeitig entrückt. Zwar waren immer mal wieder Filmprojekte mit ihrem Freund Johnny Depp im Gespräch, aber das meiste davon wurde milde belächelt. Zwar gab es eine neue CD, aber an eine neue Tournee glaubte niemand mehr. Langsam, ganz langsam war Hildegard Knef zu einem Mythos geworden, zu einer Figur, um die sich Geschichten ranken, die mehr sind als die Realität. Die öffentliche Biografie hatte irgendwann die persönliche überdeckt.

Nicht zuletzt die Schwulen hielten ihr, weil geschundene weibliche Stars für homosexuelle Männer nun einmal besonders viel Identifikationspotenzial bieten, bis zuletzt die Treue. Und das, obwohl sie sich keineswegs bei ihren homosexuellen Fans anbiederte, den von Transen dargebotenen Parodien meist mit kühler Zurückhaltung begegnete und das Programm ihrer vermeintlichen Zwillingsschwester Irmgard, eine Hommage des Kabarettisten Ulrich Michael Heissig, niemals besuchte. Aber Hildegard Knef hatte aus ihren Kontakten zu Schwulen nie einen Hehl gemacht, auch im muffigen Nachkriegsdeutschland nicht, als diese Haltung keineswegs Common Sense war; in ihrem Chanson *Heimwehblues* sang sie sogar «von dem Mann, der andere Männer mag». Noch bei ihrer Beerdigung wäre es fast zum Eklat gekommen, als ein Zwischenrufer in der Gedächtniskirche dem Regierenden Bürgermeister von Berlin, Klaus Wowereit, wegen seiner Homosexualität die Berechtigung zum Halten der Trauerrede absprechen wollte.

> «Dort, wo lebendiges Geschehen alles in sich aufnimmt und sozusagen restlos in sich selber aufgeht, dort, wo Geschehen Notwendigkeit als Freiheit bedeutet, da wird Geschehen Mythe.» (André Jolles)

Da Hildegard Knefs Leben in fast allen Einzelheiten vor uns liegt, ist sie in diesem Sinne tatsächlich ein Mythos, ein deutscher Mythos. Und wenn wir sie, ihr Leben, was immer von ihr geblieben ist, befragen, erhalten wir Antwort, Antwort auf ein Leben in Deutschland vom Dritten Reich bis zur Berliner Republik. Das ist mehr, als man von manchem Geschichtsbuch erwarten kann. Von daher sollten wir Hildegard Knef immer wieder befragen und uns an sie erinnern: als Mensch und Mythos. Ihre Filme werden darüber in Vergessenheit geraten.

«ANGST VOLLBRINGT DAS BEFÜRCHTETE!»

MARGOT KIDDER
IN: *THE LAST SIGN (2004)* & *THE CLOWN AT MIDNIGHT (1999)*

Miss Piggy war hin und weg, als Kermit in der Muppet Show «Superman»-Darsteller Christopher Reeve ankündigte: «Dieser Christopher Reeve mit dem Körper, dass einem die Luft wegbleibt?» In ihrer Garderobe dekoriert sie fix alle Wände mit Superman-Postern – das Foto von Kermit landet natürlich im Mülleimer: «Oh Chris, du wahnsinnig schönes, schrecklich schönes großes Stück Fleisch, du! Oh Christopher, oh du wunderbarer brutaler Kerl, du!» Sie wäre gern wie Lois im Film mit Superman durch New York geflogen: «Oh Christopher, weißt du noch, wie du im Film Lois Lane festgehalten hast? Ach, könntest du nicht meinen Körper benutzen?» Christopher

Reeve kann Miss Piggy aber nicht in die Lüfte heben, und die Liebesaffäre ist ganz schnell beendet, als er sagt: «Du musst ein paar Pfund zugenommen haben!»

Lois Lane (ohne zusätzliche Pfunde) wurde von der vielversprechenden Schauspielerin Margot Kidder verkörpert. Kidder hatte zu diesem Zeitpunkt bereits zwei Meilensteine des modernen Horrorkinos durch ihre Anwesenheit bereichert – *Die Schwestern des Bösen* (1973) von Brian de Palma und *Jessy – Treppe in den Tod* (1974) von Bob Clarke.

Ihre Rolle der Lois Lane in *Superman*, damals ein Blockbuster-Erfolg, geadelt durch alte Recken wie Maria Schell und Marlon Brando, schien die Tür in eine andere Karriere zu öffnen, zu mehr romantischem, weniger düsterem Repertoire. Zwar war sie in drei Superman-Fortsetzungen als Lois Lane dabei – doch dann kam *Amityville Horror*. Anders als Sissy Spacek oder Carrie Fisher, die mal einen Ausflug ins Horrorgenre machten, blieb Margot Kidder in ihrem Image als «Scream Queen» gefangen und wurde ein Opfer des Type-Casting. Eine gute Figur machte sie immer, aber die Filme wurden nicht besser. Klassiker wie die obengenannten Filme waren jedenfalls nicht mehr darunter. Dafür zwei wirklich schlechte Filme, *The Last Sign* und *The Clown at Midnight*.

In *The Last Sign* versucht eine von Andie MacDowell gespielte Ehefrau den Tod ihres Mannes zu verarbeiten. Im Gartenhaus auf dem Grundstück zieht ein attraktiver Franzose ein, in den sie sich verliebt; er versteht sich gut mit den Kindern – ein Glücksversprechen. Wären da nicht die vielen rätselhaften Zeichen – aus dem Reich der Toten? aus dem Reich der Phantasie? – die dieses Glücksversprechen torpedieren. Die gute Frau kann sie nicht deuten, bekommt aber Hilfe von Endora (Margot Kidder). Ein klingender, vielversprechender Name, die Hexe von Endor aus dem Alten Testament (1. Buch Samuel) war eine Totenbeschwörerin. Da hätte man viel draus machen und vor allem eine würdige Altersrolle für Margot Kidder schneidern können. Allein der Drehbuchautor interessiert sich überhaupt nicht für die durch diesen Namen geweckten biblischen Assoziationen und degradiert Margot Kidders Rolle zu einer Comicfigur, einer Art Gundel Gaukeley des Horrorkinos. «Achten Sie auf die Zeichen» ist denn auch der mit Abstand literarischste Satz, den das Drehbuch für sie vorgesehen hat.

Es nötigt durchaus Bewunderung ab, mit wie viel stoischem Gleichmut Andie MacDowell den einzigen ihr zu Verfügung stehenden Gesichtsausdruck zur Schau stellt. Irgendwann wird dann auch dem letzten Zuschauer klar, worum es geht. Ihr Mann hat sie misshandelt und möchte nun als Toter Vergebung erlangen, um seinen Frieden zu finden. Gesagt, getan. Die lebende Frau vergibt ihrem toten Mann, und dann ist der Film ganz schnell zu Ende. Sie folgt ihrem Geliebten zum Flughafen und sagt: «Die Kinder werden sich freuen, dich zu sehen!» Keine weitere Totenbeschwörung mehr von Endora, kein Anflug von Spannung. Entweder hatte der Drehbuchautor keine Lust mehr, die Handlung auszuerzählen, oder der Produktion war das Geld ausgegangen. Andie MacDowells Karriere ging danach ebenfalls zu Ende, die Angebote blieben aus. Da haben es deutsche Schauspielerinnen besser. All diese Darstellerinnen mit nur einen einzigen Gesichtsausdruck, wie Sabine Postel und Meret Becker, finden immer noch ein Auskommen im Tatort und können sich ihre Rente zusammenlangweilen.

Zwar ist auch *The Clown at Midnight* kein guter, geschweige denn spannender Film, aber doch wesentlich unterhaltsamer als der zuvor genannte. In einem alten Theater wurde vor Jahren eine Opernsängerin von ihrem Mann umgebracht. Der Mörder, natürlich im Bajazzo-Kostüm, stilecht, wie es sich für eine solche Paraphrase der klassischen Eifersuchts- und Mord-Oper *Der Bajazzo* von Ruggiero Leoncavallo gehört. Nun soll das Theater unter tatkräftiger Leitung von Ellen Gibby (Margot Kidder) und einer Gruppe junger Schauspieleleven wiedereröffnet werden. Das kann nicht gut gehen, und da es sich um einen klassischen Body-Count-Film handelt, wird nun einer nach dem anderen abgeschlachtet. Zwar nicht innovativ, aber doch angemessen blutig. Der Mörder im Clown-Kostüm ist übrigens niemand Geringeres als Christopher Plummer, und auch wenn alte Männer in schlechten Filmen nicht das Thema dieses Buches sind, darf doch die Quizfrage gestellt werden: Nennen Sie drei geglückte, großartige, glänzende Filme mit Christopher Plummer. Das wird knifflig ...

Bemerkenswert für ein superbilliges Slasher-Movie ist die Tatsache, dass immerhin ein Rest abgesunkenen Kulturgutes vermittelt wird. Die Zielgruppe des Films dürfte sich für die alte «Hüll Dich in Tand nur»-Geschichte von Leoncavallos Oper, auf die das Drehbuch anspielt, kaum interessiert haben, ebenso wenig wie dafür, wer in diesem besonderen Theater schon alles auf der Bühne gestanden hat. «Caruso hat hier gesungen, McCormack, Schaljapin, Melba.» Zwar kennen wir aus den *Scream*-Filmen das Spiel mit Insiderwissen, aber diese Form von «Literarizität» ist schon recht ungewöhnlich. Doch wirklich wild sind die sinnfreien Dialoge. Was sagt ein schwuler Jungschauspieler, unbeweglich festgezurrt auf einem Sessel, den Tod in Gestalt des Bajazzos vor sich? Richtig: «Wer sind Sie denn, und warum tun Sie das?» Nun, zum Schluss des Films erfährt der Zuschauer beides, aber es ist ohne Interesse. Margot Kidder wird schon nach einem Drittel des Films mit einer Axt im Kopf entsorgt. Sie spielt sich ohne großen mimischen Aufwand, aber professionell durch diesen Plot, ein «mittlerer Charakter», wie es bei Stefan Zweig so schön heißt. Vielleicht ist es diese Wohltemperiertheit, die ihr eine solch lange Karriere beschert hat. No sex, no drugs, no Rock'n'roll.

Margot Kidder wurde 1948 geboren. Wie für viele Schauspielerinnen dieser Generation (Katherine Ross *1940, Carrie Snodgress *1945) gab es für sie nach dem Ende von New Hollywood keine rechte Verwendung mehr. Doch im Gegensatz zu den genannten Kolleginnen drehte Margot Kidder auch nach ihrem Heyday regelmäßig Filme. Katharine Ross war zwar noch im groß budgetierten Bienenhorror *Der tödliche Schwarm* (1978), aber auch in der kurzlebigen *Dallas*-Fortsetzung *Die Colbys* zu sehen. Danach muss man ihre Leinwandauftritte suchen; *Donnie Darko* (2001) gelangte immerhin noch auf die große Leinwand und nicht direkt in die DVD-Auswertung. Carrie Snodgress hat nach ihren Erfolgen in den 1970er Jahren bis dato nur noch ein gutes Dutzend Filme gedreht. Allerdings: Eine derart furchterregende, von allen guten Geistern des guten Geschmacks verlassene Darstellung einer irren Auftragsmörderin, wie sie sie in *Murphys Gesetz* (1986) von J. Lee Thompson hinlegte, hat Margot Kidder leider nicht vorzuweisen. Nun werden Sie sich, lieber Leser, fragen, warum ich statt der beiden Filme mit Margot Kidder nicht *Murphys Gesetz* mit Carrie Snodgress in meinen Kanon schlechter Filme aufgenommen habe. Darum: *Murphys Gesetz* ist ein Film mit Charles Bronson. Ich liebe Filme mit Charles Bronson und Charles Bronson hat einfach nie schlechte Filme gedreht. Einen Platz in meinem Herzen, wenn auch nicht in diesem Buch bewahre ich Carrie Snodgress trotzdem.

«DIE ASSINIBOINS SAGEN: FRAUEN, DEREN REDE PLÄTSCHERT WIE DAS WASSER DER QUELLE, RAUBEN DEM MANN DIE RUHE.»

KARIN DOR
IN: *DIE ABHANDENE WELT (2015)*

Karin Dor war eine der schönsten Frauen des deutschen Films und zugleich eine seiner produktivsten Darstellerinnen. Ungezählt sind ihre Auftritte in den Edgar-Wallace-Filmen, den Karl-May-Filmen, auch die in den Niederungen des Kinos. Ihre internationale Karriere war kurz, aber immerhin gekrönt von Auftritten als Bond-Girl in *Man lebt nur zweimal* (1967) und in Alfred Hitchcocks leider weniger erfolgreichem Agententhriller *Topas.* (1969) Hitchcocks Motto bei der Besetzung weiblicher Rollen war eigentlich «Blondinen bevorzugt!» Auf die Frage nach der ungewöhnlichen Besetzung einer dunkelhaarigen Schönheit in einem seiner Filme antwortete er: «She's blonde inside!» Hoffentlich hat er das als Kompliment gemeint. Immerhin hat sie eine von Hitchcocks schönsten Todesszenen bekommen, die, wie schon François Truffaut feststellte, immer wie Liebesszenen angelegt waren.

Doch, Hand aufs Herz, mit Tränen der Wehmut erinnern wird sich der Filmliebende immer an ihre Ribanna, die große Liebe Winnetous in Winnetou 2. Aus friedenstaktischen Erwägungen heraus heiratet sie schließlich jedoch nicht den Apachenhäuptling, sondern einen Armeeangehörigen, dargestellt von Mario Girotti (Terence Hill). Auch keine schlechte Wahl.

Ihren letzten Filmauftritt absolvierte sie in *Die abhandene Welt* unter der Regie der großen langweiligen Dame des Deutschen Kinos, Margarethe von Trotta. Schwestern sind eines ihrer großen Themen (*Schwestern oder die Balance des Glücks* 1979; *Die bleierne Zeit* 1981), so auch hier.

Sophie (Katja Riemann) führt freie Trauungen durch und ist abends als Jazzsängerin unterwegs. Nun ja ... Katja Riemann in der Rolle einer Jazzsängerin ist eine Hypothese, an der der ganze Film krankt und die von Trotta leider an keiner Stelle plausibilisieren kann. Ihr Vater (Matthias Habich) schickt sie nach New York, weil er ein Bild der Opernsängerin Caterina Fabiani (Barbara Sukowa) gesehen hat, das ihn an seine verstorbene Frau erinnert. Sophie macht sich also auf den Weg nach New York, um Caterina aufzusuchen. Außer der Tatsache, dass es alle Beteiligten sicherlich prima fanden, die Gelder aus verschiedenen Filmförderungstöpfen für eine Reise nach und Außenaufnahmen in New York auf den Kopf zu hauen, ergibt sich daraus kein zündender dramaturgischer Effekt. Caterina Fabiani singt gerade die Norma an der Metropolitan Opera (Sukowa singt den Part nicht selbst, sondern wird von einer tapferen osteuropäischen Fachkraft synchronisiert), aber die Partie hätte sie auch am Stadttheater Coburg singen können.

Die Handlung schleppt sich dahin, die Konflikte sind nicht interessant, der Film ertrinkt in Klischees und es wird unendlich viel geredet. Ja, in der Welt der Reichen und Schönen, in der dieser Film vorgibt zu spielen, steht halt immer Rotwein in einem dieser neumodischen rundbauchigen Weingläser auf dem Tisch. Für kein Klischee ist sich die Regisseurin zu schade: Sophie darf in einem New Yorker Jazzclub auftreten und tatsächlich, da sitzt ein alter Schwarzer in der Ecke, nickt wohlwollend, als Sophie anhebt zu singen, und hebt den Daumen.

Irgendwann kommt dann auch Karin Dor als Rosa ins Spiel, die Schwester von Sophies Mutter, die, weil sie selbst keine Kinder bekommen konnte, die unehelich geborene Caterina aufgenommen hat, die von Sophies Mutter mit dem Bruder ihres Mannes gezeugt wurde. Der wird gespielt von Gunnar Möller, dem Andi, Lilo Pulvers Gspusi aus *Ich denke oft an Piroschka*.

Rosa ist auf Grund einer Demenzerkrankung in einem Pflegeheim untergebracht. Alles vom Feinsten dort, die Pflegerin spricht sogar ein amerikanisch gefärbtes Deutsch mit Rosa. Was will die Regisseurin erzählen? Dass auch die Heime in der Welt der Reichen und Schönen schön und heimelig sind? Es ist, als äße man zu viel süßen Brei – irgendwann wird einem schlecht von der Klebrigkeit der angerührten Klischees. Viel Zeit zur Charakterisierung ihrer Rolle lässt Margarethe von Trotta Karin Dor nicht, sie darf erwartbare Sätze aufsagen, z.B. «Eine Tochter? Das erfahre ich erst heute, dass ich eine Tochter habe?» Karin Dor spielt das würdevoll und immer noch wunderschön anzusehen, auch mit Sinn für Komik, die ja an Demenz erkrankte Menschen durchaus an den Tag legen können. Auf jeden Fall ist ihre Darstellung meilenweit entfernt vom erdenschweren Method-Acting Julianne Moores in *Still Alice* (2014), einem Alzheimer-Film, für den die Moore mit dem Oscar ausgezeichnet wurde.

Dafür möchte man Margarethe von Trotta dann doch umarmen, ebenso für die Szenen mit Gunnar Möller. Überhaupt möchte der Zuschauer die Regisseurin im Grunde liebhaben, weil sie Filme macht, die anders sind als das Gros der deutschen Filmproduktion, weil sie versucht, den bildungsbürgerlichen Kanon zu retten. Ja, die abhandene Welt ist ein Zitat aus Gustav Mahlers Rückert-Lied *Ich bin der Welt abhanden gekommen*, Caterine singt daraus a capella während des zweiten Besuchs bei Rosa im Heim. Aber es nützt dem Film nichts. Entweder der Zuschauer hat zu diesem Zeitpunkt schon lange abgeschaltet, oder er ist eingeschlafen, weil von Trotta eine Welt zeigt, die es nicht gibt, weil in ihr Katja Riemann Erfolg als Jazz-Sängerin haben könnte; leider hat von Trotta nicht den Mut von Rainer Werner Fassbinder, den größtmöglichen Realismus der Gefühle durch die allergrößte Künstlichkeit auszudrücken.

Margarethe von Trotta hat in München Germanistik und Romanistik studiert, Karl Valentin dürfte ihr also ein Begriff sein. Der hat gesagt: «Wenn man's kann, ist es keine Kunst, und wenn nicht erst recht nicht!»

Zwanzig Minuten vor Ende des Films sieht man Caterine am offenen Sarg Rosas sitzen. Rosa ist der Welt nun endgültig abhandengekommen. Karin Dor verstarb etwa zwei Jahre nach Fertigstellung des Films. Aus der großen Zeit des deutschen Unterhaltungskinos, nach 1945 war sie eine der letzten Aufrechten. Pierre Brice und Joachim Fuchsberger hatten sich bereits vor ihr aus dem «großen Theater des Lebens» (Heinz Schenk) verabschiedet, damit sind Karin Baal und Mario Adorf die letzten, die eines Tages das Licht löschen werden.

«MIR IST, ALS WÜRD ICH IN DEN SUMPF GEWORFEN»

MIT DEM HÄSSLICHEN LEBEN: DIE 1990ER UND 2000ER JAHRE

«MIT 54 SOLLTE MAN MÄDCHENHAFTE ALLÜREN ÜBERWUNDEN HABEN.»

LAUREN BACALL & BARBRA STREISAND IN: *LIEBE HAT ZWEI GESICHTER (1996)*

Liebe hat zwei Gesichter ist ein Remake der französischen Komödie *Le miroir à deux faces* von André Cayatte aus dem Jahr 1958. Wie schon *Yentl* (1983) und *Herr der Gezeiten* (1991) produzierte und inszenierte Barbra Streisand auch diesen Film selbst. Worum geht's? Der Mathematikprofessor Gregory Larkin ist einsam und versucht sein Glück bei Sex-Hotlines. Dort gerät er an Felicia, die ihn mit erotischer Stimme und den Verheißungen ihrer großen Möpse scharfmachen will. Im Gegenschnitt sieht man Felicia zuhause am Küchentisch, zwar mit einem Mopsgesicht, aber ohne erkennbare Möpse. Während sie telefoniert, wickelt sie nicht nur Männer, sondern auch einen Bindfaden um ihre Finger, sie spielt nämlich das sogenannte Hexenspiel (auch Abnehmspiel oder Abhebespiel), das sie sehr viel mehr zu interessieren scheint als die Belange ihrer Kunden. Lucy Avery Brooks als Felicia setzt schon zu Beginn des Films ein komödiantisches Glanzlicht und intoniert gleichzeitig das Thema: Auch ein hässliches Entlein kann voller Überraschungen stecken.

Hauptperson des Films ist natürlich Barbra Streisand als Literaturprofessorin Rose Morgan, und es gilt, sie mit Gregory Larkin (Jeff Bridges) zusammenzuführen. Das übernimmt Roses Schwester Claire, gespielt von Mimi Rogers. Claire heiratet gerade den Mann, der Rose verlassen hat (Pierce

Brosnan). Als Claires und Roses Mutter (Lauren Bacall) in einem Traum aus Blau zur Trauung erscheint, sagt Claire: «Du bist die Mutter der Braut, nicht der Eröffnungsvorhang», und droht ihr: Falls sie sich danebenbenimmt, dann verschicke sie ihre Geburtsurkunde als Weihnachtskarte.

Schwesterherz findet, dass Rose etwas mehr aus ihrem Äußeren machen und vor allem wieder einen Mann kennenlernen sollte. Also antwortet sie, selbstverständlich ohne das Wissen und das Einverständnis von Rose, auf eine von Gregory aufgegebene Kontaktanzeige. Der will sich die Dame genauer beschauen und besucht deshalb eine von Roses Vorlesungen. Darin geht es um literarische Darstellungen der Vereinigung zweier Seelen ohne Sex, denn «Sex war immer der todbringende Liebestrank». Rose und Greg machen sich bekannt und spielen sich vor, dass ihr gegenseitiges Interesse nichts mit Sex zu tun habe. Stattdessen unternehmen sie Spaziergänge, spielen Gesellschaftsspiele, veranstalten Schneeballschlachten und ... heiraten.

Als Rose endlich versucht, Greg körperlich zu verführen, kommt es zur komödiantisch ausgespielten Katastrophe. Jeff Bridges flieht die Berührungen und Küsse und muss danach erst einmal unter die Dusche. Anschließend geht er auf Europareise und Rose beschließt, ihr Leben und vor allem ihr Äußeres drastisch zu verändern. Sie geht aufs Laufband, ins Kosmetikstudio, zum Friseur und sieht nach diesem Rundumschlag aus wie eine billige Kopie von Sydne Rome. Als Jeff, zurück aus Europa, dieses Ergebnisses ansichtig wird, fährt er verständlicherweise vor Schreck zusammen, denn er findet eine «wildfremde Frau» in seiner Wohnung vor. In Anbetracht des vermeintlich schönen Schwans kommen einem die unfreundlichen Worte von Sheridan Morley in den Sinn:

> «Nur wenige Schauspielerinnen schaffen es, ihre Karriere als Aschenputtel zu beginnen, dann die Phase der Stiefmutter zur durchlaufen und mit 50 Jahren eine der hässlichen Schwestern zu sein, aber der Streisand ist es gelungen.»

Über die Reaktion ihres Mannes ist Rose nicht entzückt; wie viele Frauen in der Midlifekrise hat sie gerade ihren persönlichen Gitte-Moment: «Ich will alles, ich will alles und zwar sofort, eh der letzte Traum in mir zu Staub verdorrt.» Im Film hört sich das folgendermaßen an: «Ich glaube an Liebe und Wollust und Sex und Romantik. Ich will Leidenschaft spüren, Erregung, Schweiß und Wahnsinn.» Greg hingegen findet, die Beziehung habe doch so gut funktioniert, weil sie nie körperlich war. Mit den Worten: «Ich möchte nicht, dass du dich schlecht fühlst, weil ich nicht mehr in dich verliebt bin», trennt sich Rose von Greg. Der erleidet fast einen Nervenzusammenbruch, aber, den Gesetzen der romantischen Komödie folgend, finden die beiden wieder zusammen und tanzen zum Schlusssong *I finally found someone* auf der Straße.

Liebe hat zwei Gesichter ist nicht rundum missvergnüglich. Er ist allerdings für eine romantische Komödie mit zwei Stunden Laufzeit deutlich zu lang. Das eigentliche Problem des Films ist jedoch das dramaturgische Ungleichgewicht. Barbra Streisand ist natürlich anfangs keineswegs so unattraktiv, wie uns das Drehbuch von Richard LaGravanese weismachen will, und nach der Verwandlung keineswegs so attraktiv, wie sie gern wäre. Zudem ist die von Mimi Rogers gespielte Schwester wiederum nicht so hübsch, dass daraus ein spannender Konkurrenzkampf zwischen den Schwestern entstehen könnte. Diese Unstimmigkeiten werden dadurch verstärkt, dass auf den Plakaten und auch auf dem DVD-Cover des Films nicht das hässliche Entlein zu sehen ist, sondern die schöne Barbra nach ihrer Mutation zum Schwan. Rita Kempley schrieb dazu:

> «Eigentlich soll er eine spritzige Liebeskomödie sein, aber der Film ist zu einer öffentlichen Tragödie für die Streisand geworden, die immer noch nicht glauben will, dass sie nicht Michelle Pfeiffer ist. Mit 54 sollte man mädchenhafte Allüren überwunden haben, die Nase nicht so hoch tragen und Gott danken, dass man im Unterschied zu Cher noch wiederzuerkennen ist.»

Unglücklicherweise guckt Rose sich auch noch alte Filme auf Video an. Verbeugungen vor den Meisterwerken der Filmgeschichte sind einerseits zu begrüßen, andererseits wirken sich die gezeigten Beispiele in diesem Fall zu Ungunsten des Films aus: *Es geschah in einer Nacht* ist die lustigere Filmkomödie, die Liebesgeschichte in *Begegnung* geht mehr zu Herzen und *Lawrence von Arabien* hat die schönere Musik als *Liebe hat zwei Gesichter*.

Was den Film jedoch so unerträglich macht, ist die unendlich große, scheinbar durch nichts zu befriedigende Eitelkeit der Streisand. In der New York Times schrieb Janet Maslin:

> «Miss Streisand transportiert diese Unaufrichtigkeit leicht und amüsant durch die funkelnde erste Stunde des Films. Dann zerstört sie den guten Willen ihres Publikums mit einer Eitelkeit, die alle Grenzen sprengt. So betörend sie als hässliches Entlein auch sein kann, als hämischer Schwan ist sie einfach unerträglich. Roses kosmetischer Triumpf geht einem nur furchtbar auf die Nerven.»

Auch Desson Howe befand:

> «Der Lauf der Zeit ist kaum durch eine Unmenge geschickt arrangierter Aufnahmen von Roses Beinen, ihrem neuen Haarschnitt, der sinnlichen Lippen und blau verhangenen Augen aufzuhalten, die den Erfolg der körperlichen Runderneuerung dokumentieren sollen. Für Entspannung sorgt immerhin der komische Auftritt von Lauran Bacall als Hannah, Roses egozentrischer und materialistischer Mutter. Ihre welken Formen gleichen den allgegenwärtigen Narzissmus ein wenig aus.»

Ähnlich hergerichtet wie ihre äußere Hülle klingen seit Jahren auch Streisands Musikalben. Wenn man sie hintereinander hört, fühlt man sich wie nach dem übermäßigen Genuss von Softeis. Nach dem ersten Eis ist der Eindruck noch «tasty» und «soft», nach dem dritten Eis jedoch sündhaft süß und klebrig. Schon zwanzig Jahre früher, anlässlich der Premiere von *A Star is Born* (1976), hatte Rex Reed geschrieben: «Dass sich Streisand mit 34 Jahren verzweifelt abmüht, wie eine Jugendliche zu klingen, ist lächerlich und traurig und letzten Endes ärgerlich. Sie ruiniert ihr Image, ihr Talent und ihre Weiblichkeit, und ich kann nicht danebenstehen und applaudieren.»

Hätte Barbra Streisand sich doch ein Beispiel an Lauren Bacall genommen. Die führt vor, wie man in Würde altern kann, und hat zudem in *Liebe hat zwei Gesichter* ihren ganz persönlichen *Rosenkavalier*-Moment. Wie die Marschallin in der Strauß-Oper sinniert auch sie über die Vergänglichkeit:

> «Es ist schlimm, wenn du auf dein Leben zurückblickst und dir wird

> klar, dass du dich abgefunden hast. Hier drinnen fühle ich mich jung wie ein Kind, dass ich noch am Anfang stehe, es liegt alles noch vor mir – aber das stimmt nicht.»

Damit ist sie Gittes «Ich will alles» ohne Frage überlegen. Mit ihrem unbedingten Willen zu ewiger Jugend und ewiger Schönheit landet Barbra Streisand im Trash. Das ist traurig, weil ihre frühen Filme und Aufnahmen von Vitalität und Komödiantentum beseelt sind. Doch das ist sehr lange her und heute gilt der Satz von Joe Queenan: «Streisand embodies everything that is tacky and cheap and hopelessly corny and unsophisticated about Middle America.»

ERNIEDRIGUNG UND DIENSTBARMACHUNG DER FRAU

MADONNA
IN: *STÜRMISCHE LIEBE – SWEPT AWAY (2002)*

Mit Popstars im Film könnte man ein eigenes Kapitel füllen. Schon Opernstars bewiesen selten ein glückliches Händchen mit ihren Ausflügen ins Kino. Die Filme mit Lina Cavalieri, Geraldine Farrar oder Maria Jeritza sind weitgehend vergessen und werden nur noch selten auf Festivals gezeigt. Immerhin haben sie inzwischen Patina angesetzt und entschädigen die Zuschauer durch eine audiovisuelle Reise in die Vergangenheit.

Diese Kompensation haben neuere Machwerke leider nicht zu bieten. Die Filme mit Donna Summer (*Thank God it's Friday*, 1978), Olivia Newton-John (*Xanadu*, 1980) und Britney Spears (*Not a Girl – Crossroads*, 2002) sind allesamt nur mit sehr viel Alkohol zu ertragen. Abgesehen von Olivia Newton-John muss man den Damen allerdings zugutehalten, dass sie jeweils nur einen Versuch gestartet haben, im Kino zu reüssieren. Die Pop-Queen Madonna jedoch hat uns in regelmäßigen Abständen mit ihren Versuchen konfrontiert, auch im Film ein Star zu werden. Haltbare Früchte waren nicht darunter, dafür viel fauliges Fallobst. Ihr Beitrag zur James-Bond-Reihe als

Verity in *Stirb an einem andern Tag* (2002) ist ein echter Tiefpunkt, einschließlich des von ihr dargebotenen Titelsongs: Er ist der uninspirierteste der gesamten Bond-Serie. Nach Ausflügen in den Gangsterfilm (*Shanghai Surprise*, 1986) und das Musical (*Evita*, 1996) sollte *Stürmische Liebe* wohl der Versuch einer heiteren Sommerkomödie sein. Der ist jedoch misslungen; ihr damaliger Ehemann Guy Ritchie hat als Drehbuchautor und Regisseur eine in mehreren Beziehungen recht ungenießbare Melange abgeliefert.

Die Geschichte geht so: Reiche gelangweilte Ehefrau (Madonna) fährt mit Freunden ans Meer. Sie ist übellaunig (das kann Madonna mühelos spielen), beschimpft das Personal und erklärt nebenbei die Prinzipien des Kapitalismus: «Der Besitzer einer Ware kann jeden Preis festsetzen, den er oder sie für angemessen hält, unabhängig von Moral oder ethischen Fragen.» (An diesem Prinzip ist dann wohl auch ihr Kinderheim in Malawi gescheitert.) All das ist langweilig, nicht besonders lustig und bedient das klassische Klischee, dass Italiener die deutsche Grammatik nicht beherrschen und deshalb vorzugsweise im Imperativ sprechen – hüpfe, hüpfe! Madonna nennt den italienischen Fischer Peppe immer Pippi und ist sexuell frustriert. Auch das spielt sie überzeugend. Ein paar doppeldeutige Wortspielereien tun ein Übriges, um die erste halbe Stunde recht trostlos, hingegen gar nicht sommerlich und schon gar nicht lustig werden zu lassen.

Dann will Madonna unbedingt eine Fahrt im Schlauchboot machen, obwohl der Fischer wegen der tageszeitlich bedingten Strömungen abrät. Madonna bekommt ihren Willen, der Motor fällt aus, sie schießt die Leuchtrakete ins Schlauchboot, beide saufen ab und landen schließlich auf einer unbewohnten Insel.

Auf dieser Insel dreht Peppe (Adriano Giannini) den Spieß um und rächt sich an der schlecht gelaunten Madonna. Die stapft mit ihrer Designertasche durch die Brandung – auch das soll wohl sommerlich heiter sein. Was nun folgt, ist einer Widerspenstigen Zähmung. Madonna muss dem Mann die Hütte aufräumen, ihn mit Gebieter ansprechen und ihm die Wäsche waschen. In einer vollkommen unerwarteten Traumsequenz tanzt Madonna plötzlich zum Playback von Della Reeses *Come on-a my house*. Warum es gerade dieser Titel sein musste? Wahrscheinlich waren die Rechte günstig zu haben und vielleicht hatte Madonna keine Lust, selber zu singen. Als Peppe vor ihr blankzieht (und Madonna im Gegensatz zum Publikum sein bestes

Stück sehen kann), fragt er sie: «Hast du Angst?» Dann muss Madonna vor ihm niederknien und ihm die Füße küssen. Dann sagt Giannini: «Ich werde dich fertigmachen und dir zeigen, was ein richtiger Mann ist. Du musst dich in mich verlieben und am Ende bin ich dein Gott!» Dann haben sie Sex. Es ist zum Erbrechen. Im günstigsten Fall kann man annehmen, dass der Regisseur ein Remake von *Extremities* (1986) als Komödie im Sinn hatte. Andererseits kann es durchaus sein, dass Ritchie seine Frau einmal so richtig erniedrigen wollte. Unter uns Betschwestern: Wer möchte schon gern mit Madonna verheiratet sein, vegetarischen Wurstersatz essen und abends vorm Schlafengehen mit ihr in der Thora lesen?

Die Erniedrigung ist ihm jedenfalls prächtig gelungen, fast könnte man Mitleid mit ihr bekommen. Jedenfalls scheinen Zweifel angebracht, ob *Swept Away – Stürmische Liebe* wirklich eine Sommerkomödie ist oder nicht doch eher der Versuch, einen alten Horrorfilmtopos neu zu beleben, der es darauf anlegt, es alten weiblichen Stars noch einmal so richtig zu zeigen – egal, ob Lana Turner gezwungen wird, in *Verfolgung* (1974) wie eine Katze Milch aus einer Schale zu lecken, oder die alternde Olivia de Havilland von verwahrlosten Jugendlichen in einem Fahrstuhlkäfig terrorisiert wird. Weder *Lady in a Cage* (1964), noch *Verfolgung* oder *Swept Away* sind mehr als Fußnoten in den Annalen der Filmgeschichte und von der Kritikerzunft entsprechend wenig gewürdigt worden.

In *Swept Away – Stürmische Liebe* sprießt nach der Erniedrigung und Dienstbarmachung der Frau nun glühende Liebe auf heißem Sand, und Madonna hat offenbar die einzige Hose, die Peppe auf der Insel trägt, so lange gewaschen, bis sie nicht mehr blau ist, sondern weiß.

Das glückliche Paar wird gerettet und schwört sich ewige Liebe. Auf Grund einer vom Ehemann eingefädelten Intrige fliegt Madonna jedoch zum Schluss in einem Helikopter davon, unterlegt von Klängen von Arvo Pärt. Und Peppe weint.

So, wie Madonna wieder einmal daran scheitert, dass ihr die Anstrengung, eine große Schauspielerin zu sein, allzu deutlich anzumerken ist, so mag auch *Swept Away* durchaus der Anstrengung entsprungen sein, mehr zu sein als ein paar Rollen beschmutztes Zelluloid. Anders als bei den Klassikern des Camp klingt das Andere, auf das Bezug genommen wird, im Film jedoch auf keine Weise an, nicht einmal als Parodie seiner selbst. Camp entsteht aus dem Spannungsverhältnis zwischen dem Gewollten und dem Erreichten. Dass die achtzigjährige Mae West in *Sextette* (1978) so tut, als sei sie jung und sexy, ist vollkommen grotesk. Aber Mae West spielt die Sexbombe überzeugend – und weil sie nie Rollen über dreißig gespielt hat, ist ihr dabei eben auch keine Anstrengung anzumerken. Alle anderen an dem Film Beteiligten akzeptieren diese Voraussetzung. Deshalb ist Mae West in *Sextette* camp. Auch *Swept Away – Stürmische Liebe* baut dieses Spannungsverhältnis auf, ob bewusst oder unbewusst sei dahingestellt. Alle Beteiligten tun so, als könne Madonna die ihr abverlangten Emotionen spielen. Anders als Mae West scheint Madonna jedoch selbst nicht zu glauben, dass ihr das gelingt, und das macht ihre Darbietung so missvergnüglich. «She was never real or funny enough to get it», hat der Schriftsteller Bret Easton Ellis geschrieben. «Everything interesting about her seems, in retrospect, dreadfully earnest.»

«WENN ICH MICH SCHON BEIM LESEN DES DREHBUCHS LANGWEILE …»

CHARLOTTE RAMPLING
IN: *BASIC INSTINCT 2 – NEUES SPIEL FÜR CATHERINE TRAMELL (2006)*

Es gibt Rollen, die lassen einen Schauspieler nicht mehr los. Judy Garland wird immer die kleine Dorothy im Land über dem Regenbogen sein, Kevin Costner wird in der kollektiven Erinnerung für alle Zeit mit dem Wolf tanzen, und Sharon Stone ist und bleibt die Eispickelmörderin Catherine Tramell aus *Basic Instinct*. Dabei war sie beileibe nicht die erste Wahl für diese Rolle. Michael Douglas wollte Isabelle Adjani, die lehnte jedoch ab. Ebenso lehnten aus den verschiedensten Gründen ab: Lena Olin, Geena Davis, Melanie Griffith, Mariel Hemingway, Michelle Pfeiffer, Julia Roberts, Greta Scacchi, Emma Thompson, Debra Winger, Ellen Barkin, Kelly McGillis, Kelly Lynch und Kim Basinger. Laut Joe Eszterhas hatten alle Angst vor Nacktszenen. Die einzige Schauspielerin, welche die Rolle haben wollte und keine Angst vor Nacktszenen hatte, wurde vom Regisseur abgelehnt: Demi Moore. Sharon Stone, laut Eszterhas ein B-Movie-Starlet, bekam schließlich die Rolle, wie auch immer sie das angestellt haben mag. «Wenn sie es bis ins Zimmer schafft», so ihre Agentur CAA über Stone, «bekommt sie auch den Vertrag.»

Der riesige Erfolg des Films von Paul Verhoeven mit dem Drehbuch von Joe Eszterhas (der sein Drehbuch als «psychosexuellen Thriller mit erotischem Inhalt» bezeichnete) hatte Sharon Stone 1992 endgültig zur Sex-Ikone und zur erotischen Männerphantasie werden lassen – dank des «Millionen-Dollar-Muschihaar-Schnappschusses» (wie es der Playboy und Produzent Robert Evans ausdrückte). Der Film wurde für drei Goldene Himbeeren nominiert (Schlechtester Schauspieler: Michael Douglas; Schlechteste Neuentdeckung: Sharon Stone; Schlechteste Nebendarstellerin: Jeanne Tripplehorn), spielte aber trotzdem weltweit mehr als 400 Millionen Dollar ein, und so war es nur eine Frage der Zeit, bis eine Fortsetzung die Kinozuschauer erreichen würde. 2006 war es so weit. Doch weder Joe Eszterhas noch Paul Verhoeven hatten Lust auf eine Fortsetzung, und so landete der zweite Teil in den Händen von Leora Barish und Henry Bean. Regie führte Michael Caton-Jones.

Um es vorwegzunehmen, der Film ist nicht so schlecht, wie man hatte erwarten können. Er ist lediglich ein weiteres Beispiel jener Mittelmäßigkeit, jener völligen Abwesenheit von Geschmack und Stil, aber eben auch jeder Abwesenheit von gewollter Geschmack- oder Stillosigkeit, die das Kino der letzten Jahrzehnte so uninteressant machen.

Das Opening von *Basic Instinct 2* zumindest ist rasant. Schriftstellerin Catherine Tramell (Sharon Stone) fährt zusammen mit einem Schwarzen im Auto und lässt sich bei 180 Sachen von ihm befriedigen. Dabei stürzen sie ins Hafenbecken; der Schwarze ertrinkt. Der ermittelnde Polizeibeamte glaubt, das Unfallopfer sei vorher mit Drogen betäubt worden, und deshalb soll der Geisteszustand der Schriftstellerin Tramell von einem Psychologen überprüft werden. Daraus ergibt sich ein Katz- und Maus-Spiel zwischen der Autorin und dem Psychiater, das eine Reihe von Leichen und erotischen Verwicklungen hervorbringt. Die Fährten werden dabei nicht einmal ungeschickt gelegt, auch wenn sie aus dem Baukasten des Fernsehkrimis stammen. Außerdem hat sich der Drehbuchautor alle erdenkliche Mühe im

Erfinden von Doppeldeutigkeiten gegeben, ohne mit diesem sehr deutlichen «dirty-talk» irgendeinen erotischen Schauer auszulösen.

Doch der Teufel steckt im Detail. Angeblich spielt der Film in London, und ab und an ist auch eine Sehenswürdigkeit zu sehen. Trotzdem ist der Film völlig ortlos – er könnte auch in Timbuktu oder Tripolis spielen, das wäre egal. Ebenso wenig wie die topografischen Voraussetzungen spielt der Gegensatz zwischen der Autorin aus Amerika und dem Psychologen aus London irgendeine Rolle, obwohl dies dem Zuschauer mit Dialogfetzen über Nietzsche und den Dekonstruktivismus glaubhaft gemacht werden soll. Vielleicht liegt das auch nur am Unvermögen der Schauspieler. David Morrissey als Dr. Michael Glass wirkt nicht besonders erotisch und kann die verlangte Bandbreite sexueller Begierde über Raserei bis zur Resignation nicht einmal ansatzweise verkörpern. Meistens macht er einfach ein braves Pfannkuchengesicht. Sharon Stone hat sich vorgenommen, eiskalte Erotik hauptsächlich durch stoische Mimik zu erzeugen. (Es kann natürlich auch sein, dass sie durch die eine oder andere Operation gar nicht mehr so viel bewegen kann.) Das geht daneben, und wenn sie sich breitbeinig auf einen Stuhl setzt und der Zuschauer mit einer langen Kamerafahrt in Spannung versetzt wird, ob die Dame denn nun wohl ein Höschen trägt, erinnern sich selbst eingefleischte Junggesellen daran, wie unterhaltsam doch die «Vagina-Monologe» waren. Mit etwas gutem Willen könnte man das auch als Unterspielen bezeichnen, erotischer wird es dadurch allerdings nicht.

Doch die wahre Königin des Unterspielens, die One-Faced-Woman des internationalen Kinos, ist auch in diesem Film Charlotte Rampling. Für Rampling, berühmt geworden durch den weithin überschätzten Skandal-Film *Der Nachtportier* (1974) als KZ-Überlebende, die sich auf eine SM-Beziehung mit ihrem ehemaligen Peiniger einlässt, hat nach diversen Filmklassikern (u.a. 1969 *Die Verdammten* von Visconti) nun die Routine begonnen. Es gibt, nicht zuletzt in diesem Buch, viele Beispiele von Schauspielerinnen, die ihren Lebensabend mit kleinen und kleinsten Rollen fristen mussten. Egal, wie man diese Filme sonst einschätzt – die meisten Damen haben ihre Rollen gespielt oder es zumindest versucht. Charlotte Rampling macht einfach immer nur ein und dasselbe Gesicht. Dafür wird sie von einer ganzen Reihe von Kritikern mit Lob überhäuft. Es scheint an ihrem Blick zu liegen. *Charlotte Rampling – The Look* (2011) heißt denn auch der Dokumentarfilm über Werden und Wirken der Schauspielerin von Angelina Maccarone. Und an ihren Augen, die in der Wahrnehmung der Kollegen und Kritiker allerdings häufig mal die Farbe wechseln. Dirk Bogarde, ihr Partner aus *Der Nachtportier*, erinnert sich «an die glühenden smaragdenen Augen», die zu Stahl werden und dann sacht schwinden «zum weichsten, zärtlichsten, rehäugigsten Braun ...». Andreas Busche erkennt in Ramplings «eisgrauen, medusenhaften Augen» eine «abschätzige Erotik» und Ariane Heimbach befindet, dass «ein herablassender Blick aus ihren grünen Augen» genüge, «die Verhältnisse umzukehren».

Ich bin sicher, wenn man den Damen und Herren Kritikern Ausschnitte aus Filmen wie *Basic Instinct 2*, *Spy Game* (2001), *Immortal* (2004), *Street Dance 3D* (2010) und *Babylon A.D.* (2008) zeigen würde – keiner von ihnen würde irgendeinen Unterschied im Gesichtsausdruck bemerken, geschweige denn sagen können, welcher Ausschnitt welchem Film entstammt. Interessant ist dabei die eigene Selbsteinschätzung der Actrice. In dem Dokumentarfilm von Maccarone sagt Rampling, «Kino als reine Unterhaltungskultur» habe sie nicht interessiert. Im Interview mit der Frankfurter Allgemeinen Zeitung spinnt sie diesen Gedanken fort: «Filme, die auf Nummer Sicher gehen, reizen mich überhaupt nicht. Ich denke mir: Wenn ich mich schon beim Lesen des Drehbuchs langweile, dann muss sich das Publikum doch erst recht langweilen.»

So spielt sie auch in diesem Film alle Emotionen mit diesem einen, ewig schlecht gelaunten Gesichtsausdruck: Betrübnis und Besorgnis, Erstaunen und Erschrecken, und selbst, als sie sich auf eine Affäre mit Catherine Tramell einlässt und bedingungslose Begierde spielen soll, sieht sie aus wie eine schlecht gelaunte Hotelmanagerin, die ihre Gäste fragt, ob sie zum Frühstück lieber Kaffee oder Tee oder vielleicht gar nichts möchten.

Michael Althen fand in der Frankfurter Allgemeinen Zeitung für diesen Gesichtsausdruck eine schöne Umschreibung:

> «Sie bestach durch ihre Fähigkeit, sich der Kamera physisch wie psychisch völlig auszuliefern und doch die Kontrolle zu behalten. Ihr stählerner Blick über starken Wangenknochen und der strenge Zug um die kühn geschnittenen Lippen schienen den Betrachter auch im Zustand äußerster Nacktheit in Schach zu halten.»

In einem Interview mit der Süddeutschen Zeitung sagte Rampling über ihr Rollenverständnis: «Man gräbt tief in sich und sucht nach den Gefühlen, um sie zum Ausdruck bringen zu können.» Nun, wo auch immer sie für *Basic Instinct 2* gegraben hat, augenscheinlich hat sie nichts, aber auch überhaupt nichts gefunden.

«A BODY HAS A MIND OF IT'S OWN»

BETTE MIDLER
IN: *THE WOMEN – VON GROSSEN UND KLEINEN AFFÄREN (2008)*

Hollywood liebt es, erfolgreiche Stoffe immer wieder neu zu verfilmen. Kein anderes Film-Land hat in dieser Disziplin einen solchen Ehrgeiz entwickelt wie die Vereinigten Staaten von Amerika. Davon zu unterscheiden sind Remakes ausländischer Filme, weil Amerikaner keine synchronisierten Filme im Kino anschauen. Meist werden diese ziemlich zeitnah für den amerikanischen Markt neu verfilmt, wie *Freeze – Alptraum Nachtwache* (1997), das Remake von Ole Bornedahls *Nightwatch* (1994). Manchmal kommt es auch zu überflüssigen Remakes europäischer Klassiker wie *Außer Atem* (1960), 1983 neu verfilmt unter dem Titel *Atemlos*. Aber am allerliebsten recycelt Hollywood eigene Produktionen. Nur in seltenen Fällen ist das Remake besser oder bekannter, wie im Fall von Douglas Sirks *Solange es Menschen gibt* (1959), der auf dem Film von John M. Stahl aus dem Jahr 1934 beruht. Oder *A Star is Born* von 1954 mit Judy Garland und James Mason. Dieser Film von George Cukor beruhte auf dem Film gleichen Titels von 1934 mit Janet Gaynor und Frederic March. Das Re-Remake des Cukor-Klassikers mit Barbra Streisand und Kris Kristofferson unter der Regie von Frank Pierson (1976) wiederum war wirklich abscheulich. Village Voice fand dafür angemessen prägnante Worte: «A bore is starred.»

Von George Cukors *The Women* aus dem Jahr 1939 – das Drehbuch von Anita Loos und Jane Murfin entstand nach dem erfolgreichen Theaterstück von Claire Boothe Luce – gab es bereits 1956 eine Neufassung als Musical (*Das schwache Geschlecht*), recht unterhaltsam und mit Joan Collins, Agnes Moorehead, Joan Blondell und Ann Miller gut besetzt. Doch June Allyson als gebeutelte Ehefrau konnte der Klasse von Norma Shearer im Original nur den Charme einer Werbung für Küchenzeilen entgegensetzen. Leider spielten auch Männer im Musical mit, auf die das Original verzichtet hatte.

Beflügelt von TV-Serienerfolgen wie *Desperate Housewives* und *Sex in the City* und dem damit bedeutend gewachsenen Markt für freche Frauen ab 40 kam es 2008 dann zu einem echten Remake ohne Songs. Es ist auf besondere Weise missvergnüglich und verschwand ganz schnell aus den Kinos, um auf dem DVD-Markt ebenfalls wenig erfolgreich zweitausgewertet zu werden. Wie alle Hollywood-Remakes der letzten Jahre krankt es an dem Bemühen, die allgemeingültigen Momente älterer Filme fürsorglich zu modernisieren und der Lebenswelt eines neuen Publikums anzupassen. Ein Film, in dem nur Frauen auftreten und Männer nur als Spiegelung weiblicher Interessen und Befindlichkeiten vorkommen, war 1939 ein feministischer Film avant la lettre. 2008 musste dieser Moment unweigerlich ins Leere laufen. Doch das viel größere Problem: Die Schauspielerinnen im Original waren allesamt Teile eines damals noch funktionierenden Star-Systems. Jede einzelne Darstellerin brachte ihre Star-Persona in den Film ein, konnte diese im Kontext des Films lustvoll variieren – egal ob Rosalind Russell als «fast-talking» Screwball-Comedienne, Paulette Goddard als guter Kamerad, Joan Fontaine als sanftes Reh, Norma Shearer als Dame und Joan Crawford als Biest. Zwar gibt es im Remake *Die Frauen – Von großen und kleinen Affären* eine ganze Reihe von Gastauftritten verdienter und in Ehren ergrauter Altstars – Candice Bergen, Cloris Leachman und Carrie Fischer –, jedoch ist Annette Bening anstelle von Sylvia Fowler in der Rolle von Rosalind Russell in einer Typen-Komödie schon allein deshalb fehl am Platz, weil sie als moderne Schauspielerin über ein viel zu großes Rollenspektrum verfügt. Zudem fordert der Zeitgeist, dass sie nicht nur klatschsüchtig sein darf, sondern obendrein auch noch heimlich ihr Mutterherz für Kinder entdecken muss. Ein Rückschritt: Sylvia Fowler im Original hatte nichts weniger als den Wunsch nach Kindergeschrei. Sie handelte getreu der Maxime: Ich mag Kinder. Besonders wenn sie schreien. Dann nimmt sie immer ganz schnell jemand weg.

Und Meg Ryan als Mary Haines, der eigentliche Star des Films? Auf sie trifft die alte Weisheit zu: Manche Schauspielerin hinterlässt eine Lücke, die sie vollständig ersetzt. Doch was soll man erst zu Eva Mendes sagen? Gegen die erotische Klasse von Joan Crawford, die auch in *Die Frauen* eine Variante der über Leichen gehenden Aufsteigerin gibt, wirkt sie wie eine ausgetrocknete Legehenne auf dem Bio-Bauernhof.

So wurde denn die Geschichte von Mary Haines, die durch ihre schnatterhaften Freundinnen erfährt, dass ihr Mann sie betrügt, daraufhin die Trennung vollzieht und doch wieder zu ihrem Mann zurückkehrt, auf den vermeintlich neuesten Stand gebracht. Meg Ryan muss als Mary Haines eine ganze Modelinie erfinden, um zu zeigen, dass Frauen es heutzutage «drauf» haben. Man bemüht gleich eine ganze Lesbenbar, dabei hatte Marjorie Main als Lucy schon 1939 trotz Hays-Code und lange vor den Stonewall-Riots eine lebensnahe Lesbe dargestellt. Ständig ist davon die Rede, dass die Frau nicht mehr zum Objekt degradiert werden möchte, die Gags sind auf *Eis am Stiel*-Niveau (geschrieben und inszeniert von einer Frau, Diane English – kein Kommentar) und Geständnisse über alle möglichen Pseudo-Probleme prasseln unentwegt auf die Zuschauer hernieder. Dafür mussten die politischen Unkorrektheiten der Vorlage weichen. Und was damals aus zensurtechnischen Gründen an erotischen Details von den beiden Drehbuchautorinnen auf meisterhaft komische Weise verhüllt wurde, wird nun mit dem Holzhammer gemeistert: «Die Arbeit saugt ihn noch komplett aus!» - «Na, wenn sonst nichts an ihm saugt!» Am schlimmsten aber sind die transusigen Kalendersprüche, wie sie sich Margot Käßmann und Peter Hahne nicht schlimmer hätten ausdenken können: «Man sollte gut zu sich sein, dann werden Sie sehen, wie aufregend der kleine Unterschied ist.»

Die ebenfalls verkündete Weisheit, wahre Schönheit entstehe durch Natürlichkeit, hätte sich Bette Midler zu Herzen nehmen sollen, die einen kurzen Auftritt im Selbstfindungslager absolviert. Diese brillante Komikerin (in Bühnenshows wie *Divine Madness* und in Filmen wie *Die unglaubliche Entführung der Mrs Stone,* 1986), großartige Sängerin (*Wind beneath my wings)* und hervorragende dramatische Schauspielerin (*The Rose,* 1979) bekommt mittlerweile wie eine ganze Reihe anderer Hollywood-Schauspielerinnen ihrer Generation (Goldie Hawn und Glenn Close sind weitere Beispiele) auf Grund ihres Alters keine großen Rollen mehr angeboten. Sie wird offenbar nur noch – wie in *The Women* – wegen ihres guten Namens besetzt, um ältere Zuschauer ins Kino zu locken. Ob Bette Midler wirklich geglaubt hat, dass Schönheitsoperationen Abhilfe schaffen können? «After 30, a body has a mind of it's own», hat sie in einem ihrer Bühnenprogramme gesagt. Sie hat der Meinung ihres Körpers deutlich widersprochen: Das Gesicht ist inzwischen so zerschnitten und operiert – es ist geradezu erstaunlich, dass die Linse für die Großaufnahme nicht zersprungen ist. Sie sieht aus wie ein Zombie und muss ihre Jokes ohne jede Mimik abliefern – weil sich in ihrem Gesicht nichts mehr bewegt. Sie reiht sich damit ein in die Phalanx von mehr oder weniger gut operierten Altstars: Cher sieht seit Jahrzehnten aus wie vor Jahrzehnten, die Operation scheint also gelungen. Shirley MacLaine hingegen sieht inzwischen so aus, wie man sich Hofmannsthals Klytämnestra vorstellt:

> «Seh ich wie eine Kranke? Kann man denn vergehend leben, wie ein faules Aas? Kann man verfallen, wenn man gar nicht krank ist, verfallen wachen Sinnes, wie ein Kleid zerfressen von den Motten?»

Aber vielleicht ist bei ihrem Tanz ins Licht, auf einem ihrer spirituellen Wege zu sich selbst, der Zustand der äußeren Hülle wirklich egal geworden. Doch angesichts der frugalen Fratze Bette Midlers, auf der nur ein Einheitslächeln von früheren Erfolgen als Komödiantin kündet, sehnt man sich zurück in jene Zeiten, als selbst Filmstars unter Schmerzen, aber in Würde alterten. In einem Interview mit der Süddeutschen Zeitung sagte Marianne Koch:

> «Ich hatte mal ein Erlebnis mit der nicht mehr jungen deutschen Schauspielerin Lil Dagover, einer äußerst reizvollen Frau. Damals war Schönheitschirurgie noch nicht so en vogue, und deshalb schlief sie mit einem Kinnband, damit diese Partie ausgeprägt blieb. Außerdem versuchte sie, nicht so viel zu lachen, um Falten zu vermeiden. Sie hatte tatsächlich keine Falte im Gesicht: aber um welchen Preis!»

Der Weisheit letzter Schluss? Ähnlich unnötig, wie *Die Frauen* auf *Sex in the City* zu bürsten, wäre es, *Batman* nur mit Frauen zu verfilmen. Obwohl die Fratze des Jokers eine adäquate Altersrolle für Bette Midler wäre.

«... DARF ALS OMA EINEN LEBENSKLUGEN SATZ ABSONDERN»

JUDY DENCH
IN: *NINE (2009)*

Ende der 1950er Jahre war das klassische Hollywood-Filmmusical mit einigen der schönsten Filme der Welt Geschichte. Die 1960er Jahre schickten noch ein paar Abgesänge hinterher. Beispielsweise die opulente, aber schwerfällige *My-Fair-Lady*-Verfilmung aus dem Jahr 1964 von George Cukor, «mit der zügellosen Verwendung leinwandgroßer Nahaufnahmen in den ungünstigsten Momenten» (Lee Edward Stern). Mit *Meine Lieder, meine Träume (The Sound of Music*, 1965) bündelte Hollywood ein letztes Mal seine Kräfte und brachte alle Erfahrungen zur vollen Blüte eines Indian Summer. Dann war Schluss. Nach dem Erfolg von *Meine Lieder, meine Träume* versuchten sich die Studios noch eine Weile an überlangen Musical-Epen. Manchmal waren die ganz unterhaltsam wie *Modern Millie – Reicher Mann gesucht* (1967), manchmal ermüdend langweilig wie *Hello, Dolly* (1969) von Gene Kelly. *Star* (1968) mit Julie Andrews, *Dr. Doolittle* (1967) mit Rex Harrison und *Westwärts zieht der Wind* (1969, mit Jean Seberg, Lee Marvin und Clint Eastwood) wollten nur wenige Zuschauer sehen. Nur Bob Fosse landete mit *Cabaret* (1971) noch einen Treffer. Sicher, es gab noch *Hair* (1979) und *Anatevka* (1972) – aber mit Mitteln des Musicals politische Botschaften zu vermitteln, scheint nur ein bedingt erfolgreiches Konzept zu sein. Die Verfilmung von *Hair* kam zudem ein Jahrzehnt zu spät, «um noch besonders aufrütteln zu können» (Stern), und bei aller Bewunderung für den schwungvollen *Anatevka*-Score von Jerry Bock, die Filmversion bleibt mit ihrem Hang zu Originalschauplätzen Geschmackssache. Im *Zigeunerbaron* will schließlich auch niemand echte Schweine und Ziehbrunnen sehen.

Die Disco-Ära brachte uns *Grease* (1978) und *Saturday Night Fever* (1977), aber es gab eben auch *Thank God it's Friday* (1978) mit Donna Summer.

Hatte Lee Edward Stern noch 1974 geschrieben, das Filmmusical sei krank, so muss heute leider konstatiert werden: Es ist heute – von einigen Zuckungen abgesehen – ziemlich tot. Und das, obschon jeder einigermaßen gute Film mit Musik als Wiedergeburt des Genres gefeiert wird, ob er nun

Dream Girls (2006, mit Beyoncé Knowles und Jennifer Hudson) oder *Burlesque* (2010, mit Christina Aguilera und Cher) heißt. Den größten Erfolg hatte in den letzten Jahren *Chicago* (2002), der mit einem wahren Oscar-Segen belohnt wurde. Die Regie lag in den Händen des Tänzers und Choreografen Rob Marshall, der dem Film tatsächlich einen erstaunlichen Schwung verliehen hat. Nach diesem Film, über dessen Schwächen hinweggesehen wurde, galt Rob Marshall als Retter und Erneuerer des Film-Musicals. Das Ergebnis dieser Begeisterung war *Nine*.

Nine war ein kleines, leidlich erfolgreiches Broadway-Musical von Arthur Kopit (Buch) und Maury Yeston (Music und Lyrics). Es basiert auf Federico Fellinis Film *8 1/2* und brachte es zu zahlreichen Aufführungen am Broadway und in London. Warum sich dieses Musical für eine Verfilmung empfahl? Nun, es hat sehr viele Frauenrollen und bot somit die Möglichkeit, alles, was zur damaligen Zeit in Hollywood Rang und Namen hatte, zu versammeln, getreu dem Motto von Miss Piggy: «Es gibt Leute, die sagen, weniger sei mehr. Das stimmt nicht. Mehr ist Mehr!»

Worum geht es? Im Rom des Jahres 1965 bereitet der berühmte italienische Regisseur Contini seinen neuen Film *Italia* vor. Er befindet sich gerade in einer Schaffenskrise und es gibt kein Drehbuch. Daniel Day Lewis in der Rolle Continis gibt wirklich alles, ist aber als Italiener nicht so ganz überzeugend. In einer Art Bilderbogen beglücken ihn nun alle Frauen seines Lebens mit einem kurzen Auftritt und einem Lied. Der erstaunlichste Auftritt gehört Sophia Loren als Mutter Continis, die trotz diverser Schönheitsoperationen, die auch ein gnädig eingesetzter Weichzeichner nicht verbergen kann, immer noch aussieht wie Sophia Loren. Sie sorgt zudem für den einzigen authentischen Auftritt des Films, weil sie als Monument der Filmgeschichte zumindest die Erinnerung an italienische Filme wachruft.

Wie das in einem Bilderbogen so ist, es gibt ein paar brillante Bilder: (Fergie mit dem besten Song des Films, *Be Italian*), ein paar gute (Penelope Cruz als Geliebte wie immer ein kleiner Wirbelwind), ein paar ordentliche (Marion Cotillard als Ehefrau des Regisseurs wie stets etwas heulsusig), ein paar egale (Nicole Kidman als Claudia Jensen kann immerhin sehr gut opulente Kostüme tragen) und ein paar wirklich schlechte. Zu denen kommen wir später. Das eigentliche Problem des Films ist jedoch nicht das kindische

Vergnügen daran, die Stars in immer neuen Settings und Kostümen vorzuführen, sondern das völlige Fehlen eines emotionalen Zentrums. Nach spätestens dreißig Minuten senkt sich bleierne Langeweile über die Zuschauer, weil es dem Regisseur nicht gelingt, Interesse an irgendeiner Figur zu wecken. Besonders die Schaffenskrise Continis ist dem Zuschauer vollkommen schnurz. Das Drehbuch stammt übrigens von Michael Tolkin und Anthony Minghella. Letzter ist wahrscheinlich für die philosophisch gemeinten Sentenzen verantwortlich: «Die Vorstellung ist der Garten Gottes. Lassen Sie den Teufel nicht darin spielen.» Und obwohl die Kameraarbeit mit vielen schönen Einstellungen aufwartet, die Kostümbildner ganze Arbeit geleistet haben und der Regisseur ein paar gute Einfälle sehr gut geklaut hat (etwa das Stuhl-Ballett bei *Be Italian*, in dem unschwer Fosses Choreographie von *Bye bye mein lieber Herr* aus *Cabaret* als Vorbild zu erkennen ist) – ein Gefühl für die Bildwelt Fellinis will sich partout nicht einstellen. Die Rom-Bilder bleiben genauso beliebig wie das Innenleben Continis. Wenn Rob Marshall sich wenigstens für irgendeine Stilistik entschieden hätte – stattdessen versucht er, einem zeitgenössischen Publikum europäisches Kunstkino mit den Mitteln von MTV nahezubringen.

Noch dreister ist allerdings der Versuch, Judy Dench dem Zuschauer als Französin zu verkaufen. Für die Rolle der Kostümbildnerin und Vertrauten von Guido Contini hatte Marion Cotillard vorgesprochen. Dann aber bekam Dame Judy – «a national treasure» (Guardian) – die große *Folies-Bergéres*-Nummer. Im Interview, das der DVD-Veröffentlichung als Bonus-Material beigegeben ist, erfährt man, dass sie mehrere Wochen singen geübt hat. Das hört man. Sie hat zudem tapfer an einem französischen Akzent gearbeitet, trotzdem ist sie so französisch wie Norma Shearer als Marie Antoinette. Sie wirkt inmitten all dieser *Folies-Bergéres*-Federn wie eine abgetakelte Varieté-Künstlerin in einem englischen Küstenbad. Das wäre ja nicht einmal ein Problem – wenn Judy Dench und ihr Regisseur denn irgendetwas über die Figur zu erzählen wüssten. Maggie Smith an ihrer Stelle hätte immerhin mit den Augen gerollt, ihre Oberlippe gekräuselt und aus der Rolle ein komisches Kabinettstück gemacht.

Judy Denchs Filmkarriere kam erst spät mit ihrer Darstellung von M in Gang, der Vorgesetzten von James Bond seit *Goldeneye* (1995) nach dem Wechsel von Roger Moore zu Pierce Brosnan. Für *Shakespeare in Love*

(1998) bekam sie einen Oscar als beste Nebendarstellerin, und spätestens seitdem ist sie immer wieder in britischen oder amerikanischen Produktionen zu sehen und «darf dann als Oma einen lebensklugen Satz absondern» (Isabella Rossellini). Zwar ist es richtig, wenn Rossellini sagt, dass «es keine Geschichten über diese Frauen» gebe. Doch Judy Dench ist mittlerweile nicht nur «a national treasure» geworden, sondern auch ein Denkmal ihrer selbst, und dahinter verschwindet ohnehin jedwede Geschichte. Wie bei Anthony Hopkins oder Armin Müller-Stahl sind ihr ihre Manierismen zu einem zweiten Gesicht geworden. Die Kunst des Regisseurs bestünde nun darin, die Kamera immer dann auf das Gesicht zu halten, wenn unter dieser Maske ein natürlicher Gesichtsausdruck auftaucht. Dazu ist Rob Marshall allerdings nicht in der Lage, und so ist aus *Nine* kein Film über Schein und Sein geworden, nicht einmal ein Film über Menschen, die den falschen Schein für die Wirklichkeit nehmen und daran scheitern, sondern nur ein weiterer Sargnagel der Geschichte des Filmmusicals.

AUF ENERVIERENDE WEISE DAUERHYSTERISCH

MERYL STREEP
IN: *MAMMA MIA (2009)*

Vom Niedergang des Filmmusicals war bereits die Rede. Schon auf der Bühne war *Mamma Mia* weniger ein Musical als ein Potpourri vieler Hits der schwedischen Popband ABBA, das mit einem losen Handlungsrahmen zusammengehalten wurde. Der geht so: Tochter eines alleinerziehenden und alt gewordenen Blumenmädchens möchte heiraten. Im Tagebuch ihrer Mutter findet sie die Namen dreier möglicher Väter. Die lädt sie alle auf die griechische Insel ein, auf der sie mit ihrer Mutter lebt. Die Mutter hinwiederum lädt zwei ihrer Freundinnen ein, mit denen sie früher mal aufgetreten ist – natürlich mit ABBA-Songs. Zum Schluss gibt es unter vielen glücklichen sogar ein schwules Paar. Im Film wird Letzteres von Colin Firth angeführt, der auf Behinderungen jedweder Art abonniert zu sein scheint.

Schwule kann er inzwischen richtig gut, neuerdings auch noch den Balbus (in *The King's Speech*, 2010). Auf diese Weise bekommt man als Schauspieler dann irgendwann den Oscar.

Schon auf der Bühne weckten diese Liebeshändel nicht besonders viel Interesse, aber der kultige ABBA-Sound trug über alle Untiefen hinweg. Nun kann man auch aus Nichts viel machen und viele der klassischen Filmmusicals taten genau dies, indem sie Handlung und Musik in Farben und Bewegung auflösten.

Phyllida Lloyd, die Regisseurin von *Mamma Mia*, tut hingegen genau das nicht. Sie bebildert die Handlung, und das trägt neben vielen andern Fehlern dazu bei, den Film zu einem der drögesten Machwerke der letzten hundert Jahre verkommen zu lassen. *Mamma Mia* ist deshalb besonders schlimm, weil die Frauen hierin entweder dumme kleine Brötchen sind wie Amanda Seyfried als heiratsfähige Tochter, oder aber auf enervierende Art und Weise dauerhysterisch wie Meryl Streep (Donna) und ihre beiden Freundinnen Julie Walters (Sophie) und Christine Baranski (Tanya).

Und sonst? Zu *Honey, Honey* läuft eine Gruppe von Menschen durch den Wald. Unkoordiniertes und unmotiviertes Laufen ist überhaupt ein zentrales, ach, was sage ich, *das* zentrale Moment der Choreografien von Anthony von Laast. Das Schwimmflossenballett ist wirklich mies, die Kostüme sehen aus, als wären sie von Tine Wittler beim Aufräumen in einem RTL-Fundus entdeckt worden. Selbst zum Schluss, Meryl Streep knödelt *The winner takes it all* in einem billig aussehenden Kleid und einem langen Schal, fällt der Regisseurin und dem Choreografen nichts Besseres ein – sie lassen sie eine Treppe hochlaufen. Zum Finale hüpfen dann alle Darsteller im Regen. Meryl Streep vollführt die meiste Zeit des Films spastische Bewegungsballette, die wohl Lebensfreude und Frohsinn ausdrücken sollen. Zu *Dancing Queen* hüpft sie mit geradezu professioneller Unerschrockenheit wie eine Idiotin auf dem Bett. Im Kontext mit den andern Filmen, die Meryl Streep in den letzten Jahren gemacht hat, drängt sich dadurch der Verdacht auf, dass sie sich bewusst RegisseurInnen aussucht, die ihr nicht groß dreinreden. Angesichts ihrer Darstellungen in *Der Teufel trägt Prada* (2006), *Glaubensfrage* (2009) und *Mamma Mia* fällt einem durchaus die schöne englische Redewendung «to be a ham» ein. Im Deutschen würde man das wohl am ehesten mit chargieren übersetzen.

Die Dialoge sind auf dem Niveau von lustigen Gags, wie «einige Teile von ihr sind gleich alt», und wärmen alte Vorurteile über Frauen und Technik auf: «Er sorgt dafür, dass wir inline sind.» Praktische Dinge wie Boot fahren können die Frauen gleich gar nicht. Hinzu kommt das unselige Verlangen der Regisseurin, Songtexte und Dialogzeilen zu bebildern. Auf die Frage «Besorgt es dir irgendeiner» muss die Fragende natürlich mit einer Bohrmaschine spielen; wenn Stellan Skarsgard von Flower Power singt, macht er das Peace-Zeichen. Phyllida Lloyd muss ihre Zuschauer wirklich für ganz schön dumm halten.

Drei Hauptrollen für Frauen, die reifer sind als im Musicalgeschäft üblich – das war in der Bühnenshow eine gute Idee. Im Film verkommt das zu einer Freakshow, weil die Klischees – Nymphomanin oder Blaustrumpf – so vergröbert werden, dass die *Schulmädchen-Report*-Filme wie Meisterleistungen des feministischen Films erscheinen. Sicher, die meisten Fehler des Stücks sind schon in der Bühnenshow vorhanden, aber diese noch zu vergrößern, anstatt sie in Bewegung, Farbe und Tanz aufzulösen, in irgendeine Form von Fabulousness – wie John M. Clum es nennen würde –, ist wahrlich eine Meisterleistung. Von «Fabulousness» ist *Mamma Mia* genauso weit entfernt wie die Maas von der Memel.

AM OBEREN ENDE DER FIEBERKURVE

BARBARA HERSHEY
IN: *BLACK SWAN (2010)*

Black Swan war beim Publikum und bei der Presse ein großer Erfolg. Allerdings scheinen hier die Relationen völlig aus dem Lot geraten zu sein. Recht betrachtet ist der Film nicht mehr als ein billiger kleiner Schocker im Stil der späten 1970er und frühen 1980er Jahre. Selbst damals hätte kein Hahn danach gekräht, und für einen Oscar wäre solch ein Film niemals in die engere Auswahl gekommen. *Black Swan* erntete fünf Oscar-Nominierungen: Bester Film, beste Regie, beste Kamera, bester Schnitt und beste Hauptdarstellerin.

Natalie Portman durfte in der letzten Kategorie die Trophäe mit nach Hause nehmen.

Ein Grund dafür ist offensichtlich: *Black Swan* spielt in der Welt des Balletts und wartet mit schön fotografierten und choreographierten Tänzen auf, das macht den Film auch für ein bürgerliches Publikum kompatibel, welches keine ausgeprägte Leidenschaft für Horrorfilme hegt.

Thomas, der französische Ballettmeister der Metropolitan Opera (Vincent Cassel), muss die angeschlagene Compagnie mit einem Coup de theatre retten, weil die alte Primadonna Beth (Wynona Ryder) kein Publikum mehr zieht. Er wählt dafür *Schwanensee* von Tschaikowsky. Seine Inszenierungs-Idee ist so einfach wie genial – er will, dass sowohl der weiße als auch der schwarze Schwan von derselben Tänzerin verkörpert werden, und zwar von der jungen Nina (Natalie Portman). Allerdings ist Thomas nicht bewusst, dass Nina sich bei den Proben «ganz hingibt». Symbol der wahren Hingabe ist für Nina die kleine Figurine auf einer Spieluhr in ihrem Kinderzimmer, die sich unermüdlich dreht. Aber das ist es nicht, was Thomas will: «All die Disziplin», fragt er Nina, «wofür? Perfektion ist nicht eine Frage der Kontrolle. Es ist genauso wichtig, sich fallen zu lassen. Überrasch dich selbst, überrasch dein Publikum.»

Das Verhältnis von Lehrer und Schüler wird ein wenig angespannt: Nina beißt ihren Ballettlehrer, anstatt ihn zu küssen, und die merkwürdigen Zwischenfälle häufen sich: Bewegen sich tatsächlich die Augen der Zeichnungen im Zimmer von Ninas Mutter? Woher kommen die merkwürdigen Kratzspuren auf Ninas Rücken? Sieht sie wirklich in der dunklen U-Bahn-Station ihren Doppelgänger, oder ist das nur eine Sinnestäuschung?

Natalie Portman erträgt alle Geistererscheinungen stoisch und gibt uns über weite Strecken das Rehkitz mit verzweifeltem Gesichtsausdruck. Meist ist der einigermaßen angespannt und nur in Momenten ganz großer Verzweiflung guckt sie wie Bambi, dem gerade die Mutter erschossen wurde. Wynona Ryder als abservierte Primaballerina verfügt über differenziertere Darstellungstechniken. Sie ist grotesk geschminkt, meist betrunken und darf pöbeln: «Was hast du getan», fragt sie Nina, «um die Rolle zu kriegen? Er hat immer gesagt, du seist so ein frigides kleines Ding!» Schließlich läuft sie vor ein Auto und bleibt mit gebrochenen Beinen im Krankenhaus liegen. In der überzeichneten Darstellung von geistigen Grenzgängern hat

Wynona Ryder mit *Durchgeknallt* (1999) ausreichend Erfahrung gesammelt und sie setzt auch hier ein wahrhaft komödiantisches Glanzlicht. Die wirklich campen Höhepunkte des Films liefert jedoch Barbara Hershey in der Rolle der «overprotective mother». Hersheys Karriere begann 1968 im letzten Doris-Day-Film, *Der Mann in Mamis Bett*, als Filmtochter von Brian Keith. Berühmt wurde sie durch die Darstellung des promiskuitiven Teenagers in *Last Summer* (1969). 1973 nannte sie sich vorübergehend Barbara Seagull, weil sie versehentlich eine Möwe getötet hatte. Woody Allen entriss sie 1986 für *Hannah und ihre Schwestern* (da hieß sie wieder Hershey) der Vergessenheit und 2010 war sie alt genug, um im Horrorfilm zu reüssieren. Hershey – mit ins Groteske übersteigerter Mimik – schreit und schlägt, umhegt und umgarnt, und das alles am oberen Ende der Fieberkurve, dass es nur so eine Freude ist. In den besten Szenen des Films gelingt es ihr sogar, Natalie Portman ein wenig mitzureißen. Wenn Mutter winselnd auf dem Boden liegt und die langsam in den Wahnsinn abdriftende Tochter kujoniert, erwidert die: «Ich bin die Schwanenkönigin, du warst immer nur eine unter vielen!» Aber für völlig selbstvergessenen Volldampf fehlt es Portman dann doch an schauspielerischer Leidenschaft. Dadurch bleibt es ein Kampf mit ungleichen Mitteln und selbstverständlich geht Barbara Hershey siegreich daraus hervor.

Einige Aspekte der Handlung weisen eine überraschende Ähnlichkeit mit dem Spielfilm *Am Wendepunkt* von Herbert Ross aus dem Jahr 1977 auf. Der erzählt die Geschichte zweier Freundinnen und spielt ebenfalls im Ballett-Milieu. Die eine, Emma Jacklin (Anne Bancroft), ist ein alt gewordener Ballettstar, deren Stern im Sinkflug begriffen ist, die andere, deren Jugendfreundin Deedee Rodgers (Shirley MacLaine) hat ihre Ballettkarriere für ihre Familie aufgegeben und neidet ihrer Freundin die Karriere. Nun drängt es Deedees Tochter Emilia (Leslie Browne) ebenfalls auf den Tanzboden. Sie ist also eine mögliche Nachfolgerin für Emma und damit deren Konkurrentin, und auch die Konflikte mit ihrer Mutter sind vorprogrammiert, weil sie geschafft hat, wofür ihre Mutter nicht gut genug war. Die Auseinandersetzung über Leben und Kunst zwischen Emilia und ihrem Ballett-Lehrer ist die gleiche wie in *Black Swan*, nur dass es hier der Ballettlehrer ist, der absolute Perfektion einfordert: «Du bist nur ein Körper», sagt Arnold (Daniel Levans) zu Emilia, «der sich mit Musik im Raum bewegt. Nicht zu Musik. Mit Musik.

Das ist nämlich Tanz. Also hüpf nicht rum und mach auf Emotionen. Und stell das Denken ab.» Aufgelockert wird das ziemlich umfangreiche Gerede in *Am Wendepunkt* mit einer ganzen Reihe großartiger Choreographien und Gastauftritte damaliger Ballett-Stars wie Mikhail Baryshnikov (der gleichzeitig sein Leinwanddebüt als Schauspieler gibt), Richard Cragun und Marcia Haydée. *Am Wendepunkt* ist ein klassischer Kunstfilm und ein schwergängiger Film über das Ballett, der in dieser Form heutzutage sicherlich kein Publikum mehr anlocken würde. Aronowsky dagegen «versteckt» den klassischen Ballettfilm im Horrorfilm, und nachdem Nina die Doppelrolle des weißen und des schwarzen Schwans bekommen hat, nimmt seine Filmregie ordentlich an Fahrt auf: Selbstbefriedigung, heterosexueller Sex, Sex zwischen Frauen, Sex auf der Toilette, Drogenkonsum und anschließendes Kotzen im Klo. Mit so etwas haben europäische Schmuddelfilmer wie Jess Franco und Luigi Fulci in den 1970er Jahren Furore gemacht; sie sind hier unschwer als Vorbilder zu erkennen. Ganz am Ende des Films lässt der Regisseur das Blut dann auch noch so richtig spritzen, und Nina verhaucht ihr Leben auf der Hinterbühne. «Was hast du getan?», fragt Thomas. «Ich hab's gefühlt», haucht Nina, «perfekt, ich war perfekt.»

2010 wurde der Film von der Presse bejubelt, überwiegend von den Humbert Humberts des Feuilletons. FAZ-Autor Michael Althen sah in dem Film eine «symbolschwere Deflorationsphantasie» und schrieb über Natalie Portman:

> «Sie trägt den Film von Anfang bis Ende mit einer Grazie, die in ihrer unwahrscheinlichen Jungfräulichkeit durchaus an Audrey Hepburn erinnert.»

Über den Regisseur befand Daniel Kothenschulte in der Frankfurter Rundschau: «Hier schwelgt ein Virtuose des Kinos in großen Gesten.» Verena Lueken schließlich erkannte anlässlich der Video-Veröffentlichung in der FAZ «die Suche nach Transzendenz». Es überrascht einigermaßen, dass die campen Momente des Films überhaupt nicht beachtet wurden. Die Darstellung der Mutter durch Barbara Hershey ist Camp in höchster Vollendung – ihr histrionischer Stil passt überhaupt nicht zum modernen der Portman. Auch deshalb ist deren Auseinandersetzung eines der schönsten

Mutter-Tochter-Duelle, seit Sissy Spacek und Piper Laurie sich in *Carrie – Des Satans jüngste Tochter* (1976) mal so richtig die Meinung gesagt haben. Hershey zuzusehen ist eine wahre Freude, und es bleibt mehr als bedauerlich, dass es für ihre Kunst heutzutage keinen passenden Rahmen mehr gibt.

Aronowsky drang jedenfalls mit dem als Kunstfilm getarnten kleinen Schocker wie schon mit *The Wrestler* (2008) ins Arthouse-Segment der Programmkinos vor. Dabei ist die Moral von der Geschichte doch einigermaßen schlicht: Wenn man sich selbst im Wege steht, muss man sich verwandeln, aber der dunkle Drang nach künstlerischer Perfektion ist destruktiv und mit dem Leben zu bezahlen. Das ist eine Schlager-Weisheit, die schon Siw Malmquist 1969 besungen hatte. Wer also keine Horrorfilme mag und trotzdem in den Genuss dieser speziellen philosophischen Botschaft kommen möchte, kann sich eine CD mit den größten Hits von Siw Malmkvist kaufen:

«Primaballerina, Primaballerina,
kleine Porzellanfigur, noch nie hast du gelacht.
Primaballerina, Primaballerina,
wer hat dich verzaubert
und ins Märchenland gebracht?

Primaballerina, Primaballerina,
alles schöne dieser Welt, das muss einmal vergeh'n.
Primaballerina, Primaballerina,
kleine Porzellanfigur, das wirst du nie versteh'n.

Primaballerina, Primaballerina,
Primaballerina, einmal bricht das Glück entzwei.
Primaballerina, Primaballerina,
Primaballerina und dann ist der Tanz vorbei.»

«KINO MUSS NUN MAL GROSS SEIN»

LISELOTTE PULVER
IN: *DAS SUPERWEIB (1995)*

«Ihr Markenzeichen war in fast allen Rollen stets das ansteckende, aus tiefer Kehle kommende Lachen» (Stuttgarter Wochenzeitung). Dieser eine Satz genügt und sofort weiß jeder Zuschauer, wer gemeint ist: die «Duse des deutschen Nachkriegsfilms» (Monty Arnold) – Liselotte Pulver. «Lilo» Pulver war eine der beliebtesten Schauspielerinnen des deutschen Films der 1950er und 1960er Jahre und vor allem eine eminente Komikerin. Ihre Filmkomödien sind Legion: *Heute heiratet mein Mann* (1956), *Bekenntnisse des Hochstaplers Felix Krull* (1957), *Die Zürcher Verlobung* (1958), *Das Wirtshaus im Spessart* (1958), *Eins, zwei, drei* (1961), *Kohlhiesels Töchter* (1962), *Dr. med. Hiob Praetorius* (1965) und viele andere mehr. Damit wurde die gebürtige Schweizerin «mit dem glockig obertonreichen Lachen und dem anziehenden Funkeln in den Augen das wie Alpenmilch erfrischende Gegenbild zum Seelchen Maria Schell, zur kühl-spröden Ruth Leuwerik und zur eleganten Sonja Ziemann» (Manuel Brug). Lilo Pulver jedenfalls ist die Ehre zuteilgeworden, sich als weibliches Pendant des lachenden Vagabunden Fred Bertelmann und als Antipodin der oft verheulten Maria Schell auf immer im kulturellen Gedächtnis der Deutschen festgesetzt zu haben. Und als ein Urtypus der Frau, die alle Schicksalsschläge wegsteckt, den Kopf oben behält, mutig der Welt entgegenlacht, obwohl es eigentlich nichts zu lachen gibt, eine Art lebende Depressionsumwandelmaschine.

Die häufig unterforderte Darstellerin konnte ihren Rollen durchaus ein eigenes Profil geben, etwa der lesbischen Oberin in *Die Nonne* (1962), einer Diderot-Verfilmung von Jacques Rivette, oder dem treuen deutschen Mädel in Douglas Sirks Weltkriegsepos *Zeit zu lieben und Zeit zu sterben* (1958). Doch hing das Gelingen ihrer dramatischen Partien wohl auch vom Geschick des Regisseurs ab. Über ihre Darstellung der Tony in Alfred Weidenmanns *Buddenbrooks* (1959) schrieb Dieter Bartetzko in der FAZ:

> «Eine glattere Fehlbesetzung als Liselotte Pulvers Tony Buddenbrook hat es im deutschen Film der fünfziger Jahre kaum gegeben. Gewiss,

> Thomas Mann lässt Tony sich selbst im Roman eine ‹dumme Gans› nennen und oft auch als solche verhalten. Doch er gab ihr auch tragische Züge, gab ihr Stolz, Einsicht ebenso wie Ironie und Gewitztheit. Nichts davon in der Person, die Liselotte Pulver vorführt. Eine Knallcharge, dass die Leinwand kracht, meckert sie ihr berühmtes ‹Pulverlachen›, zieht einen Flunsch, wenn es traurig wird, lässt die Augenbrauen bis zum Haaransatz hochschnellen, wenn sie Hochmut darstellen, und Krokodilstränen kullern, wenn sie verzweifelt sein soll.»

Ihre internationale Karriere kam trotz der Filme mit Rivette und Sirk nicht in Schwung. Rollenangebote für *El Cid* oder *Ben Hur* musste sie wegen deutscher Filmverpflichtungen ablehnen. Auch wenn es mittlerweile mit Recht Common Sense ist, Lilo Pulver für ihre Rolle der auf dem Tisch zum Säbeltanz von Aram Chatschaturjan tanzende Sekretärin in Billy Wilders *Eins, zwei, drei* (1961) als kolossale Komödiantin zu feiern – eine ihrer schönsten Rollen hatte sie in *Ich denke oft an Piroschka* (1955). Als Piroschka, die dem Studenten Andreas (Gunnar Möller) in dem ungarischen Ort Hódmezövásárhelykutasipuszta den Kopf verdreht (unter anderem mit den Worten «Warum sagst du mir nicht Piri?»), spielt sie ihren natürlichen Charme auf so anrührende Weise, dass jeder Zuschauer mit einem fühlenden Herzen eine heimliche Träne verdrückt. Wie viele andere Stars von Opas Kino war auch die Pulver den Regisseuren des Neuen Deutschen Films suspekt, Fassbinder soll sie als «Knattermimin» bezeichnet haben, und so fand ihre Filmkarriere zu Beginn der 1970er ein Ende. Ihren Ruf als «leutselige Lachmadame» (Manuel Brug) frischte Lilo Pulver noch einmal in den 1977–1983 produzierten Folgen der deutschen *Sesamstraße* neben Tiffy und Samson auf. Sie spielte Tournee-Theater, war häufiger Gast im deutschen Fernsehen, schrieb Erinnerungen auf (*...wenn man trotzdem lacht*, *Das Geheimnis meines Lachens*), nahm eine Schallplatte auf (*Ich lach, was soll ich weinen*) und steckte mit ihrem grundsätzlich heiter gestimmten Wesen diverse Schicksalsschläge wie den Selbstmord ihrer drogensüchtigen Tochter weg.

«Ihr würden in Frankreich oder Amerika wöchentlich Filmangebote zugesandt», schrieb Dieter Bartetzko in der FAZ. In Deutschland hingegen bekam sie ein Angebot von Bernd Eichinger, in Sönke Wortmanns Komödie

Das Superweib zu spielen. Nicht einmal in diesem Film ist ihr das Lachen vergangen.

> *Ich lach, was soll ich weinen, die Tränen sind zu dumm,*
> *Ich lach, was soll ich weinen, ich nehm nicht alles krumm,*
> *Ich lach, das wirkt oft Wunder, ich bin nicht gleich verzagt,*
> *Den ganzen Sorgenplunder mein Lachen schnell verjagt.*

Der Film beruht auf dem Bestseller von Hera Lind. Die Schauspielerin Franziska (Veronica Ferres) schlägt sich mit ihren beiden Kindern durchs Leben, ihr regieführender Mann (Thomas Heinze) dreht irgendwo auf der Welt Filme. Durch ein Versehen lässt sie sich scheiden, kauft sich von dem Geld ein schönes Haus und schreibt ihr Leben unter dem Titel *Ehelos glücklich* auf. Das Buch wird ein Megaseller, und ihr Mann kauft die Rechte für die Verfilmung («Auf so einen Stoff habe ich mein Leben lang gewartet, da kann sich jede Hausfrau mit identifizieren.»), nicht wissend, dass es sich bei der Autorin um seine Frau Franziska handelt. Nach vielen Verwicklungen kommt der Film schließlich mit den Stars Hajo Heiermann (Til Schweiger) und Sonja Sonne (Esther Schweins) in die Kinos.

Das Superweib soll wohl eine Komödie sein, kommt aber über das Niveau von Pennäler-Witzen nicht hinaus, und die Geschichte einer Frau auf der Reise zu sich selbst ist von so ausgesuchter Banalität, dass Hans Schifferle in epd-Film mit Fug und Recht schrieb, «die lehrreiche Geschichte von der Selbstverwirklichung einer Mutter von zwei Kindern» bekäme er «in jeder Vorabend-Serie auf spannendere Weise erzählt». Für ein paar wenige heitere Momente sorgt Richy Müller als Entertainer für Kinder, der die lieben Kleinen mit dem Lied *Ich bin böse* das Fürchten lehrt – leicht als Parodie auf Rolf Zukowski zu erkennen. Maren Kroymann in einer grotesken Verkleidung als schwäbische Buchhändlerin bleibt Geschmackssache, aber sie hatte es als Frau mit ihrem Humor natürlich auch besonders schwer, weil, wie sie in einem Interview mit der Süddeutschen Zeitung sagte, der Humor von Frauen, «wenn er scharf und frech ist und die allgemein zugestandene Schmunzelebene verlässt» es nun mal schwer hat in Deutschland. Warum sie dann wohl ausgerechnet diese Rolle angenommen hat? Der Höhepunkt scharfen und frechen Humors in ihrer Rolle als Frau Schäufele lautet: «Ich komme aus Renningen, deshalb muss ich immer so rennen.» Veronika Ferres ist die beliebteste Schauspielerin Deutschlands – wenn man sich in *Das Superweib* ihr pumperlgsundes Gesicht mit einem einzigen Gesichtsausdruck für alle Lebenslagen (ein beleidigtes Lächeln, dem die Kraft für ein Lamento fehlt) anschaut, überkommen einen schwerwiegende Zweifel an der Zurechnungsfähigkeit seiner Mitmenschen.

Nicht eine von Liselotte Pulvers alten Komödien ist so altbacken wie *Das Superweib.* Lilo Pulver ist als Mutter des Scheidungsanwalts (Joachim Król) wie so viele alte Frauen in schlechten Filmen chronisch unterfordert. Sie hat keine einzige bemerkenswerte Dialogzeile zu sprechen, kein einziges geschmackvolles Kostüm zu tragen und keine einzige komödiantische Szene zu spielen, die in der Erinnerung haften bliebe. Sönke Wortmann fordert sie überhaupt nicht, er inszeniert sie als Monument ihrer selbst und vergisst sie wie ein verstaubtes Requisit in der Ecke. Selbst das berühmte Pulver-Lachen ist zu einem glückseligen Glucksen verkümmert.

Der Regisseur versucht seiner Ex-Frau zu erklären, warum das Drehbuch zum Film *Das Superweib* vom Roman *Ehelos glücklich* abweicht. «Die Leute gehen halt nur ins Kino», sagt er, «wenn es was Besonderes zu sehen gibt. Kino muss nun mal groß sein.» *Das Superweib* hat mit Größe ungefähr so viel zu tun wie Hera Lind mit Oriana Fallaci. Trotzdem haben etwa 2,5 Millionen Zuschauer in Deutschland *Das Superweib* gesehen. Wenn die Sonne sinkt, werfen selbst Zwerge Schatten.

«MAL AUF EIN FURZKISSEN SETZEN»

HANNELORE HOGER
IN: *HENRI IV. (2009)*

Bedenkt man es recht, scheinen historische Kostümschinken kein Aushängeschild des deutschen Films mehr zu sein. In den 1920er Jahren gab es die *Nibelungen* von Fritz Lang, im «Dritten Reich» *Kolberg* von Veit Harlan, in den 1950er Jahren immerhin noch private Schicksale in historischen Kostümen wie *Königin Luise* von Wolfgang Liebeneiner. Ende der 1960er Jahre gab es mit Harald Reinls zweiteiligem *Nibelungen*-Remake immerhin einen herausragenden deutschen Beitrag zur Pop-Art. Und dann?

Diese Lücke historischer Filme wollte die Produzentin Regina Ziegler offenbar füllen und machte sich daran, die Geschichte des französischen Königs Henri IV. zu erzählen. Wie schade, dass sie sich für ein französisches Sujet entschied, dabei ist die deutsche Geschichte so reich an dankbaren historischen Ereignissen, die sich prima verfilmen ließen. Ich denke da an die Schlacht im Teutoburger Wald mit Til Schweiger als Hermann und Sky Dumont als Varus, an die Geschichte des Steinzeitmenschen aus dem Ötztal mit Ernst Hilbich und seiner Partnerin Lotti Krekel. Geschuldet war die Wahl wohl den französischen Koproduzenten. Keine gute Wahl, denn 1994 war die Bartholomäusnacht und die sie umrankenden persönlichen und politischen Schicksale bereits von Patrice Chéreau brillant verfilmt worden. Dagegen kann der Film von Jo Baier nur abstinken.

Hatte Chéreau seinen opulenten historischen Prospekt *Die Bartholomäusnacht* durchaus in den Dienst seriöser Geschichtsbetrachtung gestellt, so zeigt uns Jo Baier Geschichte als Soap-Opera. Die Dialoge sind von erschütternder Schlichtheit –

«Hure!» – «Wie nennst du mich, du Witzfigur?» –, und die diversen Metzeleien kommen aus dem Computer. Nichts gegen ein fantasievoll dargebotenes Blutbad, doch wo Chéreau eine schrecklich-schöne Choreografie der Gewalt und des Blutes inszenierte, hat man in den über zwei Stunden, auf die es *Henri IV.* bringt, den Eindruck, immer wieder dieselbe Schlacht zu sehen.

So werden dann alle Stationen der Lebensgeschichte des Helden wie in einem Lehrbuch für die Sekundarstufe II brav abgearbeitet, mit ein paar rüden SM-Sex-Szenen aufgemotzt («Lust und Schmerz – das sind die beiden Pole meines Lebens.») und mit ein paar pittoresken Leichenbergen angereichert. Was dem Film völlig abgeht, ist ein irgendwie geartetes Konzept oder auch nur eine spannende Dramaturgie, kurz gesagt: Er ist krachend langweilig. Daran tragen die Darsteller einen nicht geringen Anteil. Am besten ziehen sich noch die nichtdeutschen Schauspieler aus der Affäre, Chloe Stefani ist eine bezaubernde Erscheinung und Julien Boisselier in der Hauptrolle versteht sein Handwerk und übersetzt nicht jede Handlung und jeden Dialog in Grimassen und Aktionismus. Von diesen subtilen Mitteln darstellerischer Kunst sind die deutschen Darsteller leider weit entfernt. Devid Striesow gibt dem Affen Zucker und spielt einen schwulen Weichling, der *Gute Zeiten, schlechte Zeiten* entsprungen sein könnte, und Ulrich Noethens Darstellung macht den kranken und von Ängsten heimgesuchten König Karl IX. zu einer Comic-Figur. Der Versuch jedenfalls, gegen Chéreaus Darstellerriege auch nur ansatzweise anzukommen, muss als gescheitert angesehen werden. Wie soll auch Armelie Deutsch als Königin Margot, die als hysterische Ziege inszeniert wird, gegen Isabelle Adjanis ätherische Sanftheit ankommen? An dieser Aufgabe wäre wohl selbst Veronica Ferres gescheitert ...

Im Gegensatz zu vielen unbeabsichtigten komödiantischen Effekten ist der Auftritt von Katharina Thalbach als Marktschreierin ausdrücklich als komödiantisches Glanzlicht mit volkstümlichem Kolorit angelegt. Sie donnert diese Mini-Rolle, ganz ihrer ostdeutschen Herkunft entsprechend, zu einer veritablen Mutter Courage auf, ist jedoch grotesker geschminkt als weiland Helene Weigel und sorgt somit für einen richtig guten Verfremdungseffekt. Man ist froh, wenn diese Szene vorbei ist. Das geht sehr schnell. Doch die mit Abstand traurigste Leistung erbringt Hannelore Hoger als Caterina de Medici. Wo Virna Lisi in *Die Bartholomäusnacht* all ihre mimischen Künste dafür aufbringt, das Porträt einer innerlich von Macht und Gier zerfressenen Frau zu zeichnen, da macht Hannelore Hoger – nichts. Sie sieht auch gar nicht aus wie eine Königin, sondern wie die Vorsteherin eines Altenheims. Dabei zeigt sie nur einen Gesichtsausdruck, nämlich den, mit dem sie überlegt, ob sie nach Fertigstellung der Szene lieber ein Bier oder einen Wein trinkt. Ihrer leicht schnodderigen Sprechweise versucht sie ab und zu Knusperhexentöne beizumischen. Erst nach 90 Film-Minuten segnet sie das Zeitliche. Da ist der Film zwar noch lange nicht zu Ende, nimmt aber doch noch etwas an Fahrt auf. Dem ansonsten hochgeschätzten Kritiker der Frankfurter Allgemeinen Zeitung, Dieter Bartetzko, fallen angesichts von Frau Hogers Leistung als Vergleichsgrößen Simon Signoret ein, «vielleicht noch Helen Mirren». Da ist man genauso ratlos wie die Artisten in der Zirkuskuppel, mit denen Hannelore Hoger einst berühmt wurde. Inzwischen findet sie, wie andere Protagonisten des neuen deutschen Films, ihr Auskommen im Fernsehen. Von Auftritten in Alexander Kluges filmischen Illustrationen der Frankfurter-Schule-Thesen zur Serie *Bella Block* scheint es kein allzu weiter Weg gewesen zu sein. Jetzt löst sie in «post-menopausaler Melancholie» (Werner Bartens) Fälle in tristen Vororten und guckt dabei genauso teilnahmslos wie weiland Horst Tappert als Kommissar Stephan Derrick. Werner Bartens hat sich gewünscht, dass sich Hannelore Hoger als Bella Block doch einmal auf ein Furzkissen setzen möge, während sie sagt, dass sie mit der Zeit «durchlässiger, verwundbarer» geworden sei. Eine schöne Idee, aber nicht einmal die hätte einen Furz wie *Henri IV.* retten können.

Der Abspann entwickelt dann noch einmal eine beträchtliche Spannung. Da sieht man, wer alles Geld in dies Machwerk gesteckt hat: WDR, BR, SWR, NDR, MDR, Arte, ORF, France 2. Es wurden also nicht zum geringen Teil die Zwangsabgaben der Bundesbürger für das öffentlich-rechtliche Fernsehen für *Henri IV.* aufgebracht, und dafür durften die Fernsehzuschauer mittlerweile in den zweifelhaften Genuss einer noch deutlich längeren Fernsehfassung kommen.

Ach ja, im Abspann findet sich auch der Hinweis, der Film beruhe auf den Romanen *Die Jugend des Königs Henri Quatre* und *Die Vollendung des Königs Henri Quatre* von Heinrich Mann. Der war Freidenker, Sozialist und Atheist, ist deshalb nicht gen Himmel aufgefahren. Er wird sich folglich im Grabe umdrehen.

DIE WÜRDEVOLLE PRÄSENTATION EINER SCHWARZEN PERÜCKE

HANNELORE ELSNER
IN: *ZEITEN ÄNDERN DICH (2010)*

Als Bernd Eichinger starb, waren die Nachrufe voll von anerkennenden Worten. Der einzige deutsche Produzent von Weltruf sei gegangen, «einer der großen Kreativen» (Katja Flint) und ein guter Freund vieler Schauspieler und Schauspielerinnen zudem. Til Schweiger war «unendlich traurig», wie er oder seine Presseabteilung der Süddeutschen Zeitung mittelte. Besonders verbunden fühlte sich Klaus Wowereit, angeblich weil *Christiane F. – Wir Kinder vom Bahnhof Zoo* (1981) zu einem «Teil der Berliner Sozial- und

Kulturgeschichte» geworden ist. In Wahrheit wohl eher deshalb, weil es ihm in seiner Regierungszeit gelungen ist, den verrotteten Charme des Berlins von damals wieder neu zu etablieren.

Die Zeit wird es richten und entscheiden, ob *Wir Kinder vom Bahnhof Zoo* oder *Letzte Ausfahrt Brooklyn* (1989) als Klassiker des deutschen Films Eingang in den Kanon finden werden. Camp-Klassiker sind unter seinen Filmen keine zu finden, dazu schielen Eichingers Produktionen zu sehr auf den Rang von Klassikern, sie sind zu fad, zu fernsehästhetisch, zu wenig burlesk. Auch nur kleinste Anzeichen von «fabulousness» sucht man in ihnen vergebens. Campe Momente gibt es am ehesten in *Der Untergang* (2004), dieser «unanständigen Simplifizierung» deutscher Geschichte, der «ganze Schulklassen ausgesetzt wurden» (Frank Castorf). Die Idee, Eva Braun als eine Art Kylie Minogue des Dritten Reiches zu inszenieren, ist sicher campy, scheitert aber an der harmlos-hysterischen Umsetzung durch Christiane Köhler und daran, dass sie auch noch versucht, wie Kylie Minogue zu tanzen. Mit Christine Neubauer wäre es vielleicht Camp geworden. Auch die Idee, Hitler durch eine Gallionsfigur des deutschen Regie-Theaters und Neuen Deutschen Films menschliche Züge verleihen zu wollen, ist camp – die Ausführung brachte es jedoch nur zur Groteske. Deutsch eben. Da hätte man auch Didi Hallervorden besetzen können, das wäre wenigstens lustig geworden. Oder Veronica Ferres. Die kann ja einfach alles spielen.

Keine Spur von Camp also, dafür eine Menge Trash. Die größte Trash-Bombe in Eichingers Oeuvre dürfte allerdings zweifelsohne *Zeiten ändern dich* sein. Nach dem Erfolg des Eminem-Films *8 Mile* war es wahrscheinlich nur eine Frage der Zeit, bis Eichinger auf die Idee kommen würde, eine deutsche Version mit dem Rapper Bushido zu drehen. Gevatter Tod ließ ihn die Arbeit zu Ende bringen, und *Zeiten ändern dich* kam 2010 tatsächlich in die Kinos.

Erzählt wird die Geschichte eines Aufstiegs. In des kleinen Bushidos Familie herrscht Gewalt, auf dem Schulhof wird er für seinen *Erlkönig*-Rap verlacht, seine Freundin hat einen kiffenden Vater, da ist es nur eine Frage der Zeit, bis sich die Spirale der Gewalt zu drehen beginnt: «Respekt war schon immer eine Sache, die wichtig für mich ist. Wenn du keinen Respekt kriegst, bist du ein Opfer.» Dieser in jeder Hinsicht trostlose Bilderbogen des Elends hat nur ein Highlight: Hannelore Elsner als Mutter von Bushido. Allein schon der schwarze Mopp, den sie auf dem Kopf trägt, ist zum Totlachen, dabei hatte sie doch gerade in *Die Unberührbare* bewiesen, wie viel dramaturgisches Kapital aus der würdevollen Präsentation einer schwarzen Perücke geschlagen werden kann. Zu ihrer Entschuldigung kann nur angenommen werden, dass sie ihrem alten Freund Bernd noch einen Gefallen schuldig war – es gibt ansonsten keine plausible Erklärung für ihre Mitwirkung bei diesem Dreck. In ihrer lesenswerten Autobiografie schreibt sie davon, wie sie als Schauspiel-Elevin von den Filmen der Nouvelle-Vague beeindruckt war. Doch waren die Verhältnisse andere und so spielte Hannelore Elsner statt bei Truffaut neben Freddy Quinn. Die Sehnsucht nach Französischem muss jedoch so groß gewesen sein, dass ihre Darstellung der *Unberührbaren* den besten Leistungen von Jeanne Moreau gleichkommt. Dass sie nach dieser Tour de Force die Mutter von Bushido spielen musste, ist eine wirkliche Herabwürdigung. Als alle Schläge erduldende Mutter ist sie gegen ihren Typ der starken Frau und somit falsch besetzt. Doch anstatt sich einen Spaß und ihre eindimensionale Rolle wenigsten zu einer zweidimensionalen Comic-Figur zu machen – was angesichts der Perücke nahegelegen hätte, versucht sie sich in der Nachfolge von Witta Pohl als Charakterspielerin mit mütterlichem Ton zu etablieren. Ihr «geheimnisvoller, katzenhafter Charme» (teleschau – der mediendienst) ist dem freilich diametral entgegengesetzt.

Doch weiter im Text: Bushido findet eine neue Freundin. Deren Eltern wohnen in einer schicken Berliner Villa, servieren ihm Schweinefleisch und sind mit zwei echten Knallchargen rollendeckend besetzt: Katja Flint und Uwe Ochsenknecht. Bushido nimmt sich vor, ein besserer Mensch zu werden und mit der Dealerei aufzuhören, um seine Familie nicht in Gefahr zu bringen. Doch «er hat Hass im Herzen, das ist nicht gut», sagt die Mama. Der Besuch beim leiblichen Vater fördert noch mehr Elend zu Tage, und dann beschließt Bushido, sich Bushido zu nennen. Ein Name, der nur ihm gehört: Der Weg des Kriegers. Auf seinem Weg nach oben sieht man noch das ein oder andere Talent verglimmen (Martin Semmelrogge in einem Kurzauftritt als Tätowierer), es gibt einen weisen alten Araber, der Bushido immer wieder auf den Pfad der Tugend zurückführt, und es gibt Moritz Bleibtreu als Gangsterboss. Alle Filmfreunde, die immer noch glauben, Bleibtreu sei ein großer Schauspieler, sollten sich diesen Film nicht entgehen lassen.

Nicht zuletzt bekommt der Zuschauer eine geballte Ladung von frauen-

und schwulenfeindlichen Klischees und Sprüchen präsentiert, nebst dem einen oder anderen Sinnspruch («Du darfst kein bitteres Herz haben.»), und darf sogar Bushidos Ausflügen in die Hochkultur beiwohnen. Über den Anschlag auf die Twin Towers in New York sagt er: «Das war das Krasseste, was ich je gesehen hatte.» So ähnlich hatte sich bereits Karlheinz Stockhausen geäußert, der Apostel und Heilige Geist der Darmstädter Schule der Neuen Musik («Also was da geschehen ist, ist natürlich das größte Kunstwerk, was es je gegeben hat.»).

Dann das große Finale am Brandenburger Tor. Kurz vor seinem Aufritt beschließt Bushido, sich mit seinem Vater auszusöhnen. Der ist kurz vorm Lungenkollaps und das Treffen der beiden ist eine Freakshow, die alles, was Christine Neubauer je gedreht hat, in den Schatten stellt. Wie dem auch sei: Bushido kommt zu spät zum Auftritt, Hannelore Elsner wartet schon voller Spannung auf ihren Sohn und ei, wer ist denn da hinter der Bühne und wartet auf seinen Auftritt? Karel Gott. Da freut sich Bushidos Mutter und Hannelore Elsner muss zu Karel Gott sagen: «Wissen Sie, dass ich schon immer eine große Verehrerin Ihrer Lieder war?» Zum Finale gibt es viele Tränen, Mutti Hannelore söhnt sich mit ihrem Exmann aus und darf Motto und Titel des Films verkünden (*Zeiten ändern dich*). Auf der Bühne singt derweil Karel Gott die Titelmelodie der *Biene Maja* – und vor der Bühne swingen zigtausende Rap-Fans mit ihm. Dann singt Karel Gott zusammen mit Bushido *Forever Young*, dann gibt es einen Bushido-Hitmix und dann ist endlich Feierabend. Wie schon gesagt, man kann nur hoffen, dass der Scheck, den Hannelore Elsner für diesen Film bekam, hoch genug war. Vielleicht hat sie als soziales Wesen ja einen Teil ihrer Einnahmen gespendet, an Menschen, gegen die Bushido in seinen Texten Front gemacht hat: Frauen, Juden, Homosexuelle.

Postscriptum: Im November 2011 erhielt Bushido bei der 63. Bambi-Verleihung den Integrationsbambi. Der Volkssänger Heino gab daraufhin seinen Bambi zurück und sagte gegenüber der BILD-Zeitung: «Ich bin zutiefst empört, dass man einem gewalttätigen Kriminellen wie Bushido den Bambi verleiht. Mit diesem Mann möchte ich nicht auf eine Stufe gestellt werden.» Von Hannelore Elsner ist eine solche Reaktion nicht bekannt.

NADJA TILLER IN: *DINOSAURIER – GEGEN UNS SEHT IHR ALT AUS* (2009)

Hinter dem etwas sperrigen Titel verbirgt sich das Remake eines Films mit dem deutlich sperrigeren Titel *Lina Braake oder Die Interessen der Bank können nicht die Interessen sein, die Lina Braake hat.* Der Letztere stammt von 1975, wurde von Bernhard Sinkel inszeniert und vielfach ausgezeichnet. Die von Lina Carstens gespielte Lina Braake wird von der Bank aus ihrer Wohnung vertrieben und ins Altenheim abgeschoben. Dort trifft sie den pensionierten Bankkaufmann Gustav Härtlein (Fritz Rasp). Gemeinsam begehen sie einen Kreditbetrug an der Bank, die Lina Braake aus ihrer Wohnung vertrieben hat. Lina Braake schenkt das Geld einem sardischen Gastarbeiter, der sich davon ein Haus auf Sardinien baut und ihr lebenslanges Wohnrecht einräumt.

Bernhard Sinkel erzählte 1975 dem Geist der Zeit entsprechend ein sozialromantisches Märchen, in dem sich Außenseiter und sozial Deklassierte, in diesem Fall Alte und Ausländer, gegen das Kapital verbünden – und gewinnen. Getragen wurde der Film von den beiden wunderbaren Hauptdarstellern Lina Carstens und Fritz Rasp. Wolfram Schütte schrieb damals in der Frankfurter Rundschau:

> «Ich habe noch keinen Film gesehen, in dem der Gang, die Gestik, das Verweilen, die Ruhe und auch das wider die Hinfälligkeit des Alters durchgehaltene Standvermögen der Schauspieler mich so sehr beeindruckt und mir eine neue Erfahrung von der Bewegung alter Menschen vermittelt hätten – wie jetzt *Lina Braake*. Es gibt eine Grazie, die Würde ist, abgerungen dem leiblichen Verfall.»

2009 verfilmte Leander Haußmann die Geschichte aufs Neue. Von einer Grazie, die dem körperlichen Verfall abgerungen ist, kann kaum gesprochen werden. Jede Zeit setzt andere Akzente, Haußmann entschied sich für derbe Hausmannskost. Was kann ein deutscher Regisseur heutzutage aber auch machen, wenn er sich gegen Filmkomödien behaupten soll, die wie *Sieben Zwerge – Männer allein im Wald* (2004) oder *1 ½ Ritter – auf der Suche nach der hinreißenden Herzeleide* (2008) jedwede Grazie aufgegeben haben? So bleibt bei aller Kritik ein Rest von Dankbarkeit, dass Haußmann all die alten Leutchen überhaupt vor die Kamera geholt hat.

Lina Braake heißt in diesem Film Lena Braake und wird gespielt von Eva-Maria Hagen. Sie ist pensionierte Lehrerin und Hausbesitzerin, lässt sich vom Banker Tobias Hardmann (Daniel Brühl) übers Ohr hauen, verliert ihr Häuschen und kommt ins Heim. Dort trifft sie Johann Schneider (Ezard Haußmann, den Vater des Regisseurs). Sie betrügt die Bank und verbringt ihren Lebensabend in der Karibik. Haußmann umrankt die gradlinige Fabel, die Sinkel erzählt hatte, mit zahlreichen Nebenhandlungen. Das tut der Stringenz der Geschichte nicht gut, obwohl einige sehr komische Darsteller das oft vergessen machen, wie Ignaz Kirchner als Lena Braakes bärbeißiger Nachbar Victor Semlitsch, Tom Gerhard als hinterhältiger Heimleiter, oder Ingrid van Bergen als meist gebisslose Mümmelgreisin. Eva-Maria Hagen und Ezard Haußmann sind ein gutes Gespann, wenn auch Hagen als Lena Braake etwas zu selbstbewusst auftritt, um Glauben zu machen, sie ließe sich so einfach übers Ohr hauen. Doch abgesehen von diesen Kleinigkeiten ist der gravierende Unterschied ein anderer – und ein großer: Sinkels Film war eine Charakterkomödie. Haußmanns Film ist eine Typenkomödie. Dem Geschmack der Zeit angemessen, wurde er mit deutlichen Gags aufgemöbelt: Gebisse zerbrechen und alte Menschen rutschen auf dem Inhalt von Urinbeuteln aus; Johann Schneider bestellt sich Prostituierte aufs Zimmer und flüchtet sich aus Angst vor Entdeckung ins Bett von Lena Braake. «Nehmen Sie Ihren Krückstock fort, der sich in meinen Rücken bohrt», sagt sie daraufhin und er antwortet: «Das ist kein Krückstock!»

«Immer feste druff» laute das Motto der Seniorenkomödie, schrieb Birgit Roschy in epd-Film. Das ist oft lustig, aber der Regisseur verschenkt eben auch die moribunden Möglichkeiten seiner Darsteller. Besonders schade ist es um die Talente von Nadja Tiller und Walter Giller, die hier zum letzten Mal gemeinsam vor einer Filmkamera standen. Nadja Tiller war *Das Mädchen Rosemarie* in Rolf Thieles Fiktionalisierung des Lebens der Frankfurter Lebedame Rosemarie Nitribitt von 1958, Lulu in Rolf Thieles Wedekind-Verfilmung *Lulu* von 1962, 1965 Sybill von Cramer in Alfred Weidenmanns

Das Liebeskarrussell (angeblich die Verfilmung von Arthur Schnitzlers *Reigen*), – und eine der erotischsten Frauen des europäischen Films. Angebote von Antonioni für *La Notte*, von Visconti für *Rocco und seine Brüder* und von *Fellini* für *La Dolce Vita* soll sie einem Ondit zufolge abgelehnt haben, und der «deutsche Film scheiterte an ihr, unfähig dieser Ausnahmeerscheinung gerecht zu werden» (Dieter Bartetzko). Der Neue Deutsche Film wollte nicht einmal an ihr scheitern und hat sie einfach komplett ignoriert.

Die ehemalige «Miss Austria» und der schlaksige Komiker Walter Giller lernten sich 1953 bei den Dreharbeiten zum Film *Schlagerparade* kennen. 2006 feierten sie Goldene Hochzeit, da lebten sie schon eine Weile in einem Hamburger Seniorenheim, und man stellte sie sich immer «als Philemon und Baucis verkleidet» vor, wie in dem Gedicht *Stationen* von Kurt Tucholsky:

> «Sie sagt nichts. Du sagst nichts, denn ihr wisst, wie es im menschlichen Leben ist ... Dein Herz, das so viele Frauen besang, dein Herz sagt: Na, Alte ... ? Dein Herz sagt: Dank.»

In einem Interview mit dem Stern hatte Nadja sich gewünscht, noch einmal einen Film mit Walter machen zu können, «das wäre der Knüller». Mit *Dinosaurier* ging dieser Wunsch in Erfüllung. Tiller spielt Hildchen. Früher hätte man gesagt, einen alt gewordenen Vamp, neudeutsch wird sie im Film als Luder bezeichnet. Zusammen mit Sigfried (Walter Giller und in diesem Film nicht mit ihr verheiratet) und einigen anderen Bewohnern des Heims hilft sie beim Bankbetrug. Auch Zuschauer, denen die Komödie zu grell und zu geschmacklos ist, werden ihre Freude an diesem Pärchen haben. Beide wirken unendlich alt und gehen doch unglaublich professionell aufeinander ein – die langjährige Beziehung manifestiert sich in einem perfekten Timing. Giller hat die derberen Komödienteile abzuliefern – Zuckerschock und sein in einem Apfel steckenbleibendes Gebiss – und tut das mit der punktgenauen Nonchalance, derer nur ein wahrer Könner fähig ist. Film und Wirklichkeit verschwimmen: Tiller sekundiert ihm mit den zärtlichen Blicken eines alt gewordenen Mädchens, dem die Männer einst zu Füßen lagen, und die doch nur den einen zu sich heraufgehoben hat, der dafür immer bei ihr blieb. Fellini hat solch ein Philemon-und-Baucis-Paar

– Giulietta Masina und Marcello Mastroianni, die freilich im Leben kein Paar waren – in *Ginger und Fred* (1986) porträtiert. Die beiden von Masina und Mastroianni dargestellten Tänzer, eine italienische Antwort auf Ginger Rogers und Fred Astaire, sollen nach langen Jahren wieder zusammen auftreten und suchen in der traurigen Komödie inmitten der bunten Fernsehkulissen der neuen Zeit nach der verlorenen. Masina und Mastroianni verarbeiten und variieren ihre jeweiligen Star-Personae mit Grazie und Würde. Das tun Tiller und Giller auch, doch von einer Reflexion über die Nostalgie als Wundschmerz der Moderne ist bei Leander Haußmann nichts zu spüren, er opfert die Ausstrahlung seiner Darsteller der schnellen Pointe. Das ist unendlich traurig, denn anders als in der Sage von Philemon und Baucis, die gemeinsam starben und von den Göttern in eine Eiche und eine Linde verwandelt wurden, verstarb Walter Giller im Dezember 2011 und ließ Nadja Tiller allein zurück. So ist *Dinosaurier* ihr Vermächtnis geworden, das Vermächtnis einer langen, glücklichen Liebe und einer erfolgreichen künstlerischen Partnerschaft. Auch wenn es mit der Grazie in diesem Film etwas hapert – ihre Würde haben sie sich bis zum Schluss bewahrt.

«DAS EWIGE FEUER SCHÖNER GEFÜHLE»

NEUN WAHRHAFT STAUNENSWERTE LEISTUNGEN

«DAS WERDEN DOCH DANN WOHL VORHÄNGE FÜR VERRÜCKTE!»

LILLIAN GISH
IN: *DIE VERLORENEN (1955)*

Ein Genre, mit dem allein sich ein ganzes Buch füllen ließe, sind Filme, die in geschlossenen Anstalten spielen. Spätestens seit *Das Cabinet des Dr. Caligari* (1919/1920) gehören diese Filme zum festen Bestandteil der Filmgeschichte und bieten vor allem expressiven Schauspielerinnen alle Möglichkeiten, ihr Können vorzuführen. Wer erinnert sich nicht gern an Susan Hayward, die es in ihrer Darstellung psychischer Grenzgängerinnen zu wahrer Vollendung brachte? Unvergessen ihr Porträt der Alkoholikerin in *Und morgen werd ich weinen* (1956). Oder an Olivia de Havilland, die als zeitweise Schizophrene in *Die Schlangengrube* (1948) unliebsame Erfahrungen in einer psychiatrischen Klinik macht, an Liz Taylor, an der in *Plötzlich im letzten Sommer* (1959) eine Lobotomie vorgenommen werden soll, oder an Jessica Lange, die als Frances Farmer in *Frances* (1982) tatsächlich eine solche Operation erleiden muss. Und wer könnte je Klinik- und Camp-Klassiker wie *Frauen, die nicht lieben dürfen* (1963) mit Joan Crawford vergessen?

Besondere Freude machen in diesen Filmen die meist ungenannten Nebendarstellerinnen, die die zahlreichen Insassinnen der psychiatrischen Kliniken verkörpern. Das Typenarsenal ist erstaunlicherweise über Jahre konstant gleich geblieben: die Megäre oder Männerverschlingende, meist mit Reithosen und Zigarette, das zurückhaltende Girl mit dem Innenleben einer Psychopathin oder die völlig Verwirrte, die singend eine Puppe im Arm wiegt. So sahen im Jahr 1959 die Irren in *Plötzlich im letzten Sommer* aus und so sehen sie auch noch in unserm Jahrtausend aus, etwa in *Der verlorene Sohn* aus dem Jahr 2008, in dem Angelina Jolie vorübergehend in eine Anstalt für Bekloppte eingesperrt wird.

Einer der schönsten und zugleich heitersten Filme über Menschen in Grenzsituationen ist und bleibt Vincente Minnellis *Die Verlorenen*. Der Originaltitel *The Cobweb*, zu deutsch Spinnennetz, soll hier ausdrücklich vermerkt werden, weil darauf die Apotheose der Geschichte beruht. Minnellis Rang als Filmregisseur darf durchaus angezweifelt werden, weil sich seine Filme außer für Farben und Formen für kaum etwas anderes interessieren. Das wiederum macht ihn zu einem Meister des Camp, weil er der Dekoration stets den Vorzug vor dem Drama gibt. *Die Verlorenen* ist dafür ein besonders schönes Beispiel. Scheinbar geht es ja um die Nöte von psychisch labilen Menschen, aber um all diese persönlichen Dramen als Drawing-Room-Comedy im Stil Noël Cowards zu inszenieren, dazu braucht man schon eine gewisse Chuzpe. Dazu gehört natürlich, dass die Frisuren, wie der Vorspann verrät, von Sydney Guilaroff sind, ebenfalls ein Meister des Camp, der in seinen Memoiren *Crowning Glory – Reflections of Hollywood's Favorite Confidant* auch ein paar warme Worte für Minnelli übrig hat. Und dazu gehört, dass zu Beginn des Films ein Schriftzug über die Leinwand läuft: «Die Verwicklungen begannen ...»

Sie beginnen, indem Steven Holte, «Stevie» (John Kerr, den seine Namensvetterin Deborah Kerr in *Anders als die anderen* (1956) von seinen homosexuellen Leiden zu erlösen suchte und dessen Rolle ursprünglich von James Dean gespielt werden sollte) aus der Klinik flieht und von der Frau des Chefarztes, Karen (Gloria Grahame, die für Grace Kelly einsprang), aufgegriffen und in die Klinik zurückgebracht wird. Um Karens Ehe mit Stewart McIver (Richard Widmark anstelle des ursprünglich vorgesehen Robert Taylor) steht es nicht zum besten. Die Kinder Sally (Virginia Christine) und Mark (Tommy Rettig aus der TV-Serie *Lassie*) werden von Haushälterin Sadie betreut (Marjorie Bennett, die als Mutter von Victor Buono in *Was geschah wirklich mit Baby Jane?* bestens in Erinnerung sein dürfte). Der Hausherr verliebt sich in Meg Rinehart (Lauren Bacall, welche die Rolle von Lana Turner übernahm), die bei einem Unfall Mann und Sohn verloren hat und nun ihr Leben wieder in den Griff zu bekommen versucht – als Kunsttherapeutin. Der Anstaltsleiter Dr. Devanal (Charles Boyer) ist Alkoholiker und vernascht als Digestif gern die Sekretärin Miss Cobb (Adele Jergens, «the consummate B-movie gun moll of the Fifties», wie Paul Roen über ihren Film *Girls in Prison* aus dem Jahr 1956 schrieb). Stevie setzt derweil alles daran, die unter Platzangst leidende Patientin Sue Brett (Susan Strasberg, Tochter des berühmten Schauspiellehrers Lee Strasberg) zu umgarnen. Die oberste Buchhalterin der Klinik, Victoria Inch (Lillian Gish), hingegen erfreut sich guter geistiger Gesundheit und nimmt den Kampf gegen die ausufernden Finanzen der privaten Anstalt auf.

Aus dieser unglaublichen Stofffülle hätte Minnellis Zeitgenosse Douglas Sirk ein überbordendes Melodram vergeblicher Ausbrüche aus dem amerikanischen Traum, Anatole Litvak einen labyrinthischen Thriller auswegloser Leidenschaften gemacht. Und Vincente Minnelli? Er interessiert sich nicht im Mindesten für die im Drehbuch von John Paxton aufgezeigten Möglichkeiten. Umso mehr interessiert er sich für die Wahl der richtigen Vorhänge. Verena Lueken nannte *Die Verlorenen* denn auch den «Gardinenfilm», und Paul Roen befand, es sei «a great movie for queens, since it's all about drapes».

Der Versammlungsraum des Patientenkollektivs soll neue Vorhänge bekommen: Lillian Gish als pragmatische Buchhalterin wählt natürlich die günstigsten, versucht, jede Diskussion über andere Vorhangstoffe im Keim zu ersticken und versteht im Übrigen die ganze Aufregung nicht: «Ich habe nicht vor, durch die Räume zu hüpfen und vor Lachen zu kreischen, nur weil wir ein paar Vorhänge auswählen.» Lillian Gish bringt tatsächlich das Kunststück fertig, aus der vom Drehbuchautor stiefmütterlich bedachten Figur der Victoria Inch ein Charakterporträt zu formen. Das ist umso erstaunlicher, als die meisten anderen Darsteller sich entweder auf das Tragen schöner Kostüme (nach Entwürfen von Helen Rose) oder das Abliefern der drolligen Dialoge beschränken. Wenn Lillian Gish in der zentralen Auseinandersetzung Dr. Devanal entgegenschleudert:

> «Ein Mann sollte Unterstützung nicht nötig haben. Ich stehe schließlich auch schon seit 48 Jahren auf meinen eigenen Füßen. Und jetzt dieser traurige Anblick: in einem so großen Zimmer ein so kleiner Mann!»,

spürt der Zuschauer die Verachtung einer im Leben zu kurz gekommenen und vielleicht auch verbitterten, aber auf jeden Fall ihrer aufrechten Gesinnung treu gebliebenen Frau. 1955 stand Lillian Gish freilich schon seit mehr als 60 Jahren auf ihren eigenen Füßen. Geboren 1893, hat sie bereits im Stummfilm unvergessene Rollenporträts in der Filmgeschichte hinterlassen – *Gebrochene Blüten* (1919) und *Weit im Osten* (1920, beide von David W. Griffith) haben auch heute nichts von ihrer Faszination eingebüßt. Der Übergang zum Tonfilm gelang ihr mühelos, und selbst mit kleinen Rollen und vergessenen Filmen blieb sie unvergesslich. Die Geschichte eines von Weißen adoptierten Indianermädchens im Western *Denen man nicht vergibt* (1960) entschwindet dem Gedächtnis trotz der anrührenden Darstellung Audrey Hepburns als Rothaut schnell, der irrsinnige Höhepunkt jedoch nie: Als Indianer angreifen, lässt sich Adoptivmutter Matilda Zachary ihren Konzertflügel vor die Farm stellen und vertreibt mit ihrem Spiel die Indianer. Lillian Gish spielt den Mut, ihre Familie zu verteidigen, auf eine so zu Herzen gehende Weise, dass man die Albernheit der Szene schnell ignoriert – wenn die Indianer abrücken, denkt man unweigerlich an Wilhelm Busch: «Musik wird oft nicht schön gefunden, weil stets sie mit Geräusch verbunden.»

Bis 1987 stand Lillian Gish immer wieder vor der Kamera. *Wale im August* (1987) an der Seite von zwei Veteranen der Filmgeschichte, Bette Davis und Vincent Price, war ihr letzter Film, 1993 ist sie im Alter von 99 Jahren verstorben.

Zurück zum Film: In ihrem Bestreben, das finanziell günstigste Angebot zum Nutzen und Frommen der Klinik auszuwählen, hat sie die Rechnung ohne Karen McIver und Meg Rinehart gemacht. Die frustrierte Frau des behandelnden Arztes («Kümmere dich nur halb so viel um mich, wie du dich um die Patienten kümmerst, tagsüber und auch nachts! Ich brauche das Gefühl, das man mich begehrt.») möchte sich einbringen und den Kranken etwas Gutes tun – Vorhänge aus Chiffon mit eingewebtem Rosenmuster scheinen ihr da genau richtig. Meg Rinehart hingegen verfolgt andere Ziele. Trotz einer übermächtigen Mutter («Meine Mutter hat alles getan, um mich mit ihrer Liebe zu ruinieren.») ist sie aus ihrer Krise als Siegerin hervorgegangen und findet, die Kranken sollten ebenfalls ihre Krisen besiegen – indem sie die Vorhänge selbst entwerfen. Die Wahl fällt natürlich auf Stevie, «den Cézanne unter den Psychopathen», wie ein von Oscar Levant (dem Piano-Spieler aus *Casablanca*) gespielter Patient spitzzüngig anmerkt. Das muss natürlich den Widerstand der gestrengen Victoria Inch geradezu herausfordern: «Karikaturen? Musselinzeichnungen? So ein idiotischer Blödsinn! Das werden doch dann wohl Vorhänge für Verrückte!» Stevie hingegen ist von der Idee, Muster zu entwerfen, «die etwas mit uns zu tun haben», ganz hingerissen. Im Überschwang seiner Gefühle lädt er sogar die unter Platzangst leidende Sue Brett (Susan Strasberg) ins Kino ein:

> «Was würde denn passieren, wenn wir gehen? Wenn wir uns 'nen Film ansehen? Würden Sie anfangen zu schreien? Man würde Sie für 'nen Filmkritiker halten!»

Diese drei verschiedenen Positionen sind einfach nicht unter einen Hut zu bringen, und so nimmt das Verhängnis seinen Lauf. Karen McIver versucht, den Anstaltsleiter Dr. Devanal von den teuren Vorhängen mit Muster zu überzeugen. Der hält das in seinem betrunkenen Zustand für eine erotische Offerte und gerät ins Philosophieren:

> «Die Ehe ist nun einmal eine komische Einrichtung. Wie alle Einrichtungen dieser Art geht etwas vom Individuum darin verloren. Entweder hungern wir in der Ehe oder wir suchen unsere Erfüllung draußen.»

Karen wiederum hält die Äußerungen des verliebten Gockels für Zustimmung zu ihren Plänen, bestellt die Vorhänge und hängt sie kurzerhand und eigenhändig in einer Nacht- und Nebel-Aktion auf. Währenddessen trifft sich ihr Mann mit der Kunsttherapeutin, weil ihm seine Frau kein richtiges Zuhause gibt. Doch Meg erkennt die Ausweglosigkeit der Liaison: «Ich habe wieder Familie spielen wollen mit dir und Stevie. Es war ein wunderschöner Traum.» Stevie bekommt angesichts der Chiffon-Vorhänge einen Nervenzusammenbruch, vernichtet alle seine Entwürfe und flieht hinaus ins Gewitter, das über dem Film lange aufzog und sich nun entlädt. Dr. McIver ist so erbost, dass er die vor Kurzem von seiner Frau aufgehängten Vorhänge von den Stangen reißt und ihr nachhause schicken lässt. Die Suchaktion verläuft ergebnislos, und alle glauben, Stevie habe sich ertränkt. Victoria Inch hat inzwischen einen Brief an die Finanziers der Klinik geschrieben, des Inhalts, den Trinker Dr. Devanal doch lieber zu entlassen. Dies Schreiben hat unberechtigterweise dessen Frau Edna (Fay Wray, die weiße Frau, in die sich King Kong verliebte) geöffnet und bittet nun bei Dr. McIver um Gnade: «Wenn er jetzt auch noch seinen Stolz verliert, ist er erledigt!» Stevie bleibt verschwunden und es kommt darauf zu einer Sitzung, bei der Dr. Devanal zurücktritt und Dr. McIver seine Behandlungsmethode verteidigt und zur großen apothetischen Schlussrede ansetzt: «Aus all unseren Leidenschaften und menschlichen Schwächen haben wir uns ein Spinnennetz gewoben und Stevie hat sich daran verfangen!» Paul Roen hat freilich auf die Diskrepanz von Drehbuch und Film hingewiesen: «He's supposed to be a heroic, daring, innovative psychoanalyst, but I notice that he treats women (especially nurses) like shit.» Aber wer will angesichts der vielen schönen Vorhangstoffe schon kleinlich sein? Dr. McIver versöhnt sich daraufhin mit seiner Frau («Manchmal ist es für einen Arzt leichter, sich um seine Patienten zu kümmern als um seine Familie.») und Victoria lächelt gütig. Doch wer glaubt, nach all diesen Irrungen und Wirrungen sei der Film zu Ende, der täuscht sich. Dr. McIver und Frau gehen selig lächelnd zu ihrem Haus, und wer wartet in der Garage? Stevie! Der ist zwar leidlich erschöpft, aber keineswegs ertrunken, wie alle dachten: «Sie haben wohl noch nie versucht, sich zu ertränken. Das geht gar nicht!» Das nun wieder glückliche Paar trägt den durchnässten Patienten ins Haus, und weil der so erbärmlich friert, soll er natürlich zugedeckt werden. Was bietet sich zum Zudecken an? Richtig, die inzwischen in der Wohnung der McIvers eingetroffenen Vorhänge aus Chiffon. Darunter liegt nun der hold lächelnde Stevie und sagt einen der unglaublichsten letzten Sätze der Filmgeschichte: «Scheinbar haben diese Vorhänge es auf mich abgesehen.» Wie sagte Patient Capp (Oscar Levant) an anderer Stelle im Film so schön: «Das war wohl die witzigste Bemerkung seit dem Tod von Oscar Wilde.» Also doch eine Salonkomödie – was zu beweisen war. Aber nicht nur dem letzten Satz von Stevie, sondern auch dem Abspann sollte jeder Zuschauer besondere Aufmerksamkeit schenken, denn er greift die Idee des Vorspanns wieder auf und beschließt eines der größten Meisterwerke des Camp auf so unnachahmliche Weise, dass sich jeder Kommentar des Autors erübrigt. Ein Schriftzug läuft über die Leinwand: «... und damit hörte das Durcheinander auf!»

LANA TURNER
IN: *DOSIERTER MORD (USA 1969)*

«Mir war eine erfüllte, abwechslungsreiche und befriedigende Karriere vergönnt. Und eine lange.» Das zu glauben sei Lana Turner unbenommen, die Frage ist allerdings, ob auch der Zuschauer diese Karriere als «erfüllt, abwechslungsreich und befriedigend» empfindet. Im Fall Lana Turners kann man im Brustton der Überzeugung sagen: Ja! Diese Schauspielerin hat uns einen solchen Strauß schöner, reifer, mannigfaltiger und befriedigender Kino- und Fernseherlebnisse geschenkt, sie darf wirklich zufrieden sein. Denn wer kann sich rühmen, in so vielen schönen, schlechten Filmen gespielt zu haben wie Lana. Perlen des Camp finden sich darunter: *Tempel der Versuchung* (1955), *Der große Regen* (1955), *Glut unter der Asche* (1957), *Und die Nacht wird schweigen* (1961), *Madame X* (1966) und viele mehr.

Ein Leben für den Camp! Man wird nur mit Mühe einen anderen Star der Güteklasse Lana Turners finden, dessen Verglühen in so absurden Plots wie *Verfolgung* (Englischer Titel: *Persecution*, Alternativtitel: *The Terror of Sheba*) aus dem Jahr 1974 zu bestaunen ist: Eine in England lebende verkrüppelte Amerikanerin (Lana Turner) terrorisiert in ihrer Selbstbezogenheit und Verbitterung ihren Sohn, wozu sie ihre Katzen einsetzt. Als der Heranwachsende durch die Bosheit der Mutter die geliebte Frau und ihr gemeinsames Kind verliert, gerät er an den Rand des Wahnsinns. Als er dann die Mutter als Mörderin entlarvt, tötet er sie, indem er sie wie einst eine der Katzen in Milch ertränkt.

Einen noch größeren Höhepunkt in Lana Turners kometenhaftem Niedergang stellt *Dosierter Mord* dar, der schon in der Eröffnungssequenz den Weg eines absurden Dramas beschreitet: Lana wird dem vor Staunen stummen Zuschauer als Tragödin präsentiert. «Der König schläft, wir dürfen ihn nicht wecken», spricht sie, und man fühlt sich an ein groteskes Stück Ionescos mit ähnlichem Titel erinnert – *Der König stirbt*. Gott sei Dank wird dieser Faden vorerst nicht weitergesponnen, denn nachdem der Vorhang gefallen ist, spricht Lana die erlösenden Worte: «Ich werde nie wieder auf diesen Brettern stehen.» Doch, um eine weitere Vertreterin absurder Kunst, nämlich des absurden Schlagers zu Wort kommen zu lassen, Severine: «Jetzt geht die Party richtig los!»

Unter der Regie von Tito Davison nimmt das Drama seinen Lauf. Lana hat einen reichen Verehrer geheiratet, der sie abgöttisch liebt, im Gegensatz zu dessen Tochter (Karin Mossberg), die Lana hasst und von der festen Überzeugung nicht abzubringen ist, Lana ruiniere ihren Vater. Infolgedessen will sie auch nicht an der Hochzeit teilnehmen, und das, obwohl Lana wirklich exorbitante Garderoben des Designers Travilla (bürgerlich William Travilla) trägt. Stattdessen, Krankheit der Jugend, bricht sie aus und vergnügt sich auf einer Jugendparty mit Rock 'n' Roll in einem mit abstrakter Kunst dekorierten Raum nebst Nackttänzerin. Anstatt die freundlichen Worte von Lana Turner entgegenzunehmen, lässt sie sich dort als unbelegtes Brötchen beschimpfen. Doch der Knüller der Party ist die Bienenkönigin, die Schauspielerin Regina Torne in einem absurden Bienenkostüm, die mit einer Drohne erscheint. Die Drohne bekommt Drogen verabreicht und infolgedessen Halluzinationen: «Mein Gesicht, gebt's mir wieder.» Die Tochter ist erstaunt und bekommt von ihren neuen Freunden die erstaunliche Antwort: «Wenn jemand LSD nimmt, passieren die wunderbarsten Sachen: Du siehst Töne. Du hörst Farben.» Leider trifft das auch für den Zuschauer zu, denn, man muss es gestehen, der Film hat nicht die Gnade des Schwarzweiß. Und wenn Lana mit platinblonder Perücke, aus der links eine Locke kess heraushängt, orange-weißem Kleid nebst passenden Lederstiefeletten auftritt, wünscht man sich, man wäre auf einem LSD-Trip, der einen alle Farben schwarzweiß sehen ließe.

Auf der Hochzeitsreise kommt Lanas Gatte bei einem Yachtunglück ums Leben, der Zuschauer darf es in einer rasant geschnittenen Szene erleben. Noch rasanter ist der Szenenwechsel, wir sehen Lana im Krankenhausbett liegen, und mit ihrem langem, aufgelösten, wallenden Haar sieht sie fast so aus wie eine andere gute Bekannte aus alten, besseren Zeiten, Mae West. Als man ihr die Nachricht vom Tod ihres Manns überbringt, weint sie und gibt mit der Zeile «Er ist tot» der Szene eine emotionale Wirkung, deren nur Lana Turner fähig war. Douglas Sirk, der die Turner in *Solange es Menschen gibt* (1959) besetzte, sah das ähnlich: «Lana Turner hat eine gute Zeile in dem Film: ‹Nein!›, sagt sie, als ihr schwarzes Hausmädchen stirbt. Das ist Lana Turners beste Leistung, dieses Nein! Als Person ist sie nämlich nichts.»

Sie ist nun Witwe und Universalerbin, was die Tochter Lisa und ihren neuen Freund aus der LSD-Clique sehr ärgert. Jonny sät deshalb Zwietracht, indem er behauptet, Lana habe den Vater getötet: «Sie hat seinen Verstand vergiftet.» Mit den Worten: «Wär doch gelacht, wenn wir mit dieser Mieze nicht fertig werden», präparieren sie Lanas Pillen mit LSD, was erstaunliche Wirkungen zeitigt: Lana Turner, deren Darstellungsstil man im besten Sinn als statuarisch bezeichnen kann, entwickelt eine derartige Lebendigkeit, dass einem angst und bange wird. Eine wahrhaft absurde Alptraumodyssee, verzerrte Kameraeinstellungen, Musik vom Synthesizer, Farben und Lichtblitze («Du siehst Töne. Du hörst Farben.»), Teufelsmasken, all das und vieles mehr, begleitet von Lanas irrsinnigen Blicken und ihrem aufgelösten Haar. Unweigerlich fühlt man sich an die große französische Tragödin Adriana Lecouvreur erinnert – denn auch Lana heißt ja im Film Adriana –, die von einer Rivalin mittels eines vergifteten Blumenbouquets ausgestochen wurde. Das heißt, man denkt natürlich viel eher an die Oper von Francesco Cilea, die den Namen der Tragödin, *Adriana Lecouvreur*, trägt. Eine Oper, die auf Grund des geringen Tonumfangs der Titelrolle besonders für Sängerinnen geeignet ist, die dem Herbst ihrer Stimme noch einen Altweibersommer abtrotzen wollen und so auch der erstaunlichen Magda Olivero die Gelegenheit gab, noch im Alter von einundachtzig Jahren eine CD mit Auszügen aus dieser Oper zu besingen. Adriana Lecouvreur stirbt übrigens an den vergifteten Blumen:

> «Den letzten oder ersten Kuss drücke ich dir auf, süß und stark, den Kuss des Todes, den Kuss der Liebe. Alles ist zu Ende. Mit eurem Duft ersterbe die Schmach, mit euch vergehe unwiederbringlich auch mein Irrtum! Alles ist vorbei!»

Lana Turner stirbt nicht wie die Lecouvreur, sondern im Gegenteil, sie wird für unmündig erklärt und in eine Klinik gesteckt. Daraufhin feiern Lizzy und Jonny Hochzeit im Stil der 1970er Jahre. Als Jonny es mit ihrer Freundin Bibi treibt, ist Lizzy darüber so empört, dass sie Adriana/Lanas altem Freund, Verfasser ihrer Bühnenerfolge von einst, ihr Komplott beichtet. Der Film erreicht nun seinen Höhepunkt. Der Autor schreibt ein Stück für Lana; indem sie es spielt, soll sie ihr Gedächtnis wiedererlangen. Wenn das kein Clou ist: Lana, als verwirrte Adriana, die im Film eine Theaterrolle spielen muss, in der sie ihr Gedächtnis wiedererlangt, nachdem sie mit LSD verseucht wurde – eine Rolle, an der selbst Shirley MacLaine gescheitert wäre. Mit leerem Gesichtsausdruck trägt sie Zeilen vor, die Samuel Becketts würdig wären: «Die Erde ist voll von Gräbern, aber nirgendwo ein Grab für mich.» Aber trotz des Theaterstücks, das genauso schlecht ist wie das, das Lana zu Beginn des Films spielen musste, will das Gedächtnis einfach nicht zurückkommen, bis sich Lizzy ein Herz fasst und auf die Bühne stürzt: «Wir waren da, Jonny und ich haben es gemacht, mit Drogen und mit dem Ding hier (womit sie ein Tonband mit geheimnisvollen Stimmen meint, die Adriana dazu bewegen sollten, aus dem Fenster zu springen), wir waren das.» Daraufhin bekommt Lana einen Zusammenbruch: «O Gott, ich bin nicht verrückt, ich bin nicht wahnsinnig.» Dafür wird Jonny wahnsinnig, in einer langen, quälenden Sequenz in einem tristen Hotelzimmer. Dort würgt er eine Prostituierte und wälzt sich auf dem Boden.

Lana hingegen ist überglücklich, sie heiratet den Autor und wird mit ihm und Lizzy zu einer Bilderbuchfamilie. Und das Stück läuft zwanzig Wochen am Theater – «eine erfüllte, abwechslungsreiche und befriedigende Karriere». Lana Turner machte danach noch drei Filme: den bereits erwähnten Horrorfilm *Verfolgung* aus dem Jahr 1974, mit dem sie der alten Eleanor Parker in *Grüne Augen in der Nacht* (1969) den Rang als beste Darstellerin in einem Katzendrama streitig machte, *Bittersüße Liebe* (1976) und 1980 *Witches Brew. Dosierter Mord* ist neben *Verfolgung* der absurdeste unter ihnen. Dieses Vermächtnis hinterließ uns Lana Turner bei ihrem Tod am 29. Juni 1995, und so wird sie uns also in Erinnerung bleiben: «Die Erde ist voll von Gräbern, aber nirgendwo ein Grab für mich.» Oder, um den Meister des absurden Schlußtableaus, Eugéne Ionesco, zu zitieren (aus *Der König stirbt*): «Bist du nun lebendiger, weil du tot bist?» Der Zuschauer kann diese Frage nur mit einem lauten, festen Ja beantworten. Lebendiger denn je.

«SIE NANNTEN MICH BLUTIGE OLGA»

BARBARA VALENTIN
IN: *DIE INSEL DER BLUTIGEN PLANTAGE (1983)*

Ein spektakuläres Opening: Englischer Titelsong *The Island of the Bloody Plantation* von Jürgen Marcus. Zwei blonde bikinibekleidete Mädchen treiben in einem kleinen Boot auf eine Insel zu, laufen auf den Strand und werden sofort erschossen. So oder so ähnlich begannen in den 1970er Jahren auch die Kannibalenfilme von Ruggegore Deodato oder Umberto Lenzi – das Südseeparadies als Mädchenfalle. (Laut Kurt Raab hatten die Mädchen ihre Filmrollen im Preisausschreiben gewonnen.)

Um *Die Insel der blutigen Plantage* in diesen Kosmos einordnen zu können, muss man sich nur den der DVD-Veröffentlichung beigegebenen Kommentar des Produzenten Peter Kern anhören. Er erzählt, wie schwer es gewesen sei, die Filme seines Herzens zu machen, und dass dieser Film ihn von seinen finanziellen Sorgen «freischaufeln» und «viel Publikum finden» sollte, mit der Geschichte von einer Insel «voll mit Emotionen und voll mit Brutalität». Das ist ein ganz bewusster Umgang mit dem Spekulativen, wahres Camp aber, da capo für Susan Sontag, entsteht eben nicht bewusst. Der Film von Peter Kern ist also reiner Trash. Als solcher allerdings recht unterhaltsam, wobei der Hinweis des Regisseurs unbedingt befolgt werden sollte: «Schauen Sie sich den Film in Gruppen an!»

Auf einer Südseeinsel lässt ein böser Mensch (genannt Globotschnik, gespielt von Karl Otto Alberty) ein Heer von halbnackten Philippinen-Mädchen für sich schuften. Unterstützt wird er von seiner Gespielin (Barbara Valtentin). Wenn sie sagt: «Sie nannten mich blutige Olga», sieht es aus, als würde sie sich gleich vor Wollust ihre vollen Lippen lecken. Wer von den Mädchen nicht spurt, wird ausgepeitscht. Für den internationalen Markt war Globotschnik ein alter Nazi, für den deutschen Markt «haben wir natürlich Südamerikaner draus gemacht, da funktionierte das vor zwanzig Jahren mit Nazis nicht so recht» (Peter Kern).

Der von Udo Kier gespielte Hernando, ein Untergebener von Globotschnik, will das von ihm geliebte Philippinen-Mädchen retten; die Mädchen wollen unter ihrer Anführerin Rita fliehen, der Rest ist eigentlich ziemlich schnell erzählt: Hernando wird gefasst, er muss seine Geliebte auspeitschen, Rita wird gebrandmarkt und stirbt, der von Kurt Raab (der gleichzeitig auch Regie führte) gespielte Hauptmann ist schwul und hat Sex mit Philippinos (sogenannten «warmen Kanaken»), die von ihm Armaldo, Antonio, Ariel und Anastasio genannt werden. Es gibt philippinische Zwerge auf der Insel, einer davon führt eine Selbstgeißelung vor («Lass das, du geiler Zwerg», sagt daraufhin der andere Zwerg), es gibt einige unappetitliche Anspielungen auf nationalsozialistische Konzentrationslager, es gibt sogar eine Geisterbeschwörung, bei der die philippinischen Mädchen ein Volkslied a capella singen, dass so gar nichts von philippinischer Folklore an sich hat («In der Fackel hellem Schein geh' ins Reich der Ahnen ein») und zum Schluss sieht der Zuschauer fröhliche Eingeborene und darf nochmals den Titelsong von Jürgen Marcus hören. Garniert ist das Ganze mit vielen obszönen Dialogsätzen:

> «Pass auf das Gerät auf, aber steck's dir nicht rein!»
> «Ich dachte, du wärst 'ne gute Mösenakrobatin.»
> «Ich will meine Ruhe haben, ihr Südseepissnelken.»

Man muss dies alles nicht lustig finden, aber für die Vorführung in der Gruppe hat der Film sicherlich ein gewaltiges Spaßpotential.

In all dem Wahnsinn sieht Udo Kier blendend aus. Und Barbara Valentin gibt alles her, was in ihr steckt – ganz allgemein gesprochen. Inmitten all dieses schwachsinnigen Trash ist sie die einzige campe Überraschung – weil sie zu viel gibt. Während Udo Kier gar nichts tut, außer schön auszusehen, spielt sich die Valentin den Wolf, als gälte es, die Leinwand mit ihrer spektakulären Oberweite zu sprengen. Als sie Hernando, in den sie verliebt ist, mit seiner philippinischen Freundin im Kornfeld erwischt, sagt sie: «Du besorgst es mir jetzt, oder ich knall die Kleine ab!» Dazu dieser schnoddrige Valentin-Tonfall, und der Zuschauer glaubt sich fast in einer Parodie von Fassbinders *Angst essen Seele auf*. Während sie der Auspeitschung eines Mädchens zuschaut, auf einem Korbstuhl, den gut informierte Zuschauer aus den Bilitis-Filmen kennen, trägt sie Kostüm und Perücke, die wohl aussehen sollen wie zu Zeiten Marie Antoinettes. Allein, der Kostümetat war klein und so sieht sie eben doch nur wie ein Funkenmariechen aus dem

Kölner Karneval aus. Schade, Barbara Valentin war eine Darstellerin von Gnaden, gemerkt hat es außer Fassbinder kaum jemand und so ist *Die Insel der blutigen Plantage* ein etwas merkwürdiges Memento ihrer Kunst. Nach Aussage von Peter Kern soll sie aber während der Dreharbeiten viel Freude mit jungen Eingeborenen gehabt haben.

Der rundum sympathische Peter Kern gibt sich übrigens über den Status seines Films keinen Illusionen hin. Sein Wunsch war es, dass er die Auszeichnung «Gremmy» für den schlechtesten Film der Welt bekommt. Die Ehefrau des Regisseurs Wolfgang Gremm, Regina Ziegler - die noch schlechtere Filme produziert hat als *Die Insel der blutigen Plantage* -, weigerte sich jedoch, den Namen ihres verstorbenen Ehemannes für diesen Preis zur Verfügung zu stellen. Schade.

Peter Kern macht immer noch Filme, gute und weniger gute, vor allem aber billig produzierte, und es bleibt zu hoffen, dass er sich nicht zuletzt von der DVD-Auswertung dieser deutschen Antwort auf italienisches Exploitation-Kino Filme seines Herzens finanzieren konnte.

DER ZUSCHAUER SOLL RICHTIG GUT UNTERHALTEN WERDEN

VERONICA LAKE
IN: *FLESH FEAST (1970)*

Der klassisch von vorne nach hinten lesende Leser hat zu diesem Zeitpunkt schon viele schräge Filme kennenlernen und viele alte Frauen auf der Reise in die «Verlorengegangenheit» (Gundolf S. Freyermuth) begleiten dürfen. Darunter waren Trüffel des Trash-Kinos wie *Der Todesschrei der Hexen*, überwältigende Perlen des Camp wie *Dosierter Mord* und merkwürdige letzte Auftritte verblasster Stars wie *Der Millionenschatz*. Und genauso wie viele der vorgestellten Filme arbeitet auch der Aufbau dieses Buchs mit den Mitteln der allmählichen Überwältigung.

Einer der überwältigendsten, merkwürdigsten, seltsamsten, vor allem aber heitersten Filme in diesem Buch ist *Flesh Feast*. Produzentin und

Hauptdarstellerin dieses Films ist Veronika Lake, deren große Zeit die des Film Noir der 1940er Jahre gewesen ist. Zu dieser Zeit bildete sie zusammen mit Alan Ladd ein Traumgespann des Hollywoodkinos, und wenige andere weibliche Stars waren in der Rolle der eiskalten und eisblonden Schönheit so überzeugend wie sie – erotisch und geheimnisvoll zugleich. Das schöne, ebenmäßige Gesicht war meist zur Hälfte vom blonden Schopf verdeckt. In den 1950er Jahren begann ihr Stern zu sinken, und dann war es lange Zeit sehr still um Veronica Lake. Es waren wohl Geldsorgen, die sie dazu trieben, in den 1960er Jahren ein Comeback zu versuchen. Wie viele andere Stars früherer Jahrzehnte, die ab 1967 einen Eintrag im mehrbändigen Standardwerk *Whatever became of ???* von Richard Lamparski bekamen, ließ sich auch Veronica Lake vom Erfolg ehemaliger Kolleginnen im Horrorgenre beflügeln. *Footsteps in the Snow* machte 1966 den Anfang. Ein Jahr später folgte *Flesh Feast* der Firma «Viking International Pictures», produziert von Veronica Lake (nach Angaben ihres Biografen Jeff Lenburg soll sie den Film auch inszeniert haben). Der Film fand zunächst keinen Verleih und startete erst 1970 in den Kinos.

Der Film ist kurz, allein das macht ihn schon sympathisch. Er eröffnet mit geheimnisvollen geharnischten Geheimagenten am Flughafen, ein Reporter wird erstochen. Die danach folgende Titelsequenz, von heftigen Blech-Bläser-Klängen begleitet, ist genauso billig wie der Rest des Films und stimmt dennoch auf eine vergnügliche Zeit ein. Der Zuschauer soll richtig gut unterhalten werden, das ist in jedem Moment deutlich zu spüren.

Veronica Lake spielt Elaine Frederick, Ärztin und Leiterin eines Sanatoriums irgendwo in Südamerika. Ihre Vergangenheit ist voller Geheimnisse: «You know, I went through the war!» Veronica Lake trägt beim ersten Auftritt ein schlichtes schwarz-weißes Kostüm. Da passiert ein erster Fauxpas: Als sie die Jacke des Kostüms auszieht, sieht man ihren Winkschwabbel, die Hautmasse, die beim Heben des Armes schlaff herunterhängt und sich beim Winken in beide Richtungen bewegt. Barbra Streisand wäre das nicht passiert. Eine hinzukommende Krankenschwester sagt: «I'm afraid of that woman!» Der Zuschauer ist es auch, aber das ist ja auch der Sinn und Zweck der sogenannten Mad-Scientist-Filme, denen Veronica Lake hier eine sehr schöne Gender-Variante hinzufügt. Nicht ungeschickt werden weitere Anspielungen auf die Vergangenheit von Elaine Frederick platziert: «They must never find out about my mother.» Immerhin erfährt man, dass Elaine mit Maden experimentiert. Die Tierchen ernähren sich von Leichen, und anschließend setzt sie die mit verwesendem Gewebe gefütterten Maden anderen Menschen auf die Haut. Der Alterungsprozess wird dadurch aufgehalten und die Haut sieht auf einmal wieder schön und alterslos aus – «We're making the dead serve the living». Es ist wirklich hanebüchener Blödsinn, aber – jetzt mal ehrlich – auch nicht so sehr viel unwahrscheinlicher als die Oil-of-Olaz-Werbung mit Jane Fonda.

Die Maden sind gefräßig. Deshalb werden Leichen aus Krankenhäusern geschmuggelt und zersägt, um die unersättlichen kleinen Biester damit zu ernähren. Doch nicht nur mit Maden ist der Film bevölkert, sondern auch mit völlig unbegabten Laiendarstellern – es ist wirklich eine Freude. Am liebsten ist mir die Darstellerin der Krankenschwester Gail, Dianne Wilhite. Die macht sich, neugierig wie Schneiders Weib, auf die Beine, um das geheimnisvolle Labor ihrer Chefin auszukundschaften. Was sie dort sieht, bringt sie erstaunlicherweise nicht zum Lachen. An der Decke hängt eine Leiche, jedenfalls soll es so aussehen als ob. In Wirklichkeit ist es eine Puppe mit Perücke, was deutlich zu erkennen ist. Dianne Wilhite jedenfalls schreit wie am Spieß und will gar nicht mehr aufhören. Sie ist eine der überzeugendsten Scream-Queens der Leinwand – eine legitime Nachfolgerin von Hope Summers. An deren ohrenbetäubende Schreierei in William Castles *Mörderisch* von 1961 hat sich diese außerordentlich talentierte Darstellerin ganz offensichtlich orientiert.

Nebenbei passieren andere merkwürdige Dinge: Ein Patient namens Max Bauer wird behandelt, bandelt mit einer der Krankenschwestern an und ermordet sie, was deren Liebhaber José zu Recht sehr verärgert. Es hat keinen Sinn, die Ereignisse der Handlung einem logischen Konzept zuordnen zu wollen. Es gibt keins, all diese Wendungen dienen nur dazu, das Interesse der Zuschauer bis zum Finale wachzuhalten. Das gelingt in der Tat hervorragend.

Doch dann, Trärä, Tusch, Krawumm, das Finale. Ein Mann mit Stock und Sonnenbrille tritt auf. Er wird respektvoll begrüßt: «My Commander, we've been anxiously awaiting your arrival! All is prepared in the laboratory.» Und als hätte der Film nicht schon genug an höherem Blödsinn geboten, steuert er nun auf eine geradezu unglaubliche Pointe zu. Es ist tatsächlich Adolf

Hitler, der sich hier mal schnell ein bisschen verjüngen lassen möchte. Es ist natürlich nicht der Führer, sondern der Darsteller Otto Schlesinger mit einer schwarzen Perücke, aber wenn man sich einen kleinen Ruck gibt und noch eine Tasse Schnaps trinkt, dann sieht er Adolf Hitler eigentlich gar nicht so unähnlich. Die Hypothese, Adolf Hitler sei noch auf die ein oder andere Weise am Leben, hat dem Trash-Kino einige seiner schönsten Momente geschenkt. Gern erinnert man sich an das Gehirn Adolf Hitlers in dem Film *They saved Hitler's Brain* von 1968, das von getreuen Nationalsozialisten auf einer kleinen sonnigen Südseeinsel liebevoll gepflegt wird, um zu gegebener Zeit die neuerliche Eroberung der Weltherrschaft in die Wege zu leiten. Aber Otto Schlesinger in *Flesh Feast* ist einfach umwerfend und mindestens genauso lustig wie Bruno Ganz in *Der Untergang*. Sein schauspielerischer Angang ist heiterer, weniger erdenschwer als der des Schweizer Mimen, und zielt außerdem weniger auf eine Imitation von Gestik und Artikulation als vielmehr auf eine eigenständige, wenn auch vielleicht etwas eigenwillige Interpretation. «Little is known», schreibt Charles P. Mitchell in seiner *Hitler-Filmography*, «about Otto Schlesinger except, that he served as a grip for *Flesh Feast*. In fact, most of the cast doubled as members of the crew. Schlesinger was able to produce a rather amusing and comedic German accent.»

Elaine Frederick schnallt Hitler auf dem OP-Tisch fest, und zwar mit Blick auf das Bild ihrer Mutter an der Wand. Nun erfährt der Zuschauer auch endlich, was es mit der Mutter auf sich hat: An ihr wurden im KZ Ravensbrück medizinische Experimente vorgenommen: «Oh yes, she was in the service of the Third Reich as a guinea pig for this treatment». Hitler wird das zu bunt und er antwortet: «Nonsens, what we've been doing at Ravensbrück was for the medical science and for the glory of the Third Reich.» Wobei Otto Schlesinger das ‹a› von Ravensbrück sehr dehnt und das ‹ü› selbstverständlich nicht aussprechen kann, sodass es klingt wie Raaavensbruuuck. Elaine Frederick hat nun ihrerseits keine Lust mehr, sich den Blödsinn anzuhören und setzt einzelne Maden auf Hitlers Gesicht. Dazu kneift sie ein Auge zusammen und schneidet ein Gesicht wie James Finlaysen, der zum Gegenschlag ausholt, nachdem Stan Laurel und Oliver Hardy ihm gerade das Haus auseinandergenommen haben. Nun bekommt es Hitler mit der Angst zu tun und es entspinnt sich folgender Dialog:

> «Sind Sie verrückt ... Damit hatte ich nichts zu tun. Das waren Eichmann und Goebbels!»
> «Nein, Sie waren es, nur Sie! Auch dies hier geschieht nur im Interesse der medizinischen Forschung, jetzt kriegen Sie, was Sie gewollt haben!»

Spätestens hier gibt es kein Halten mehr und jeder Zuschauer, der sich seinen Sinn für Humor noch nicht mit deutschen Komödien mit Til Schweiger verdorben hat, wird sich vor Lachen auf dem Boden wälzen. Elaine bewirft Hitler aus vollen Händen mit allen vorhandenen Maden, wobei Charles P. Mitchell die interessante Beobachtung gemacht hat, dass es sich dabei wohl eher um Getreide- oder Reiskörner handelt.

Vor dem Labor gibt es dann noch eine Schießerei, und in der letzten Einstellung sieht man Elaine Frederick vor dem Bild ihrer Mutter die Hand heben. Dann ruft sie dem sich im Todeskampf windenden Führer entgegen: «Heil Hitler!»

Flesh Feast ist einer der lustigsten Filme aller Zeiten und stellt in seiner eindringlichen und gleichzeitig feinhumorigen Auseinandersetzung mit dem Dritten Reich Filme wie *Der Untergang* ohne Zweifel in den Schatten. Obwohl auch der sehr komisch ist. In Deutschland ist *Flesh Feast* nie in die Kinos gekommen, dabei hätten die Deutschen es doch so nötig gehabt, einmal richtig über Hitler zu lachen, weil nur herzhaftes Lachen wirklich befreit. Generationen von Deutschen hätten ohne Margarete und Alexander Mitscherlich auskommen können.

Innerhalb des Camp- und Trash-Kosmos ist *Flesh Feast* ein Sonderfall. Im Gegensatz zum thematisch ähnlich gelagerten Film *Die Insel der blutigen Plantage* erscheint die Herangehensweise weniger bewusst. Aber auch in den «Weird Sixties» dürfte keiner der Beteiligten einen riesigen finanziellen Gewinn erwartet haben. Und um Camp zu sein, ist der Film zu sehr auf Effekt angelegt. Während Camp-Filme daran zu erkennen sind, dass sie zu viel geben, legt *Flesh Feast* sich in einigen Punkten zu wenig ins Zeug. Die Leiche im Geheimlabor ist schon ein erbärmlicher Trickeffekt. Es handelt sich also, wenn überhaupt, um die «Art Pauvre» des Camp.

Veronika Lake jedenfalls scheint beim Drehen einen Heidenspaß gehabt zu haben, und auch das widerspricht den Gesetzen des Camp. Sie ist eine der entspanntesten alten Frauen, die je in schlechten Filmen gespielt haben, und drehte nach *Flesh Feast* bedauerlicherweise keinen einzigen Film mehr. Sie zog es vor, wenige Jahre später zu sterben und ihre sterbliche Hülle den Maden zu überlassen.

«A VERY HOT HAND FOR AN AUNT»

ELEANOR PARKER
IN: *GRÜNE AUGEN IN DER NACHT (1969)*

Das Katzen-Capriccio *Grüne Augen in der Nacht* dürfte auch Gruselfans weithin unbekannt sein. Der Film wird kaum auf Festivals gezeigt, ist jedoch als deutschsprachige DVD erhältlich. Die in den USA inoffiziell zu erwerbende DVD scheint eine Kopie eines alten VHS-Bandes zu sein. Wie auch immer – die Mühe lohnt sich. *Grüne Augen in der Nacht* ist in vielerlei Beziehung ein echtes Juwel.

Zuerst einmal ist *Grüne Augen* ein Genrefilm und der Sparte des Tierhorrorfilms zuzurechnen. Heutige Zuschauer denken bei Tierhorror sicher zuerst an *Der weiße Hai* (1975) oder *Piranhas* (1978) und deren zahlreiche Nachfolger. In diesen und ähnlichen Filmen wie *Frogs – Killer aus dem Sumpf* (1972) mit Ray Milland oder *Mörderspinnen* (1977) mit William Shatner kommen bedauerlicherweise kaum alte Frauen vor. Dabei hatte Alfred Hitchcock in *Die Vögel* (1963), dem Klassiker, auf den sich alle Nachfolger mehr oder weniger deutlich beziehen, Jessica Tandy in der mittleren Phase ihrer Karriere eine bedeutende Rolle als eifersüchtige Mutter von Rod Taylor zugewiesen. Sonst sind es eher die abseitigeren Werke des Genres, in denen sich hin und wieder ältere Damen in der Spätphase ihrer Karriere im Kampf mit diversem Getier bewähren müssen:

Olivia De Havilland in *Der tödliche Schwarm* (1978) gegen wildgewordene Killerbienen,
Janet Leigh in *Night of the Lepus* (aka *Rabbits*, 1972) gegen hüpfende Riesenkaninchen,

Patty McCormack, der ehemalige Kinderstar, in *Feuerkäfer* (1975) gar gegen elektrisch aufgeladene Kakerlaken,
Pier Angeli und Shelley Winters gegen Tiefseemutationen, die erste 1971 in *Octaman - Die Bestie aus der Tiefe*, letztere 1977 in *Der Polyp - Die Bestie mit den Todesarmen*,
Joan Collins, das spätere *Denver*-Biest, befand sich 1977 *In der Gewalt der Riesenameisen*,
und Ruth Roman schließlich kämpfte im gleichen Jahr und in ihrem letzten Film, *Tierterror in der Sierra Nova*, gegen verschiedene Tiere der Wildnis, denen die erhöhten Ozonwerte schlecht bekommen waren.

Je billiger der Film und je schlechter die Tricks, desto größer das Vergnügen. Bei den Riesenkarnickeln in *Night of the Lepus* handelt es sich um Aufnahmen von normalgroßen Kaninchen, die lediglich vergrößert und in den Film kopiert wurden. Janet Leigh damit kämpfen zu sehen ist zwar keine sehr subtile, aber dennoch eine recht große Freude - eine Wonne der Gewöhnlichkeit.

Die bezaubernde Eleanor Parker in *Grüne Augen in der Nacht* muss sich nicht gegen Katzen verteidigen, sondern gegen Erbschleicher - trotzdem spielen die possierlichen Vierbeiner (echt und unvergrößert) eine nicht zu unterschätzende Rolle.

Aunt Danny (Eleanor Parker) lebt mit ihren vielen Katzen und ihrem vielen Geld in ihrem großen Haus in noch größerer Einsamkeit. Außerdem verbringt sie den größten Teil ihres Lebens wegen eines Lungenemphysems im Rollstuhl und im Beatmungszelt. In der Darstellung von Paralysierten hatte Eleanor Parker schon als Opernsängerin Marjorie Lawrence in *Unterbrochene Melodie* (1955) und als Frau von Frank Sinatra in *Der Mann mit dem goldenen Arm* (1955) Erfahrungen sammeln können - sie bewegt sich also entsprechend routiniert in ihrem Rollstuhl vorwärts. Im Fach der ungeliebten Tante war sie erstmals 1965 in *Meine Lieder, meine Träume* in Erscheinung aufgetreten - die lieben kleinen singenden Trapp-Kinder gaben damals der von Julie Andrews gespielten Maria den Vorzug.

Einer der Neffen von Aunt Danny, Luke (Tim Henry,) verrichtet Chauffeurdienste. So auch im Vorspann, der uns neben der Silhouette einer schleichenden Katze (es handelt sich um die dressierte und nach Ciceros Tochter benannte Katze Tullia) die Autofahrt von Aunt Danny in einen Schönheitssalon zeigt, wo die Millionärin dann einen Schlaganfall erleidet – nicht etwa nur via Splitscreen, sondern gleich mit viergeteilter Leinwand. Dazu hören wir einen dieser unglaublich coolen Soundtracks aus der Feder von Lalo Schifrin – und das Leben vor der Leinwand kann kaum kapriziöser sein!

Aunt Danny hat ihr Vermögen den zahlreichen Katzen vermacht. Ihre Kosmetikerin Kassia Lancaster (Gayle Hunnicutt) empfindet das als Verschwendung und heckt einen Plan aus. Die Tante soll dazu gebracht werden, das Vermögen statt der Katzen ihrem zweiten Neffen Wylie zu überschreiben. Dazu muss Wylie erst einmal das Vertrauen und die Zuneigung seiner Tante gewinnen.

Kassia verfolgt zu diesem Zweck eine komplexe Strategie. Sie überrascht Wylie (Michael Sarrazin) im Bett mit einer Blondine und überzeugt ihn von ihrem eigenen erotischen Mehrwert. Tatsächlich gelingt es ihr, den jungen Mann mit sich zu nehmen. In ihrer Liebeslaube angekommen, befiehlt sie Wylie sich auszuziehen, geht aber überraschenderweise nicht mit ihm ins Bett, sondern lässt ihm eine kosmetische Ganzkörperbehandlung zukommen. So absurd das auch klingen mag – es ist eine der sinnlichsten Verführungsszenen des amerikanischen Kinos, vollführt von der bis zum kleinen Zeh anbetungswürdigen Gail Hunnicutt und somit ein Meilenstein des feministischen Kinos; nur hat das noch keiner gemerkt. Wylie hat die passive Rolle. Er lässt sich behandeln, beschaut sich im Spiegel und sagt: «You could see, that I was once desastrously beautiful.» Worauf Kassia antwortet: «Drop your pants off.»

Es gibt nur einen einzigen Haken – Wylie leidet seit seiner frühen Jugend unter Ailurophobie, der Angst vor Katzen. Doch Aunt Danny ist so einsam und sehnt sich so nach Wylies Gesellschaft, dass Luke ihre Katzen mit rohem Fleisch in die Limousine locken und an einem entfernten Ort aussetzen muss. Kassia wird derweil heimlich im Haus der Tante untergebracht und versucht nun, zusammen mit Wylie die Tante zu Tode zu erschrecken. Das geht leider daneben, denn die Dame erfreut sich überraschend guter Nerven. Fast gelingt es jedoch, sie in ihrem Rollstuhl eine der in San Francisco so häufigen abschüssigen Straßen hinunterrollen zu lassen. Doch die Katzen haben mit dem ihnen angeborenen siebten Sinn währenddessen gemerkt, welch abgekartetes Spiel gespielt wird, und sie kommen zurück, um Aunt Danny zu retten ...

Das Drehbuch von Joseph Stefano hat noch einige weitere schöne Twists zu bieten. Nur einige davon sollen verraten werden: Wylie wird natürlich zwischenzeitlich von seiner Ailurophobie außer Gefecht gesetzt, ist aber nicht der eigentliche Bösewicht der Geschichte, und mindestens eine der Hauptpersonen wird von den Katzen unter lautem Gekreische zerfleischt.

Es wäre unhöflich, das Drehbuch von Stefano, der immerhin auch Hitchcocks *Psycho* (1960) schrieb, als wenig stringent zu bezeichnen, tatsächlich aber ist es durch seine Geschwätzigkeit der Schwachpunkt des Films. Doch davon abgesehen ist der Film ein Fundus freudigen Frohsinns: Die bezaubernde Gayle Hunnicutt, der bedauerlicherweise nur eine kurze Filmkarriere beschieden war – sie dürfte als Vanessa Beaumont in der Serie *Dallas* am ehesten in Erinnerung geblieben sein – und die sich in diesem Film nicht zuletzt einen atemberaubenden Zweikampf mit einer Frau leistet (eine Reminiszenz an das Camp-Meisterwerk *Das Tal der Puppen* von 1967), zwei Beefcake-Boys (Michael Sarrazin, der oft halbnackt und in einer Szene in der Badewanne komplett nackt zu sehen ist, und Tim Henry mit ebenfalls gut definierter Muskulatur), den auf leisen Pfoten daherkommenden Score von Lalo Schiffrin und die grausige Geräuschkulisse schreiender und fauchender Katzen. Zudem atmet das Ganze den Geist der beginnenden 1970er Jahre, der mit frivoler Freizügigkeit die sexuelle Emanzipation feierte. Als Aunt Danny versucht, Wylie zu verführen, setzt Eleanor Parker einen recht ungezogenen Gesichtsausdruck auf und legt ihre Hand auf den oberen Teil seines linken Oberschenkels. «You have a very hot hand», sagt dieser darauf, «for an aunt.» Und wenn Kassia und Wylie auf einer Kiffer-Party mit Heteros und Homos zu Gast sind und ein schwules Pärchen «one of the first non-judgemental gay jokes» (Mark A. Hodgson) macht: «I told my mother, that I was a laid homosexual», sagt der eine, und der andere fährt fort: «She said, better late than never!»

Doch von all dem abgesehen ist die Hauptattraktion des Films natürlich Eleanor Parker – *The Woman of Thousand Faces,* wie die Biografie von Doug McClelland behauptet. Von ihren tausend Gesichtern zeigt Eleanor Parker in *Grüne Augen in der Nacht* bedauerlicherweise nur einen winzig kleinen Teil: das Gesicht des ungläubigen Entsetzens, wenn sie im Rollstuhl die

Straße hinabrollt, das des schleichenden Entsetzens, wenn sie wieder einen ihrer Anfälle bekommt, und das des argwöhnischen Entsetzens, wenn sie bemerkt, dass Kassia sie um die Ecke bringen will. So nimmt es nicht wunder, dass Doug McClelland zwar voll des Lobes ist, mit den Worten «whose grateful omnipresent menace is amplified by chilling close-ups of its expressive face» jedoch nicht Eleanor Parker beschreibt, sondern «Tullia, the well trained tabby», Aunt Dannys Katze mit dem altphilologischen Namen. Eleanor Parker hätte sich der Worte W. C. Fields erinnern sollen: «Never work with animals or children.»

«BABY DOESN'T STAND!»

RUTH ROMAN
IN: *THE BABY (1973)*

Die 1970er waren die letzte Blütezeit des amerikanischen Films. Die großen Studios waren am Ende und unabhängige Produzenten machten sich daran, die letzten Tabus zu brechen. Davon profitierte besonders der Horrorfilm. Neben Großproduktionen wie *Der Exorzist* und *Das Omen* und den ersten bedeutenden Slasher-Filmen kamen ab Ende der 1960er Jahre auch eine ganze Reihe von kleinen, billig produzierten Horrorfilmen und Thrillern in die Kinos. Für einige altgediente Stars war das ein (hoffentlich) einträgliches Geschäft. Als irre Mörderinnen oder gequälte Behinderte tauchte so manches vergessene Gesicht auf einmal wieder auf der Leinwand auf: Olivia de Havilland in *The Cage*, Agnes Moorehead in *Dear Dead Delilah*, Jeanne Crain in *Hot Rods to Hell*, Gloria Grahame in *Mansion of the Doomed* und so weiter und so weiter.

Ein besonders merkwürdiger Film aus dieser Zeit mit einem besonders denkwürdigen Auftritt einer verblichenen Leinwandschönheit entstand 1973 unter der Regie von Ted Post mit einem Drehbuch von Abe Polsky – *The Baby*.

Ruth Roman gibt uns hier die Schlampe. Ältere Zuschauer werden sich ihrer Schönheit am ehesten durch ihre Rolle in Hitchcocks *Der Fremde im Zug* an der Seite von Farley Granger erinnern. Farley Granger war übrigens in seinen späten Jahren auch in einer Reihe von billigen Horrorfilmen zu sehen, zum Beispiel in *Schön, nackt und liebestoll*, *Der Tod trägt schwarzes Leder* und *Die Forke des Todes*. Aber alte Schwule in schlechten Filmen sind hier nicht das Thema.

Der Ort des Geschehens ist eins dieser unheimlichen Häuser in Südstaatenarchitektur, die spätestens seit *Wiegenlied für eine Leiche* zur Ikonographie des Horrorfilms gehören. Hier lebt Ruth Roman (erster Auftritt in roten Stiefeln, mit wilder Perücke und einem großgemusterten Kleid im Stil der 1970er Jahre) zusammen mit ihren beiden eindeutig nymphomanischen Töchtern Germaine (Marianna Hill) und Alba (Susanne Zenor), wobei Erstere aussieht wie eine günstige Ausgabe von Audrey Landers. Und dann gibt es da noch *The Baby*. Das stellt sich als einigermaßen erwachsener junger Mann heraus (David Manzy), der von Mutter und Schwestern in einem Kinderjäckchen im Laufgitter gehalten wird, nur krabbeln kann und Grunzgeräusche von sich gibt. Ab und zu versucht er mit einem Ball zu spielen. Ein amerikanischer Albtraum mit einer dysfunktionalen Familie, wie sie in den verunsicherten Zeiten nach dem Vietnam-Krieg im Horrorgenre üblich war.

Probleme in diesem Idyll gibt es erst, als sich eine Sozialarbeiterin mit einem dunklen Geheimnis (Anjanette Comer als Ann Gentry) anschickt, Baby aus seinem Laufgitter zu befreien. Spätestens als Baby an der Brust der Sozialarbeiterin nuckeln will, wird Mutti Ruth Roman sehr, sehr böse und prügelt den weiblichen Eindringling aus dem Haus. Alle Versuche, Baby zu einem aufrechten Gang zu verhelfen, sind damit erst einmal gescheitert. Denn kaum wurde die Sozialarbeiterin vertrieben, wird Baby mit Stromstößen traktiert: «Baby doesn't stand!» Anschließend steigt eine der Schwestern zu Baby ins Bett.

Doch die tapfere Sozialarbeiterin gibt nicht auf, sie will den Zurückgebliebenen in eine Klinik einliefern. Scheinbar schließt sie Frieden mit der Familie und erscheint zur Geburtstagsfeier von Baby. Baby wird mit Sahnetorte vollgestopft und brabbelt unverständlich vor sich hin, während Ruth Roman zugekifft mit diversen Männern herumknutscht und wilde Tänze vollführt. Diese Form von schauspielerischem Draufgängertum mag Fans von Ruth

Roman damals überrascht haben. Von ihrer damenhaften Ausstrahlung (die ihre verletzliche und sexuelle Ausstrahlung stets verbarg) in Films Noirs wie *Verfolgt* (1951), Melodramen wie *Geborgtes Glück* (1952) oder Western wie *Über den Todespass* (1954) ist in *The Baby* jedenfalls nichts übrig geblieben. Ende der 1950er Jahre stagnierte ihre Karriere und sie war nur noch sporadisch auf der Leinwand zu sehen. 1956 überlebte sie den Untergang der Andrea Doria. Ihr letzter Film war ein Öko-Thriller, *Tierterror in der Sierra Nova* (1977) Den Film *The Baby* soll sie laut Aussage von Paul Roen gehasst haben. Es ist ihm nicht anzumerken, ganz im Gegenteil: Dass sie offenbar wissentlich gegen ihr Image der distinguierten Dame anspielt und vor allem, mit welcher Verve sie das tut, beschert diesem verkannten Meisterwerk viele unvergessliche Momente.

Nun überstürzen sich die Ereignisse. Die Sozialarbeiterin wird von den drei Grazien betäubt und gefesselt. Doch Baby befreit sie aus dieser misslichen Lage und beiden gelingt die Flucht. Mutter und Schwestern ziehen fluchend hinterher, es gibt Kämpfe mit einem riesigen Küchenmesser, einen Zweikampf mit einer Axt und tollen Zooms, aufgeschnittenen Kehlen, viel Blut und viele Leichen. Und da, als man schon denkt, der Film sei zu Ende, läuft die Regie von Ted Post mit einem wahrhaft diabolischen Finale noch einmal zur Höchstform auf ...

The Baby ist ein Meisterwerk. Kameraarbeit und Musik erzeugen eine wirklich gruselige Atmosphäre, die Darsteller sind allesamt eine Klasse für sich, der Spannungsbogen ist formidable, weil der Zuschauer die ganze Zeit im Unklaren gelassen wird, alles ist politisch unkorrekt (Wer würde sich heute trauen, einen so kruden Film über Sex mit Behinderten zu drehen?) und gleichzeitig ein Kommentar der aktuellen Zeitströmungen, also Zeitkino, um das sich Regisseure heutzutage so oft vergeblich bemühen. Denn das dunkle Geheimnis, welches die Sozialarbeiterin umgab, klärt sich auf. Ihr Mann ist bei einem Unfall, an dem sie sich die Schuld gibt, zu einem brabbelnden, sabbernden Idioten geworden. Sie will Baby gar nicht, wie der Zuschauer denkt, zum aufrechten Gang verhelfen, sondern ihn lediglich als Playmate für ihren Mann missbrauchen, den sie im Schlafzimmer gefangen hält. Im letzten Bild sieht man die Frau mit den beiden behinderten Männern am Pool Wasserball spielen. So sahen (nicht nur) amerikanische Männerängste in den 1970er Jahren, in den Zeiten kämpferischen Feminismus', aus: Eine intelligente, attraktive, berufstätige Frau in einem Pool mit zwei grenzdebilen Männern, die ab und zu an ihrer Brust nuckeln können, aber ansonsten zu nichts zu gebrauchen sind. Großartig!

ENTSPANNT IN SEXUELLEN DINGEN

ALIDA VALLI & ANITA EKBERG IN: *GESTÄNDNIS EINER NONNE (1978)*

Als die sogenannten Bahnhofskinos Mitte der 1990er Jahre langsam aber endgültig verschwanden, verschwand damit auch ein ganzes Genre von Filmen. Quentin Tarantino und Robert Rodriguez haben diesen Filmen mit ihrem Grindhouse-Doppel *Death Proof - Todsicher* und *Planet Terror* (beide 2007) ein Denkmal gesetzt.

Filme, die in Bahnhofskinos liefen, waren die Schmuddelkinder der Filmgeschichte, weil in ihnen gezeigt wurde, was bei Ingmar Bergman, Michelangelo Antonioni und David Lean nicht oder höchstens in sehr kleinen künstlerischen Dosen vorkam: Blut, Sperma und Scheiße. Nach der Lockerung der Zensur, der Einführung des Privatfernsehens und der Erfindung des Internets ist solches Exploitation-Kino obsolet geworden. Die Italiener waren auf dem Gebiet besonders erfinderisch: Sie erfanden den Kannibalenfilm, den Splatterfilm und mit der *Mondo*-Filmreihe auch die sogenannten Shockumentarys. Bruno Matthei zeigte beispielsweise in *Libido Mania – Alle Abarten dieser Welt* (1979) verschiedene Spielarten von Sexualität wie Nekrophilie, Sado-Masochismus und Koprophilie in schöner Ausführlichkeit – als Dokumentation getarnt.

Ein besonders beliebtes Genre bei den katholischen Italienern waren Filme mit Nonnen – sogenannte Nunploitation. Steve Fentone hat in seinem Buch *AntiCristo – The Bible of Nasty Nun Sinema and Culture* hunderte von Beispielen zusammengetragen. Ein besonders notorisches Beispiel ist *Geständnis einer Nonne* von Guilio Berruti aus dem Jahr 1978.

Der Vorspann verrät, dass sich der Film auf Ereignisse in Europa vor ein paar Jahren bezieht, denn es ist natürlich eine wahre Geschichte, die uns Giulio Berruti da kredenzt. Dass nicht alles mit rechten Dingen zugeht in dieser kirchlich unterstützten Heilanstalt, merkt der Zuschauer verhältnismäßig schnell – die Nonnen haben einfach zu viel Kajal aufgelegt. Schwester Gertrude, die Leiterin, ist nach ihrer Tumor-Operation nicht mehr dieselbe, sie hat Albträume und versucht ihrer durch Morphium Herr zu werden. Deswegen kippt sie ab und an aus den Latschen und neigt zu Zornesausbrüchen. Als ihre Patientin Josephine zum Essen wieder einmal ihre dritten Zähne in einem Glas auf den Esstisch stellt, schmeißt Gertrude das Glas kurzerhand auf den Boden und trampelt auf den Zähnen herum. Nun hat Josephine nicht einmal mehr Zähne, um ins Gras zu beißen und regt sich darüber verständlicherweise so sehr auf, dass sie einen Infarkt erleidet und auf diese Weise stirbt. Es scheint also nicht völlig ausgeschlossen, dass Schwester Gertrude auch zu den brutalen Morden in der Lage ist, die sich in der Anstalt seit kurzem ereignen ...

Die Handlung bei dieser Art von Filmen nachzuerzählen ist ein überflüssiges Unterfangen – weil es darauf nicht ankommt. Sie bleibt auch hier eine Behauptung, um die grauslichen Morde, die dirty language und die expliziten, meist lesbischen Sexszenen in einen einigermaßen geordneten Ablauf zu integrieren. Man sollte *Geständnis einer Nonne* also eher wie einen Spaziergang über unbekanntes Terrain voller Überraschungen genießen. Da kann man Joe Dallessandro bestaunen, der zur Zeit der Herstellung des Films immer noch gut aussah, sich aber leider nicht auszieht, kann sich bei ein paar wirklich ekligen Morden hinter seinem Sofakissen oder Jackenzipfel verstecken und vielen nackten Nonnen bei ihrem Treiben zusehen. Denn unter ihrem Habit sind ziemlich freche Früchtchen versteckt ... Eine besondere Überraschung ist die wunderbare Alida Valli als Mutter Oberin. Sie hat zwei Szenen zu spielen und es ist eine kurze, aber große Freude, ihr dabei zuzusehen. Das gealterte aber immer noch schöne Gesicht eröffnet Erinnerungsräume für jeden Zuschauer. Denn obwohl Alida Valli vielen Horrorfilmen eine gewisse Noblesse verliehen hat, war sie vor allem ein Star in so unterschiedlichen Filmen wie *Der dritte Mann* (1949) von Carol Reed, *Der Fall Paradin* (1947) von Alfred Hitchcock und *Sehnsucht* (1954) von Luchino Visconti. Letzterer ein überbordendes Melodram mit zwei der schönsten Menschen der Filmgeschichte – Alida Valli und Farley Granger. Doch ihre schönste Rolle war die der Anna Schmidt in Carol Reeds *Der dritte Mann*. Hier spielt sie die Geliebte von Harry Lime (Orson Welles), und obwohl sie um dessen Untaten weiß, verrät sie ihn nicht. Limes Freund Holly Martins (Joseph Cotton) tut genau das. «Zwei Minuten dauerte ihre größte Szene», schrieb Michael Althen in der FAZ, «zwei endlose Minuten, mit denen Alida Valli in die Filmgeschichte eingegangen ist, weil sie darin die unstillbare Sehnsucht des Publikums nach einem glücklichen Ende wie kaum eine andere missachtet hat.» Wenn sie auf dem Zentralfriedhof in Wien zu den Zither-Klängen Anton Karas' an Joseph Cotton vorbeigeht, ohne ihn auch nur eines Blickes zu würdigen, bleibt jedem Zuschauer jedes Mal aufs Neue das Herz stehen. Wenn man bedenkt, wie Hollywood den Schluss des *Blauen Engel* gegenüber Heinrich Manns Romanvorlage geschönt hat, mag man kaum glauben, dass der Film sich hier so souverän über das Happy End des Graham-Green-Romans hinwegsetzt!

Alida Valli wurde in Hollywood nicht glücklich und ging zurück nach Italien. Dort ruinierte sie sich die Karriere, weil sie dem Musiker Piero Piccioni, dem Sohn des damaligen italienischen Außenministers, ein Alibi verschaffte. Er war der Hauptverdächtige im Prozess um den Mord am Partygirl Wilma Montesi. Valli fing von vorne an, spielte Theater und in George Franjus Klassiker *Augen ohne Gesicht* (1959) ihre erste Rolle in einem Horrorfilm. Danach sah man sie bei Pasolini *(Edipo Re*, 1967), bei Mario Bava (*Lisa e il diavolo*, 1974), bei Bertolucci (*1900*, 1976) und bei Argento (*Suspiria*, 1976). 2002 spielte sie ihre letzte Rolle in *Semana Santa – Die Bruderschaft des Todes*, ein Horrorfilm von Pepe Danquart. Im Jahr 2006 ist sie verstorben.

Die Hauptrolle in diesem Film spielte natürlich nicht Alida Valli, sondern Anita Ekberg, und es ist ein veritables Vergnügen, einer der letzten Sex-Göttinnen der Leinwand zuzusehen. Das 1931 in Malmö geborene Busenwunder war eine der wenigen schwedischen Schauspielerinnen, die nie in einem Film von Ingmar Bergman auftraten und es trotzdem zu internationalem Ruhm brachten. Ihr Bad in der Fontana di Trevi in Fellinis *La Dolce Vita* (1960) gehört zum festen Bestand kinematographischer Ikonen. Freunde des Abseitigen werden sich natürlich noch an ihre verrückte Tänzerin in Gerd Oswalds *Screaming Mimi* (1958) erinnern – doch sonst? «Anita has graced more bad films than most», schreibt Linda Martin in ihrem Standardwerk *The Continental Actress*. Je älter sie wurde, desto obskurer wurden ihre Filme. Es sei dahingestellt, ob Anita Ekberg jemals eine gute Schauspielerin gewesen ist, den dramatischen Anforderungen dieses Films, Wahnsinn und Drogenabhängigkeit darzustellen, ist sie jedenfalls kaum gewachsen. Es ist trotzdem ein Heidenspaß ihr zuzusehen, weil ihr guter Wille zählt. Sie gibt sich so unendlich viel Mühe, die Sätze des Drehbuchs zum Klingen zu bringen, dass jede Art von Erbsenzählerei als beckmesserisch und bösartig erscheinen muss. Es gibt einen wundervollen Teil in *Geständnis einer Nonne*, in der sie ihren Habit ablegt, in die nahegelegene Stadt reist, mit wogendem Busen durch die die Straßen flaniert, um einen Mann aufzureißen und sich in irgendeinem Hausflur von ihm ficken zu lassen – das alles untermalt vom Easy-Listening-Soundtrack von Alessandro Alessandroni. Diese Szene verbreitet eine Ahnung davon, wie frei und entspannt die 1970er Jahre in sexuellen Dingen tatsächlich waren.

Schwester Gertrude ist natürlich nicht für die Morde verantwortlich, aber das nicht wirklich überraschende Ende soll trotzdem nicht verraten werden ... Eine Warnung zum Schluss: Wenn Sie *Die Geschichte einer Nonne* (1959) mit Audrey Hepburn, *Die schwarze Narzisse* (1947) mit Deborah Kerr oder *Dominique – Die singende Nonne* (1966) mit Debbie Reynolds mögen, werden Sie an *Geständnis einer Nonne* nicht viel Freude haben.

«THE ONLY THING THAT MATTERS IS WITH WHO YOU DO»

CAROL CHANNING
IN: *SKIDOO (1968)*

Otto Preminger war bekannt dafür, in seinen Filmen heiße Eisen anzupacken und diese Filme gegen alle Widerstände durchzuboxen, egal, ob sie von Drogenabhängigen handelten (*Der Mann mit dem goldenen Arm*, 1955), der Gründung des Staates Israel (*Exodus*, 1960), der katholischen Kirche (*Der Kardinal*, 1961), dem amerikanischen Rechtssystem (*Anatomie eines Mordes*, 1959) oder Homosexuellen, Entstellten und Behinderten in einer Wohngemeinschaft (*Tell Me That You Love Me, Junie Moon*, 1970). Er war nicht gerade als besonders freundlicher Mensch bekannt und machte Jean Seberg, einer damals unbekannten jungen Studentin ohne Schauspielausbildung, die er als *Heilige Johanna* (1957) gecastet hatte, während der Dreharbeiten das Leben zur Hölle. Er hat einige sehr gute Filme gedreht (*Laura*, 1944; *Fluss ohne Wiederkehr*, 1954; *Bonjour Tristesse*, 1958), einige weniger gute (*So gute Freunde*, 1971), einige schlechte (*Unternehmen Rosebud*, 1975) und einen Film, bei dem die Kategorien schlecht und gut schlichtweg versagen: *Skidoo*.

Spätestens 1969, als *Easy Rider* ein großer Erfolg geworden war, erzitterten die Grundfesten des alten Hollywood ein letztes Mal, bevor sie endgültig zusammenbrachen. Hollywood versuchte auf den fahrenden Zug aufzuspringen und Filme für junge Menschen mit blühenden Träumen zu machen. Doch handelten die Verantwortlichen entweder zu spät, wie im Fall der Verfilmung des Musicals *Hair*, die erst 1979 auf die Leinwand kam, elf Jahre nach der erfolgreichen Aufführungsserie am Broadway, oder es kamen ganz merkwürdige Filme dabei heraus: *Head* (1968) von Bob Rafalson über die Selbstfindung der Rockgruppe The Monkeys, *Myra Breckinridge* (1970) von Michael Sarne mit Mae West, der alt gewordenen Ikone der freien Liebe, und *Up The Sandbox* (1972) von Irvin Kershner, in dem Barbra Streisand sich als von ihrem Leben gelangweilte Frau in bizarre Träume flüchtet. In diesen Träumen sucht sie in Afrika inmitten von Eingeborenen das Geheimnis schmerzloser Geburt zu ergründen und will außerdem zusammen mit einer Terroristengruppe die Freiheitsstatue in die Luft sprengen.

Otto Preminger muss man zugutehalten, dass er immerhin schnell reagierte, *Skidoo* entstand bereits 1968. Man kann sich vorstellen, wie glatzköpfige Männer in den höheren Etagen der Studios ihre graumelierten Bärte strichen und getreu dem alten Marika-Rökk-Schlager sagten: «Lass doch mal den kleinen Otto ran, denn das ist der Mann, der alles kann!» Was also lag näher, als 1968 einen Film über LSD, Bewusstseinserweiterung, Flower-Power und freie Liebe zu drehen, ganz besonders, nachdem der Regisseur sich selbst einem LSD-Experiment unter der Leitung von Timothy Leary unterzogen hatte.

Der Drehbuchautor Doran William Cannon erinnert sich:

«Otto gefiel die Idee, Hippies gegen die Mafia auszuspielen, die im Film das Establishment verkörpern. Ich nehme an, so hat sich die Mafia selbst auch gesehen.»

Skidoo wurde trotzdem der größte Flop in der Karriere von Otto Preminger, von den Kritikern wurde der Film geradezu in der Luft zerrissen. Nach der Premiere schrieb Vincent Canby in der New York Times:

> «*Skidoo* ist nur etwas für Preminger-Fans oder für Leute, die sich gern das Hirn an harten Gegenständen quetschen. Der Film kommt daher wie eine Komödie, aber die völlige Abwesenheit von Humor, seine verspätete Zeitgenossenschaft, das manchmal wundervoll und teuer aussehende San Francisco und das beharrliche Leugnen, dass eine Katastrophe bevorsteht – all das gibt dem Film die unübersehbare Preminger-Prägung.»

Für den Misserfolg gibt es einige offensichtliche Gründe. Dass Preminger für einen Film, der sich an die auf- und ausbrechende Jugend richtete, ausgerechnet die ganz alte Garde – Frankie Avalon, Cesar Romero, Mickey Rooney, Jackie Gleason, George Raft und Groucho Marx – engagierte, scheint keine ganz glückliche Entscheidung gewesen sein. Für eine Komödie ist der Film einfach nicht lustig genug. Von den Jung-Stars des Films wie Alexandra Hay hat man später nie wieder etwas gehört. Auch die Idee, LSD mittels einer Gangstergeschichte unter die Leute zu bringen ... Preminger-Biograf Foster Hirsch legte den Finger in die offene Wunde des Films:

> «Statt einer Komödie, die auf dem aktuellen Zeitgeist schwimmt, und mit der Preminger sein Image hätte erneuern können, ist *Skidoo* eine weder hippe noch komische Geschichte über männliche Angstzustände in der zweiten Lebenshälfte geworden.»

Diesen Gedanken nimmt auch Michael Sauter in *The Worst Movies of All Time* auf, wenn er schreibt:

> «*Skidoo* ist Premingers Versuch, sich mit den neuen sozialen Bewegungen der späten Sechziger auseinanderzusetzen. Dummerweise hatte

er wohl nicht die leiseste Idee, was da gerade vorging und warum. Und selbst, wenn er es gewusst hätte, hätte er keinen unterhaltsamen Film daraus machen können.»

Wie dem auch sei, die Geschichte ist schnell erzählt:

Der Gangsterboss God (Groucho Marx in seiner letzten Rolle) will sich mit Hilfe eines orientierungslosen Hippies (John Philipp Law) den jugendlichen Markt für Drogenabsatz erschließen. Der ehemalige Gangster Tough Tony (Jackie Gleason) soll im Gefängnis einen Informanten (Mickey Rooney) ausspionieren. Seine Frau Flo (Carol Channing) muss sich mittlerweile mit den langhaarigen Peaceniks auseinandersetzen, die ihre Tochter (Alexandra Hay) eingeladen hat. John Philipp Law hat das Problem dieses Projekts sehr schön auf den Punkt gebracht: «We all hoped that Otto had a concept.»

Damit diese dünne Geschichte etwas Fleisch auf die Rippen bekam, wurden alle Einfälle endlos ausgedehnt und alles mit ganz viel Musik des Singer-Songwriters Harry Nilsson aufbereitet. Das ist das Grundproblem von *Skidoo* – viele der an sich lustigen Ideen wurden zu Tode geritten. Die totale, mabuseähnliche Überwachung auf der Yacht an verschiedenen Bildschirmen führt zu nichts, obwohl Groucho Marx der Technisierung ein paar komödiantische Glanzlichter abringt. Die Hippies sehen aus wie eine Delegation des Kölner Karnevals, und Frankie Avalon wird auch ohne Annette Funicello nicht zu einem guten Schauspieler. Der große Clou war damals natürlich die lange LSD-Sequenz im Gefängnis, die dem Film unter Afficionados einen gewissen Kultstatus gesichert hat. Alle sind high, das Gefängnispersonal singt, Farbfilter suggerieren verschiedene Bewusstseinszustände und es gibt tanzende Abfalltonnen, die von ferne an Oskar Schlemmers *Triadisches Ballett* erinnern. Ja, das reizt zum Lachen, aber nur, weil alles so fürchterlich dilettantisch gemacht ist und angesichts der tricktechnisch nicht besonders furchteinflößenden Flucht im Ballon sehnt man sich geradezu nach *In 80 Tagen um die Welt* mit David Niven als Phileas Fogg zurück. Alle Gefängnisinsassen landen mit dem Ballon auf der Yacht, alle anderen Beteiligten auch, und nun ist es endlich Zeit, Carol Channing den Schlusssong anstimmen zu lassen.

Es gelingt Carol Channing buchstäblich im letzten Moment, Otto

Premingers Flower-Power-Opus zu retten, und es ist wirklich traurig, dass ihr komödiantisches Talent in keinem Film von Bedeutung festgehalten wurde. Immerhin, für ihre kleine Rolle in *Modern Millie – Reicher Mann gesucht* (1967) an der Seite von Julie Andrews und der alten Beatrice Lillie bekam sie eine Oscar-Nominierung für die beste Nebenrolle (und verlor gegen Estelle Parsons in *Bonnie und Clyde*). Ihr großer Erfolg auf der Bühne als Lorelei Lee in *Blondinen bevorzugt* wurde im Film von Marilyn Monroe übernommen. Das mag noch einigermaßen verständlich sein, weil Carol Channing selbst in ihren jungen Jahren einen ältlichen Charme versprühte und gegen die schiere Erotik der Monroe niemals hätte gewinnen können. Dass allerdings Channings zweiter großer Broadway-Erfolg, die Rolle der Heiratsvermittlerin Dolly Levi in *Hello, Dolly*, in der Filmversion ausgerechnet der für diese Rolle viel zu jungen Barbra Streisand anvertraut wurde, ist ein Verbrechen. So muss man sich an das halten, was konserviert wurde: Tonaufnahmen von Channings großen Broadway-Erfolgen, ein witziger Auftritt in der *Sesamstraße* mit einer Parodie des Titelsong aus *Hello, Dolly*, eine Folge der *Muppet-Show*, in der sie zusammen mit Miss Piggy duettiert (natürlich mit *Diamonds are a girl's best friend*), das eine oder andere Fernsehspecial wie zum Beispiel *Carol Channing and Pearl Bailey: On Broadway*, in dem sie als Milchmann Tevje in einem glitzernden Herren-Anzug steckend eine Transgender-Version von *Wenn ich einmal reich wär* zum Besten gibt. Und *Skidoo*. Hier trägt sie voller Würde merkwürdige, aber wahrscheinlich bewusstseinserweiternde Kostüme (in einem sieht sie wirklich aus wie Bibo aus der Sesamstraße) und verlässt sich ansonsten ganz auf ihre Manierismen: das Aufreißen ihrer großen Augen und diese unvergessliche Stimme, die dem Quaken eines Frosches nicht unähnlich ist, der gleichzeitig begattet und von einem Laster überfahren wird. Zum Finale von *Skidoo* steckt sie in einer Piratenuniform, die sie aussehen lässt wie einen weiblichen Vorläufer von Captain Jack Sparrow, und sie verkündet die Moral des Films:

> «There are sun power, gun power, atomic power, burn power, power power, flower power, gold power and no power; and if power´s all we really understand we take the power of the flower and the power of the dove and put them both together and we love them to get, ummm ...»

Dann dreht sie sich zu ihren Piraten der Karibik um, ruft «Shout» und singt den Titelsong:

> «Skidoo, skidoo, the only thing that matters is with who you do,
> Skidoo, skidoo, the only thing that matters is for you.»

Auch die Schlusssequenz des Films ist wie alles in dem Film zu ausgedehnt, um zu überzeugen, aber Carol Channing zuzusehen macht einfach Freude. Vielleicht auch deshalb, weil der Eindruck entsteht, als hätte Preminger nicht besonders lange geprobt. So hüpft sie über das Boot, singt den albernen Text, versucht sich zwischendurch am Scat-Gesang (sie klingt dabei wie Ella Fitzgerald auf LSD *und* Helium) und wirft sich in alle möglichen und unmöglichen Posen. Auf einem Massagesessel lässt sie sich richtig durchrütteln und ist gleichzeitig bemüht, die Beine zusammenzukneifen, damit ihr niemand unters sehr kurze Röckchen gucken kann. Doch den «Millionen-Dollar-Muschihaar-Schnappschuss» (Robert Evans) gab es erst 1992 in *Basic Instinct,* als Flower-Power als Lebensgefühl schon lange ausgedient hatte. Preminger wäre für einen solchen «Schuss» der richtige Mann gewesen, aber so weit war Hollywood 1968 dann doch noch nicht und es bleibt fraglich, ob Otto dafür nicht lieber Alexandra Hay statt Carol Channing ausgewählt hätte. Channing selbst äußerte sich jedenfalls wenig begeistert über Otto:

> «Preminger war ein wunderbarer Regisseur, aber ich habe nicht gern mit ihm gearbeitet. Es machte ihm Spaß, mich vor der ganzen Truppe fertigzumachen. Ich habe geglaubt, ich käme am besten durch, wenn ich zu allem Ja und Amen sage, aber es hat nicht geklappt. Es war, als ob man in einem Albtraum den Mund öffnet und keinen Ton herausbringt. Ich habe mir den Film nicht angesehen und werde das auch in Zukunft nicht tun.»

Zum Schluss des Films sieht man Groucho Marx in einem Hare-Krishna-Outfit mit einer Wasserpfeife auf einem Boot davonsegeln, dazu singt Harry Nilsson den kompletten Stab und die Besetzung der Produktion einschließlich Copyright-Angaben. Einigermaßen rätselhaft bleibt die Bedeutung des

Wortes Skidoo. *Skid* heißt im amerikanischen Englisch rutschen, und vielleicht sind die Vokale wie beim Morgensternschen Wiesel nur des Reimes wegen angehängt. Dann wäre *Skidoo* am ehesten mit «lass rutschen» zu übersetzen, und das passt ja auf die eine oder andere Weise zum Inhalt des Films. Es ist aber unter dem Strich auch völlig egal, wie eben der ganze Film völlig egal ist, «garantiert ohne höheren Wert» (Silvia Hallersleben). Mit guten Freunden kann man sich gerade deshalb einen schönen Abend mit *Skidoo* machen – an hohen kirchlichen Feiertagen oder zum Jahreswechsel. So bleibt mir nichts anderes übrig, als den Herren einen guten Rutsch zu wünschen und den Damen von vornherein alles Gute!

«Und was das arme Herz auch sehnt und dichtet, zum Schlusse kommt das Voneinandergehn», heißt es im *Trompeter von Säckingen*, einer Oper, die genau so selten gezeigt wird wie *Skidoo*. So ist auch diese Reise zu den trostlosen Tiefpunkten und heillosen Höhepunkten der Filmgeschichte an ihrem Ende angekommen.

Es war der Wunsch des Autors, dieses Buch nicht nur mit dem Text über *Skidoo* zu beenden, sondern es auch mit einem Grußwort der von ihm verehrten Comédienne Carol Channing beginnen zu lassen. Das wäre wirklich «zu schön gewesen» aber «es hat nicht sollen» sein. Carol Channing wird niemals über *Skidoo* reden, und wenn sie es könnte, würde sie ihren Auftritt in diesem Film ungeschehen machen, wie aus ihrer Umgebung zu erfahren war.

Zwar ist *Skidoo* mittlerweile auf DVD erschienen, trotzdem ist dieser Film wie viele im Buch gewürdigte Schauspielerinnen und die merkwürdigen Zeugnisse ihrer Kunst schon heute dem Vergessen anheimgefallen. Was läge also näher, als dieser Kulturgeschichte des Verschwindens einen letzten Gruß aus jenem Land nachzurufen, das die Vergänglichkeit zu seinem Lebensgefühl erhoben hat und in dem gerade deshalb das Erinnern an Glanz und Größe vergangener Tage und Taten einen angemessenen Platz einnimmt – Österreich!

«DER MENSCH IST WAS MÜRBES»

ELFRIEDE OTT
IN: *DIE UNBEABSICHTIGTE ENTFÜHRUNG DER FRAU ELFRIEDE OTT (2010)*

Die österreichische Volkskomödie hat, trotz der sprachlichen und räumlichen Nähe zu Deutschland, ein sehr eigenes Arsenal an Typen entwickelt, das «Mädel aus der Vorstadt», den «Grantler» oder den «Zauberkönig». Von den Kanzleiräten, Geheimen Hofräten und Ballhusaren einmal ganz abgesehen. Diese Tradition ist immer noch lebendig, in einigen Theaterstücken Felix Mitterers und Peter Turrinis, aber auch im Kabarett austriakischer Prägung. Österreich verfügte freilich auch immer über Darsteller, die diese Typen mit Leben erfüllen konnten, ob die nun eher von Kabarett und Chanson herkamen wie Cissy Kraner oder vom Schauspiel wie Jane Tilden. Das Mädel aus der Vorstadt beispielsweise wurde in Hugo Wieners Chanson *Ich wünsch mir zum Geburtstag einen Vorderzahn* durch Cissy Kraner lebendig, und eine bessere Trafikantin (auch eine Volksstück-Type: aus Horváths *Geschichten aus dem Wienerwald*) als die von Jane Tilden wird es nie geben. Sie gab der typisch österreichischen Melange aus Verletzlichkeit und Bösartigkeit mit dem echt goldenen Wiener Ton ein Gesicht. Für sie gilt, was Hannes Hintermeier über die österreichische Schauspielerin, Kabarettistin und Diseuse Louise Martini geschrieben hat:

«Niemals hätte sie jene hörbigerhafte Daueranständigkeit spielen wollen, die hierzulande mit österreichischem Charme verwechselt wird.»

Eine der letzten Überlebenden dieser Ära von Schauspielerinnen und Diseusen ist die Kammerschauspielerin Frau Professor Elfriede Ott. Sie ist volkstümlicher als Erni Mangold und komischer als Erika Pluhar.

Unterricht hatte die Frau Professor bei der K.u.K.-Hofschauspielerin Lotte Medelsky – jetziger Aufenthaltsort Hietzinger Friedhof, Gruppe 34, Nr. 241. Ihr erstes Engagement führte sie ans Burgtheater. Elfriede Ott ist das, was man früher eine «quicke» oder «resche» Darstellerin nannte. Das machte ihren besonders großen Erfolg im Theater in der Josefstadt aus, wo sie das Komödienhandwerk unter anderem an der Seite ihres damaligen Ehemannes, des bekannten Kabarettisten Ernst Waldbrunn, erlernte. Nach Waldbrunn (heutzutage auf dem Wiener Zentralfriedhof, Gruppe 40, Nr. 55 zu besuchen) lebte sie mit dem österreichischen Kritiker und Kaffeehausliteraten Hans Weigel zusammen (heute Zentralfriedhof, Gruppe 33 G, Nr. 79). Durch die österreichische Serie *Hallo, Hotel Sacher, Portier* dürfte Elfriede Ott auch den Zuschauern in Deutschland bekannt sein. Ihre Musikaufnahmen österreichischer Spezialitäten (z.B. *Phantasie in Ö-Dur*) sind im guten Fachhandel immer noch erhältlich und sie selbst steht in Österreich auch immer wieder auf der Bühne. In *Der Panther* war sie 2007 an der Seite von Fritz Muliar in Wien in den Kammerspielen zu sehen.

Es war also sicherlich eine gute und naheliegende Idee, der Kammerschauspielerin eine Komödie auf den Leib zu schneidern. 2010 war es so weit: Elfriede Ott spielte die Hauptrolle in *Die unbeabsichtigte Entführung der Frau Elfriede Ott* von Andreas Prochaska. Darin tut sie, der Titel deutet es schon an, was sie am besten kann: Elfriede Ott sein. Der Film spielt in Graz, die Ott spielt dort gerade die Hauptrolle in einem Nestroy-Stück. (Im wirklichen Leben leitet sie seit 1983 die Nestroy-Festspiele auf Burg Liechtenstein in Maria Enzersdorf bei Wien und spielt dort inmitten der von ihr unterrichteten Schüler. Nur die Hauptrollen, versteht sich, und nie Rollen über dreißig.) In Graz lebt auch der Habenichts Horst (Andreas Kiendl). Der kassiert die Rente und Pflegeversicherung seiner Oma, die bereits seit Längerem verstorben ist. Das Geld verbraucht er zusammen mit seinem Freund, dem Tunichtgut Toni (Michael Ostrowski). Der «pudert», wie man im Österreichischen sagt, Horsts Freundin. Auf Deutsch: Er hat Geschlechtsverkehr mit ihr. Das Unglück nimmt seinen Lauf, als ein Stadtvertreter seinen Besuch ankündigt, um der Oma zum 95. Geburtstag zu gratulieren. «Sich den Kopf über alles zu zerbrechen», erzählt eine Stimme aus dem Off, «führt oft zu nichts. Dennoch sollte man schon einen gewissen Plan haben, wenn man illegales Geld aus der Pensions- und Krankenkasse der Republik Österreich bezieht.» Eine Oma muss her. Da trifft es sich gut, dass Frau Professor Ott gerade mit ihrem elektrischen Fahrstuhl von der Bühne ins Parkett gefahren ist und im Spital liegt. Von dort entführt sie Toni, die lebende Elfriede ist schließlich überzeugender als die Gummipuppe, die Horst als Oma zu verkleiden versucht hat. Oma Elfriede wird also in die Wohnung der Verstorbenen verbracht. Toni besorgt sich in der Bazillen-Bar Pferdebetäubungsmittel. «Das macht riesige Sachen», verrät die Wirtsfrau, «die Hauptschüler drüben haben's auch recht gern.» Damit wird Oma Ott betäubt. Das Pferdebetäubungsmittel macht tatsächlich «riesige Sachen»: Elfriede Ott singt *Ich bin das Mädel aus der Vorstadt*, wiehert und furzt dazu wie ein Pferd. Horst und Toni wissen allerdings erst, wen sie da entführt haben, als sie ein Bild der Entführten in der Zeitung sehen. «Wenn du dich nur ein bisschen für Kultur interessieren würdest», schreit Horst Toni entgegen: «Die entführte Elfriede Ott liegt in meiner Wohnung.» Das Kulturbewusstsein hat also nicht nur in Deutschland, sondern auch in Österreich nachgelassen. Nur mit dem Unterschied, dass in Deutschland niemand auf die Idee kommen würde, einen Kinofilm mit Edith Hancke zu drehen.

Es kommt dann noch zu diversen Verwicklungen, in denen ein Autohändler und die ungarische Mafia eine Rolle spielen und in denen der Neffe der Frau Ott versucht, diese bei der Lösegeldübergabe zu erschießen, um ans Erbe zu kommen. Ihren Hund Spatzi hat er zu diesem Zeitpunkt bereits getötet, kulinarisch verarbeitet und verspeist.

Der Regisseur führt alle diese Handlungsstränge zwar überzeugend zusammen, aber das komödiantische Verhältnis zwischen Beschleunigung und Verlangsamung ist nicht gänzlich überzeugend: Der Film nimmt für eine Komödie einfach nicht genug an Fahrt auf, und die Musik vom Kollegium Kalksberg behauptet eine Modernität, der die langbärtigen Witze an keiner Stelle standhalten. So muss der afrikanische Angestellte des Autohändlers tatsächlich sagen: «Ich arbeite schwarz.» Und auch der alte Kalauer: «Aus Spaß wurde Ernst. Ernst ist vier Monate alt», ist mal wieder zu hören. Die lustigeren Gags stammen von der Stimme des Erzählers aus dem Off, die, wie sich später herausstellt, zu einem voyeuristischen Nachbarn und Trafikanten gehören: «Die Bazillen-Bar verdankt ihren Namen der unmittelbaren Nähe zum Krankenhaus.»

Schade. Das Potenzial für eine sehr gute Komödie war vorhanden. Die Darsteller sind als Typen alle überzeugend, und viele Scherze haben für Liebhaber österreichischer Lebensart und österreichischen Humors ihren Reiz: Etwa wenn Horst für Elfriede Ott, dem nunmehr wiehernden «Mädel aus der Vorstadt», auf deren ausdrücklichen Wunsch eine Biskottentorte mit abgelaufenen Mannerschnitten (einer österreichischen Waffel-Spezialität, Original Neapolitaner-Schnitten der Firma Josef Manner) bäckt.

Zum Schluss kommen alle Beteiligten in der Wohnung der verstorbenen

Oma zusammen. Horst will Toni erschießen, wird aber von Elfriede Ott aufgehalten:

> «Junger Mann, Sie können doch keinen erschießen, das ist doch keine Lösung, da kommen's ja selber ins Gefängnis.»
> Stattdessen schießt sie auf ihren Neffen:
> «Manchmal geht's nicht anders. Außerdem war das Notwehr. Mein Neffe hat versucht, mich zu ermorden, aber die netten jungen Herren hab'n mich gerettet, indem sie mich als Sexpuppe verkleidet haben.»

Dann gibt es die Schlussapotheose, von allen singend vorgetragen und in Elfriede Otts Textzeile gipfelnd: «Die einen hab'n a Beutel und die andern das Geld» – ein Mozart-Zitat aus den Bäsle-Briefen (5.11.1777). Damit reiht sich *Die unbeabsichtigte Entführung der Frau Elfriede Ott* unmittelbar in eine ganz spezifische österreichische Tradition der Schicksalsgläubigkeit ein, die schon Victor Léon und Leo Fall in der Operette *Der fidele Bauer* thematisiert hatten:

> «Jeder tragt sein Pinkerl und steht oft im Winkerl,
> Gar viel Leid und net viel Freud, so ist's ja seit Ewigkeit.
> Doch der Himmelvater, wohl ein Einseh'n hat er,
> Denn im Heil'gen Buch da steht: Wer niedrig ist der wird erhöht.»

Und auch Hans Moser wusste singend, dass es gar nichts nutzt, «wenn's der Herrgott net will». Dass diese ausgestellte Bescheidenheit und Jenseitsgläubigkeit in Österreich freilich immer nur die halbe Wahrheit war, hat Hugo von Hofmannsthal anlässlich einer Feierlichkeit im Jahr 1904 für den notleidenden Kaffeehausliteraten Peter Altenberg sehr schön beschrieben:

> «Altenberg selbst, in einem Fauteuil, etwas abseits der anderen, wohnt der Beratung bei. Er verdeckt das Gesicht mit der Hand. ‹Ich bin ein Bettler und ein Sterbender›, murmelt er vor sich hin, ‹was wollt ihr denn von mir? Lasst mich ruhig sterben.›
> Da steht die hübscheste Frau des Kreises auf: die junge zarte Frau des Architekten Loos. ‹Ich liebe Altenberg mehr als ihr alle›, sagt sie, ‹ich

> liebe seine Seele und die Gebärden seiner Seele. Und ich weiß nichts Schöneres als ihn sterben zu sehen, in einem Winkel, mit einer dürftigen Decke zugedeckt. O rührt nicht an das Wunder dieses Sterbens. Pauvre Lélian! Wer wollte ihn um die Schönheit seines Sterbens bringen?› – Da schnellt Altenberg wütend aus seinem Fauteuil auf. ‹Dumme Gans›, schreit er sie an, ‹verfluchte dumme Gans! Ich will nicht sterben! Ich will leben! Ich will ein warmes Zimmer mit einem Gasofen, einen amerikanischen Schaukelstuhl, eine Rente, Orange Jam, Kraftsuppe, Filets Mignon; ich will leben!›»

«Ja, der Mensch ist was Mürbes», sagt Elfriede Ott, und in dieser Mürbe liegt denn doch der Charme der Komödie, die trotz aller Mängel alles in den Schatten stellt, was an deutschen Komödien in den Kinos gezeigt wird. Während des Abspanns sieht man Elfriede Ott und Horst auf dem Friedhof. Dort besuchen sie das Grab des armen Hundes Spatzi. Elfriede hat alle Strafen von Horst bezahlt und die beiden gehen gemeinsam einer glücklichen Zukunft entgegen (trotz eines gefühlten Altersunterschiedes von fünfzig Jahren) – der arme kleine Horst und die berühmte Elfriede. «Aber die Berühmtheit», sagt sie, «die ist doch nix wert.» Wie wahr. Genau deshalb konnte in Österreich auch eine Filmkomödie mit einer betagten Kammerschauspielerin in der Haupt- und Titelrolle in die Kinos gelangen: «Wer niedrig ist, der wird erhöht!»

«ICH BIN EIN HOMO, WIE SIE SAGEN»

ÜBER ALTE FRAUEN MANCHERLEI GESCHLECHTS

In vielen der vorangegangenen Texte ist von Maskenspiel die Rede, von Verkleidung, von schwuler Identifikation (nicht nur) mit alten Frauen. Ab den 1960er Jahren, dem Zeitalter der sexuellen Befreiung, schafften zunehmend offen schwule Schauspieler den Sprung auf die Leinwand, lesbische und schwule Charaktere waren auf einmal – wenn auch meist karikierend wie der homosexuelle Schauspieler George Sanders in einer Drag-Rolle in *Der Brief an den Kreml* (1970) – im Mainstream-Kino zu sehen. 1972 hatte Charles Aznavour gesungen *Ich bin ein Homo, wie sie sagen.* Darin war von einem einsamen homosexuellen Travestiekünstler die Rede, zusammenlebend mit Mutter, Kater und Kanari. Abends träumt er sich mittels der Kunst der Travestie in ein anderes Leben. Das war lange Zeit auch das Bild Homosexueller im Film: Künstlerisch begabt, aber einsam und traurig. Das heutige Angebot an positiven schwulen und lesbischen Identifikationsfiguren in Filmen und Serien täuscht darüber hinweg, dass noch bis in die 1990er Jahre Schwule auf der Leinwand meist unglücklich verliebte ältere Herren waren, die sich am Schluss des Films das Leben nahmen wie der von Philippe Noiret dargestellte Dr. Fadigati in *Brille mit Goldrand* (1987).

Es ist mir Freude und Bedürfnis zugleich, vier Filme zu diesem Themenkomplex vorzustellen; der letzte, eine lesbische Beziehungskomödie, ist zudem ein recht guter und gut gealterter Film. Bemerkenswerterweise sind die beiden neueren Filme aus den Jahren 1999 und 2011 gegenüber dem Film aus dem Jahr 1968 ein Rückschritt.

Brandung (1968) ist die Verfilmung eines der späten Theaterstücke von Tennessee Williams (*Der Milchzug hält hier nicht mehr*), für die der Theaterkritiker Georg Hensel das schöne Bonmot «Endstation Schwindsucht» geprägt hat. Williams schrieb es nach dem Tod seines Liebhabers Frank Merlo, und Taylor-Biograf Ellis Amburn bezeichnet es deshalb als die Darstellung von «homosexual angst through heterosexual characters, resulting in irrelevant pomposity». Das Stück floppte am Broadway sowohl in der Uraufführung mit Hermione Baddeley und Paul Roebling als auch im zweiten Anlauf mit Tallulah Bankhead und Tab Hunter. Die letztgenannte Besetzung war insofern spektakulär, als dass die Hauptrollen von einer Lesbe und einem Schwulen dargestellt wurden. (Eines der vielen Gerüchte, die den Film begleiten, besagt, dass Maria Callas für die Rolle der Flora Goforth angefragt wurde, und für die Rolle der Witch of Capri Katharine Hepburn. Das wäre wirklich eine Sause geworden!)

Im Film spielen Elizabeth Taylor und Richard Burton Flora Goforth und Chris Flanders, und *Brandung* ging in die Geschichte ein als der erste Film des Duos, der seine Kosten nicht einspielte. Wie auch? Der Werbeslogan «Sie tun Dinge, die Sie nie zuvor gesehen haben» wurde nun wirklich nicht eingelöst ... Die Millionärin Flora Goforth sitzt prächtig auf einer Mittelmeerinsel in einem schicken Bungalow (der in seinem Futurismus an die Behausung von Michelangelo Antonioni und Monica Vitti erinnert, «La Cupola» an der Costa Paradiso auf Sardinien) und diktiert ihre Memoiren. Sie ist schwerkrank und wird sterben, «ein sterbendes Monstrum», wie es im Film heißt. Als Chris Flanders auf der Insel erscheint, erwachen ihre Lebensgeister. Doch statt wildem Sex zu frönen, muss Flora Goforth ernüchtert feststellen, dass er die «beleidigende, zweifelhafte Auszeichnung» verdient, «der erste Mann [zu sein,] der jemals, jemals, jemals aus meinem Schlafzimmer ging, ohne in meinem Bett gewesen zu sein!» Denn Chris Flanders erweist sich als philosophierender Todesengel im Samurai-Kostüm: «Ich ging zu dem Hindu-Lehrer und ich sagte: ‹Meister, ich habe eben einem sterbenden alten Mann hinübergehen geholfen!› Und der antwortete mir: ‹Du hast deine Berufung gefunden!›» Es kann ja sein, dass es im Film um Religion geht, aber Geschwafel bleibt Geschwafel, und das ist auf Dauer quälend langweilig. Zudem ist es enervierend, Taylor auf der Tonlage eines schlecht gelaunten Biests einen ganzen Film über zu folgen. Die Monologe der Taylor sind, obwohl monothematisch, in sich durchaus widersprüchlich. Intellektuelles Vergnügen ist daraus nicht zu ziehen denn, wie ein großer deutscher Philosoph gesagt hat, jemand, der sich widerspricht, ist deshalb noch kein Dialektiker. Der deutsche Kritiker Werner Kließ schrieb nach der Premiere: «Es müsste herrlich sein, diesen Film ohne Ton zu sehen...» Taylors Overacting lässt zudem kaum Spielraum für Variationen, da hilft auch das kostbare Kabuki-Kostüm mit dem kolossalen Kopfputz nicht. Doch hat der Film seine schwule Gefolgschaft gefunden, nicht zuletzt dank John Waters, der den Film als «the best failed art movie ever» bezeichnete. (Bei der Gelegenheit: Joseph Losey war es auch, der die amerikanische und internationale Karriere der oben erwähnten Monica Vitti mit *Modesty Blaise – Die tödliche Lady* (1966) unter sich begrub.)

Interessant wird der Film durch die Besetzung der «Witch of Capri», einer Freundin der sterbenden Milliardärin. In der Uraufführung des Theaterstücks wurde die Rolle von Ruth Ford übernommen. Der besondere Clou der Verfilmung nun ist, dass die Rolle mit Noël Coward besetzt wurde, einer schwulen Ikone, der mit *Mad about the Boy* eine Hymne der Homosexuellenbewegung geschrieben hat. Eine spektakuläre Verkleidung als Frau wird dem erwartungsfrohen Zuschauer leider vorenthalten. Noël Coward ist einfach Noël Coward, sondert ein paar schlechte Sottisen ab («Capri ist ein Schlangennest geworden!»), lässt sich zur Teestunde von einem Einheimischen auf den Schultern tragen, fühlt sich als Nachtvogel, versteht aber «die Vogelsprache nicht», und lässt sich von Blutspenden ernähren (und ist natürlich scharf auf den attraktiven Todesengel Richard Burton). Er spielt (oder in diesem Fall: ist) eine dieser traurigen schwulen Figuren, mit denen Filme früher bevölkert wurden – sophisticated, aber sterbenseinsam (in diesem Fall leider auch noch sterbenslangweilig) –, und unterscheidet sich deshalb kaum von den vielen einsamen oder alten biologischen Frauen in schlechten Filmen. Er selbst bezeichnete sich auf Grund seiner Schlupflider als «den ältesten chinesischen Charakterdarsteller der Welt». Gar keine ganz verkehrte Selbsteinschätzung ... Ein dramaturgischer Mehrwert, irgendeine Idee, warum eine Frauenrolle mit einem Mann besetzt wurde, ist nicht zu erkennen. Wahrscheinlich wäre es der bessere Film geworden, hätte Noël Coward die Rolle der sterbenden Milliardärin gespielt und wäre mit den bombastischen Bulgari-Juwelen der Taylor behängt worden. (In einer Aufführung des Theaterstücks in den 1990er Jahren wurde Flora Goforth tatsächlich mit einem Mann besetzt, Rupert Everett.) Burton spielte mann-männliches Begehren dann ein Jahr später im Film *Unter der Treppe* (1969) unter der Regie von Stanley Donen an der Seite von «Sexy-Rexy», Rex Harrison. Schade, dass sich kein Regisseur fand, Noël Coward eine würdige Altersrolle zu schenken. Er wäre sicherlich eine ebenso großartige Elisabeth I. gewesen wie Quentin Crisp in *Orlando* (1992) von Sally Potter. Zu dem Zeitpunkt war Noël Coward jedoch bereits knapp 20 Jahre tot. Er verstarb 1973 auf Jamaica - hoffentlich in den Armen seines um 20 Jahre jüngeren Lebensgefährten und nicht in einem Pflegeheim für chinesische Charakterdarsteller.

Für ihre Darstellung des ***Albert Nobbs*** (2011) ging Glenn Close bei den Oscar-Verleihungen wieder einmal leer aus. Bis dato wurde sie achtmal nominiert und gewann die Trophäe kein einziges Mal. *Albert Nobbs* ist ein irisches Gesellschaftspanorama, basierend auf einer Kurzgeschichte von George Moore, stimmungsvoll bebildert und trotz der Regie von Rodrigo García, dem Sohn des Nobelpreisträgers García Márquez, ein papierenes Melodram. Worum geht es? Albert Nobbs arbeitet als Butler in einem Hotel im Irland des 19. Jahrhunderts, ist aber in Wirklichkeit eine Frau. Zum einen war das Leben als männlicher Hausangestellter seinerzeit offenbar leichter denn als Hausmädchen, und zum anderen die einzige Möglichkeit, als lesbische Frau ein Leben ohne Ehemann und Familie zu bewerkstelligen. Glenn Close sieht tatsächlich aus wie ein Mann, aber als in einer Szene die Brust aus dem Hemd purzelt, ist allen Zuschauern klar, dass es hier um die große Kunst der Travestie geht. Trickkleider mit herausfallenden Brüsten sind schließlich immer wieder Höhepunkte einer klassischen Travestie-Show. Albert Nobbs, beziehungsweise dessen weibliches Ego, ist unsterblich verliebt in das Dienstmädchen Helen (Mia Wasikowska). Die jedoch möchte mit Joe (Aaron Johnson) nach Amerika auswandern. Erst einmal jedoch nutzt sie Albert nach Strich und Faden aus, doch der möchte trotzdem zu und zu gern ein kleines Geschäft mit ihr aufmachen. Helen bekommt ein Kind von Joe, der segelt aber lieber alleine nach Übersee. Albert Nobbs stirbt, die bösartige Hotelbesitzerin findet dessen Erspartes unter einer Fußbodendiele, und der Arzt, der den Tod feststellt, sagt: «Ich weiß nicht, was Menschen dazu bringt, solch ein miserables Leben zu führen.» Tja ... Und was bringt Zuschauer dazu, sich solch einen trostlosen Film anzuschauen? Zweifelsohne die Star-Credibility von Glenn Close. Sie gibt alles, aber wer ihre wilden Grimassen in *101 Dalmatiner* als Cruella De Vil geliebt hat, wird von ihrer – vorsichtig ausgedrückt – zurückgenommenen Darstellung mehr als enttäuscht sein. Ihr maskenhaftes Gesicht zeigt kaum je eine Regung. Zweifelsohne ist es auch eine Leistung, mit minimalem mimischem Spiel einen Film zu tragen, und der Zuschauer kann sich einer gewissen Faszination nicht entziehen. Aber es ist doch eine Faszination, die man auch beim Betrachten eines Kugelfischs im Aquarium empfindet. Faszinierend allerdings ist, wie noch im Jahr 2011 lesbisches Begehren dargestellt wird: als eine irgendwie trostlose Maskerade. Ein paar mehr herausfallende Brüste hätten dem Film gutgetan! Bei den Oscar-Verleihungen 2012 verlor Glenn Close gegen Meryl Streep in einer ihrer Full-Make-up-Rollen, als Margaret Thatcher in *Die eiserne Lady* (2011)

1997 bewies Jack Nicholson in *Besser geht's nicht*, dass man mit der Wandlung vom Homohasser zum Freund schwuler, pudelbesitzender Nachbarn einen Oscar gewinnen kann. Dem wollte Robert De Niro in nichts nachstehen, sondern, ganz im Gegenteil, er wollte wohl den Erfolg des Films übertreffen – getreu dem Motto «Mehr ist Mehr». In ***Makellos*** (1999) musste also nicht nur ein schwuler Nachbar herhalten, sondern gleich eine Drag-Queen (Philip Seymour Hoffman). Rusty lebt in ihrem heruntergekommenen Appartement zwischen Glitzerfummeln, Liz-Taylor-Fotos und vielen, vielen Kerzen und fühlt sich ganz mies: «I'm lonely. I'm ugly. I'm a drag-queen.» (Wie sehnt man sich nach der Sängerin Luisa Tetrazzini zurück, die zwar am Ende ihres Lebens nach dem ausgiebigen Genuss italienischer Pasta auch aussah wie eine Drag-Queen, aber keineswegs weinerlich gewesen ist: «Ich bin alt. Ich bin fett. Aber ich bin immer die Tetrazzini!»)
Um auch noch dem letzten Zuschauer zu beweisen, dass das Leben als Transe, das Leben außerhalb der behaupteten Normalität, nie und nimmer schön sein kann, hat Rusty keinen sehnlicheren Wunsch als sich zur Frau umoperieren zu lassen. Doch Robert de Niro wollte sich nicht die Show stehlen lassen, und da er qua seiner Rolle als Ex-Cop keine schönen Kostüme tragen darf, kriegt er, schwuppdiwupp, einen Herzanfall und hat danach eine Sprachlähmung. Das gibt ihm die Gelegenheit, sich ausgiebig einem Oscar

(den er nicht bekam) entgegen zu weinen und zu schluchzen, mit seinem Krückstock zu tanzen und unverständliche Grunzlaute von sich zu geben, sodass man wirklich von einem oscarreifen Duell sprechen kann: dem Duell zweier Behinderter.

Drumherum hat der offen schwule, 2020 verstorbene Regisseur Joel Schumacher noch eine Reihe mehr oder weniger sinnloser Figuren hinzuerfunden: die Hure mit dem guten Herzen, einen schwulen Republikaner und einen bekifften Sänger und Gitarristen. Der singt ein Lied, das als Motto über dem gesamten Film stehen könnte: «Ashley, why did you trash me?» Tatsächlich ist dieser Film Trash, Abfall, in seiner ganzen verlogenen Sentimentalität und seinem vermeintlichen Eintreten für alternative Lebensformen – alles ausgedrückt durch dies grauenvolle Method-Acting von Robert de Niro und Philip Seymour Hoffman. Ich hoffe, dass ich jetzt all den Klagen Einhalt gebieten kann, warum es hier nur um alte Frauen ginge, es gebe doch auch alte Männer in schlechten Filmen. Ja, Robert de Niro ist ein alter Mann in einem schlechten Film, man kann es drehen und wenden, wie man will (Philip Seymour Hoffmans Spiel ist mindestens ebenso enervierend, doch er hatte bei der Fertigstellung des Films gerade erst die 30 überschritten), und nach allen gemachten Erfahrungen kann ich mit Fug und Recht sagen: Alte Frauen in schlechten Filmen machen einfach mehr Spaß!

Und ja, natürlich gibt es auch alte Frauen in guten Filmen, und auch wenn dies nun gerade nicht Thema des vorliegenden Buches ist, soll dies Kapitel mit einem Film über gleichgeschlechtliches Begehren abgeschlossen werden: ***Das Doppelleben der Schwester George*** (1968).

In vergangenen Zeiten, als «gehobenes Boulevardtheater» gang und gäbe war, kam es nicht selten vor, dass auch «heiße Eisen» wie männliche und weibliche Homosexualität in diesem Genre angepackt und auf die Bühne gebracht wurden. Charles Dyers Theaterstück *Unter der Treppe* zeigte dem staunenden Publikum 1966 ein mann-männliches Paar, das sich, guck mal einer an, wie in einer ganz normalen Ehe ständig stritt, und in dem es einen Mann gab und einen zweiten Mann, der sich mit Gusto in die Rolle der Frau hineinfand. Es ist nicht schwer vorstellbar, wie sich während der Vorstellungen der deutschen Erstaufführung (1969 im Renaissance-Theater, unter der Regie von Romy Schneiders Ehemann Harry Meyen, mit Leonard

Steckel und Will Quadflieg) Berliner Ehepaare kichernd anknufften und gegenseitig zuflüsterten: «Wie bei uns daheim!» 1969 wurde das Theaterstück zu einem nicht ganz so guten Film mit Rex Harrison und Richard Burton unter der Regie von Stanley Donen. Doch zwei Jahre zuvor hatte der in Breslau geborene englische Dramatiker Frank Marcus bereits fraufrauliches Begehren auf die Bühne gebracht: *Schwester George muss sterben*. Robert Aldrich, durch die Zusammenarbeit mit Bette Davis und Joan Crawford erfahren mit alten Monstern, kaufte die Filmrechte und brachte *Das Doppelleben der Schwester George* 1968 auf die Leinwand. Gerüchten zufolge sollen sowohl Katharine Hepburn als auch Angela Lansbury die Rolle stante pede abgelehnt haben. Aldrich hätte gern mit Bette Davis gedreht (vgl. S. 46). Die Drehbuchautorin und Schauspielerin Dame Eileen Atkins teilte ihre diesbezüglichen Erinnerungen dem Davis-Biografen Ed Sikov mit: «Meine Produzenten brachten mich hin. Andy Warhol war auch da. Sie [Bette Davis] schaute Andy Warhol an und sagte: Warum zum Teufel tust du nichts für deine Haut? Ich glaube, sie wäre in der Rolle wunderbar gewesen. Aber keiner von ihnen wollte eine Lesbe spielen. Ich glaube, alle glaubten, sie würden ihren Ruf ruinieren, wenn sie eine knallharte Butchlesbe spielten. Schwester George war eine unverblümte, ‹Kau meine Zigarre. Trink mein Badewasser!›-Lesbe und das machte sie nervös.» Letztlich fiel die Wahl dann glücklicherweise auf die englische Film- und Theaterschauspielerin Beryl Reid, welche die Rolle bereits auf der Bühne verkörpert hatte, und die eine Once-in-a-Lifetime-Perfomance ablieferte.

June Buckridge ist eine ältere Alkoholikerin und lüsterne Lesbe. Und Schauspielerin. In einer beliebten englischen Vorabendserie spielt sie die Gemeindeschwester, Schwester George. June lebt zusammen mit einem deutlich jüngeren Girlie (Susannah York) mit schwerer Kindheit, das aus diesem Grunde mit einem ganzen Bataillon von Puppen ausgestattet ist. Es ist keine glückliche Beziehung, und die durchaus sadistischen Anklänge waren damals Grund zur Kritik. Lesben fanden sich einfach nicht richtig dargestellt. Ein ähnliches Phänomen gab es 1980 anlässlich des schwulen Lederdramas *Cruising* von William Friedkin, welches die Schwulen nicht mochten. Aus heutiger Sicht ist die Aufregung nicht mehr nachzuvollziehen, denn in beiden Fällen muss konstatiert werden: Es war das wirkliche Leben, das Aldrich und Friedkin auf der Leinwand zeigten! Richard Schickel schrieb damals in Life: «‹*Das Doppelleben von Schwester George› rekonstruiert mit beträchtlichem Realismus eine verrückte, aber reale Nische der Existenz. Darin gibt es nichts Sanftes oder Liebenswürdiges, sondern es geht um Menschen, die sich gegenseitig benutzen anstatt zu lieben.*»

Aldrich hält eine perfekte Balance zwischen Komik und Entsetzen. Wenn etwa Susannah York als Alice McNaught (im englischen Original «Childie» genannt) wieder einmal widerborstig gewesen ist, muss sie zur Strafe auf die Knie sinken, Junes Zigarrenstummel kauen und herunterschlucken. Susannah York wird das irgendwann zu bunt und sie macht aus dem Kauen der Zigarrenstummel, durchaus phallisch zu verstehen, einen Akt der Wollust. Das bringt George erst recht auf die Palme. Sie schreit Zeter und Mordio: «Du verdirbst mir alles! Eine Gemeinheit von dir, mich um den Genuss zu bringen!»

Junes Alkoholismus und harsches Wesen, nicht zuletzt ihr öffentlich zur Schau gestelltes Lesbierinnentum, führen schließlich dazu, dass Schwester George aus der Serie herausgeschrieben wird. Fröhlich singend wird Schwester George auf ihrem Moped von einem Lastwagen umgenietet. Wie sich die Bilder gleichen: Als Ersatz soll June in einer Serie für Kinder eingesetzt werden, da die Serie *Für unsere Kleinen* schlechte Quoten bringt. «Wir bereiten», sagt die zuständige Redakteurin – und genauso werden entsprechende Gespräche in Rundfunkanstalten heute noch verlaufen –, «eine Abenteuerserie vor, die alles bisher Dagewesene in den Schatten stellen wird, so was haben die Kinder noch nicht gesehen. Die Märchen werden alle in der Gegenwart spielen, so wie die Kinder heute denken und fühlen!» Darauf antwortet «Schwester George»: «Nun sagen Sie bloß nicht, dass Schneewittchen es mit den sieben Zwergen treiben soll!» Es sind solche Szenen, dazu eine großartige Besetzung, Kameraarbeit und Musik, die den Film gut haben altern lassen. Auch wenn es das Porträt einer einsamen alten und alkoholkranken Frau ist – diese Frau hat Lust am Leben, an der Liebe, und einen guten englischen Sinn für Humor. Als Mrs Croft, eine damenhafte Abgesandte der Sendeanstalt, sich in die Höhle des Löwen begibt und sich darüber auslässt, wie fröhlich anzusehen es ist, wenn Schwester George auf ihrem Moped durch die Gemeinde fährt, fällt ihr George ins Wort: «Sie würden aber auch fröhlich aussehen, wenn sie so'n klopfenden Otto mit 50 Kubikzentimeter zwischen Ihren Beinen hätten!»

In einer berühmten Szene im Gateway-Club – damals wurde mit «echten» dort anwesenden Lesben gedreht – haben sich June und Alice als Stan Laurel und Oliver Hardy verkleidet. Die Szene, in der sich die beiden auf den Abend im Lesbenclub vorbereiten, ist ein komödiantisches Kabinettstück und im Gegensatz zur tragischen Travestie depressiver Damenimitatoren im Stil des Aznavour-Chansons lustig, lebensbejahend, ohne Lugubrität. Es sind zwei sehr gut gelaunte Bosom Buddies, die ihr Leben genießen.

June verliert schließlich nicht nur die Rolle, sondern auch ihre Freundin. Ausgerechnet an Mrs Croft (dargestellt von der bezaubernden Coral Browne; Gerüchten zufolge hätte Robert Aldrich gern Olivia de Havilland für die Rolle gehabt). Die Szene, in der Susannah York von Coral Browne verführt wird, sorgte bei der Uraufführung für einen Skandal und in den USA für ein X-Rating. Sie ist für die damalige Zeit wirklich explizit – Coral Browne spielt an den Brüsten und saugt an den Nippeln von Susannah York –, und an dieser Stelle konnte Robert Aldrich seine Liebe für Horrorfilme mit alten Schachteln nicht im Zaum halten. Kameraperspektive und Musik erzeugen einen vampiristischen Grusel, der sich kaum vom Bahnhofskinoklassiker *Vampyros Lesbos* (1970) von Jess Franco unterscheidet. Renata Adler von der New York Times befand hingegen: «Es ist die längste, unerotischste, berechnendste Szene zwischen einem Menschen und einer Brust, die es je auf der Leinwand und außerhalb einer Arztpraxis gegeben hat.» Doch der Zuschauer wird entschädigt durch Szenen voll unbändiger Komik, wenn etwa die angetrunkene June in ein Taxi steigt, in dem zwei Nonnen sitzen, deren Habit kräftig durcheinanderwirbelt, und ihnen zuruft: «Ihr seid wohl auf Missionsfahrt!» (Eine Neubewertung von Robert Aldrichs Spätwerk scheint mir denn auch dringend geboten: Der damals wegen Geschmacklosigkeit und politischer Unkorrektheit geschmähte Film *Die Chorknaben* (1977) ist eine wirklich sehr lustige schwarze Komödie!) Das Finale ist furchtbar. June hat im leeren Fernsehstudio randaliert, sitzt einsam in einem Regiestuhl und antizipiert mit mehrmaligem kräftigem Muhen die Fortsetzung ihrer Karriere als Synchronstimme in einer Marionettenserie: «Die glückliche Welt der rotbunten Kuh Eulalie»

WAS IST SCHON EIN VIERTELTON UNTER FREUNDEN?

GESTERN, HEUTE UND MORGEN: EIN AUSBLICK

«SIE WIRD UNS ENDLICH EINEN LOOPING BRINGEN!»

SHELLEY WINTERS
IN: *LOOPING (1980)*

Im Gegensatz zum Hässlichen hat es das Schlechte nicht in den Kanon philosophischer Kategorien geschafft. Das Hässliche hat eine eigene Ästhetik herausgebildet (Karl Rosenkranz, Ästhetik des Hässlichen) und ein besonders schönes Gedicht von Robert Gernhardt inspiriert (Nachdem er durch Metzingen gegangen war: «Dich will ich loben, Hässliches, Du hast so was Verlässliches!»). Schlecht ist lediglich ein Begriff der Alltagssprache geblieben: Schlechtes Essen, schlechtes Gehalt, schlechte Zähne.

In diesem Buch nun finden sich viele Beispiele für schlechte Filme: schlecht gemacht, schlecht gespielt, schlecht geschnitten. Dafür gibt es keinen Katechismus. Jean Améry hat zu Recht darauf hingewiesen, dass «gut» und «schlecht» Werturteile sind und «geschichtlich gefroren, stets nur Aussagen über die Beziehung eines Betrachtenden zu einem Gegenstand, nicht aber Urteile, die im Gegenstand selbst begründet wären». Schlechte Filme erkennt der Filmfreund nur durch Erfahrung. «Wenn du jung bist, stehen die Chancen recht gut, dass du in fast jedem Film etwas findest, das dir gefällt», hat die große Kritikerin Pauline Kael geschrieben. «Aber je mehr Erfahrung du sammelst, desto mehr sinken die Chancen. Wenn du nicht gerade schwachsinnig bist, werden die Chancen geringer und geringer.»

Allerdings: Die deutsche Filmproduktion ist für schlechte Filme besonders anfällig, weil es häufig keine Möglichkeit gibt, den Verdruss durch eine campe Metaebene in einen Genuss zu verwandeln. Ausnahmen bestätigen die Regel. Manchmal altern Filme auch gut in dem Sinne, dass die Zeit gnädig darüber hinweggeht, während der Spaßfaktor sich erhöht. Ein solcher Film ist Looping von Walter «Wally» Bockmayer aus dem Jahr 1980. Nachdem *Flammende Herzen* (1977) mit Peter Kern und Barbara Valentin ein großer Erfolg bei Publikum und Presse gewesen war, entschlossen sich Bockmayer und sein Lebensgefährte und Geschäftspartner Rolf Bührmann offenbar, beim nächsten Film zu klotzen: Barbara Valentin war wieder dabei, außerdem kamen Ingrid Caven, Hans Christian Blech, Adrian Hoven und als internationale Gaststars Sydne Rome und Shelley Winters hinzu. Der Musikteppich stammte von Bryan Ferry und Roxy Music, die Kameraarbeit von Michael Ballhaus.

Johnny (Hans Christian Blech) und Carmen (Shelley Winters, synchronisiert von der wunderbaren Tilly Lauenstein) sind ein erfolgloses Schausteller-Ehepaar auf einem Rummelplatz. Sie will noch einmal groß ins Fahrgeschäft (Looping) einsteigen und hofft, dadurch ihre Ehe zu retten, er starrt jungen Frauen hinterher. So weit, so gut. Einen ersten Loop schlägt der Film, als der Regisseur uns Zuschauern weismachen will, dass die Diseuse Lizzy die Attraktion des Rummelplatzes sei oder zumindest einst gewesen sei. Diseusen auf dem Rummelplatz? Das ist an sich schon eine steile These, die durch die Besetzung der Lizzy mit Ingrid Caven gänzlich ad absurdum geführt wird. Die turnt in einem bunten Tutu über den Rummelplatz der Illusionen und singt «Mabel in Babel» (nun ja, was man halt so singen nennt). Sie hält sich wie ähnliche Aktricen ihrer Couleur (beispielsweise Sunnyi Melles) sicher für eine sensationelle Schauspielerin, aber ein Zuschauer im Zirkuszelt bemerkt zu Recht: «Kinderkacke!» Da taucht eines Tages unversehens Tanja auf, gespielt von Sydne Rome. Die dürfte älteren Kinointeressierten noch als Aerobic-Ikone bekannt sein und konnte auf jeden Fall besser singen und tanzen als Ingrid Caven. Außerdem darf Sydne ihren nackten Körper zeigen. Es kommt, wie es kommen muss: «Erst kommt der erste Kuss, dann kommt der letzte Kuss, dann der Schluss» (Hildegard Knef). Johnny ist scharf auf Tanja, Carmen erwischt beide im Bett, Lizzy wird die Kündigung ausgesprochen und aus Frust und Rache erschießt sie Johnny und Carmen.

Shelley Winters hatte zu diesem Zeitpunkt ihrer Karriere ihren «slinky early fifties sex siren mode» (Paul Roen) längst hinter sich gelassen und scheint – spätestens nach dem Katastrophenfilm *Die Höllenfahrt der Poseidon* (1972) – an der Zurschaustellung ihrer überzähligen Pfunde eine selbstironische Freude gehabt zu haben. Wählerisch war sie in der Rollenwahl nicht mehr, in ihrer Filmographie finden sich ab den 1970er Jahren echte Camp-Perlen wie *König der Zigeuner* (1978) und auch Tierfilme von *Der Polyp – Die Bestie mit den Todesarmen* (1977) bis zu *Elliot, das Schmunzelmonster* (1977). Was sie allerdings von ihren beiden Kolleginnen Ingrid Caven und Sydne Rome unterscheidet: Sie ist keine Laiendarstellerin, sondern eine gut ausgebildete und gut arbeitende Darstellerin, von der ich zwar manch merkwürdige Darstellung, aber nie eine langweilige gesehen habe.

Um Missverständnissen vorzubeugen: *Looping* ist kein großer Film, aber in seinem Scheitern doch ein charmanter. Die Kameraarbeit von Michael Ballhaus ist gewohnt brillant, die Dialoge von Pea Fröhlich und Peter Märthesheimer sind es weniger. Die beiden versuchen, aus einem Groschenroman ein großes, weltwundes Drama zu machen. Mit Zeilen wie «Richtig gute Menschen gibt es nicht. Nur welche, die es gerade so schaffen, nicht ganz so schlecht zu sein wie die anderen» ist dies Unterfangen allerdings von vornherein zum Scheitern verurteilt. Ingrid Caven und Sydne Rome sind schauspielerisch nicht in der Lage, das Drama glaubhaft zu machen und die durchaus respektablen Leistungen von Hans Christian Blech und Shelley Winters – die sich mit Verve und Vergnügen in ihre klischeehaften Rollen stürzen – laufen in dem Umfeld zwangsläufig ins Leere. Eine besondere Freude ist es, Pritty (Johanna König – Clementine aus der Ariel-Werbung) als Chefin des Autoscooters mit schwarzer Perücke zu sehen, ebenso wie Barbara Valentin als Helma. Beide lassen in ihren winzigen Rollen das besondere Etwas aufblitzen – der Zuschauer würde sehr gern mehr von ihnen respektive ihren Filmfiguren erfahren. Eine große Freude ist zudem – wie in allen Filmen und Theaterproduktionen von Walter Bockmayer – der Hang des Regisseurs zum Trash. Shelley Winters als Carmen, die international bekannte Scharfschützin, und Hans Christian Blech im Indianer-Ornat als Sitting Bull zu sehen ist zwar eine gewöhnliche, aber nichtsdestotrotz wohlige Wonne. Shelley Winters hat in diesem Film einen Gesichtsausdruck kultiviert, der besagt: «Ich habe zwar keine Ahnung, was das für crazy German shit ist, aber es macht eine Menge Spaß!» Ja, so sahen deutsche Filme in den 1970er und 1980er Jahren aus, etwas dilettantisch, gescheitert am eigenen Anspruch, aber auf wunderliche Weise doch unterhaltsam. Und Hand aufs Herz – so groß ist der Unterschied zwischen Looping und dem deutlich teurer produzierten Fassbinder-Schinken *Lili Marleen* (1980) auch wieder nicht. Hanna Schygulla kann genauso wenig singen wie Ingrid Caven, und Mel Ferrer als internationaler Gast ist Shelley Winters schauspielerisch um Längen unterlegen.

PS: Wie viele deutsche Filme aus den 1960er, 70er und 80er Jahren – jenseits des Fassbinder-Universums – hat auch *Looping* bisher keine DVD-Veröffentlichung erfahren, die UFA-Videokassette ist ein gesuchtes Sammlerstück. In den USA wird der Film (als Kopie des VHS-Bandes) von der «DVD-Lady» angeboten. Mit der englischen Untertitelung wird der Film zu einem surrealen Meisterwerk ... Aus «Komm her, Johnny» wird «Come here, journey», aus «Wieso tust Du mir das an» wird «Why are you doing», aus «was ich sehe» wird «water» und unter der Dialogzeile «dann ist Schluss mit uns» findet sich der Hinweis «Witze.de».

«DEUTSCHLANDS SEELE LIEGT IN DER WURST!»

KATHARINA THALBACH
IN: *ICH WAR NOCH NIEMALS IN NEW YORK* (2019)

Rund dreißig Jahre nach *Looping* erschien *Ich war noch niemals in New York* auf der Leinwand. Der Blick in die Zukunft bleibt schwierig, wenn man nicht Elizabeth Teissier heißt, doch wage ich zu bezweifeln, dass sich der Mehltau der Milde in dreißig Jahren auch über dieses Filmmusical gelegt haben wird. I*ch war noch niemals in New York* ist die Verfilmung eines Musicals, nun ja, einer Musical-Revue. Ähnlich wie in *Mamma Mia* um die Songs von Abba wurde hier um die größten Hits von Udo Jürgens eine dürftige Handlung gestrickt. Man muss das nicht goutieren, aber die Bühnenshow war schwungvoll und dank der wirklich guten Songs von Udo Jürgens ein großer Erfolg auf deutschen Bühnen. Bei einem so bombensicheren Stück kann ja nicht viel schiefgehen, denkt sich der Zuschauer. Weit gefehlt! Zwar ist Philipp Stölzl – seit Jahren ein gern gesehener Gast auf den regietheaterverseuchten deutschen Opernbühnen – eine überraschende Wahl als Regisseur, doch völlig danebengegangen ist die Besetzung. Katharina Thalbach macht das, was sie immer macht, sie gibt uns den Zille aus den Berliner Hinterhöfen, und jedes Mal, wenn sie um die Ecke kommt, erwartet man, dass sie «Det war sein Miljöh» anstimmt oder den Berliner Vers aufsagt: «Icke icke bin Berlina! Wer mir haut, den hau ick wieda!» Immerhin hat sie in dem Film nicht, wie sie das in Bühnenproduktionen zu tun pflegt, ihre gesamte Familie untergebracht. Um nicht missverstanden zu werden: Katharina Thalbach ist eine der letzten Volksschauspielerinnen in der Nachfolge von Inge Meysel und Edith Hancke, einer der wenigen Stars, die heute noch für lange ausverkaufte Theatersäle sorgen. Das ist eine großartige Leistung. Die Leistung in diesem Film ist es nicht. Ihr Gesang ist – um eine schmeichelhafte Umschreibung zu gebrauchen – charakteristisch. Ohne Schmeichelei: Sie gibt Geräusche von sich wie ein Frosch, auf den gerade ein Elefant getreten ist. Heike Makatschs Gesang hingegen ist nicht einmal charakteristisch, ihre Tanzeinlagen sind dilettantisch, ihre Schauspielkunst sieht so aus wie schlechter Instant-Kaffee schmeckt. Die Rolle der Starmoderatorin Lisa Wartberg ist eine saftige Boulevardkomödienrolle, Heike Makatsch guckt so verhangen-unlustig, als wäre sie Hanna Schygulla. Ja, Kinoproduktionen leben von Stars, aber man verdrückt doch eine Träne, wenn man sich erinnert, mit welchem Können, welcher Komik Kerstin-Marie Mäkelburg diese Rolle in der Uraufführung in Hamburg auf der Bühne des Operettenhauses ausgefüllt hat – und singen konnte sie auch noch! Über das Können von Moritz Bleibtreu muss man keine Worte verlieren. Es ist in diesem Film keines zu erkennen. Traurig, wenn man bedenkt, dass er aus einer großen Schauspielerdynastie kommt. Erstaunlicherweise kann nicht einmal das Kind im Film singen. Im Gegensatz zu Thalbach, Makatsch und Bleibtreu ist der Kinderdarsteller nicht berühmt. Es wäre also naheliegend gewesen einen Regensburger Domspatzen zu engagieren, einen Wiener Sängerknaben, irgendein des Singens mächtiges Kind. Aber in diesem Film ist «Liebe ohne Leiden» ohne Leiden nicht zu haben. Die Handlung ist dünn und vorhersehbar: Eine biestige TV-Moderatorin (Makatsch) verschlägt es absichtslos auf ein Kreuzfahrtschiff. Ihre Mutter (Thalbach) ist schon da, hat ihr Gedächtnis verloren und trifft ihre Jugendliebe (Uwe Ochsenknecht, der überraschenderweise wirklich singen kann). Die TV-Moderatorin verliebt sich in einen einsamen Witwer (Bleibtreu). Aber die Handlung ist eben auch egal: Die Gefühle sind falsch, die Konflikte konstruiert, die Choreographien auf dem Niveau einer Tanzschulabschlussveranstaltung in Bad Salzuflen, die ordnende Hand eines Regisseurs nicht erkennbar. Auch die Songs hat es schlimm getroffen: Die meisten werden unterbrochen und in Häppchen serviert. Stimmung, ein musikalischer Fluss kann so nicht aufkommen – und Moritz Bleibtreu «Merci, Chérie» singen zu hören, ist wirklich eine fiese Form von Folter.

Auch in *Looping* sind die Gefühle falsch, aber die Schauspieler waren in der Lage Interesse an den dargestellten Figuren zu wecken. Nichts davon in *Ich war noch niemals in New York*, es ist zum Heulen. Wenn Makatsch, Bleibtreu und Thalbach singen, kommt dem Zuschauer das Bonmot von Helen Kane in den Sinn: «If they don't hear you, you don't sing!»

Der große Entertainer Heinz Schenk hat einmal angesichts einer missglückten Gesangsleistung gefragt, was schon ein Viertelton unter Freunden sei. Nichts, wirklich nichts, wenn dieser Viertelton etwas erzählt, wenn dahinter eine Welt aufscheint. Aber er ist alles, wenn dies nicht der Fall ist. Dann kommt ein Nichts von einem Film heraus wie Ich war noch niemals in New York. Der deutschen Filmförderung sei Dank! Denn das ist leider das Elend deutscher Kinoproduktionen: Man kann oft beim besten Willen nicht nachvollziehen, weshalb bestimmte Machwerke gefördert wurden. In diesem Fall vom Medienboard Berlin-Brandenburg, der Film- und Medienstiftung NRW, dem Deutschen Filmförderfonds, der MFG Filmförderung, der FFA Filmförderungsanstalt und der Mitteldeutsche Medien förderung.

«DAS INNERE LICHT IST DIE TRÜBSTE ALLER BELEUCHTUNGSARTEN!»

ANNETTE BENING
IN: *TOD AUF DEM NIL (2021)*

1974 erschien *Mord im Orient-Expreß* im Kino, die Verfilmung des bekannten Romans von Agatha Christie. Agatha Christie sah den Film bei der Londoner Kinopremiere und äußerte sich zufrieden, besonders über die Darstellung ihres Meisterdetektivs Hercule Poirot durch Albert Finney. Es war die letzte Kinoadaption eines ihrer Romane, die sie erlebt hat. Als *Tod auf dem Nil* 1978 fertiggestellt wurde – diesmal mit Peter Ustinov als Poirot – war die Krimiautorin und Archäologin bereits seit zwei Jahren tot. Für Frauen hielt sie eine unschlagbare Lebensweisheit bereit: «Heirate doch einen Archäologen. Je älter du wirst, desto interessanter findet er dich!»

Albert Finney als Poirot war tatsächlich sensationell und der Film ein kinematographisches Meisterstück. Die Besetzung vereinigte eine ganze Reihe von echten Stars und tollen Schauspielern: Sean Connery, Anthony Perkins, Martin Balsam; Vanessa Redgrave, Wendy Hiller, Rachel Roberts. Ingrid Bergman bekam für Ihre Darstellung eines schwedischen Kindermädchens den Oscar für die beste Darstellung einer Nebenrolle.

Ob der Zuschauer nun den recht virilen Albert Finney oder den eher sophisticated dreinblickenden Peter Ustinov bevorzugt, bleibt Geschmackssache. In Sachen Stars stand *Tod auf dem Nil* seinem Vorgänger in nichts nach, zumindest, was den weiblichen Anteil betraf: Jane Birkin, Lois Chiles, Bette Davis, Mia Farrow, Olivia Hussey, Angela Lansbury, Maggie Smith ...

Vor einigen Jahren kam der englische Starschauspieler und Regisseur Kenneth Branagh auf die Idee, *Mord im Orient Express* neu zu verfilmen. Sein Film aus dem Jahr 2017 biederte sich dem Zeitgeschmack durch deplatziert wirkende Action-Szenen an und wurde ein Erfolg. Ein paar Stars waren auch mit von der Partie. Jedoch verbietet es der Anstand, Judy Denchs Darstellung der Prinzessin Dragomiroff mit der Wendy Hillers in der älteren Verfilmung zu vergleichen. Und nun, nach etlichen coronabedingten Startverschiebungen, ist im Jahr 2022 Branaghs zweiter Streich in Sachen Agatha Christie in die Kinos gekommen: *Tod auf dem Nil*. Zwei Worte? Ein Desaster! Kenneth Branagh, der sich für den Laurence Olivier des 21. Jahrhunderts hält, ist der schlechteste Poirot aller Zeiten, nicht zuletzt deshalb, weil er versucht, aus einer Type einen Charakter zu formen. So erfährt der Zuschauer mittels eines endlos langen Vorspanns, dass Poirot im Ersten Weltkrieg an der Front gekämpft hat, verliebt war und durch die Kampfhandlungen eine entstellende Narbe davongetragen hat. Parbleu – deshalb trägt er also den Schnurbart! Branagh hatte im Fernsehen großen Erfolg als Darsteller eines anderen Ermittlers aus einer anderen Zeit – Kommissar Wallander in den Henning-Mankell-Verfilmungen. Dessen vergrübeltes Wesen, sein ständiges Kreisen um sich selbst lässt er auch seiner Darstellung des belgischen Meisterdetektivs angedeihen.

Fataler wirkt sich aus, dass Branagh und sein Drehbuchautor Michael Green nicht unwesentliche Veränderungen an der Vorlage vorgenommen haben. Aus der Verfasserin etwas abgestandener erotischer Romane, Salome Otterbourne (im alten Film: die anbetungswürdige und laszive Angela Lansbury) ist eine schwarze Bluessängerin geworden (Sophie Okonedo), und deren Gesangseinlagen sind wirklich sehr lang und – wie der Engländer sagen würde – für den «acquired taste». Doch nicht Salome Otterbourne wird erschossen wie im Roman und der älteren Verfilmung, sondern Poirots Sidekick Bouc (Tom Bateman, den es im Roman nicht gibt, dort hilft Poirots alter Freund, der von David Niven dargestellte Colonel Race, bei den Ermittlungen). Aus Gründen der Diversity ist aus dem herrlichen Doppel Mary Van Schuyler und Bowers (im alten Film: Bette Davis und Maggie Smith) nun ein lesbisches Pärchen geworden (dargestellt vom britischen Comedy Duo French & Saunders). Dagegen ist fast gar nichts einzuwenden, lesbische Charaktere finden sich in Christies Romanen häufiger als gedacht, zum Beispiel die beiden Buddies Miss Hinchcliff und Miss Murgatroyd in *Ein Mord wird angekündigt*. Aber ein Mehrwert außer dem der politischen Korrektheit ist nicht erkennbar, schauspielerisch bleibt das Duo weit hinter seinen Vorgängerinnen zurück, was vielleicht auch daran liegt, dass Kenneth Branagh sich außer für sich selbst wenig für die Schauspieler in seinem Film interessiert. Am ärgsten getroffen hat es jedoch Annette Bening als Euphemia, die Mutter von Bouc, ebenfalls eine wenn auch nicht komplett neu erfundene, so doch erweiterte Figur (angelehnt an Mrs Allerton im Roman, die bereits bei der ersten Verfilmung aus dem Cast gestrichen wurde). Sie soll nun alles tragen, was den anderen Schauspielern verwehrt wird oder nicht gelingen will: Liebe, Lust und Leidenschaft. An dieser Herkulesaufgabe wäre selbst Meryl Streep gescheitert. Wem sonst, wenn nicht Annette Bening, hätte man einen falschen (Viertel)-Ton verziehen! Er konnte nicht gelingen, weil aus diesem arschgeigenhaften Unternehmen niemals harmonische Töne kommen können. So trägt sie zeternd Konflikte mit ihrem Sohn aus, weil der die Tochter der schwarzen Bluessängerin liebt, gibt die untröstliche Mutter, als er erschossen wird, und zeigt uns inmitten all der comichaft computergenerierten Chose (keine Aufnahmen an Originalschauplätzen wie in der alten Verfilmung) die Tragödie als Taschenspielertrick. Arme Annette Bening. Ähnlich wie Glenn Close wurde sie für Oscars bisher immer nur nominiert. Dabei hätte sie spätestens für ihre exuberante Darstellung einer älteren Bühnenschauspielerin in der Somerset-Maugham-Verfilmung *Being Julia* einen Oscar verdient gehabt. Sie verlor ihn (zum zweiten Mal übrigens) an Hilary Swank.

Die letzte Szene des Films spielt in einem Londoner Nachtclub, Sophie Okonedo singt, Kenneth Branagh guckt traurig, und siehe da: Der Bart ist ab! Nachdem er Agatha Christies Krimihandlung einer schmerzlichen Rasur unterworfen hat, zeigt sich Branagh zur allgemeinen Überraschung plötzlich als rasierter Poirot; damit ist der miese Film zu Ende.

Schade um Annette Bening. Hätte sie sich doch an ihre Worte in «Being Julia» gehalten: «Die wahren Schauspielerinnen machen keine Filme!»

ANHANG

FILMOGRAFIE

976 Evil – Durchwahl zur Hölle
OT: 976 Evil
USA 1988. R: Robert Englund. D: Brian Helgeland

Die abhandene Welt
Deutschland 2015. R: Margarethe von Trotta. D: Karin Dor, Katja Riemann, Barbara Sukowa

Ännchen von Tharau
BRD 1954. R + D: Wolfgang Schleif

Albert Nobbs
OT: Albert Nobbs. Großbritannien, Irland 2011. R: Rodrigo Garcia. D: Glenn Close, Mia Wasikowska

American Gothic
Alternativer dt. Verleihtitel: Dark Paradise
USA 1981. R: John Hough. D: Burt Wetanson

Angel, Angel, Down We Go
Alternativer Titel: Cult of the Damned
USA 1969.
R + D: Robert Thom

The Baby
USA 1973. R: Ted Post. D: Abe Polsky u.a.

Basic Instinct 2 – Neues Spiel für Catherine Tramell
OT: Basic Instinct 2
USA 2006. R: Michael Caton-Jones. D: Leora Barish

Black Swan
USA 2010.
R: Darren Aronowsky.
D: Mark Heyman u.a.

Der blaue Vogel
OT: The Blue Bird
USA/UdSSR 1976.
R: George Cukor.
D: Hugh Whitemore u.a.

Blutspur
OT: Bloodline
USA 1979. R: Terence Young. D: Laird Koenig

The Boys from Brazil
Alternativer dt. Verleihtitel: The Boys from Brazil – Geheimakte Viertes Reich
USA 1978. R: Franklin J. Schaffner. D: Heywood Gould

Brandung
OT: Boom! Großbritannien 1968. R: Joseph Losey. D: Richard Burton, Noël Coward, Eliszabeth Taylor

The Clown at Midnight
OT: The Clown at Midnight
Kanada 1998. R: Jean Pelerin. D: Margot Kidder, Christopher Plummer

Delta Force
OT: The Delta Force
USA 1986.
R + D: Menahem Golan

Dinosaurier – Gegen uns seht ihr alt aus
Deutschland 2009.
R: Leander Haußmann.
D: Mark Kudlow

Das Doppelleben der Schwester George
OT: The Killing of Sister George. USA 1968, R: Robert Aldrich. D: Coral Browne, Beryl Reid, Susannah York

Dosierter Mord
OT: The Big Cube
USA 1969. R: Tito Davison. D: William Douglas Lansford

Dream Warriors – Die Albträume gehen weiter
OT: A Nightmare on Elm

Street 3: Dream Warriors
Alternativer dt. Titel: Nightmare 3 – Freddy lebt
USA 1987. R: Chuck Russell. D: Wes Craven u.a.

Eheinstitut Aurora
BRD 1961. R: Wolfgang Schleif. D: Walter Forster

Fahr zur Hölle, Schwester
Deutschland 2002. R: Oskar Roehler. D: Natalie Scharf

Feud – Die Feindschaft zwischen Bette and Joan
OT: Feud: Bette and Joan. USA 2017. 1. Staffel, 8 Folgen. Idee: Ryan Murphy. D: Jessica Lange, Alfred Molina, Susan Sarandon, Catherine Zeta-Jones

Flesh Feast
USA 1970. R: Brad F. Grinter. D: Thomas Casey

Geständnis einer Nonne
OT: Suor Omicidi. Englischsprachiger Verleihtitel: The Killer Nun
Italien 1978. R: Giulio Berruti. D: Alberto Tarallo u.a.

Das gewisse Etwas der Frauen
Italien/BRD 1966.
R: Luciano Salce.
D: Franco Castellano u.a.

Grüne Augen in der Nacht
OT: Eye of the Cat
UA 1969. R: David Lowell Rich. D: Joseph Stefano

Henri IV.
Deutschland 2010.
R + D.: Jo Baier

Ich bin ein Antistar – Das skandalöse Leben der Evelyn Künneke
BRD 1976.
R + D: Rosa von Praunheim

Ich war noch niemals in New York
Deutschland, Österreich 2019. R: Philipp Stölzl. D: Moritz Bleibtreu, Heike Makatsch, Katharina Thalbach

Inn of the Damned
Australien 1975.
R + D: Terry Bourke

Die Insel der blutigen Plantage
BRD 1983. R + D: Kurt Raab

Interval
USA 1973. R: Daniel Mann. D: Gavin Lambert

Judy
OT: Judy. Großbritannien, USA 2019. R: Rupert Goold. D: Renée Zellweger, Jessie Buckley

Das Kabinett der blutigen Hände
OT: Picture Mommy Dead
USA 1966. R: Bert I. Gordon. D: Robert Sherman

Der Keller
OT: The Beast in the Cellar
GB 1970.
R + D: James Kelley

Das Lächeln einer Sommernacht
OT: A Little Night Music
USA/Österreich 1977.
R: Harold Prince.
D: Hugh Wheeler

The Last Sign
OT: The Last Sign
Kanada, Großbritannien, Frankreich 2005. R: Douglas Law. D: Andie MacDowell, Margot Kidder

Liebe
BRD 1956. R: Horst Hächler. D: Philipp Schwarzer

Liebe hat zwei Gesichter
OT: The Mirror Has Two Faces, USA 1996.
R: Barbra Streisand.
D: Richard LaGravanese

Looping
BRD 1981. R: Walter Bockmayer, Rolf Bührmann.
D: Hans-Christian Bleck, Ingrid Caven, Adrian Hoven, Johanna König, Sidne Rome, Barbara Valentin, Shelley Winters

Makellos
OT: Flawless. USA 1999. R: Joel Schumacher. D: Philipp Seymour Hoffman, Robert De Niro

Mamma Mia
OT: Mamma Mia
GB/USA 2009.
R: Phyllida Lloyd.
D: Catherine Johnson

Meine Schwester Maria
Österreich/Deutschland/Schweiz 2002. R: Maximilian Schell. D: Maximilian Schell u.a.

Der Millionenschatz
OT: The Moon-Spinners
USA 1964. R: James Neilson. D: Michael Dyne

Nachts, wenn Mutter mordet
OT: Fanatic.
Amerikanischer Verleihtitel: Die, Die, My Darling. Alternativer dt. Titel: Das düstere Haus
GB 1965. R: Silvio Narrizzano. D: Richard Matheson

Nine
OT: Nine
USA 2009. R: Rob Marshall. D: Anthony Minghella

Nur eine Frage der Zeit
OT: A Matter of Time.
Alternativer dt. Titel: Nina – Nur eine Frage der Zeit
USA 1976. R: Vincente Minnelli. D: John Gay

Paradies
BRD 1986.
R + D: Doris Dörrie

Die Rivalin
OT: Ash Wednesday
USA 1973. R: Larry Peerce. D: Jean-Claude Tramont

Savage Intruder
Alternativer Titel: Hollywood Horror House + The Comeback
USA 1970.
R + D: Donald Wolfe

Schloß Königswald
BRD 1988.
R: Peter Schamoni.
D: Horst Bienek

Schöner Gigolo, armer Gigolo
BRD 1978.
R: David Hemmings.
D: Ennio de Concini u.a.

Die seltsame Gräfin
BRD 1961.
R: Josef von Báky.
D: Robert A. Stemmle u.a.

Sextette
USA 1978. R: Ken Hughes.
D: Herbert Baker

Der silberne Kelch
OT: The Silver Chalice.
USA 1954.
R: Victor Savils.
D: Lesser Samuels

Skidoo
USA 1968.
R: Otto Preminger.
D: Doran William Cannon

Stürmische Liebe – Swept Away
OT: Swept Away
GB/Italien 2002.
R + D: Guy Ritchie

Das Superweib
Alternativer dt. Titel: Hera Linds Das Superweib
Deutschland 1995.
R: Sönke Wortmann.
D: Gundula Ohngemach

The Thing – Gene außer Kontrolle
OT: Severed Ties
USA 1992.
R: Damon Santostefano.
D: John D. Brancato u.a.

Tod auf dem Nil
OT: Death on the Nile.
Großbritannien 1978. R: John Guillermin. D: Bette Davis, Angela Lansbury, David Niven, Maggie Smith, Peter Ustinov

Tod auf dem Nil
OT: Death on the Nile.
USA 2022. R: Kenneth Branagh. D: Annette Bening, Kenneth Branagh, Dawn French, Sophie Okonedo, Jennifer Saunders

Der Todesschrei der Hexen
OT: Cry of the Banshee
GB 1970. R: Gordon Hessler. D: Tim Kelly u.a.

Die unbeabsichtigte Entführung der Frau Elfriede Ott
Österreich 2010.
R: Andreas Prochaska.
D: Uwe Lubrich u.a.

Und Jimmy ging zum Regenbogen
BRD 1971. R: Alfred Vohrer. D: Manfred Purzer

Das Ungeheuer
OT: Trog
GB 1970. R: Freddie Francis. D: Aben Kandel u.a.

Unter der Treppe
OT: Staircase. Großbritannien, USA 1969. R: Stanley Donen. D: Richard Burton, Rex Harrison, Cathleen Nesbitt

Die Verlorenen
OT: The Cobweb
USA 1955. R: Vincente Minnelli. D: John Paxton

Was geschah wirklich mit Baby Jane?
OT: Whatever happened to Baby Jane?
USA 1962.
R: Robert Aldrich.
D: Lukas Heller

Was ist denn bloß mit Helen los?
OT: What's the matter with Helen?
USA 1971. R: Curtis Harrington. D: Henry Farrell

Witchcraft – Das Böse lebt
OT: La Casa 4.
Englischsprachiger Verleihtitel: Witchcraft
Italien/USA 1988.
R: Fabrizio Laurenti.
D: Daniele Stroppa u.a.

Eine Witwe mordet leise
OT: Whatever happened to Aunt Alice?
USA 1969. R: Lee H. Katzin. D: Theodore Apstein

The Women – Von großen und kleinen Affären
OT: The Women
USA 2008.
R + D: Diane English

Zeiten ändern dich
Deutschland 2010. R: Uli Edel. D: Bernd Eichinger

BIBLIOGRAFIE ALLGEMEIN

Anger, Kenneth
Hollywood Babylon
OT: Kenneth Anger's Hollywood Babylon
München: Rogner & Bernhard, 1984

Anger, Kenneth
Hollywood Babylon: II. Akt
OT: Kenneth Anger's Hollywood Babylon II
München: Rogner & Bernhard, 1985

Armstrong, Kent Byron
Slasher Films: An International Filmography, 1960 through 2001
Jefferson, NC: McFarland, 2003

Aylesworth, Thomas G.
Broadway to Hollywood: Musicals from Stage to Screen
London: Bison Books, 1987

Basch, Peter
Verführung: Die schönen Frauen der sechziger Jahre
Berlin: Schwarzkopf & Schwarzkopf, 2005

Beck, Calvin Thomas
Screem Queens: Heroines of the Horror
New York, NY: Macmillan, 1978

Bergfelder, Tim / Cargnelli, Christian (Hrsg.)
Destination London: German-speaking Emigrés and British Cinema, 1925-1950
New York, NY: Berghahn Books, 2008

Bergman, David
Camp Grounds: Style and Homosexuality
Amherst, MA: University of Massachusetts Press, 1993

Bernard, Bruno
Glück und Unglück in Hollywood: Glanz und Elend der Covergirls
OT: Schönheit war ihr Schicksal
Frankfurt am Main: Ullstein, 1992

Bernard, Jami
First Films: Illustrious, Obscure and Embarassing Movie Debuts
New York, NY: Carol Publishing Group, 1993 (A Citadel Press Book)

Bock, Hans-Michael (Hrsg.)
Cinegraph: Lexikon zum deutschsprachigen Film
München: edition text + kritik, 1984 ff

Bock, Hans-Michael / Töteberg, Michael (Hrsg.)
Das Ufa-Buch. Kunst und Krisen, Stars und

Regisseure, Wirtschaft und Politik
Frankfurt am Main: Zweitausendeins, 1992

Bräunlein, Jürgen
Schön blöd! Vom unheimlichen Medienerfolg der Untalentierten
Berlin: Quadriga Verlag, 1999

Bronfen, Elisabeth / Strautmann, Barbara
Diva: Eine Geschichte der Bewunderung
München: Schirmer Mosel, 2002

Cettl, Robert
Serial Killer Cinema: An Analytical Filmography
Jefferson, NC: McFarland, 2003

Clum, John M.
Something for the Boys. Musical Theatre and Gay Culture
New York, NY: St. Martin's Press, 1999

Crimmins, Cathy
How the Homosexuals Saved Civilisation: The True and Heroic Story of How Gay Men Shaped the Modern World
New York, NY: Penguin Group Inc., 2004

DiLeo, John
Tennessee Williams and Company: His Essential Screen Actors
East Brunswick, NJ: Hansen Publishing Group, 2010

Dompke, Christoph
Unschuld und Unheil: Das verdorbene Kind im Film
Hamburg: MännerschwarmSkript Verlag, 1999

Dompke, Christoph
Unterhaltungsmusik und NS-Verfolgung
Neumünster: von Bockel, 2011 (Musik im «Dritten Reich» und im Exil 15)

Dompke, Christoph
Weil doch was blieb: Alte Frauen in schlechten Filmen
Hamburg: MännerschwarmSkript Verlag, 1998

Dompke, Christoph
Weil doch was blieb: Alte Frauen in schlechten Filmen
Erw. Ausg. Frankfurt am Main: Ullstein, 1999

Dompke, Christoph
Zauberwort ‹Camp›
In: Clarke, Kevin (Hrsg.) Glitter and be Gay: Die authentische Operette und ihre schwulen Verehrer
Hamburg: Männerschwarm Verlag, 2007

Dyer, Charles
The Culture of Queers
London: Routledge, 2002

Dyer, Charles
Only Entertainment
London: Routledge, 1992

Dyer, Charles
Stars
London: British Film Institute, 2001

Fenton, Harvey / Flint, David (Hrsg.)
Ten Years of Terror: British Horror Films of the 1970s
Guilford: FAB Press, 2001

Fentone, Steve
Anticristo: The Bible of Nasty Nun Sinema & Culture
Guilford: FAB Press, 2000

Fischer, Robert / Hembus, Joe
Der Neue Deutsche Film: 1960–1980
München: Goldmann, 1981 (Citadel Filmbücher)

Frank, Arnold / Berg, Ulrich von (Hrsg.)
The Late Show. 25 andere Gesichter aus Hollywood: Beschreibungen, Analysen, Liebeserklärungen
Berlin: a-Verbal Verlagsgesellschaft, 1985

Frauen und Film
Heft 49: Horror
Hrsg. von Gertrud Koch unter Mitarbeit von Annette Brauerhoch
Basel: Stroemfeld/Roter Stern, 1990

Gelfert, Hans-Dieter
Was ist Kitsch?
Göttingen: Vandenhoeck & Ruprecht, 2000

Giesen, Rolf
Kino – wie es keiner mag: Die schlechtesten Filme der Welt
Frankfurt am Main, Ullstein, 1984, 3. Auflage

Giesen, Rolf / Hahn, Roland M.
Die schlechtesten Filme aller Zeiten: Eine Reise durch die größten Peinlichkeiten der Kinogeschichte
Berlin: Lexikon Imprint Verlag, [2002]

Golden, Eve
Golden Images: 41 Essays of Silent Film Stars
Jefferson, NC: McFarland, 2001

Guilaroff, Sydney
Crowning Glory: Reflections of Hollywood's Favorite Confidant
Santa Monica, CA: General Publishing Group, 1996

Habel, F.-B.
Verrückt vor Begehren: Die Filmdiven aus der Stummfilmzeit.
Berlin: Schwarzkopf & Schwarzkopf, 1999

Hadleigh, Boze
Hollywood Babble On: Stars Gossip about other Stars
New York, NY: A Perigree Book, 1994

Hadleigh, Boze
Hollywood Gays
New York, NY: Barricade Books, 1996

Hadleigh, Boze
Hollywood Lesbians
New York, NY: Barricade Books, 1994

Hadleigh, Boze
The Lavender Screen: The Gay and Lesbian Films: Their Stars, Makers, Characters, and Critics
New York, NY: Carol Publishing Group, 1993 (A Citadel Press Book)

Hadleigh, Boze
Leading Ladies
London: Robson Books, 1992

Halliwell, Leslie
Halliwell's Filmgoer's Companion
Edited by John Walker
London: Harper Collins, 1993, 10th edition

Halliwell, Leslie
Halliwell's Film-Guide
Edited by John Walker
London: Harper Collins, 1995, 11th edition

Hannsberry, Karen B.
Femme Noir: Bad Girls of Film
Jefferson, NC: McFarland, 1998

Harris, Daniel
The Rise and Fall of Gay Culture
New York, NY: Hyperion, 1997

Heinzlmeier, Adolf / Schulz, Berndt / Witte, Karsten
Die Unsterblichen des Kinos
Frankfurt am Main: Fischer Taschenbuch Verlag
Bd. 1. Stummfilmzeit und die goldenen 30er Jahre. 1982
Bd. 2. Glanz und Mythos der Stars der 40er und 50er Jahre. 1980
Bd. 3. Die Stars seit 1960. 1982

Hirschhorn, Clive
The Hollywood Musical
London: Octopus Books, 1981

Hogan, John
The Stewardess is Flying the Plane: American Films of the 1970s
New York, NY: Bulfinch Press, 2005

Hohmann, Tobias
Edgar & Bryan Edgar Wallace
[o.O.]: Medien Publikations- und Werbegesellschaft, 2011 (Der Klassische Kriminalfilm 2)

Holston, Kim
Starlet: Biographies, Filmographies, TV Credits and Photos of 54 Famous and Not So Famous Leading Ladies of the Sixties
Jefferson, NC: McFarland, 1988

Horrigan, Patrick E.
Widescreen Dreams: Grow-

ing Up Gay at the Movies
Madison, WC:
The University of Wisconsin Press, 1999

Kael, Pauline
5001 Nights at the Movies
New York, NY: Henry Holt and Company, 1991

Katz, Ephraim
The Film-Encyclopedia
New York, NY: Harper Collins, 2001, 4th Edition

Keller, Harald
Schräg, schrill, scharf und schundig: Tausend Filme zwischen Trash und Kult
Reinbek: Rowohlt Taschenbuch Verlag, 2000

Keßler, Christian
Das wilde Auge: Ein Streifzug durch den italienischen Horrorfilm
Meitingen:
Corian-Verlag, 1997

Koebner, Thomas (Hrsg.)
Idole des deutschen Films: Eine Galerie von Schlüsselfiguren
München: edition text + kritik, 1997

Kramp, Joachim
Hallo! Hier spricht Edgar Wallace: Die Geschichte der deutschen Kriminalfilmserie 1959 – 1972
Berlin: Schwarzkopf & Schwarzkopf, 1998

Kreimeier, Klaus
Die UFA Story: Geschichte eines Filmkonzerns
München: Heyne, 1995

Lamparski, Richard
Whatever Became Of...?
New York, NY: Crown Publishers
[First Series]. 1967
Second Series. 1968
Third Series. 1970
Fourth Series. 1973
Fifth Series. 1974
Eight Series. 1982
Ninth Series. 1985
Tenth Series. 1986
Eleventh Series. 1989

Lamparski, Richard
Lamparski's Whatever Became of...???
1st Giant Annual
New York, NY: Bantam Books, 1976 (Whatever became of...? Sixth Series)
2nd Giant Annual
New York, NY: Bantam Books, 1977 (Whatever became of...? Seventh Series)

Lexikon des Internationalen Films
Hrsg. vom Katholischen Institut für Medieninformation
Frankfurt am Main: Zweitausendeins, 2002

Lowry, Stephen / Korte, Helmut
Der Filmstar
Stuttgart: Metzler, 2000

Maltin, Leonard (Hrsg.)
Leonard Maltin's Movie & Video Guide
2011 Edition
New York, NY:
Penguin Books, 2010

Mank, Gregory William
Women in Horror Films, 1930s
Jefferson, NC:
McFarland, 1999

Mank, Gregory William
Women in Horror Fims, 1940s
Jefferson, NC:
McFarland, 1999

Margulies, Edward / Rebello, Stephen
Bad Movies We Love
New York, NY:
Penguin Books, 1993

Martin, Mart
Behind the Bedroom Doors of 201 Famous Women
New York, NY: Carol Publishing Group, 1996
(A Citadel Press Book)

McCarthy, John
Movie Psychos and Madmen: Film Psychopaths from Jekyll and Hyde to Hannibal Lecter
New York, NY: Carol Publishing Group, 1993
(A Citadel Press Book)

McCarthy, John
Psychos: Eighty Years of Mad Movies, Maniacs and Murderous Deeds
New York, NY:
St. Martin's Press, 1986

Mell, Eila
Casting Might-Have-Beens:

A Film by Film directory
of Actors Considered for
Roles Given to Others
Jefferson, NC:
McFarland, 2005

Mika, Bascha: Mutprobe.
Frauen und das höllische
Spiel mit dem Älterwerden.
München: Bertelsmann,
2014

Mitchell, Charles P.
The Hitler Filmography:
Worldwide Feature Films
and Television Miniseries
Portrayals, 1940 through
2000
Jefferson, NC:
McFarland, 2002

Möhrmann, Renate (Hrsg.)
Die Schauspielerin: Zur
Kulturgeschichte der weib-
lichen Bühnenkunst
Frankfurt am Main: Insel
Verlag, 1989, 1. Auflage

Mordden, Ethan
The Happiest Corps I've
Ever Seen – The Last 25
Years of the Broadway
Musical
New York, NY: Palgrave
Macmillan, 2004

Mordden, Ethan
Movie Star: A Look at the
Women Who Made
Hollywood
New York, NY:
St. Martin's Press, 1983

Muir, John Kenneth
Horror Films of the 1970s
Jefferson, NC:
McFarland, 2002
Vol. 1. 1970-1975.
Vol. 2. 1976-1979

Murray, Raymond
Images in the Dark: An
Encyclopedia of Gay and
Lesbian Film and Video
London: Titan Books, 1998

Osteried, Peter
The Hammer Chronicles:
Eine Aufarbeitung über das
Kultfilmstudio aus England
Hille: Medien Publikations-
und Werbegesellschaft,
2006

Nissen, Axel
Actresses of a Certain
Character: Forty Familiar
Hollywood Faces from the
Thirties to the Fifties
Jefferson, NC:
McFarland, 2007

Parish, James Robert
Gays and Lesbians in
Mainstream Cinema
Jefferson, NC:
McFarland, 1993

Patalas, Enno
Sozialgeschichte der Stars
Hamburg: von Schröder,
1963

Patalas, Enno
Stars: Geschichte der
Filmidole
Überarbeitete Neuausgabe:
Frankfurt am Main:
Fischer Bücherei, 1967

Pauer, Florian
Die Edgar Wallace-Filme
München: Goldmann, 1982
(Citadel Filmbücher)

Pickard. Roy
The Oscar Stars from A – Z
London: Headline
Publishing, 1996

Portantiere, Michael
The Theatermania Guide to
Musical Theater
Recordings
New York, NY:
Backstage Books, 2004

Quinlan, David
Quinlan's Illustrated
Directory of Film
Character Actors
London: Batsford, 1995,
New Edition

Ragan, David
Who's Who in Hollywood:
The Largest Cast of Film
Personalities Ever
Assembled
New York, NY:
Facts on File, 1992

Reichel, Sabine
Bad Girls: Hollywoods
böse Beauties
München: Heyne, 1996

Reuter, Donald F.
Fabulous! A Loving,
Luscious, and Lighthearted
Look at Film from Gay
Perspective
New York, NY:
Broadway Books, 2004

Rigby, Jonathan
English Gothic: A Century
of Horror Cinema

London: Reynolds & Hearn, 2000

Roen, Paul
High Camp: A Gay Guide to Camp and Cult Films
San Francisco: Leyland Publications
Volume 1. 1994.
Volume 2. 1997

Romani, Cinzia
Die Filmdivas des Dritten Reiches
OT: Le dive del Terzo Reich
München: Bahia Verlag, 1981

Ross, Lillian / Ross, Helen
The Player: A Profile of an Art
New York, NY: Limelight Editions, 1984

Sauter, Michael
The Worst Movies of All Time or What Were They Thinking
New York, NY: Carol Publishing Group, 1995
(A Citadel Press Book)

Segrave, Kerry / Martin, Linda
The Continental Actress: European Film Stars of the Postwar Era
Jefferson, NC: McFarland, 1990

Shelley, Peter
Grande Dame Guignol Cinema: A History of Hag Horror from *Baby Jane* to *Mother*
Jefferson, NC: McFarland, 2009

Silverman, Stephen M.
Funny Ladies: The Women who make us laugh
New York, NY: Abrams Inc., 1999

Sontag, Susan
Anmerkungen zu ‹Camp›
OT: Notes on ‹Camp›
In: Susan Sontag: Kunst und Antikunst: 24 literarische Analysen
Frankfurt am Main: Fischer Taschenbuch Verlag, 1982

Stern, Lee Edward
Der Musicalfilm
OT: The Movie Musical
München: Heyne, 1979
(Heyne Filmbibliothek 10)

Stresau, Norbert
Der Oscar: Alle preisgekrönten Filme, Regisseure und Schauspieler seit 1929
München: Heyne, 1994
2., aktualisierte Ausgabe

Sullivan, Steve
Va Va Voom! Bombshells, Pin-ups, Sexpots and Glamour Girls
Los Angeles, CA: General Publishing Group, 1995

Summers, Claude J. (Hrsg.)
The Queer Encyclopedia of Film and Television
San Francisco, CA: Cleis Press, 2005

Tesche, Siegfried
Die neuen Stars des deutschen Films
München: Heyne, 1985

Trebbin, Frank
Die Angst sitzt neben Dir: Gesamtausgabe
Schönwalde: Selbstverlag Frank Trebbin, 1998

Viagas, Robert
I'm the Greatest Star: Broadway's Top Musical Legends from 1900 to Today
New York, NY: Applause Theatre and Cinema Books, 2009

Weldon, Michael J. / Beesley, Charles
The Psychotronic Encyclopedia of Film
New York, NY: Ballantine Books, 1983

Weldon, Michael J.
The Psychotronic Video Guide
New York, NY: St. Martin's Griffin, 1995

Weniger, Kay
Personenlexikon des deutschen Films
Berlin: Schwarzkopf & Schwarzkopf, 2001

Wernet, Simone
«Leben ohne Lieb bleibt Imitation»: Melodramatische Leinwandheldinnen
Sankt Augustin: Gardez! Verlag, 2003
(Filmstudien 27)

Williams, Lucy Chase
The Complete Films of

Vincent Price
Secaucus, NJ: Carol Publishing Group, 1995
(A Citadel Press Book)

Wilson, John
The Official Razzie Movie Guide: Enjoying the best of Hollywood's Worst
New York, NY:
Warner Books, 2005

Wollstein, Hans J.
Vixens. Floozies and Molls: 28 Actresses of Late 1920s and 1930s Hollywood
Jefferson, North Caroline: Mc Farland, 1999

BIBLIOGRAFIE PERSONENBEZOGEN

Judith Anderson
Hadleigh, Boze
Judith Anderson
In: Hadleigh: Hollywood Lesbians. 1994

Nissen, Axel
Classic Dame
In: Nissen: Actresses of a Certain Character. 2007

Lauren Bacall
Bacall, Lauren
Mein Leben: Autobiographie
Orginaltitel: By Myself
München: Heyne, 1992

Bacall, Lauren
Die Rollen meines Lebens: Erinnerungen
OT: Now
Düsseldorf: Econ Taschenbuch Verlag, 1996

Quirk, Lawrence J.
The Films of Lauren Bacall
Secaucus, NJ: Citadel Press, 1986

Zumkeller, Cornelia
Bogart & Bacall: Eine Liebe in Hollywood
München: Heyne, 1990

Tallulah Bankhead
Bankhead, Tallulah
My Autobiography
New York, NY: Harper and Brothers, 1952
Bret, David
Tallulah Bankhead: A Scandalous Life
London: Robson, 1996

Lobenthal, Joel
Tallulah Bankhead: The Life and Times of a Leading Lady
New York, NY: Harper Collins, 2004

Silverman, Stephen M.
The Uninhibited
In: Silverman: Funny Ladies. 1999

Iris Berben
Berben, Iris: Ein Jahr – ein Leben / mit Christoph Amend. Frankfurt am Main: Fischer Taschenbuch Verlag, 2013

Ingrid Bergman
Bergman, Ingrid / Burgess, Alan
Mein Leben
OT: Ingrid Bergman – My Story
Frankfurt am Main/Berlin: Ullstein, 1984

Brown, Curtis F.
Ingrid Bergman: Ihre Filme, ihr Leben
OT: Ingrid Bergman
München: Heyne, 1980

Spoto, Donald
Ingrid Bergman
OT: Notorious
München: Marion von Schröder, 1998

Elisabeth Bergner
Bergner, Elisabeth
Bewundert viel und viel gescholten …: Unordentliche Erinnerungen
München: Goldmann, 1984

Heymann, Margret
Elisabeth Bergner – mehr als eine Schauspielerin
Berlin: vorwerk8, 2008

Hochholdinger-Reiterer, Beate
Vom Erschaffen der Kindfrau: Elisabeth Bergner – ein Image
Wien: Braunmüller, 1999
(Blickpunkte 7)

Völker, Klaus
Elisabeth Bergner: Das Leben einer Schauspielerin: Ganz und doch immer unvollendet
Berlin: Hentrich, 1990

Coral Browne
Coral Browne. This Effing Lady: A biography by Rose Collis. London: Oberon Books, 2007

Ingrid Caven
Ingrid Caven: Chaos? Hinhören, singen. Ein Gespräch mit Ute Cohen. Zürich: Kampa Verlag, 2021

Carol Channing
Channing, Carol
Just Lucky, I Guess: A Memoir of Sorts
New York, NY: Simon & Schuster, 2002

Hirsch, Foster
Otto Preminger: The Man Who Would Be King
New York, NY: Knopf, 2007

Silverman, Stephen M.
Ethel Merman, Carol Channing, Broadway Lights
In: Silverman: Funny Ladies. 1999

Viagas, Robert
Carol Channing – «Dolly»
In: Viagas: I'm the Greatest Star. 2009

Noël Coward
Hoare, Philipp: Noël Coward. A Biography. Chicago: University of Chicago Press, 1998

Joseph Losey. Mit Beiträgen von Georg Alexander ... München; Wien: Hanser, 1977 (Reihe Film ; 11) S. 125-129

Joan Crawford
Bret, David
Joan Crawford: Hollywood Martyr
New York, NY: Carroll & Graf, 2007

Considine, Shaun
Bette and Joan. The Divine Feud
New York, NY: Dutton Press, 1989

Crawford, Joan / Ardmore, Jane Kesner
A Portrait of Joan: The Autobiography of Joan Crawford
London: Muller, 1963

Crawford, Christina
Meine liebe Rabenmutter
OT: Mommie Dearest
München: Goldmann, 1986

Newquist, Roy
Conversations with Joan Crawford
Secaucus, N.J.: The Citadel Press, 1980

Quirk, Lawrence J.
The Films of Joan Crawford
Secaucus, N.J.: The Citadel Press, 1968

Spoto, Donald
Possessed: The Life of Joan Crawford
New York, NY: Harper Collins, 2010

Lil Dagover
Aros
Lil Dagover: Der Werdegang einer schönen Frau
Berlin: Scherl, 1932

Dagover, Lil
Ich war die Dame
München: Schneekluth, 1979

Habel, F.-B.
Dame bleibt man sein Leben lang: Lil Dagover
In: Habel: Verrrückt vor Begehren. 1999

Romani, Cinzia
Lil Dagover
In: Romani: Die Filmdivas des Dritten Reiches. 1982

Bette Davis
Davis, Bette / Herskowitz, Michael
This 'n That: A Memoir
New York, NY: Pan Books, 1987

Hadleigh, Boze
Bette Davis Speaks
New York, NY: Barricade Books, 1996

Riese, Randall
All About Bette: Her Life from A to Z
Chicago,IL: Contemporary Books, 1993

Ringgold, Gene
The Complete Films of Bette Davis
Revised and updated by Lawrence J. Quirk
New York, NY: Carol

Publishing Group, 1990
(A Citadel Press Book)

Sikov, Ed
Dark Victory: The Life of Bette Davis
New York, NY: Holt, 2007

Spada, James
More than a Woman: An Intimate Biography of Bette Davis
New York, NY: Bantam Books, 1993

Yvonne DeCarlo
DeCarlo, Yvonne / Warren, Doug
Yvonne: An Autobiography
New York, NY: St. Martin's Press, 1987

Hannsberry, Karen B.
Yvonne DeCarlo
In: Hannsberry: Femme Noir. 1998

Kranzpiller, Peter
Yvonne DeCarlo
Vogt: Verlag für Filmliteratur, 1996
(Stars der Kinoszene 8)

Judy Dench
Dench, Judy
And Furthermore
New York, NY: St. Martin's Griffin, 2012

Miller, John
Judy Dench: With a Crack in Her Voice
London: Orion Paperbacks, 2002, 2. Ed., revised and updated

Sandy Dennis
Dennis, Sandy / Ladd, Louise / Taylor, Doug
A Personal Memoir
Watsonville, CA: Papier-Mache Press, 1997

Hadleigh, Boze
Sandy Dennis
In: Hadleigh: Hollywood Lesbians. 1994

Marlene Dietrich
Bach, Steven
Marlene Dietrich: Die Legende, das Leben
OT: Marlene Dietrich – Life and Legend
Düsseldorf: Econ Verlag, 1993

Dietrich, Marlene
ABC meines Lebens
Berlin: Blanvalet, 1963

Dietrich, Marlene / Hanut, Eryk
I Wish You Love – Conversations with Marlene Dietrich
Berkeley, CA: Frog, 1996

Dietrich, Marlene
Ich bin, Gott sei Dank, Berlinerin
OT: Marlène D. par Marlène Dietrich
Frankfurt am Main/Berlin: Ullstein, 1987

Dietrich, Marlene
Nehmt nur mein Leben …: Reflexionen
München: Goldmann, 1981

Dietrich, Marlene
Nachtgedanken
München: Bertelsmann, 2005

Riva, Maria
Meine Mutter Marlene
OT: Marlene Dietrich by her Daughter
München: Bertelsmann, 1992

Sanders-Brahms, Helma
Marlene und Jo: Recherche einer Leidenschaft
Berlin: Argon Verlag, 2000

Sudendorf, Werner (Hrsg.)
Marlene Dietrich: Dokumente, Essays, Filme
Frankfurt am Main (u. a.): Ullstein, 1980

Mildred Dunnock
DiLeo, John
Mildred Dunnock
In: DiLeo: Tennessee Williams and Company. 2010

Nissen, Axel
Not So Big Mama
In: Nissen: Actresses of a Certain Character. 2007

Blandine Ebinger
Dompke, Christoph
Blandine Ebinger
In: Dompke: Unterhaltungsmusik und NS-Verfolgung. 2011

Ebinger, Blandine
«Blandine …»: Erinnerungen der Schauspielerin und Diseuse Blandine Ebinger

Hamburg:
Luchterhand, 1992

Hollaender, Friedrich
Von Kopf bis Fuß: Mein Leben mit Text und Musik
Bonn: Weidle, 1996

Anita Ekberg
Basch, Peter
Anita Ekberg
In: Basch: Verführung. 2005

Bernard, Bruno
Anita – und das bittere Dolce Vita
In: Bernard: Glück und Unglück in Hollywood. 1992

Segrave, Kerry
Anita Ekberg
In: Segrave: The Continental Actress. 1990

Sullivan, Steve
Antita Ekberg
In: Sullivan: Va Va Voom! 1995

Hannelore Elsner
Elsner, Hannelore
Im Überschwang: Aus meinem Leben
Köln: Kiepenheuer & Witsch, 2011

Elisabeth Flickenschildt
Flickenschildt, Elisabeth
Kind mit roten Haaren: Ein Leben wie ein Traum
München: Droemer Knaur, 1978

Flickenschildt, Elisabeth
Pflaumen am Hut. Roman
Hamburg: Hoffmann und Campe, 1974

Neumann, Nicolaus
Elisabeth Flickenschildt «Theater ist Leidenschaft»
Hamburg: Hoffmann und Campe, 1978

Zsa Zsa Gabor
Brown, Peter Harry
Such Devoted Sisters. Those Fabulous Gabors
New York, NY:
St. Martin's Press, 1985

Gabor, Zsa Zsa / Leigh, Wendy
One Lifetime Is Not Enough
New York, NY:
Delacorte Press, 1991

Ava Gardner
Daniell, John
Ava Gardner: Ihre Filme, ihr Leben
OT: Ava Gardner
München: Heyne, 1987

Gardner, Ava
Ava – My Story
New York, NY:
Bantam Books, 1992

Server, Lee
Ava Gardner «Love is Nothing»
New York, NY:
St. Martin's Press, 2006

Hermione Gingold
Gingold, Hermione
How To Grow Old Disgracefully: An Autobiography
(o.O.): Isis Larg, 1990

Gingold, Hermione
Sirens should be seen and not heard
New York, NY:
Lippincott Company, 1963

Gingold, Hermione
The World is a Square
New York, NY:
Athene Press, 1958

Hadleigh, Boze
Hermione Gingold
In: Hadleigh: Leading Ladies. 1992

Silverman, Stephen M.
Hidden Jewel
In: Silverman:
Funny Ladies. 1999

Sondheim, Stephen
Finishing the Hat: Collected Lyrics (1954-1981
New York, NY: Virgin Books, 2010

Lillian Gish
Affron, Charles
Lillian Gish: Her Legend, her Life
Berkeley, CA: University of California Press, 2001

Gish, Lillian / Pinchot, Ann
The Movies, Mr. Griffith and Me
London: Allen, 1969

Oderman, Stuart
Lillian Gish: A Live on Stage and Screen
Jefferson, NC:
McFarland, 2000

Ruth Gordon
Gordon, Ruth
An Open Book
New York, NY: Doubleday & Company, 1980

Gordon, Ruth
My Side: The Autobiography of Ruth Gordon
New York, NY:
Harper & Row, 1976

Gordon, Ruth
Myself Among Others
New York, NY:
Atheneum, 1971

Audrey Hepburn
Moseley, Rachel
Growing up with Audrey Hepburn: Text, audience, resonance
Manchester: Manchester University Press, 2002

Paris, Barry
Audrey Hepburn:
Die Biographie
OT: Audrey Hepburn
München: Heyne, 1997

Spoto, Donald
Audrey Hepburn:
Ein Leben
OT: Enchantment. The Life of Audrey Hepburn
Frankfurt am Main:
Krüger, 2007

Vermilye, Jerry
The Complete Films of Audrey Hepburn: Her Life and Her Career
Secaucus, NJ: Carol Publishing Group, 1998
(A Citadel Press Book)

Hannelore Hoger
Hoger, Hannelore
Ohne Liebe trauern die Sterne. Bilder aus meinem Leben. Reinbek bei Hamburg: Rowohlt, 2017

Miriam Hopkins
Mank, Gregory William
Miriam Hopkins
In: Mank: Women in Horror Films, 1930s. 1999

Parish, James Robert
The Paramount Pretties
[o.O.]: Castle Books, 1972

Marianne Hoppe
Kohse, Petra
Marianne Hoppe:
Eine Biographie
Berlin: Ullstein, 2001

Pargner, Birgit
Marianne Hoppe – «Erst Schönheit, dann Klugheit und dann das helle saubere Herz»
Berlin: Henschel, 2009

Romani, Cinzia
Marianne Hoppe
In: Romani: Die Filmdivas des Dritten Reiches. 1982

Jennifer Jones
Epstein, Edward Z.
Portrait of Jennifer: A Biography of Jennifer Jones
New York, NY:
Simon & Schuster, 1995

Green, Paul
The Life and Films of Jennifer Jones
Jefferson, NC:
McFarland, 2011

Hildegard Knef
Andree, Axel
Hildegard Knef O-Töne: Für mich soll's rote Rosen regnen …
Berlin: A-Verbal-Verlag, 1995

Knef, Hildegard
Hildegard Knef – Tournee, Tournee …
Die Schauspielerin, der Filmstar, die Autorin, der Showstar
München: Goldmann, 1980

Knef, Hildegard
Der geschenkte Gaul: Bericht aus einem Leben
Hamburg: Knaus, 1982

Sannwald, Daniela / Jaspers, Kristina / Mänz, Peter (Hrsg.)
Hildegard Knef: Eine Künstlerin aus Deutschland
Berlin: Bertz + Fischer, 2005

Schell, Paul von
Hilde: Meine Liebeserklärung an Hildegard Knef
Berlin: Henschel, 2003

Trimborn, Jürgen
Hildegard Knef: Das Glück kennt nur Minuten:
Die Biographie
München:
Dt. Verlagsanstalt, 2005

Evelyn Künneke
Künneke, Evelyn
Mit Federboa und Kittel-

schürze: Meine zwei Leben
Berlin: Ullstein, 1991

Künneke, Evelyn /
Haas, Walter
Sing, Evelyn sing: Revue eines Lebens
Reinbek: Rowohlt Taschenbuch Verlag, 1985

Veronica Lake

Beck, Calvin Thomas
Veronica Lake
In: Beck: Screem Queens. 1978

Hannsberry, Karen Burroughs
Veronica Lake
In: Hannsberry: Femme Noir. 1998

Lake, Veronica /
Bain, Donald
Veronica: The Autobiography of Veronica Lake
New York, NY: Citadel Press, 1971

Lenburg, Jeff
Peekaboo: The Story of Veronica Lake
Lincoln, NE: Authors Guild Backprint, 2001

Zarah Leander

Jacobi, Jutta
Zarah Leander: Das Leben einer Diva
Hamburg: Hoffmann und Campe, 2006

Leander, Zarah
Es war so wunderbar: Mein Leben
OT: Zarah
Frankfurt am Main: Ullstein, 1983

Romani, Cinzia
Zarah Leander
In: Romani: Die Filmdivas des Dritten Reiches. 1982
Sanders, Ulrike
Zarah Leander – Kann denn Schlager Sünde sein?
Köln: Pahl-Rugenstein, 1988

Seiler, Paul
Zarah Leander: Ein Kultbuch
Reinbek: Rowohlt Taschenbuch Verlag, 1985

Zumkeller, Cornelia
Zarah Leander: Ihre Filme, ihr Leben
München: Heyne, 1988
(Heyne Filmbibliothek 120)

Ruth Leuwerik

Mänz, Peter /
Warnecke, Nils (Hrsg.)
Die ideale Frau: Ruth Leuwerik und das Kino der fünfziger Jahre
Berlin: Henschel, 2004

Schwering, Herbert (Hrsg.)
Ruth Leuwerik – Schwarm und Ideal eines Jahrzehnts
Münster: Filmwerkstatt Münster, 1994

Madonna

Taraborrelli, J. Randy
Madonna: Die Biographie
OT: Madonna. An Intimate Biography
Hamburg: Hoffmann und Campe, 2001

Bette Midler

Bego, Mark
Bette Midler: Still Divine
New York, NY: Cooper Square Press, 2002

Silverman, Stephen M.
Treasured Troikas, Dream Teams
In: Silverman: Funny Ladies. 1999

Agnes Moorehead

Beck, Calvin Thomas
Agnes Moorehead
In: Beck: Screem Queens. 1978

Hadleigh, Boze
Agnes Moorehead
In: Hadleigh: Hollywood Lesbians. 1994

Kear, Lynn
Agnes Moorehead: A Bio-bibliography
Westport/Connecticut/London: Greenwood Press, 1992

Hannsberry, Karen B.
Agnes Moorehead
In: Hannsberry: Femme Noir. 1998

Nissen, Axel
Lavender Lady
In: Nissen: Actresses of a Certain Character. 2007

Pola Negri

Golden, Eve
Pola Negri
In: Golden: Golden Images. 2001

Habel, F.-B.
Der Polin Reiz bleibt unerreicht: Pola Negri
In: Habel: Verrückt vor Begehren. 1999

Howard, Douglas P.
Pola Negri: Von Bromberg bis Hollywood
Berlin: Mein Film Verlag, [o.J.]

Negri, Pola
Memoirs of a Star
New York, NY: Doubleday & Company, 1970

Merle Oberon
Higham, Charles / Moseley, Roy
Princess Merle: The Romantic Life of Merle Oberon
New York, NY: Coward-McCann, 1983

Elfriede Ott
Ott, Elfriede
Ein Hoch dem Tief: Quer durch ein Theaterleben
Wien: Styria Verlag, 2000

Ott, Elfriede
Ich hätte mitschreiben sollen...: Splitter meines Lebens
Wien: Styria Verlag, 2005

Geraldine Page
DiLeo, John
Geraldine Page
In: DiLeo: Tennessee Williams and Company. 2010

Ross, Lillian
Geraldine Page
In: Ross: The Player. 1984

Lilli Palmer
Huebner, Michael O.
Lilli Palmer: Ihre Filme, ihr Leben
München: Heyne, 1986

Palmer, Lilli
Dicke Lilli, gutes Kind
Zürich: Droemer Knaur, 1974

Ziereis, Barbara
From ‹Alien Person› to ‹Darling Lilli›: Lilli Palmer's Roles in British Cinema
In: Bergfelder: Destination London. 2008

Eleanor Parker
McClelland, Doug
Eleanor Parker: Woman of a Thousand Faces. A bio-bibliography and filmography
London: Scarecrow Press, 1989

Liselotte Pulver
Karl, Rudolf V.
Frau, Mutter, Diva, Lausbub: Lilo Pulver – Eine Begegnung
Wien: Librarius Verlag, 1991

Pulver, Liselotte
Meine Wunder dauern etwas länger: Geschichten und Bilder aus meinem Leben
München: Langen Müller, 2000

Pulver, Liselotte
... wenn man trotzdem lacht: Tagebuch meines Lebens
Frankfurt am Main/Berlin: Ullstein, 1995

Charlotte Rampling
Boom, Mareike (u.a.)
Charlotte Rampling – With Compliments
München: Schirmer Mosel, 1986

Beryl Reid
Reid, Beryl / Braun, Eric
So Much Love: An Autobiography
London: Hutchinson, 1984

Debbie Reynolds
Reynolds, Debbie / Columbia, David Patrick
My Life
London: Sidgwick & Jackson, 1988

Flora Robson
Barrow, Kenneth
Flora: An Appreciation of the Life and Work of Dame Flora Robson
London: Heinemann, 1981

Dunbar, Janet
Flora Robson
London: Harrap & Co, 1960

Hadleigh, Boze
Dame Flora Robson
In: Hadleigh: Leading Ladies. 1992

Nissen, Axel
La Belle Laide
In: Nissen: Actresses of a Certain Character. 2007

Marika Rökk
Rökk, Marika
Herz mit Paprika
Berlin: Universitas, 1974

Rökk, Marika
Das Marika-Rökk-Fan-Album
München: Art-Wings, 1999

Romani, Cinzia
Marika Rökk
In: Romani: Die Filmdivas des Dritten Reiches. 1982

Ruth Roman
Hannsberry, Karen Burroughs
Ruth Roman
In: Hannsberry: Femme Noir. 1998

Maria Schell
Brauner, Artur
Mich gibt's nur einmal: Rückblende eines Lebens
München: Herbig, 1976

Keppler, Maja (u.a.)
Maria Schell: Eine Ausstellung des Deutschen Filmmuseums
Berlin: Henschel, 2006
(Kinematograph 22)

Schell, Maria
Die Kostbarkeit des Augenblicks: Gedanken, Erinnerungen
München/Wien: Langen Müller, 1985

Schell, Maria
«... und wenn's a Katz is!»: Mein Weg durchs Leben
Bergisch Gladbach: Lübbe, 1995

Spaich, Herbert
Maria Schell: Ihre Filme, ihr Leben
München: Heyne, 1986

Hanna Schygulla
Lowry, Stephen / Korte, Helmut
Hanna Schygulla – Der Star des Neuen Deutschen Films
In: Lowry: Der Filmstar. 2000

Schirmer, Lothar (Hrsg.)
«Du ... Augen wie Sterne»: Das Hanna Schygulla Album
München: Schirmer Mosel, 2004

Schygulla, Hanna (u.a.)
Hanna Schygulla: Bilder aus Filmen von Rainer Werner Fassbinder
München: Schirmer Mosel, 1981

Elke Sommer
Holston, Kim
Elke Sommer
In: Holston: Starlet. 1988

Sommer, Elke
«Unter uns Pfarrerstöchtern» - oder? Eine autobiographische Zwischenbilanz
Wien: Neff, 1989

Gale Sondergaard
Mank, Gregory William
Gale Sondergaard
In: Mank: Women in Horror Films, 1940s. 1999

McGillan, Patrick / Buhle, Paul
Tender Comrades: A Backstory of the Hollywood Blacklist
New York, NY: St. Martin's Griffin, 1997

Nissen, Axel
Cat Women
In: Nissen: Actresses of a Certain Character. 2007

Wollstein, Hans J.
Gale Sondergaard
In: Wollstein: Vixens, Floozies and Molls. 1999

Meryl Streep
Maychick, Diana:
Meryl Streep: The Reluctant Superstar
New York, NY: St. Martin's Press, 1985

Wernet, Simone
Meryl Streep – Der weibliche Star und die «Frau von Nebenan» in einer Person
In: Wernet: «Leben ohne Liebe bleibt Imitation». 2003

Barbra Streisand
Andersen, Christopher
Barbra: The Way She Is
New York, NY: Harper Collins, 2006

Büllmann, Bert
Barbra! Das Barbra-Streisand-Buch
Berlin: Querverlag, 1998

Nickens, Christopher / Swenson, Karen

The Films of Barbra Streisand
New York, NY: Carol Publishing Group, 2000
(A Citadel Press Book)

Riese, Randall
Barbra Streisand: Eine intime Biographie
OT: Her Name Is Barbra
Frankfurt am Main: Ullstein, 1996

Spada, James
Barbra Streisand: Eine Biographie
OT: Streisand, Her Life
München: Heyne, 1996

Gloria Swanson
Hudson, Richard / Lee, Raymond
Gloria Swanson
New York, NY: Castle Books, 1970

Quirk, Lawrence J.
The Films of Gloria Swanson
Secaucus, NJ: Citadel Press, 1984

Staggs, Sam
Close-Up on Sunset Boulevard: Billy Wilder, Norma Desmond and the Dark Hollywood Dream
New York, NY: St. Martin's Press, 2002

Swanson, Gloria
Swanson on Swanson: An Autobiography
New York, NY: Random House, 1980

Elizabeth Taylor
Amburn, Ellis
The Most Beautiful Woman in the World
New York, NY: Harper Collins, 2000

Heymann, David C.
Elizabeth Taylor: Sieben Leben hat die Katze: Biographie
OT: Liz. The Intimate Biography of Elizabeth Taylor
München: Heyne, 1995

Hirsch, Foster
Elizabeth Taylor: Ihre Filme, ihr Leben
OT: Elizabeth Taylor
München: Heyne, 1979

Kashner, Sam / Schoenberger, Nancy
Furious Love: Elizabeth Taylor, Richard Burton and the Marriage of the Century
New York, NY: Harper Collins, 2010

Taylor, Elizabeth
Elizabeth Taylor: An Informal Memoir
New York, NY: Harper & Row, 1965

Taylor, Elizabeth
Vom Dicksein, vom Dünnsein, vom Glücklichsein
OT: Elizabeth Takes Off
München: Droemer Knaur, 1992

Nadja Tiller
Rehpöler, Franz
Nadja Tiller – Vom ‹Miss-Erfolg› zum Welterfolg
Dortmund: Literaturwerkstatt, 2009

Lana Turner
Crane, Cheryl / Jahr, Cliff
Detour – A Hollywood Tragedy: My Life With Lana Turner, My Mother
London: Michael Joseph, 1988

Crane, Cheryl / De La Hoz, Cindy
Lana: The Memories, the Myths, the Movies
Philadelphia, PA: Running Press, 2008

Hannsberry, Karen B.
Lana Turner
In: Hannsberry: Femme Noir. 1998

Turner, Lana
Lana: The Lady, The Legend, The Truth
London: New English Library, 1984

Sirk, Douglas
Sirk on Sirk: Conversations With Jon Halliday
London: Faber and Faber, 1997

Wayne, Jane Ellen
Lana: The Life and Loves of Lana Turner
New York, NY: St. Martin's Press, 1995

Barbara Valentin:
Reichardt, Lars: Barbara. Das sonderbare Leben meiner Mutter Barbara Valentin. München: btb-

Verlag, 2018

Alida Valli
Laura, Ernesto G.
Alida Valli
Rom: Gremese, 1979

Timmermann, Brigitte / Baker, Frederick
Der Dritte Mann: Auf den Spuren eines Filmklassikers
Wien: Czernin Verlag, 2002

Norma Varden
Big Enough: Norma Varden (1898-1989) In: Axel Nissen: Accustomed to her Face: Thirty-Five Character Actresses of Golden Age Hollywood. Jefferson: McFarland, 2016. S. 195-201

Ljuba Welitsch
Benke, Norbert Ernst
Ljuba Welitsch
Wien: Jugend und Volk, 1994

Mae West
Bavar, Michael
Mae West: Ihre Filme, ihr Leben
OT: Mae West
München: Heyne, 1981

Leider, Emily Wortis
Mae West – «I'm No Angel»: Eine Biographie
OT: Becoming Mae West
München: Kindler, 1997

West, Mae
Goodness Had Nothing to Do With It: The Autobiography of Mae West
Englewood Cliffs, NJ: Prentice-Hall, 1959

West, Mae
Mae West on Sex, Health and ESP
London: Allen, 1975

Hanne Wieder
Hollaender, Friedrich
Von Kopf bis Fuß: Mein Leben mit Text und Musik
Bonn: Weidle, 1996

Shelley Winters
Beck, Calvin Thomas
Shelley Winters
In: Beck: Screem Queens. 1978

Bockmayer, Walter: Flammende Herzen. Mein Leben. München: Deutscher Taschenbuch Verlag, 2005

Hannsberry, Karen B.
Shelley Winters
In: Hannsberry: Femme Noir. 1998

Winters, Shelley
Shelley Also Known As Shirley
Avenel, N.J.: Outlet, 1985

Winters, Shelley
Shelley II. The Middle Of My Century
Old Tappan, N.J.: Simon and Schuster, 1989

Zu den folgenden Schauspielerinnen sind uns keine Monografien bekannt:
Karin Dor
Glenn Close
Magarethe Haagen
Barbara Hershey
Margot Kidder
Carrie Snodgress
Katharina Thalbach.

PERSONEN-REGISTER

FÜR ALLE UNENTWEGTEN EMPFEHLE ICH DIESE SCHLECHTEN FILME MIT TOLLEN ALTEN FRAUEN:

Einer frißt den anderen. OT: Dog eat Dog. R: Ray Nazarro. Italien/Deutschland 1964: Isa Miranda und Elisabeth Flickenschildt nehmen es mit Jayne Mansfield auf. Eine Jahrhundertbesetzung in einem campen Meisterwerk!

Das Geheimnis der eisernen Maske. OT: The Fifth Musketeer. R: Kenn Annakin. BRD/Österreich 1979: Ein internationales Abschreibungsprojekt, fürchterlich fade mit einer fröhlichen Cissy Kraner. Verheizt werden außerdem noch Olivia De Havilland und Elisabeth Neumann-Viertel.

Das gelbe Haus am Pinnasberg. R: Alfred Vohrer. BRD 1970: Ein Bordell in Hamburg, in dem Frauen Männer für Geld buchen können. Tilly Lauenstein adelt diese frühe Sexklamotte mit einem kurzen Auftritt.

Greta. OT: Greta. R: Neil Jordan. USA 2018: Holpriger Horror um eine übergriffige alte Frau mit dunklem Geheimnis. «Die Klavierspielerin» (Isabelle Huppert) trifft «Interview mit einem Vampir» (Neil Jordan).

Der heiße Tod. OT: 99 Women. R: Jess Franco. Spanien 1969: Sadomasochismus, nackte Busen und noch mehr im Frauengefängnis. Maria Schell und Mercedes Cambridge hatten offensichtlich Geldsorgen ...

Kampf der Titanen. OT: Clash of the Titans. R: Desmond Davis. USA/GB 1981: Ursula Andress, genannt Ursula Un-Dress, diesmal mehr oder weniger angezogen als in die Jahre gekommene Aphrodite in einem High Camp-Mythenmix. Mit von der Partie: Claire Bloom, Flora Robson und Maggie Smith.

Night Train to Venice. Alternativtitel: Train to Hell. R: Carlo U. Quinterio. Deutschland 1993: Neonazis treiben ihr Unwesen in Venedig. Mittendrin: Reichswasserleiche Kristina Söderbaum in ihrem letzten Leinwandauftritt.

Poem – Ich setzte den Fuß in die Luft und sie trug. R: Ralf Schmerberg. Deutschland, USA 2003: Die über 90jährige zweifache Oscar-Preisträgerin Luise Rainer rezitiert Goethe – ihr letzter Leinwandauftritt. Herzerweichend!

Die Schatten werden länger. R: Ladislao Vajda. BRD / Schweiz 1961: Die gebürtige Wienerin Luise Ullrich gibt hier ihren Leinwandabschied in einem sogenannten Problemfilm: Prostitution in einem Heim für schwer erziehbare Mädchen. Auch dabei: Barbara Rütting.

Die Wildente. R: Hans W. Geißendörfer. BRD/Österreich 1976: Der von Loriot als Eduard Geigendorfer verballhornte «Lindenstraßen»-Erfinder leider nur auf den Spuren großer Dichter (Ibsen) und großer Regisseure («Visconti ist nicht unbegabt») mit der vom Gram gebeugten Jean Seberg in ihrem letzten Leinwandauftritt. Zum Weinen!